Agrégation de Lettres 2023

Tout le programme du Moyen Âge au XXe siècle en un volume

Sandrine Berrégard
Alain Corbellari
Florence Dujour
Florence Godeau
Lisa Pochmalicki
Wendy Prin-Conti

coordonné par

Jean-Michel Gouvard

Professeur de Langue et de Littérature françaises
à l'Université de Bordeaux Montaigne
Associate Fellow à l'Institute of Modern Languages Research, University of London

ellipses

ISBN 9782340-065352
©Ellipses Édition Marketing S.A., 2022
8/10 rue la Quintinie 75015 Paris

www.editions-ellipses.fr

Eustache Deschamps
Anthologie

par Alain Corbellari

L'édition de référence du concours est :

Eustache Deschamps, *Anthologie*, édition, traduction et présentation par Clotilde Dauphant, Paris, Le Livre de poche, « Lettres gothiques », n° 32861, 2014. À l'exception de la pièce 52 (pages 160 à 261).

Les textes de Deschamps sont cités selon leur numéro d'ordre dans l'édition Queux de Saint-Hilaire/Gaston Raynaud, à la Société des Anciens Textes Français (SATF) et, lorsqu'ils figurent dans l'*Anthologie* de Clotilde Dauphant, par la lettre A suivie du numéro de la page. Par exemple 225 (A 140) renvoie à la pièce CCXXV de l'édition SATF (en l'occurrence t. II, p. 52-53), reproduite à partir de la page 140 (où elle porte le n° 43) de l'édition de référence.

Les textes figurant dans l'*Anthologie* sont cités (sauf exceptions dûment signalées) d'après cette édition ; ceux qui n'y figurent pas le sont d'après l'édition de la SATF, mais en adaptant les normes accentuelles à l'usage philologique aujourd'hui dominant.

Introduction

« Rien de ce qui est humain ne m'est étranger »

(Térence, *Héautontimoroumenos*)

Durant le Moyen Âge central, la « diversité » est perçue négativement : elle est synonyme de mutabilité et d'inconstance, et entretient même des accointances inquiétantes avec la diabolique. Les habits bariolés ou simplement rayés – aux antipodes de la « tunique sans couture » du Christ – sont réservés aux jongleurs et aux marginaux. Et lorsque Rutebeuf, au XIIIe siècle, présente un de ses *dits* comme « divers », il en fait l'éloge paradoxal comme d'un texte informe exprimant un certain désarroi. Il n'en ouvre pas moins une brèche, car, un siècle plus tard, cette poétique aura acquis droit de cité dans la littérature, et ce sera précisément le mérite et l'originalité d'Eustache Deschamps[1] que de revendiquer hautement une *diversité* d'inspiration qui, aujourd'hui encore, nous étonne et nous séduit. De fait, il n'est sans doute pas d'autre poète médiéval à avoir abordé une si vaste gamme de sujets et de thématiques, au point que même notre modernité n'a pas souvent présenté pareil Fregoli de la poésie. Tour à tour intimiste et politique, joyeux et bougon, misogyne et amoureux, insouciant et grave, anecdotique et moraliste, prophétique et misanthrope, Eustache semble avoir fait le pari d'*épuiser* l'époque dans laquelle il a vécu. Miroir du XIVe siècle, son œuvre de plus de 82'000 vers est vingt fois plus étendue que celle – pour prendre un autre phare de la poésie de la fin du Moyen Âge – de François Villon, qui n'est par ailleurs pas sans affinités avec lui pour son goût de la « bonne vie » et ses sautes d'humeur déroutantes ; mais il s'en faut de beaucoup que l'œuvre d'Eustache soit aussi connue et aimée. Certes, on ne mesure pas le génie d'un poète à la seule quantité de sa production (sinon Deschamps se classerait juste derrière Victor Hugo et Aragon), et il est vrai que tout n'est pas de la même eau dans ses vers : il se répète, n'évite pas toujours les facilités, et certaines de ses récriminations peuvent devenir quelque peu lassantes. Mais au sein de son immense production, dont il est probable que nous n'ayons presque rien perdu, il reste largement de quoi contenter le lecteur moderne le plus exigeant ; et si aucun de ses vers ne hante la mémoire collective (contrairement à Villon, Charles d'Orléans ou Rutebeuf, il n'a malheureusement trouvé ni un

1. Rappelons une fois pour toutes que les auteurs médiévaux sont (ou devraient être) *toujours* répertoriés, dans les encyclopédies, les index et les bibliographies, sous leur *prénom*, en dépit du fait que les usages ne renvoient pas tous au même système onomastique : si Chrétien de Troyes porte encore un appellatif de provenance et Charles d'Orléans un titre de noblesse, cas qui justifient pleinement l'appellation par le prénom, le nom d'Eustache Deschamps est déjà construit sur le modèle moderne prénom + nom de famille. Nous désignerons ici notre poète indifféremment par son prénom ou par son nom.

Debussy, ni un Brassens ni même un Léo Ferré pour le chanter[1]), c'est peut-être d'abord l'institution scolaire, attentive à ne pas multiplier les grands poètes des âges « de transition », qu'il faut incriminer. Codificateur et inlassable illustrateur des formes poétiques de son temps, conscience d'une génération que l'on peut à bon droit – au vu des famines, des épidémies et des guerres qui la traversent – considérer comme une des plus déchirées de notre histoire, Eustache Deschamps a en effet la disgrâce de ne plus être un poète de « l'âge d'or » de la littérature médiévale (XIIe-XIIIe siècles) et de ne pas encore participer de ce souffle « prémoderne » qui a fait la fortune, à peine quelques générations plus tard, de Charles d'Orléans ou de Villon. Auteur emblématique du siècle le plus méconnu et décrié de l'histoire littéraire française, au moment où Pétrarque et Boccace brillent de tout leur éclat en Italie et où Chaucer sonne le réveil de la littérature anglaise, il en exprime cependant comme nul autre les richesses et les contradictions.

Bénéficiaire privilégié du renouvellement poétique initié par Machaut, poète itinérant au service des princes, dont il n'hésite pas – visionnaire à ses heures – à critiquer la politique, profondément attaché à un terroir français dont il pourrait bien être le premier à chanter la richesse et les agréments, Eustache se situe au carrefour de deux âges de la littérature française. Il ne pratique aucun des genres qui avaient fleuri à l'époque de l'ancien français *stricto sensu* et s'impose comme le poète par excellence des débuts du moyen français, qu'il aborde – si l'on veut bien nous pardonner le jeu de mots, car, une fois n'est pas coutume, il fait sens – en parfait représentant du Français moyen. Un seul registre lui est fermé : c'est celui du grandiose ou du sublime, mais c'est aussi là ce qui nous le rend humain. Il est moins cosmopolite que ses amis Oton de Grandson ou Philippe de Mézières, mais ses missions en Europe et ses allers et retours dans le nord de la France lui impriment une sorte de mouvement brownien qui le trouve toujours sur les routes. Il n'élève pas de monument à l'amour, comme Machaut dans le *Voir Dit*, mais pratique toutes les variétés, jusqu'aux plus ancillaires, du poème amoureux. Il ne dresse pas, comme Froissart, la chronique générale de son temps, mais en éclats multiples, comme ceux d'un miroir brisé, il reflète dans d'innombrables poèmes toutes les sensibilités et les événements dont il a été le témoin. Tendre, drôle ou pathétique, il nous rend palpables les terreurs, les espoirs et les joies d'une génération malmenée, mais qui a su ne pas désespérer du présent; et l'impression qui se dégage de son œuvre reste celle d'un appétit de vivre et de comprendre dont

1. Seul le pâle Benjamin Godard (1849-1895) a, à notre connaissance, mis en musique un poème d'Eustache Deschamps à l'époque moderne : le virelai 554 (A 356), « Suis-je belle ? », première de ses *Nouvelles chansons du vieux temps*, op. 24, de 1876.

le lecteur ne peut, en fin de compte, que reconnaître l'extraordinaire vitalité. En dépit de ses accès de mélancolie, Eustache reste l'un des auteurs les plus toniques du Moyen Âge et l'on ne peut, en fin de compte, que se perdre avec bonheur dans le flot presque intarissable de ses poèmes.

I

Le poète dans son siècle

1. Le XIVe siècle

1.1. Une époque agitée

Eustache Deschamps n'a sans doute que quelques années lorsque la France subit la terrible défaite de Crécy (1346), premier combat majeur de la Guerre de Cent Ans, et douze mois ne se seront pas écoulés que la Peste noire ne commence ses ravages. Quoique la première vague ait été la plus terrible, la maladie, qui avait épargné l'Europe depuis le VIIe siècle, y restera endémique jusqu'au XVIIe. La population baisse dramatiquement, mais les structures économiques et étatiques tiennent bon. Au vrai, certaines évolutions étaient déjà largement en cours, et les catastrophes spectaculaires du milieu du siècle masquent le fait que, dès la fin du XIIIe siècle, le bel élan qui avait permis à la civilisation occidentale de s'épanouir depuis le XIe siècle, était grippé. Même s'il est difficile d'établir un lien entre les crises économiques qui ponctuent les années 1270 et 1280 et la perte, en 1291, du dernier bastion chrétien en Palestine (Saint-Jean d'Acre), il est certain que l'Occident a alors atteint des limites, tant économiques que politiques, qu'il ne dépassera – malgré les voyages de Marco Polo, qui demeureront pour la plupart de ses contemporains cantonnés au domaine du légendaire et du merveilleux – qu'avec la découverte de l'Amérique et de la route orientale des Indes à l'extrême fin du XVe siècle. Le règne de Philippe le Bel (1285-1314), marqué par la mise en place de structures administratives de plus en plus centralisées et coercitives, par la lutte victorieuse contre la papauté et les Templiers et par une crise monétaire que le souverain manipule sans scrupule, représente le tournant décisif de l'âge féodal, et la concomitance de la création d'une noblesse de robe et de la fin de l'épopée d'Outre-mer donne un sens à l'expression « noblesse des croisades » : aux yeux des descendants des Croisés, les nouveaux nobles ne seront jamais que des parvenus. Certes, l'aristocratie a encore de beaux jours devant elle, mais elle ne pourra plus nier que l'argent soit décidément le nerf de la guerre. Deschamps le dira dans le refrain de la ballade 1422 : « tout se fait par force d'argent ». Dès le XIIIe siècle, d'ailleurs, des fabliaux (tel celui de *Bérenger au long cul*) mettaient en scène des mésalliances entre paysans parvenus et filles d'aristocrates ruinés, en prenant ostensiblement parti pour les secondes : ce sera encore le thème du *Georges Dandin* de Molière.

Peu après la mort de Philippe le Bel, une famine, telle que la France n'en avait pas connue depuis trois siècles, éclate, rendant manifeste la stagnation économique. La Peste et la Guerre de Cent Ans s'installent donc dans un paysage déjà déprimé, qu'un début de refroidissement climatique (qui atteindra son sommet – le « petit âge glaciaire » – sous le règne de Louis XIV) n'arrange guère. Après la défaite de Poitiers (1356), lors de laquelle le roi Jean II, *le Bon*, se retrouve prisonnier des Anglais, vient encore s'ajouter aux malheurs du temps la révolte paysanne, la fameuse Jacquerie, qui, en contrepoint des ravages des soldats débandés – les sinistres « routiers » (qui, en l'occurrence et pour prendre le contre-pied d'un slogan qui eut son heure de gloire, n'étaient guère « sympas »…) – finira de mettre la France à feu et à sang. Une embellie politique semble toutefois poindre dans le dernier tiers du XIVe siècle, mais elle sera de courte durée. Si le règne de Charles V (1364-1380) consacre l'épanouissement d'un premier humanisme à la française et se termine sur une victoire momentanée des Français sur les Anglais, les premiers récupérant presque tous les territoires conquis par les seconds, le règne de Charles VI va en effet voir le pays s'acheminer lentement mais sûrement vers la guerre civile : dès 1392, il est en effet manifeste que le roi connaît des accès de démence, qui se feront de plus en plus fréquents, et qui auront pour conséquence d'exacerber l'opposition entre deux factions, partisanes des deux candidats à la régence, à savoir le duc de Bourgogne Philippe le Hardi et le duc Louis d'Orléans, respectivement oncle et frère du roi. Les hostilités ne dégénéreront toutefois pas en guerre ouverte avant l'assassinat du second en 1407, peu de temps après la mort d'Eustache Deschamps.

En même temps, la fin du XIVe siècle voit naître, face à la précarisation des conditions de l'existence, un art de vivre nouveau : on se calfeutre davantage chez soi, on soigne sa vie domestique, le confort et le souci de la mode préoccupent davantage les couches sociales qui peuvent se les permettre, et l'art, adoucissant progressivement le symbolisme quelque peu hautain et abstrait des âges précédents, s'achemine vers une peinture plus minutieuse du monde sensible. Le fameux portrait de Jean le Bon, conservé au Louvre, est ainsi la première représentation d'après nature d'un grand personnage que nous ayons conservée depuis la fin de l'Antiquité.

Ce bref rappel historique et culturel ne sert pas seulement à planter un décor ; il offre véritablement un cadre à notre exposé, car Eustache Deschamps réagira vivement à tous les soubresauts et à toutes les nouveautés de son époque. Chacun, ou presque, de ses poèmes en porte la trace et nous aurons l'occasion de revenir sur plus d'un épisode ou d'un des traits de mœurs que nous venons sommairement d'esquisser. Ce serait pourtant sans doute faire preuve d'une inféodation intempestive au déterminisme historique que d'en déduire que le malheur et le bonheur personnels de notre poète ont toujours été au diapason des épreuves qu'il a traversées. Ainsi s'est-il plu à nous présenter sa jeunesse comme joyeuse et insouciante en dépit de la période particulièrement sombre qui lui en fournit le cadre, tandis que sa fin de vie très mélancolique peut sembler contraster avec la considération dont il jouit de la part des grands du royaume, même s'il est vrai que cette considération s'avéra à géométrie assez variable. De fait, l'époque dont il a été le témoin, Eustache Deschamps l'a d'abord vécue en poète, nullement insensible aux malheurs du temps, mais les balançant par le récit de ses propres joies comme de ses plus intimes disgrâces.

1.2. La crise du langage courtois

De la même manière que les mutations sociétales qui seront manifestes au milieu du XIVᵉ siècle trouvent leur origine plusieurs décennies en amont, les changements littéraires et linguistiques qui caractérisent l'époque de Deschamps sont en germe dès le siècle précédent.

Paul Zumthor opposait en 1966 une poésie « romane » et une poésie « gothique[1] » : la première, longtemps hégémonique, et illustrée par la lyrique des troubadours et des trouvères, traitait préférentiellement, en termes conventionnels et en style élevé, de l'amour (même si des thèmes politiques voire satiriques y apparaissaient déjà), tandis que la seconde, plus attentive à la matérialité du monde, s'attachait davantage à la personne même du poète. Si dans le premier cas, le *je* s'adressait à un *vous* ou à un *elle* (en l'occurrence, le plus souvent, la dame) devant un auditeur passif, dans le second il faisait de l'auditeur le destinataire même de sa parole et le témoin de son état d'âme et, bien souvent, de son « infortune » : le mot a précisément fait… fortune à notre époque pour désigner les poèmes où Rutebeuf (actif à Paris entre 1250 et 1280) évoque ses déboires et ces amis (refrain connu) « que vent emporte ». À la *chanson* du troubadour du XIIᵉ siècle s'oppose ainsi le *dit* de l'auteur du XIIIᵉ, qui use volontiers de formes non-strophiques pour souligner son refus du chant et sa rupture avec la poétique de l'âge précédent. Si Rutebeuf représente un cas extrême de la poésie « gothique » (il est en effet l'un des très rares grands poètes français à ne jamais parler d'amour), il n'en illustre pas moins le tournant clérical

1. Voir Paul Zumthor, « Roman et gothique : deux aspects de la poésie médiévale », in *Studi in onore di Italo Siciliano*, Florence, Olschki, 1966, t. 2, p. 1223-1234.

que prend, avec l'essor du genre volontiers didactique du *dit*[1], l'art des vers dans la seconde moitié du XIIIe siècle. Le lyrisme amoureux, considéré avec suspicion par l'Église, évolue alors dans deux directions opposées : d'une part, il se sublime dans la louange mariale, qui en reprend la phraséologie ; d'autre part, il se dissout dans une misogynie cléricale de plus en plus insistante. Il résulte de cette double évolution que, vers 1300, le poème d'amour a presque disparu de l'horizon de la poésie française (alors qu'en Italie il a évolué vers une sublimation extrême de la dame : il suffit de songer à la Béatrice de Dante). Plus souvent satirique que sentimental, attaché à la description du quotidien davantage qu'aux grands élans de l'âme, Deschamps sera ainsi l'héritier par excellence, au XIVe siècle, de cette poésie « gothique », coupée de tout ancrage musical, pénétrée d'inspirations savantes, et qui sera à son tour illustrée par Villon au siècle suivant. Toutefois, notre poète n'est pas tout à fait réductible à cette posture, car entre Rutebeuf et lui il y aura eu Guillaume de Machaut, le rénovateur du lyrisme courtois ; et Deschamps se montrera lui aussi capable, sinon de chanter, du moins de dire l'émotion amoureuse.

Rappelons également que la seconde moitié du XIVe siècle réalise, linguistiquement, le passage de l'ancien au moyen français, état de langue qui voit disparaître les principales marques grammaticales de l'ancien français et constitue en fait le stade archaïque du français moderne. S'il est clair qu'une langue n'est jamais immobile, il est malgré tout des moments où elle se transforme plus rapidement qu'à d'autres, et les troubles démographiques du XIVe siècle, en rompant la chaîne des générations (le nombre des locuteurs qui ont connu leurs grands-parents se réduit alors drastiquement), sont assurément un facteur déterminant de cette accélération des changements linguistiques. Eustache Deschamps s'en avère l'un des premiers témoins littéraires : alors que la phraséologie de Machaut accueillait encore de nombreux archaïsmes, celle de Deschamps assimile une plus grande part des innovations en cours. Sans être totalement transparente au lecteur d'aujourd'hui, sa production n'en accuse pas moins une facilité de lecture bien supérieure à celle d'un Chrétien de Troyes ou d'un Rutebeuf.

Ainsi la déclinaison bicasuelle, sans doute déjà désuète dans la langue parlée courante dès le XIIIe siècle, achève-t-elle de disparaître en moyen français, entraînant la généralisation de l'ordre dit analytique des mots de la phrase ; les hiatus du type *eüsse* ou *Jehan* se simplifient (mais perdureront encore dans certaines diérèses et dans les graphies : ainsi les manuscrits de Villon évoquent-ils toujours, mais en une seule syllabe, *Jehanne* d'Arc) ; le vocabulaire, enfin, s'enrichit notablement par des emprunts massifs au latin. Ces changements se trouvent, de fait, solidaires des mutations de l'horizon des genres littéraires.

---

1. Voir, sur ce genre difficile à définir, Monique Léonard, *Le* dit *et sa technique littéraire des origines à 1340*, Champion, « Nouvelle Bibliothèque du Moyen Âge », 1996.

1.3. Une littérature qui se voit vieillir

Jacqueline Cerquiglini-Toulet a admirablement restitué l'atmosphère littéraire du XIVe siècle dans son livre *La Couleur de la mélancolie*. De nombreux auteurs de ce temps, renchérissant sur un topos qu'ils n'ont certes pas inventé, se complaisent alors dans la *laudatio temporis acti* (louange du temps passé), déclarant être nés trop jeunes dans un monde trop vieux et proclamant leur lassitude des genres établis. Le XIVe siècle voit en effet disparaître la plupart des formes versifiées qui avaient fait les beaux jours de la littérature médiévale classique : passé 1340, on n'écrit plus ni fabliau, ni roman arthurien en vers (à l'exception du *Méliador* de Froissart vers la fin du siècle), et la veine de la chanson de geste se tarit, prélude au vaste mouvement de récriture en prose de sa matière qui fleurira au siècle suivant. En revanche, la littérature allégorique se développe, essentiellement à l'imitation de la seconde partie du *Roman de la Rose* écrite par Jean de Meun vers 1270, et les traités didactiques et moraux se multiplient. De par son obscurité même, mais aussi en vertu de la date médiane et exemplaire de 1350 qu'il donne comme celle de ses principaux traités, le bénédictin Gilles li Muisis apparaît à Jacqueline Cerquiglini comme l'incarnation même d'une époque où la littérature se replie sur l'intériorité et cultive ce véritable mal du siècle qu'est la mélancolie : déjà vieux et ayant échappé à la première vague de la Peste, Gilles li Muisis semble essentiellement écrire pour regretter qu'il ne reste plus rien à inventer. Il est donc significatif que cette époque soit aussi celle des premières grandes accumulations de cette valeur-refuge que sont les livres. Alors que le testament de Saint Louis dispersait encore sa bibliothèque entre ses divers héritiers, Charles V, un siècle plus tard, proclame l'inaliénabilité de la collection royale : ses livres forment aujourd'hui le noyau le plus ancien des manuscrits de la Bibliothèque nationale. Déjà Jean le Bon, père de Charles V, avait initié un mouvement de traduction en français de certains classiques latins, autour, notamment, de Pierre Bersuire ; mais c'est son fils, qui n'a pas été surnommé pour rien le *Sage*, c'est-à-dire le « Savant », qui lui donnera toute son ampleur, appelant à sa cour nombre d'auteurs, de philosophes et de praticiens, tels Nicole Oresme, Raoul de Presles, Jean le Fèvre ou l'astrologue italien Tommaso da Pizzano, qui aura la bonne idée de faire venir en France auprès de lui sa fille, laquelle deviendra l'illustre Christine de Pizan. On peut alors véritablement parler d'un pré-humanisme français qui, même s'il ne possède pas tout à fait son Pétrarque (encore que la figure de Jean Gerson soit loin d'être négligeable), va s'épanouir jusqu'au début du XVe siècle et donner un lustre tout particulier aux clercs parisiens. La guerre civile puis la reprise de la Guerre de Cent Ans sont sans doute responsables du brusque coup d'arrêt donné à ce mouvement : ainsi Christine de Pizan cesse-t-elle quasiment d'écrire après la prise de Paris par les Bourguignons en 1418, pour se réfugier dans un monastère. Sans ces vicissitudes, la France eût probablement beaucoup plus activement dialogué avec l'Italie durant le Quattrocento et la face de la Renaissance aurait pu en être changée.

Eustache Deschamps baigne donc dans l'atmosphère érudite des cours de Charles V et Charles VI et est même l'un des très rares auteurs vernaculaires français du Moyen Âge (au contraire des auteurs italiens chez qui le bilinguisme latin-vernaculaire est courant depuis Dante) à avoir écrit quelques pièces en latin : une en prose – la version originale de la *Complainte de l'Église* – et 11 versifiées selon les principes rythmiques (et non plus métriques) de la poésie latine médiévale ; la plus longue (n° 1331) comprend 271 vers. Le *Double lay de la fragilité humaine*[1] est, pour sa part, entrelardé de gloses latines, où notre poète se présente comme *Eustachius Moreli de Virtute, scutiferum*. Par ailleurs, les mots latins dont il émaille, souvent de manière ironique, plusieurs de ses poèmes français et les références nombreuses qu'il fait à la mythologie et à l'histoire ancienne achèvent de nous convaincre de sa parfaite familiarité avec la langue savante. L'amour des livres lui inspire également une ballade (24) à la fois amusante et grincheuse dans laquelle il peste contre les indélicats qui ne lui rendent pas les ouvrages qu'il leur a prêtés. Le refrain assène sa bonne résolution : « plus ne prestray livre, quoi qui aviengne » ! De fait, bien que l'on puisse facilement déduire de son œuvre une liste assez considérable des ouvrages qu'il a pu posséder, sa bibliothèque semble bien avoir été tôt dispersée et nous ne possédons aujourd'hui aucun codex dont on puisse dire de manière certaine qu'il lui ait appartenu.

2. Influences et compagnonnages

2.1. Le Maître

Guillaume de Machaut (1300-1377) est le poète qui a réussi, pour un temps, à enrayer la crise de la courtoisie. Cumulant la gloire d'être non seulement le plus grand auteur français, mais aussi le plus grand compositeur du XIVe siècle, Machaut est la figure-phare de l'*Ars nova*, cette école musicale qui, initiée par le traité éponyme (1322) attribué à Philippe de Vitry (1285/95-1361), complexifie l'art de la polyphonie en introduisant pour la première fois des mesures binaires dans la musique occidentale, en raffinant les procédés d'imitation rythmique et en perfectionnant la notation, en particulier par l'introduction de valeurs de notes plus courtes. Machaut est l'auteur d'une œuvre musicale riche et variée, aussi bien

1. Pièce non numérotée dans le manuscrit 840, où elle se situe entre les poèmes 309 et 310. Elle porte le numéro 309bis dans l'*Anthologie*. À noter que la table des matières du t. II de l'édition SATF lui donne par erreur le numéro 310, ce qui a pour effet de décaler la numérotation de toutes les dernières pièce du volume. La table des matières du t. III rétablit heureusement la numérotation correcte.

profane que religieuse, et qui culmine dans la *Messe Notre-Dame*, première mise en musique complète de l'ordinaire liturgique due à un auteur identifié. C'est sans doute l'œuvre musicale antérieure au XVe siècle la plus jouée aujourd'hui. Il met également en musique ses propres ballades et rondeaux dont le fameux « Ma fin est mon commencement » qui, par la complexité de sa construction polyphonique, annonce les tours de force de Jean-Sébastien Bach. Avec Machaut, l'osmose de la poésie et de la musique, qui caractérisait l'art des troubadours et des trouvères (« Une strophe sans musique est comme un moulin sans eau », disait le poète provençal Bertrand Carbonel), trouve une dernière occasion de se réaliser, car c'est précisément Eustache Deschamps qui proclamera leur divorce définitif – du moins dans la pratique d'un auteur unique – dans son *Art de Dictier*.

Constatant l'appauvrissement que le lyrisme amoureux connaît à son époque, Machaut en renouvelle l'expression en affinant et théorisant les formes dites « fixes » (ballade, rondeau, lai : nous y reviendrons un peu plus loin) qui vont transformer, comme le disait Robert Guiette[1], l'art « formel » des troubadours en un art « formaliste » : à la liberté d'agencement des rimes et des strophes qui faisait de chaque *canso* troubadouresque une pièce formellement originale, succède un lyrisme corseté dans des schémas plus contraignants, mais censés par là-même stimuler l'imagination, selon une logique dont les écrivains de l'Oulipo sauront, de nos jours, retrouver les vertus.

Machaut exemplifie par ailleurs dans sa vie et dans son œuvre la figure du clerc-chevalier, à la fois érudit et familier des princes : au service de Jean de Luxembourg, qu'il accompagne dans ses pérégrinations, puis de sa fille Bonne, de Charles de Navarre et, enfin, du duc de Berry, il réalise la transition entre l'ancien jongleur et celui que son *ministère* auprès d'un seigneur attitré permet désormais d'appeler un *ménestrel*. Les trouvères étaient encore des artisans de la poésie ; Machaut sera le premier auteur français à se voir appliqué, dans l'éloge funèbre que Deschamps fera de son maître (447, A 326), le qualificatif de « noble poete » (v. 3). Machaut vantait d'ailleurs lui-même, d'un mot devenu emblématique, la « subtilité » de son art[2]. Aux côtés de ses *Jugements* (*du roi de Bohème* et *du roi de Navarre*), de sa *Fontaine amoureuse* ou de son *Confort d'ami*, son œuvre littéraire maîtresse reste le *Voir Dit* (« Dit véridique »), véritable autofiction dans laquelle le poète de 64 ans raconte ses amours avec une admiratrice, avec qui il entretient une correspondance à la fois amoureuse et poétique. Bien qu'il multiplie dans son texte les effets de réel et s'amuse à coder son nom et celui de la jeune fille, rien ne nous garantit, en fait, l'exactitude de ce qu'il raconte. Certes, le titre insiste sur la véracité du témoignage, mais l'usage de l'allégorie et l'exaltation presque mystique dans laquelle se complaît

1. Voir Robert Guiette, « D'une poésie formelle en France au Moyen Âge » (1949), repris dans *Forme et senefiance*, Genève, Droz, 1978, p. 1-24.

2. Voir Jacqueline Cerquiglini-Toulet, *Un engin si soutil. Guillaume de Machaut et l'écriture au XIVe siècle*, Champion, 1985.

le protagoniste introduisent une distance entre le récit et la réalité revendiquée, comme lorsqu'il prétend que le portrait de sa bien-aimée s'adresse véritablement à lui dans une longue prosopopée onirique. Eustache Deschamps nous livre cependant un témoignage important à mettre au dossier de la crédibilité du récit principal, puisque, toujours dans la ballade 447, il envoie ses condoléances, après la mort de Machaut, à une certaine Péronne que son maître « tant [...] a amé » (v. 1), et dont le nom se lit précisément en anagramme dans le *Voir Dit*, à l'endroit où Machaut entend dévoiler le nom de celle qui n'était jusque-là appelée que « Toute Belle ». Par la même occasion, Deschamps offre ses services à celle-ci, n'hésitant pas à réclamer, sans doute un peu indiscrètement, la succession intégrale de Machaut :

> Eustace suis par droit nom appellé.
> Hé ! Peronne, qui estes mes recours,
> Qui en tous cas bien faictes a mon gré,
> Je vous pry que vous me faictes secours[1].
> En recevant mes piteuses clamours
> Me recreez, s'il vous plaira ainsi
> Que je soiё vostre loyal ami. (v. 15-21)

La dame semble cependant avoir été moins fascinée par la poésie du disciple que par celle du maître : on devinera en effet les suites de cette requête en lisant la ballade 493 (A 344), où Deschamps se tourne vers une certaine Gauteronne en se plaignant de ce que Péronne a refusé ses avances.

On constate à travers cette mésaventure à quel point le magistère de Machaut a été décisif pour Eustache, qui est d'ailleurs présenté dans un Art poétique du premier tiers du XVe siècle, les *Règles de la seconde rhétorique*, comme « nepveux de maistre Guillaume de Machault ». Cette appellation peut cependant recouvrir bien des choses, et l'on doute fort, aujourd'hui, qu'il ait pu y avoir un lien de famille réel entre Machaut et lui, l'expression devant plutôt, selon toute probabilité, être prise dans le sens d'un lien de maître à disciple. De fait, nous aurons d'autres occasions de voir que la vénération de Deschamps pour Machaut fut absolue : s'il n'est pas son héritier par le sang, il l'est indubitablement par l'esprit, devenant le principal propagateur des formes poétiques promues par son maître.

2.2. Les contemporains

Si l'on ne tient pas compte de Philippe de Vitry (d'ailleurs sans doute sensiblement plus âgé que lui), dont les œuvres littéraires ont presque entièrement disparu, Machaut est pour nous le seul grand écrivain français de sa génération. Ses contemporains capitaux sont ainsi plutôt à chercher en Italie avec Pétrarque

1. Vers cité d'après l'édition SATF.

(1304-1374) et Boccace (1313-1375), qu'il ne semble guère avoir connus (pas plus d'ailleurs que Deschamps). En revanche, la génération suivante est riche en écrivains francophones de premier plan : c'est celle de notre poète, qui a entretenu des relations littéraires étroites avec tous ses grands contemporains, tels l'historien Jean Froissart (1337-après 1404), le chevalier-poète Oton de Grandson (v. 1340-1397) et le romancier allégorique et moraliste Philippe de Mézières (1327-1405). C'est aussi la génération qui voit l'émergence d'une nouvelle littérature anglaise, en lien étroit avec la littérature française, dont elle reste étroitement tributaire et dont les principaux représentants sont Geoffrey Chaucer (v. 1340-1400), l'auteur fameux des *Contes de Canterbury*, et John Gower (v. 1330-1408) dont l'œuvre bilingue comprend un *Miroir de l'homme* en français de non moins de 40'000 vers. Deschamps a hautement loué les talents d'érudit et le rôle de passeur culturel de Chaucer dans la ballade 285 (A 152) :

O Socrates plains de philosophïe,
Seneque en meurs et Anglux en pratique,
Ovides grans en ta poeterïe,
Briés en parler, saiges en rethorique,
Aigles treshaulz, qui par ta theorique
Enlumines le regne d'Eneas,
L'Isle aux Geans, ceuls de Bruth, et qui as
Semé les fleurs et planté le rosier
Aux ignorans de la langue, Pandras[1],
Grant translateur, noble Geffroy Chaucier ! (v. 1-10)

Deux poèmes de Deschamps évoquent par ailleurs Oton de Grandson, chevalier vaudois au service des comtes de Savoie et de leurs alliés anglais. Promoteur probable des poèmes de la Saint-Valentin, qui s'épanouirent particulièrement en Angleterre, et de la posture de « l'homme vêtu de noir », Oton peut être considéré comme le chef de file du groupe des « chevaliers-poètes » qui (comprenant en particulier Jean de Garencières, Jean le Sénéchal et Jean de Werchin) donnèrent, jusqu'à Charles d'Orléans, un ultime éclat à la poésie amoureuse aristocratique du Moyen Âge finissant. Oton semble par ailleurs avoir un jour fait une farce à Eustache en feignant de ne pas le reconnaître lorsque celui-ci se présenta sans laisser-passer à Calais, alors possession anglaise, dont il surveillait la garnison. Cette anecdote est contée par Deschamps lui-même dans la ballade 893, où il avoue avoir provoqué quelque peu inconsidérément les Anglais en évoquant la queue dont les Français les prétendaient pourvus :

Je fus l'autrier trop mal venuz
Quant j'alay pour veïr Calays ;
J'entray dedenz comme cornuz,

1. Pandras est le Troyen Pandare, qui passait pour être habile en tout.

Sanz congié ; lors vint. II. Anglois,
Granson devant et moy aprés,
Qui me prindrent parmi la bride :
L'un me dist : « dogue », l'autre : « ride » ;
Lors me devint la coulour bleue :
« Goday », fait l'un, l'autre : « commidre ».
Lors dis : « Oïl, je voy vo queue. » (v. 1-10)

Cette anecdote trouve sa résolution dans le rondeau 596 (A 374), qui fait état d'un hébergement commun, et quelque peu spartiate, des deux poètes à Calais. On en déduit qu'Oton appliqua l'adage voulant que les plaisanteries les plus courtes fussent les meilleures, et on a pu se demander si le poète vaudois ne fut pas, pour sa peine, introduit par Deschamps dans le cercle drolatique des *Fumeux*. Ce n'est néanmoins là qu'une pure supposition, car le fait est que la poétique d'Oton, exclusivement amoureuse, ne laisse guère de place à l'humour. Davantage que leurs thématiques, ce qui rapproche Oton de Grandson et Eustache Deschamps est d'ordre plutôt formel : ils sont en effet les deux poètes qui ont eu le plus à cœur de développer les formes poétiques léguées par Machaut.

L'écrivain de sa génération dont Eustache est sans doute, en revanche, le plus proche par le ton et l'esprit est Jean Froissart (bien qu'ils ne semblent pas avoir entretenu des liens d'amitié très étroits) : ils s'intéressent l'un comme l'autre à la politique et aux conflits qui déchirent leur pays et cultivent la veine autobiographique, s'attendrissant volontiers sur leur jeunesse et la fuite du temps. Ainsi Froissart, dans *L'Espinette amoureuse* ou *Le Joli Buisson de jeunesse*, s'épanche-t-il sur ses premières amours : ses vers, comme ceux au travers desquels Deschamps se raconte, témoignent de l'émergence de ce nouveau « souci de soi » qui prélude à la Renaissance. Au-delà de l'exagération théâtrale, voire du burlesque, où se complaisait encore Rutebeuf pour raconter les aventures de son avatar littéraire, dont rien ne nous garantissait qu'il lui ressemblait réellement, il s'amorce chez Deschamps et Froissart une véritable poésie du temps perdu. Froissart est en outre l'auteur de poèmes où il se montre sensible aux nouveautés techniques de son temps, telle *L'Orloge amoureux*, qui allégorise cet objet d'avant-garde en le mettant au service de l'amour. Sans être thématiquement aussi variée que celle d'Eustache, l'œuvre de Froissart témoigne donc d'une curiosité dont le poète de Vertus n'a pu que se sentir solidaire.

Philippe de Mézières, enfin, apparaît comme la conscience morale de cette génération : auteur du *Songe du Viel pèlerin*, roman allégorique à visée apologétique, il s'est fait l'infatigable propagandiste de la croisade contre les Turcs. Initiateur d'un ordre de chevalerie idéal tendu vers ce but de reconquête, et dont Oton de Grandson fut désigné comme l'un des principaux dignitaires, Philippe de Mézières semble avoir également entretenu des rapports étroits avec Eustache, dont le rapproche un

Ch de Pizan : hommage Eustache.

certain idéal politique de paix et de concorde des peuples, et dont il évoque avec éloge les « dictiés vertueulx » dans ce même *Songe du Viel Pelerin*[1].

2.3. La postérité

Il est, dans la génération suivante, un auteur, ou plus exactement une auteure, qui sut rendre un vibrant hommage à Eustache : c'est Christine de Pizan (1364-après 1429). La chose est d'autant plus remarquable que Christine, qui s'était fait connaître au tournant des xive et xve siècles par une vigoureuse attaque contre la misogynie du *Roman de la Rose* et qui bâtit par la suite sa *Cité des Dames* (1404-1405) pour défendre ses sœurs contre les allégations méprisantes du clerc Matheolus, aurait eu quelques raisons de froncer les sourcils à la lecture du *Miroir de mariage* ou de certains poèmes lestes de Deschamps. Son *Epître à Eustache Morel*[2] (surnom par lequel Eustache se désignait volontiers lui-même, comme on l'a vu plus haut, et que ses contemporains semblent avoir privilégié pour le nommer) ne fait pourtant aucune allusion aux moqueries envers les femmes égrenées par Deschamps, mais constitue un véritable exercice d'admiration envers son « chier maistre et ami » (v. 6). Datée du 10 février 1403 (donc de 1404, puisque l'année commençait alors à Pâques), cette épître de 212 vers est de peu antérieure à la mort d'Eustache et salue en lui l'auteur satirique et moraliste qui a su dévoiler l'hypocrisie de la société de son temps. Non sans amertume, Christine laisse en effet entendre qu'elle a souffert des mépris du monde et qu'elle a trouvé une confirmation de son expérience, ainsi qu'une consolation, dans l'œuvre décapante et démystifiante de son aîné. Elle dit lui devoir son initiation au « stille clergial » propre à ceux « qui en science leurs temps usent » (v. 21-22) et conclut en signant « Ta disciple et ta bienveillant » (v. 212). L'écriture du poème, usant de rimes équivoques non exemptes de virtuosité (ainsi fait-elle rimer, v. 153-154, *coiffe* et *quoy fe-*, première syllabe du mot *feroye* – « ferais » – qui se termine au début du vers suivant) est elle-même un hommage au codificateur des règles poétiques que fut Deschamps à travers son *Art de dictier*.

Christine de Pizan est toutefois le dernier grand auteur médiéval à dialoguer avec Eustache Deschamps : Alain Chartier ne le cite nulle part, René d'Anjou ne lui fait aucune place dans le Cimetière d'amour de son *Cœur d'amour épris* (1457) – qui évoque en revanche Machaut –, et il n'est cité par aucun des premiers Parnasses littéraires. Sporadiquement, cependant, quelques-uns de ses poèmes se retrouvent dans des manuscrits de la seconde moitié du xve siècle, et la fameuse anthologie du *Jardin de Plaisance et Fleur de Rhétorique*, publiée par le libraire parisien Vérard en 1501 réédite la ballade 113.

1. Philippe de Mézières, *Songe du Viel Pelerin*, éd. par Joël Blanchard, Genève, Droz, « Textes littéraires français », 2015, p. 951.

2. Christine de Pizan, *Une Epistre a Eustace Mourel*, in *Œuvres poétiques*, éd. par M. Roy, t. II, SATF, 1896, p. 295-301.

oubli jusqu'au XVIII

Puis ce sera l'oubli jusqu'au XVIIIe siècle. Cependant, si le grand redécouvreur de manuscrits qu'est Lacurne de Sainte-Palaye prend la peine de recopier quelques-uns de ses poèmes, il ne va pas jusqu'à en proposer une édition, et ce seront les érudits du XIXe siècle qui sortiront véritablement Eustache Deschamps de son purgatoire. En 1832, Georges-Adrien Crapelet édite un choix de ses poèmes ; en 1849, Prosper Tarbé en publie une part un peu plus consistante, qu'il complète, en 1865, avec une édition partielle du *Miroir de mariage*. Mais ce n'est qu'en 1876 que le marquis de Queux de Saint-Hilaire entreprend, sous l'égide la Société des Anciens textes français (SATF), une édition intégrale des œuvres de Deschamps. Celle-ci sera achevée en 1903, avec le tome XI, par Gaston Raynaud, qui avait repris l'entreprise après la mort prématurée de Queux de Saint-Hilaire. En dépit de quelques nouvelles éditions partielles, dont, en particulier, celle de *L'Art de Dictier* par Deborah M. Sinnreich-Levi (1994), l'édition SATF reste encore irremplacée à ce jour.

3. Une vie de poète

3.1. De la jeunesse insouciante à la vieillesse morose ?

Nous connaissons bien la vie d'Eustache Deschamps grâce à deux types de sources, que l'on peut souvent croiser pour corroborer certains renseignements. Il s'agit tout d'abord des informations qu'il nous donne lui-même dans ses poèmes, mais qu'il faut savoir prendre avec prudence : un écrivain transpose et commente sa vie dans son œuvre, plutôt qu'il ne la retranscrit. Il est vrai qu'il ne manque pas de se vanter, quand il en a l'occasion, de sa qualité de témoin oculaire dans nombre de pièces qui évoquent l'actualité ou les événements auxquels il a pris part. Nous avons par ailleurs conservé beaucoup de documents officiels liés aux missions et aux emplois qui lui furent confiés : au service de princes importants, Deschamps a en effet laissé de nombreuses traces dans les archives royales. Toutes ces pièces ont permis à Gaston Raynaud de proposer, au onzième et dernier tome de l'édition de la SATF, une biographie détaillée, de près de cent pages, de notre poète. Nous ne pourrons évidemment rappeler ici que les principales étapes de cette existence mouvementée.

Prétextant que, dans un poème datable de 1396, Deschamps faisait allusion aux événements dont il avait été témoin depuis *cinquante ans*, Raynaud le faisait naître en 1346. Mais – outre que ce chiffre de cinquante peut être approximatif –, si Deschamps parle de son *témoignage*, il ne peut guère inclure dans son compte ses toutes premières années de vie. La critique moderne s'accorde donc à situer plutôt sa naissance vers 1340, à Vertus, actuel chef-lieu de canton de la Marne. Il était donc champenois, comme Pierre le Mangeur, Chrétien de Troyes, Philippe de

Vitry, Machaut et Nicolas de Clamanges dont il se réclame fièrement dans un élan de chauvinisme, sur lequel nous aurons à revenir, car ce sentiment d'appartenance à une région est nouveau dans la littérature française.

Vertus ayant été érigé en comté pour servir de dot à Isabelle de France, fille du roi Jean le Bon, à l'occasion de son mariage avec le duc de Milan Galéas Visconti, on retrouve Deschamps accompagnant la princesse en Italie en 1360 (ballade 250) : c'est le premier acte connu de sa vie publique. Mais il revient rapidement en France car, toujours selon son témoignage, il part étudier le droit à l'Université d'Orléans (ballade 225, A 140) où il semble avoir mené joyeuse vie (ballade 1105, A 490). En 1366, il devient d'ailleurs président de la société des *Fumeux*, cercle de gais lurons dont il nous a laissé la charte sous le nom de Jean Fumeux (pièce 1398, A 636). En 1367, il est nommé juré du comte de Vertus et, quelques années plus tard (le premier document officiel à en faire foi date de 1375), bailli de Valois, c'est-à-dire fonctionnaire royal, ce qui l'attachera dès lors étroitement à la cour de France. Il est également fait chevaucheur de Philippe d'Orléans et maître des forêts de Villers-Cotterêts. C'est à la même époque (probablement en 1373) qu'il se marie, mais sa femme meurt en couches dès 1376 en donnant naissance à son troisième enfant, sa seule fille, qui épousera Renaud de Pacy le 18 avril 1393.

Lors de la chevauchée du duc de Buckingham qui, en 1380, ravage le nord de la France, la ville de Vertus est incendiée, ce qui fait dire à Eustache, dans la ballade 835 (A 416), qu'il ne veut plus être appelé que « Brûlé des champs » :

> Je fus jadiz de terre vertueuse.
> Nez de Vertus, le païz renommé
> Ou il avoit ville tresgracïeuse
> Dont li bon vin sont en maint lieu nommé.
> Jusques a cy avoit mon nom nommé,
> Eustace fu appellé des enfans.
> Or sui tous ars, s'est mon nom remué :
> J'aray desor a nom Brulé des Champs. (v. 1-8)

En conséquence, notre poète s'installe à Paris, où il sera par ailleurs plus près des princes au service desquels il travaille. En 1381, le nouveau roi Charles VI le fait garde et gouverneur de la tour de Fismes. Mais il y a un hic : cette charge a déjà un titulaire, un certain Petitsayne, qui va faire à Deschamps un procès que ce dernier finira par gagner en 1382. Dès lors, Deschamps accompagne le roi dans ses déplacements : il le suit d'abord à Vincennes lors de la révolte des Maillotins (23 février 1382), puis l'accompagne à Rouen et dans sa campagne contre les Flamands : il nous offre ainsi dans le chant royal 347 un décompte aussi précis que précieux des combattants de la bataille de Roosebeke (27 novembre 1382). Il est en outre chargé de nombreuses missions diplomatiques : il se rend à Bruxelles, en Lombardie et dans l'est de l'Europe, en particulier en Hongrie et en Bohème (durant l'hiver 1384-1385), pour préparer le mariage de la princesse Marie avec Louis d'Orléans. Son habitude de détailler les moindres faits de sa vie doit ainsi nous pousser à lire l'allusion qu'il semble faire, dans la ballade 169 (A 116), à un voyage en Palestine, dont il ne parle nulle part ailleurs, comme un trait rhétorique : le poème étant consacré à l'éloge de Paris, Deschamps ne parle vraisemblablement pas d'un voyage réel, mais du fait que *quand bien même* il aurait vu « Jherusalem, Egipte et Galileë, Alixandre, Damas et la Surie,/Babiloine, Le Caire et Tartarïe », il n'y aurait pas trouvé des merveilles comparables à celles de Paris.

En 1389, Eustache est nommé bailli de Senlis, charge qu'il conservera presque jusqu'à sa mort. Parallèlement, il est contraint de louvoyer entre les différentes factions qui entendent profiter de la jeunesse, puis de la folie de Charles VI. En 1393, il est nommé maître des eaux et forêts du duc Louis d'Orléans, qui lui résilie cependant en 1401 les charges qu'il lui allouait, ce qui aura pour effet de rapprocher Deschamps du rival de Louis, le duc de Bourgogne Philippe le Hardi.

Le 24 mars 1404, il donne quittance des gages qu'il recevait en tant que bailli de Senlis : c'est la dernière pièce officielle qui le mentionne, et il y a tout lieu de croire que notre poète est mort peu après. De fait, aucun des événements importants postérieurs à cette date ne trouve d'écho dans son œuvre et, comme le remarque Raynaud, il est invraisemblable d'imaginer qu'il ait encore pu vivre en 1407 sans mentionner l'assassinat du duc d'Orléans.

Haut fonctionnaire, plénipotentiaire royal, familier des grands, Deschamps – dans la vie de qui la composante campagnarde a finalement pris moins de place que son nom le laissait présager – aura donc fait une belle carrière administrative, sans être pour autant ce qu'on appellerait aujourd'hui un « intellectuel organique » : parfois flatteur, il reste lucide (nous reviendrons sur sa critique de la vie de cour) et préserve son quant-à-soi face à ses protecteurs, au risque de se brouiller parfois avec certains d'entre eux. L'actualité politique et culturelle a ainsi trouvé en lui un commentateur zélé, dont les charges officielles n'ont bridé ni l'inspiration, ni le franc-parler, ni la liberté de penser.

3.2. Comment il se voyait

Si Machaut est le premier auteur vernaculaire à organiser un recueil de ses *Œuvres complètes*, il laisse au miniaturiste le soin de l'y représenter, ce qui, en ces temps qui voient naître en peinture le réalisme mimétique, n'est pas sans intérêt : le menton en galoche de l'auteur du *Voir Dit*, dans les illustrations de son manuscrit, apparaît ainsi suffisamment caractéristique pour que l'on puisse en inférer que le poète en était effectivement affublé.

Mais Eustache Deschamps va plus loin : il est le premier écrivain à dresser de lui-même une description physique détaillée. Certes, depuis le XIIe siècle, la littérature française avait développé tout un art du portrait ; mais il s'agissait toujours de descriptions stéréotypées : les belles femmes étaient invariablement blondes, pâles et idéalement minces, les hommes larges d'épaules et fins à la taille. Ce n'est donc pas sans raison que l'on a pu lier l'émergence du laid dans la sculpture et la peinture à l'avènement du réalisme mimétique : la beauté est une, elle se conforme à un canon hautement standardisé, tandis que la laideur est davantage susceptible de pointer les particularités des individus. Il existait toutefois aussi un idéal, si l'on ose dire, de laideur, qui pour être moins topique, n'en avait pas moins aussi ses classiques, dont le parangon est sans doute le gardien des taureaux du *Chevalier au lion* de Chrétien de Troyes : or, avec ses oreilles velues, ses yeux de chouette, ses sourcils broussailleux, son nez de chat, ses dents de sanglier, son goitre et son échine courbée[1], ce personnage présente quelques analogies avec l'autoportrait que nous propose Eustache Deschamps – non sans une certaine complaisance – dans la ballade 774 (A 408) :

> Se nulz homs doit estre roy de Laidure,
> Pour plus laideur c'on ne porroit trouver,
> Estre le doy par raison et droiture
> Car j'ay le groing com hure de sanglier
> Et aux singes puis assés ressambler.
> J'ay grans dens et nez camus,
> Les cheveulx noirs, par les joës barbus
> Suy et mes yeux regardant de bÿays.
> Par le front sui et par le corps velus :
> Sur tous autres doy estre roy des Lays. (v. 1-10)

B.116 (p.408) autoportrait

On ne peut nier que ce portrait soit tributaire d'une certaine tradition descriptive, mais le fait que le poète s'applique à lui-même ces traits disgracieux nous montre que quelque chose a changé dans la perception de la laideur. Même s'il semble évident qu'il grossit certains détails, au point de nous proposer ce que l'on serait tenté d'appeler une auto-caricature plutôt qu'un portrait à proprement parler, Eustache est trop attentif au progrès de ses maladies et petites infirmités pour nous mentir sur toute la ligne. Il est vrai qu'à une époque où il était exceptionnel, passé quarante ans, de ne pas être affligé d'infirmités multiples, les ennuis dont se plaint notre poète n'ont aucun caractère d'exception et nous en apprennent autant sur son caractère ronchon que sur la gravité de son cas. Mais il n'est sans doute pas indifférent que le rondeau 647 nous parle de la « bosse » qui lui serait venue à l'aine lors de l'épidémie de Peste de 1387, à laquelle il ne semble donc avoir échappé que par miracle.

1. Voir Chrétien de Troyes, *Le Chevalier au Lion*, in *Œuvres complètes*, éd. par Daniel Poirion, Gallimard, « Bibliothèque de la Pléiade », 1994, p. 346.

Toutefois, en se définissant comme le « roi des laids », Deschamps donne une valeur exemplaire à un renversement que l'on peut proprement dire « carnavalesque », au sens où l'entendra Mikhaïl Bakhtine. On n'est pas très loin de la scène d'ouverture de *Notre-Dame de Paris*, où Victor Hugo narre un concours de grimaces que Quasimodo remporte évidemment haut la main, et sans avoir besoin de déformer ses traits. Villon, ainsi que Michel-Ange (dans ses fameux « tercets sur son propre sort »), sauront prolonger cette veine auto-dénigrante. Et il est difficile de ne pas penser aux « derniers vers » de Ronsard (« Je n'ai plus que les os, un squelette je semble... ») en lisant la ballade 1266 (A 540) où Deschamps se peint (soi-disant) aux approches de la mort :

> Je deviens courbés et bossus,
> J'oy tresdur, ma vïe decline,
> Je pers mes cheveulx par dessus,
> Je flue en chascune narine,
> J'ay grant doleur en la poitrine,
> Mes membres sens ja tous trembler,
> Je suis treshastis a parler,
> Impacïens, desdaing me mort,
> Sanz conduit ne sçay mes aler :
> Ce sont les signes de la mort. (v. 1-10)

Encore une fois, l'on n'est pas obligé de compatir, et l'on en vient à songer un peu irrespectueusement à cette chanson un peu démodée de Vincent Scotto, « j'ai la rate qui se dilate... » (*Je ne suis pas bien portant*), qui brocardait les geignements des hypocondriaques.

Un trait physique de Deschamps doit néanmoins être retenu de manière certaine, puisqu'il lui a valu son surnom de Morel (= noiraud) ; mais le doit-il à son teint ou à sa pilosité (comme le suggérerait la ballade 774), voire à quelque teinture de mélancolie « fumeuse » ? (On ne retiendra pas l'hypothèse selon laquelle ce surnom viendrait d'un séjour forcé chez les Maures, dont Deschamps ne nous a pas laissé le moindre témoignage.) Dans tous les cas, il est clair que ce trait ne saurait passer, selon les critères de l'époque, pour un signe de beauté.

Enfin, la remarque selon laquelle Deschamps aurait le regard « de biais » peut suggérer un rapprochement avec un topos bien mis en valeur par Jacqueline Cerquiglini-Toulet[1] : les poètes Rutebeuf, Henri d'Andeli, Machaut et, au XVe siècle encore, Jean Molinet se plaindront d'avoir partiellement ou totalement perdu la vue. Bien que cette infirmité ait eu toutes les chances d'être courante, à cette époque, chez les professionnels de la lecture, on s'empêche difficilement de penser à la symbolique

1. Voir Jacqueline Cerquiglini-Toulet, « Le clerc et le louche. Sociologie d'une esthétique », *Comme mon cœur désire. Guillaume de Machaut,* Le Livre du Voir Dit. Études réunies par Denis Hüe, Orléans, Paradigme, « Medievalia », 2001, p. 187-198.

qu'elle suggère : Homère, on le sait, était dit aveugle, car le véritable œil du poète, c'est l'œil intérieur, l'œil du cœur qui lui permet de voir au-delà des apparences. Dans un tel contexte, même l'anecdote du tournoi de Prague lors duquel Eustache manqua d'être éborgné (rondeau 1321) peut faire sens. Ainsi, sans qu'il soit exclu que notre poète ait réellement louché, ou qu'il ait failli perdre la vue par accident, la mention de ces disgrâces sert peut-être avant tout la revendication de double vue du poète, et pourrait nous offrir la clé de son autoportrait : c'est précisément parce que son apparence extérieure est si misérable que Deschamps revendique une royauté ; non tant celle, tout ironique, de la laideur, que celle de la poésie.

3.3. Une œuvre en recueil

Très peu après la mort de Deschamps, Raoul Tainguy, qui possède une importante officine de copiste à Paris, entreprend la mise en recueil de ses œuvres complètes en un seul manuscrit, aujourd'hui coté 840 dans le fonds des manuscrits français de la Bibliothèque nationale de France. Tainguy semble en être lui-même le copiste principal, mais on y a relevé plusieurs autres mains, qui se distinguent par des habitudes orthographiques diversifiées. Quant au commanditaire de Tainguy, ce devait être un proche du poète, car on y lit des textes (*La Fiction du lion* et *Le Miroir de mariage*) que Deschamps n'avait pas achevés et qui avaient donc sans doute peu circulé. Raynaud a proposé – et personne à ce jour ne l'a contredit – le nom d'Arnaud de Corbie (1325-1414), ancien Chancelier de France et collaborateur de Deschamps, qui avait également fourni à Tainguy des manuscrits de Froissart. On trouve d'ailleurs mention dans le testament d'Arnaud de Corbie, daté du 18 février 1399, d'un certain Yvonnet Graal, nom dans lequel Marie-Hélène Tesnière a voulu lire l'anagramme de celui de Raoul Tainguy.

L'idée que le manuscrit aurait pu servir de « miroir des princes », et donc avoir été compilé à l'intention d'un haut personnage de la famille royale, est peu vraisemblable, car si les thématiques morale et politique sont incontestablement importantes dans la production de Deschamps, le manuscrit 840 fait également la part belle à son inspiration comique et même grivoise. On n'expliquerait pas non plus, dans ce cas-là, que *L'Art de dictier* ne soit pas placé en tête du recueil. On rappellera en effet que les manuscrits réunissant l'œuvre complète de Machaut commencent par un *Prologue* du poète lui-même, qui explicite sa poétique et nous garantit qu'une volonté d'auteur a bien présidé à l'organisation du recueil.

Rien de tel dans l'énorme manuscrit 840 qui semble avoir compilé dans un savant désordre tous les papiers retrouvés par Tainguy après la mort de Deschamps. On y a d'ailleurs reconnu deux strates d'écriture. Une première partie va jusqu'au folio 431a (n° 1 à 1421) et comprend :

– les 303 *ballades de moralité* ;

- une série de lais (304-314) ;
- une série de chants royaux (315-408) ;
- une deuxième série de ballades, dites *ballades amoureuses* (409-547) ;
- une série de rondeaux et de virelais (548-763) ;
- une troisième série de ballades (764-1355) ;
- des pièces diverses, dont une en prose (1356-1361) ;
- une quatrième série de ballades (1362-1394) ;
- trois pièces diverses, dont deux en prose (1395-1397) ;
- des pièces comiques (1398-1405) ;
- des lettres humoristiques (1406-1421).

Une seconde partie (folios 431a à 581d), ajoutée après coup, comprend :

- une cinquième série de ballades (1422-1493) ;
- quatre pièces diverses (1494-1497) ;
- *Le Miroir de mariage* (1498) ;
- L'original latin de la pièce 1397.

Le total se monte à 1501 pièces, car le *Double Lay de la fragilité humaine* n'a pas reçu de numérotation, et le virelai 753 doit être scindé en deux.

Comme on le voit, la rigueur n'est pas la principale qualité de ce classement, qui tient cependant compte des distinctions génériques opérées par Deschamps dans *L'Art de dictier*, mais en les répartissant d'une manière assez arbitraire dont rien ne nous indique qu'elle soit chronologique. On peut déceler ici et là des regroupements thématiques, comme celui des poèmes évoquant le voyage en Bohème (1317-1327) ou celui des poèmes liés au cercle des Fumeux (1398-1402). Le copiste aime aussi à faire dialoguer des ballades pour créer des contrastes ou des effets comiques : il est ainsi difficile d'attribuer au hasard le fait qu'à la ballade 776, qui stigmatise un hypocrite trop poli succède le concert d'insultes de la ballade 777, mais nous restons là dans des effets de microstructure. Rien de tout cela ne permet de dégager clairement un dessein d'ensemble : Deschamps n'a jamais créé de structure englobant des insertions lyriques, comme Machaut dans le *Voir Dit*, ou même organisé de cycles, comme Christine de Pizan dans ses *Cent ballades d'amant et de dame*, et il est possible que le titre même des *ballades de moralité* (qui sont d'ailleurs loin d'être toutes moralement exemplaires) soit dû au copiste plutôt qu'à l'auteur. Qui plus est, une pièce au moins doit être attribuée à un autre écrivain, la ballade 146, sur les jurons, qui est d'Arnaud de Corbie ; et l'on comptabilise un certain nombre de doublons : treize ballades, trois chants royaux et un rondeau sont copiés deux fois, et une ballade l'est même à trois reprises.

Tel quel, ce manuscrit n'en reste pas moins irremplaçable, et Clotilde Dauphant a même pris dans son livre le parti (trop ?) prudent de ne considérer comme œuvres de Deschamps que les pièces qui y sont recueillies. Des textes du manuscrit 840 figurent cependant dans 35 autres témoins, mais l'ensemble de ces copies supplémentaires ne représente qu'un dixième des pièces du manuscrit principal : si 17 autres témoins ne comprennent qu'une de ses pièces, sept que deux et cinq que trois, les six autres en recueillent respectivement 6, 7, 7, 12, 18 et… 78 ! Ce dernier manuscrit, le 6221 des nouvelles acquisitions françaises du fonds de la BnF, recueille en outre 76 autres pièces, dont Gaston Raynaud (t. XI, p. 107) estimait que beaucoup « sont attribuables [à Deschamps], et quelques-unes appartiennent à différents auteurs ». L'éditeur de la SATF était également d'avis d'ajouter quatre poèmes du manuscrit de Clermont-Ferrand (celui qui comprend 18 poèmes « officiels » de Deschamps) au corpus de notre poète. Une partie du tome X de l'édition SATF est ainsi consacrée à l'édition de 81 poèmes supplémentaires, que la critique actuelle est plus réticente à inclure parmi les œuvres de Deschamps, mais que l'on ne peut pas pour autant écarter d'un simple revers de main. Il est vrai que Raynaud signalait dès le tome XI que, suite à un compte rendu écrit en 1902 par Arthur Piaget, 9 textes du manuscrit 6221 devaient être attribués à Machaut, deux à Alain Chartier et un à Oton de Grandson ; outre les six textes dont l'attribution était déjà contestée dans le tome X, cela réduisait à 58 les poèmes susceptibles de grossir l'œuvre de Deschamps. Parmi ceux-là, il reste toutefois peu vraisemblable qu'aucun ne soit de lui : on notera par exemple que celui que Raynaud numérote 9 est signé « Maistre Fumeux », titre qui conviendrait bien à Deschamps. Le débat sur l'étendue du corpus laissé par notre poète est donc loin d'être clos, et il est à craindre qu'il ne le soit jamais. Doit-on enfin prêter foi aux dires de Deschamps qui prétendait avoir écrit un *Livre de mémoire* (cité dans les ballades 1125 et 1148), sorte de chronique historique courant de 1364 à 1396, et un *Chapel de fleurs* qu'il disait, dans la ballade 984, avoir perdu par la faute d'un mauvais coup de vent ? Cette dernière revendication sent la plaisanterie à plein nez ; à moins que Deschamps y déplore, plutôt que la perte d'une pièce particulière, celle d'une copie de ses œuvres. Les allusions au *Livre de mémoire* semblent, pour leur part, plus sérieuses.

Au demeurant, la marge d'incertitude entre œuvres certaines, œuvres attribuables et œuvres potentiellement perdues est propre à presque tous les poètes du Moyen Âge, et il reste permis de considérer, avec Clotilde Dauphant, que 1480 pièces peuvent suffire au bonheur des amateurs de Deschamps.

II

Structures de l'imaginaire

1. Les formes poétiques

1.1. Rondeaux et virelais

Le rondeau, comme la ballade, est d'origine populaire : l'un et l'autre sont – leur nom l'indique – des pièces à *danser* (que l'on songe à l'italien *ballare*) que les trouvères du XIIIe siècle avaient déjà pratiquées, mais en leur conservant un caractère marginal sans commune mesure avec les poèmes appartenant au registre du « grand chant courtois ». L'originalité de Machaut est d'avoir promu ces formes en remplacement de celles utilisées jusque-là dans la poésie amoureuse et d'avoir assuré leur succès pour deux siècles.

Daniel Poirion, dans son ouvrage fondamental sur la poésie de la fin du Moyen Âge, *Le Poète et le Prince* (1965), associe le rondeau et le virelai à travers la catégorie de « l'encerclement ». Le rondeau est constitué de quatre strophes brèves : la première et la dernière sont identiques, et la première moitié de la première strophe est reprise dans la deuxième moitié de la seconde. Au XIIIe siècle et chez Machaut le rondeau est généralement constitué de quatre distiques sur deux rimes, c'est-à-dire de huit vers, dont le premier, le quatrième et le septième sont identiques, tout comme, de leur côté, le deuxième et le huitième. Autrement dit, sa structure, qui, comme le souligne Poirion, « encercle » le poème par le retour périodique des vers initiaux, peut être schématisée comme suit (les majuscules désignent les vers identiques et l'alternance des a et des b identifie les rimes) : AB aA ab AB. Assez vite, et déjà chez Machaut, vont se développer des rondeaux en tercets, où la deuxième strophe est soit un distique soit, plus généralement, un quatrain : ABB aA (ou abAB) abb ABB. Et surtout en quatrains, pour ce qui deviendra la forme canonique du rondeau : ABAB abAB abab ABAB. Comme les reprises auront tendances à être abrégées dans les manuscrits, on constatera dès la fin du XVe siècle un certain flottement formel qui, à partir du XVIe siècle, transformera cette structure de quatre couplets réguliers en une forme irrégulière de trois strophes : ABAB abA ababA, où les deux A terminant les deuxième et troisième strophes ne reprendront eux-mêmes que le ou les premier(s) mot(s) du premier vers, en guise de pointe. Tendant à faire du rondeau une forme essentiellement légère, cette évolution, qui trouvera son aboutissement au XVIIe siècle, est bien postérieure à Deschamps, et on ne la commentera pas plus avant ici.

Il existe aussi des rondeaux cinquains : AABBA aabAAB aabba AABBA, forme que ne pratiquait pas Machaut, et qui pose un délicat problème d'histoire littéraire : seuls deux poètes ayant, à notre connaissance, pratiqué cette forme avant le XVe siècle, l'un des deux en est très probablement l'inventeur ; mais lequel ? On n'en lit qu'un seul exemple dans toute l'œuvre de Deschamps (imprimé par Gaston Raynaud – c'est la pièce 577 (A 372) – d'une manière qui en rend d'ailleurs la structure méconnaissable), et la forme n'est pas répertoriée dans l'*Art de dictier*. On en trouve en revanche trois chez Oton de Grandson. Se pourrait-il que ce dernier auteur, bien moins virtuose que Machaut et Deschamps, ait de son propre chef proposé cette innovation formelle qui ne se répandra qu'à la génération suivante ? La question reste ouverte.

Pour sa part, le virelai, également appelé *chanson balladée*, se caractérise, de manière moins complexe, par l'identité de la première et de la quatrième et dernière strophe (souvent précédée d'une volte dont le schéma reprend celui des refrains). Cette forme, plus faiblement caractérisée que le rondeau, a connu une moins grande fortune que ce dernier et est restée relativement marginale chez presque tous les poètes qui l'ont pratiquée, à la notable exception, cependant, de Deschamps qui, à côté de ses 171 rondeaux n'a pas laissé moins de 84 virelais d'une variété de rythmes que Raynaud n'hésitait pas à qualifier de « vraiment inouïe » (t. XI, p. 126).

1.2. Ballades et chants royaux

La deuxième catégorie formelle qu'identifie Daniel Poirion est celle qui associe la ballade et le chant royal sous le signe de la « structure rayonnante ». Chez Machaut, la ballade comprend trois strophes unissonnantes (c'est-à-dire bâties sur les mêmes rimes) toutes terminées par un vers identique, le refrain, tandis que le chant royal comprend cinq strophes complétées par une demi-strophe appelée « envoi ». En fait, le chant royal, qui est l'héritier direct de la *canso* de troubadours et de la *chanson* des trouvères, va vite se trouver hybridé avec la ballade, dont il adoptera le refrain, tandis que la ballade lui empruntera l'envoi, comme l'explique bien Deschamps, dans *L'Art de Dictier*. Toutefois, le fait que le manuscrit 840 distingue nettement ballades et chants royaux montre que le caractère distinct des deux formes était encore nettement perçu au début du XVe siècle. Bien que notre auteur ne considère pas l'envoi comme obligatoire dans la ballade (Machaut n'en offrait pas d'exemple), il l'introduit dans les deux tiers (plus exactement 657 sur 1014) des siennes. Ici encore, on a pu se demander si Oton de Grandson ne l'avait pas précédé dans cette innovation, mais cette fois-ci la balance est très clairement en faveur de Deschamps : selon Ian Laurie[1], seules douze des 357 ballades sans envoi de Deschamps sont datables avec certitude d'après 1388, alors que dix seulement des 77 ballades d'Oton possèdent un envoi. On constate par ailleurs que si la règle voulant que l'on commence l'envoi par une apostrophe au « Prince » est bien établie dès l'origine de cette demi-strophe finale, Deschamps, ne s'en autorise pas moins, et fréquemment, à mettre un s à cet appellatif, ce qui permet de douter de l'interprétation habituelle voulant que le prince en question soit celui du *puy* (c'est-à-dire du concours poétique) : certes, il peut s'agir dans certains cas d'un souvenir de l'ancien s du cas sujet singulier, mais il est clair que dans de nombreux cas, « Princes » ne peut se comprendre qu'au pluriel :

Princes et Rois, duc, chevalier mondain,
Soiez piteux, veuilliez ce Roy requerre
Qu'il vous doint bien gouverner soir et main.
De tel seigneur fait bon l'amour acquerre. (ballade 14, v. 25-28)

Princes, soiez en union,
Mettez sur tout provisïon,
Faictes restraindre tout estat
En servant Dieu sans fictïon,
Car par dissimulacïon
Vont toutes les choses de plat. (ballade 1377, v. 31-36)

Dans la ballade 118, il va même jusqu'à exceptionnellement substituer « Mondaine cour » à l'appellatif habituel. Assurément, la ballade selon Deschamps se comprend davantage comme « miroir des princes » que comme pièce de concours, et on peut comprendre qu'elle ait véritablement été la forme poétique de prédilection de notre auteur. On trouvera dans l'ouvrage de Poirion (p. 374-375) le tableau des types de ballades qu'il a pratiqués en comparaison avec ceux des autres grands poètes des XIVe et XVe siècles : si Christine de Pizan a usé de plus de schémas que lui (20 contre 15 chez Deschamps), il bat tous ses collègues à plates coutures par l'abondance de sa production : il n'en a pas écrit moins de 1014, chiffre qu'aucun autre poète n'approche, même de loin. Ses schémas de prédilection sont le huitain de décasyllabes (351 ballades), le dizain de décasyllabes (286), le dizain d'octosyllabes (153) et le huitain d'octosyllabes (91). Il a en revanche peu usé du septain et

1. Voir Ian Laurie, « Les amitiés métriques. Oton de Grandson et Eustache Deschamps », in J.-F. Kosta-Théfaine (éd.), *Oton de Grandson chevalier et poète*, p. 123-136.

des strophes mélangeant les mètres, catégories où il se fait largement surclasser par Machaut dont 109 ballades (la moitié de sa production dans le genre) sont en septains de décasyllabes (pour 35 seulement chez Deschamps) et 69 en huitains irréguliers (pour 10 chez Deschamps).

Pour les chants royaux, la supériorité de Deschamps est encore plus écrasante que pour la ballade : il est non seulement l'auteur qui en a écrit le plus, mais aussi celui qui en a le plus varié les formes : 136 poèmes sur 12 schémas, contre 26 sur 6 chez Froissart, 8 sur 5 seulement chez Machaut et 5 sur 4 chez Charles d'Orléans (ni Oton de Grandson ni Christine de Pizan n'en ont écrit).

Deschamps a cependant composé dix fois plus de ballades que de chants royaux, et sa moindre exigence technique dans le premier genre (les types qu'il privilégie ne sont pas ceux qui demandent le plus de virtuosité) montre à quel point la ballade est par excellence, pour lui, un moule commode apte à illustrer les sujets les plus divers, plutôt qu'un prétexte à démonstration métriques. Deschamps s'avère ainsi le premier auteur à faire servir les poèmes à forme fixe à d'autres fins que celles du lyrisme amoureux : les investissant de toutes les potentialités expressives et de toutes les possibilités thématiques qu'accueillait le *dit* au XIIIe siècle, il met les vers répétés du refrain au service du martèlement d'une idée centrale qui accentue le caractère satirique ou sentencieux du poème, et assure aux principales formes léguées par Machaut une longévité qui leur permettra de passer le cap de la Renaissance.

1.3. Les formes longues

Daniel Poirion regroupait enfin sous l'étiquette de la « répétition progressive » deux formes, le lai et la complainte, que tout semble opposer. En effet, formalisé par Machaut à partir d'une forme strophique simple du XIIIe siècle, le lai est la forme poétique la plus complexe de la fin du Moyen Âge, alors que la complainte est la plus élémentaire. Les rapproche cependant l'ampleur du souffle à travers une succession strophique dépourvue d'éléments récurrents. Formé de douze longues doubles strophes dont chacune doit être formellement très différente des autres (que ce soit pour le nombre et la longueur des vers, ou pour les schémas de rimes), à l'exception de la dernière dont la structure doit être identique à celle de la première tout en en différant de contenu, le lai compte toujours plusieurs centaines de vers et Deschamps lui-même la définit dans l'*Art de dictier* comme « une chose longue et malaisiee a faire et trouver » (A 626). Il en a écrit quinze, dont dix suivent rigoureusement les règles ; quatre y apportent des aménagements et le quinzième n'est un lai que de nom. Ce chiffre peut apparaître modeste en regard de l'ampleur de l'œuvre de Deschamps ; il fait néanmoins de lui le poète qui, après Machaut, y a consacré le plus d'efforts, au coude-à-coude avec Froissart qui a écrit treize lais. Quant à Oton de Grandson, il a donné ce nom à trois de ses poèmes, mais un seul le mérite vraiment, et il est significatif que Clotilde Dauphant ait consacré quatre pages (151-155) de son livre sur la poétique d'Eustache Deschamps à la difficulté de tracer une frontière entre lai et complainte chez Oton (dont les deux lais défectifs sont en fait des complaintes), car ce cas d'école permet de comprendre la désaffection générale de la forme trop alambiquée du lai par les poètes ultérieurs.

A contrario, le succès de la complainte s'explique par son extrême simplicité, qui lui a permis de recueillir, si l'on ose dire, les débris du lai. Constitué d'une suite indéfinie de strophes identiques, le modèle le plus courant s'en fixera, à partir de Grandson dans la strophe « carrée » de huit octosyllabes, définitivement popularisée vers 1424 par *La Belle dame sans mercy* d'Alain Chartier. Pour une fois conservateur, sinon élitiste, Deschamps, a moins pratiqué la complainte que le lai. On ne dénombre en effet dans sa production que six pièces assimilables à cette forme, dont aucune n'adopte la strophe carrée. Quant à pratiquer une versification minimale, il lui préfère la suite d'octosyllabes à rimes plates, qui informe en particulier la série drolatique des *Lettres* (pièces 1406 à 1421).

2. Postures d'auteur

2.1. Le poéticien

L'Art de dictier (n° 1396, A 582) est l'une des trois seules œuvres en prose de Deschamps avec les *Demoustracions contre sortileges* (n° 1361) et la *Dolente et piteuse complainte de l'Eglise moult desolee au jour d'ui* (n° 1397), traduction de sa pièce latine de même titre. Outre qu'il nous offre la possibilité de juger les œuvres de notre poète à l'aune de ses conceptions théoriques, *L'Art de dictier* a la particularité d'être le tout premier art poétique écrit en français. À la date où le compose Deschamps (1392), le genre est déjà vénérable en latin : dès le XIIe siècle, Mathieu de Vendôme, Jean de Garlande ou Geoffroi de Vinsauf ont rédigé dans cette langue des arts poétiques traitant essentiellement de l'organisation de la matière et des figures de rhétorique[1]. Edmond Faral avait tenté de faire des liens entre ces préceptes et la poésie vernaculaire, mais l'exercice s'était avéré peu convaincant : ces auteurs des XIIe et XIIIe siècles ne parlent que de littérature latine et semblent ignorer qu'une littérature en langue romane est en train de se développer, parallèlement à la tradition savante qu'ils perpétuent. Il n'est cependant pas impossible que leurs considérations sur la poésie syllabique aient pu stimuler la réflexion des poètes vernaculaires sur leur propre pratique du vers.

1. Voir Edmond Faral, *Les Arts poétiques des XIIe et XIIIe siècles. Recherches et documents sur la technique littéraire du Moyen Âge*, Champion, 1924.

En Provence s'était par ailleurs instaurée, à partir de la fin du XIIIe siècle, l'habitude d'accompagner les copies manuscrites des chansons de troubadours par des *vidas* (biographies) et des *razos* (gloses), mais il s'agissait essentiellement là de faire dialoguer la vie et l'œuvre des poètes. Lorsque Dante commentera les troubadours dans son *De vulgari eloquentia*, il sera certes moins anecdotique mais s'intéressera également davantage au contenu des poèmes qu'à leur forme. En revanche, les *ensenhamens* provençaux du XIIIe siècle et les *Leis d'amors* du début du XIVe siècle, proposent des considérations plus techniques, et il n'est pas exclu que Deschamps les ait connues.

Il convient enfin d'évoquer le *Prologue* écrit par Machaut en préface au manuscrit de ses œuvres complètes : si les formes poétiques n'y sont pas évoquées en elles-mêmes (il en parlera, il est vrai, brièvement dans le *Remède de Fortune*), les réflexions que Machaut y propose sur la musique ont sans doute directement influencé celles que Deschamps place au début de son traité. L'originalité de notre poète reste donc essentiellement de parler de technique poétique : habituellement si expansif quant à sa vie personnelle, Eustache ne s'y épanche absolument pas sur les circonstances autobiographiques de la composition de ses œuvres, mais se situe d'emblée sur un plan plus abstrait. Ainsi son traité s'appuie-t-il sur un exposé préalable des sept arts libéraux pour passer ensuite méthodiquement en revue toutes les formes poétiques fixes pratiquées de son temps. Après un rappel très succinct des trois arts du *trivium* (Grammaire, Logique et Rhétorique : en langage d'aujourd'hui les Lettres), il passe aux arts du *quadrivium* (= les Sciences) et s'attarde longuement, après l'évocation de la Géométrie, de l'Arithmétique et de l'Astronomie, sur le quatrième qui est la Musique, laquelle est pour lui « la medicine des VII ars » (A 588), car elle repose des fatigues causées par l'étude des six autres. Cette entrée en matière quelque peu ironique, qui est bien dans le ton de notre poète, rompt complètement avec la définition traditionnelle du septième des arts libéraux. En effet, si la Musique est associée dans le *quadrivium* avec les arts du nombre, c'est parce qu'elle est considérée comme le fondement de l'harmonie universelle : ses caractéristiques vulgairement audibles, si l'on ose dire, sont très généralement négligées par les théoriciens, alors que c'est au contraire là tout ce qui intéresse Deschamps. Celui-ci fait donc l'impasse sur les considérations liées à la « musique des sphères » et subvertit la distinction, traditionnelle depuis le *De institutione musica* de Boèce (VIe siècle), entre musiques « mondaine » (celle, inaudible, qui organise le cosmos), « humaine » (celle, tout aussi imperceptible à l'oreille, qui règle les rapports de l'âme et du corps) et « instrumentale » (celle des instruments et des voix). Conservant la troisième au titre de musique « artificielle », Deschamps fait de la musique « naturelle » (dont on s'attendrait à ce qu'elle désigne la musique des sphères) le simple synonyme de la poésie. Il peut donc en conclure que musiques artificielle et naturelle sont faites l'une pour l'autre et qu'il en « est de ces deux ainsis comme un mariage en conjunction de science » (A 592). Cela étant posé, il s'autorise, conséquemment, à ne parler que de la musique naturelle et congédie sans autre forme de procès la musique artificielle, dont il dit non sans désinvolture qu'elle est à la portée du « plus rude homme du monde » (A 588), alors que la poésie réclamerait un don inné. Ce dédain envers la musique, à une époque où l'*Ars nova* a évolué vers l'*Ars subtilior*, pratique si complexe que son exécution, aujourd'hui encore, n'est à la portée que de virtuoses aguerris, prend tout son sens lorsque l'on sait que, contrairement à Machaut, Deschamps n'avait nul talent de compositeur et qu'il ne s'est pas davantage soucié que qui que ce soit mette de la musique sur ses vers. Très significativement, la seule mise en musique de ses poèmes par un compositeur de son temps qui nous soit parvenue est celle, due à François Andrieu[1] qui les enchaîne en une seule composition, de ses deux ballades sur la mort de Machaut. Ainsi *L'Art de dictier* fonde-t-il la poétique française sur l'autonomie absolue de la pratique littéraire : cinq siècles avant Mallarmé, Eustache Deschamps a « repris à la musique son bien ».

Si sa pratique poétique n'est généralement ni virtuose ni alambiquée, Deschamps peut cependant s'inspirer occasionnellement des procédés musicaux de l'*Ars nova*. Ainsi de la ballade 9, qui aligne substantifs et adjectifs laudatifs en l'honneur de la Vierge, dans un ordre susceptible d'être permuté de huit manières différentes, comme le détaille une scholie du manuscrit : ce tour de force annonce directement ceux des « Grands rhétoriqueurs » de la fin du xve siècle qui, eux aussi, useront préférentiellement de ces procédés dans la poésie mariale. Mais cette thématique n'a rien d'exclusif : selon Queux de Saint-Hilaire la ballade 18, de structure proche, et qui est un réquisitoire contre la Flandre, pourrait également être régie par les mêmes principes récursifs.

L'Art de dictier présente, sur les formes qu'il entend traiter, un exposé des plus précis. Après des considérations phonétiques, les termes techniques dont use Deschamps sont peu nombreux : *couples* (couplets), *rebriches* (refrains), *rimes*, *envois* en constituent l'essentiel, avec la distinction de l'*ouvert* (première partie du couplet, jusqu'à la cadence suspensive) et du *clos* (seconde partie, jusqu'à la cadence complète), qui caractérisait déjà les strophes des troubadours, mais que Deschamps redéfinit en fonction du seul texte, ce qui le pousse à rompre ses strophes de manière syntaxique en proposant souvent une première partie plus brève que la deuxième, asymétrie qui ne serait pas possible avec la musique.

1. La ballade 1034 blâme ceux qui voudraient « devenir maistre Andrieu/Sanz sçavoir scïence ou clergie » (v. 19-20) : à la proposition du glossaire de la SATF, qui y voit une allusion au « célèbre prédicateur André d'Auchi » (fl. 1300), j'avoue préférer l'idée que Deschamps a voulu rendre hommage à son ami musicien. Ajoutons qu'il est parmi les poèmes attribués à Deschamps dans le t. X de l'éd. SATF, un autre poème, le n° 11, dont on connaît la mise en musique. Mais Piaget a contesté l'attribution de ce texte à Deschamps.

Les exemples, au nombre de 20, sont riches pour un traité aussi succinct, et sont tous de la main de Deschamps, sauf le dix-huitième et le dix-neuvième qui reprennent des rondeaux de Machaut. On retrouve par ailleurs les 18 autres en divers endroits du manuscrit 840. Les poèmes insérés comprennent 9 ballades, 3 virelais, 7 rondeaux et un lai dont – par un souci d'économie aisément compréhensible – Deschamps ne donne que le début et la fin. C'est avec un plaisir certain qu'il insère ces poèmes, puisqu'il en cite davantage qu'il ne décrit de formes différentes : ainsi ne trouve-t-on pas moins de 4 rondeaux distiques. En revanche, les *serventois*, dont le nom est hérité des anciens trouvères, les *sottes chansons* (ou sottes ballades) et les *pastourelles* ne sont illustrées par aucun exemple et n'ont droit qu'à quelques lignes de description : l'absence d'exemple de *serventois* est justifiée par le caractère roturier de cette forme; pour les deux autres, Deschamps n'invoque que la volonté de ne pas allonger son traité. Ainsi peut-on déduire de la lecture de *L'Art de dictier* que, pour Deschamps, seules quatre formes poétiques (la ballade, le virelai, le rondeau et le lai) méritent considération. Le reste, visiblement, n'est que littérature…

L'Art de dictier sera à l'origine d'une floraison d'arts dits « de seconde rhétorique » (c'est-à-dire de poésie, rattachée cette fois-ci non plus au septième des arts libéraux, mais au troisième) qui se suivront sans discontinuer jusqu'au cœur de la Renaissance : à celui de Jacques Legrand, datant des premières années du XVe siècle, succédera le traité anonyme des *Règles de la seconde rhétorique* (entre 1411 et 1432), puis l'ouvrage de Baudet Herenc (1433), un traité messin anonyme (milieu du XVe s.), celui de Jean Molinet, attribué à H. de Croy et mis en vers quelque temps plus tard (fin XVe s.), l'*Instructif de seconde rhétorique* de l'Infortuné (1501), et le *Grand et Vray Art de Pleine Rhétorique* de Pierre Fabbri (1521), dont s'inspireront à leur tour Sébillet (1548), et Peletier du Mans (1555), alors que commence, avec la *Défense et illustration de la langue française* de Du Bellay (1549), l'ère des manifestes. À cette date, le nom même de Deschamps aura été oublié depuis longtemps.

2.2. L'érudit

L'érudition d'Eustache éclate au détour du moindre de ses poèmes. Gaston Raynaud a établi une liste alphabétique de leurs sources, et l'ampleur de ses relevés est impressionnante. Qui plus est, notre poète a de vastes connaissances à la fois en littérature latine et en littérature vernaculaire : il ne connaît pas seulement les classiques latins et les Pères de l'église, mais il nous prouve que certaines œuvres françaises du XIIe siècle étaient encore susceptibles d'être lues à la fin du XIVe. La ballade en hommage à Geoffrey Chaucer citée plus haut est à cet égard caractéristique : Deschamps y enchaîne en effet le plus naturellement du monde les références à Homère, Sénèque, Ovide et, par l'intermédiaire d'Énée, à Île aux Géants et à Brut, refaisant en quelques vers le trajet – typique de la « Renaissance du XIIe siècle » – de la *translatio studii* (c'est-à-dire de la « transmission du savoir »), des Grecs aux Romains, puis aux Modernes, par l'intermédiaire des légendes bretonnes qui revendiquaient la filiation troyenne de Brutus, l'arrière-petit-fils d'Énée.

On retrouve aussi des traces de la lecture de chansons de geste, telles *Garin le Lorrain*, *Gaufrey*, *Macaire*, *Le Moniage Guillaume* ou *La Chanson de Roland*, ainsi que de romans comme le *Roman de Troie* de Benoît de Sainte-More, *Florence de Rome*, le *Florimont* d'Aymon de Varennes, les *Prophéties de Merlin*, le *Roman du Châtelain de Coucy* ou encore le lai de *La Châtelaine de Vergy*. Enfin, il va presque sans dire que *Le Roman de Renart*, modèle d'écriture satirique, et *Le Roman de la Rose* – le seul vrai « classique » vernaculaire reconnu comme tel jusqu'à la Renaissance – étaient parfaitement familiers à notre poète.

Parmi les auteurs latins, on trouve aussi bien les auteurs païens, de Plaute à Boèce, que les chrétiens, des Pères de l'Église aux références les plus modernes : saint Augustin, saint Jérôme, saint Grégoire côtoient ainsi Bède, saint Bernard, Jean de Salisbury, Hugues de Saint-Victor ou Vincent de Beauvais.

Les souvenirs d'études abondent par ailleurs chez Deschamps : on a vu que *L'Art de dictier* commençait par un rappel des principales caractéristiques des sept arts libéraux, que notre poète se vante d'avoir étudiés dans sa ballade 225 (A 140) : il y dit même avoir tiré de substantiels profits de sa connaissance de l'astrologie, alors que sa pièce en prose *Demoustracions contre sortileges* (n° 1361) nous met en garde contre cette même science à grands renforts de citations bibliques et patristiques. Cet exemple ne confirme pas seulement la propension de Deschamps à vouloir nous dire tout et son contraire, pourvu qu'il puisse faire étalage de son savoir ; il met aussi le doigt sur la fondamentale ambiguïté du statut de l'astrologie au Moyen Âge, période où personne ne met vraiment en doute l'idée d'une influence des astres sur une partie au moins du monde sublunaire. Ainsi Deschamps n'hésite-t-il pas à parler, dans *L'Art de dictier*, des « influences et disposicions [des planètes] selon leurs qualitez et conjunctions en divers signes et leurs opposicions, pour juger des inclinacions naturelles des hommes selon leur nativité » (A 586), tout en montrant, par ailleurs, une prédilection marquée pour le personnage allégorique de *Franc-Vouloir*, dont on peut traduire le nom par « Libre-arbitre », incarnation même de son désir d'échapper à un déterminisme trop contraignant.

Le texte dans lequel Deschamps fait la plus grande démonstration de son érudition est aussi de loin le plus long qui soit sorti de sa plume : fort de ses 12'103 vers, le *Miroir de mariage* (n° 1498) est pourtant inachevé, mais, en dépit de ce qu'écrit le copiste, qui le place tout à la fin du manuscrit 840, la mort de Deschamps n'y est pour rien : une allusion au début du texte nous place vers 1381, puisque Charles VI est dit ne pas encore avoir 14 ans, et Raynaud (SATF, t. XI, p. 199) donne de bonnes raisons de penser que la rédaction a été interrompue avant 1389, opinion par ailleurs corroborée par un fait de réception que l'on évoquera un peu plus bas.

Le Miroir de mariage s'inscrit dans le grand mouvement de la littérature cléricale misogyne qui, initié en français au XIIIe siècle (mais s'autorisant de sources latines, en particulier Ovide, Juvénal et les Pères), se développera jusqu'au XVIe. Le statut des clercs, qui ont un pied dans le monde laïc et l'autre dans celui de l'Église (d'où la possibilité qu'ils ont de se marier), se dégrade en effet notoirement à la fin du Moyen Âge. Tout part de l'interdiction qui leur est faite, au quatrième concile du Latran (1215), de se remarier après veuvage, ce qui revient, à cette époque où la mort des femmes en couches est fréquente, à les condamner à brève échéance au célibat. Les restrictions papales ne cesseront de s'intensifier et, dans les années 1270, deux auteurs, Adam de la Halle dans son *Jeu de la Feuillée* et Jean de Meun dans la seconde partie du *Roman de la Rose*, vont attiser la polémique et développer la fronde antiféministe, par dépit de ne pouvoir fréquenter les femmes à leur guise : si la satire d'Adam de la Halle reste cantonnée au cadre arrageois, celle de Jean de Meun fait appel à tous les prestiges de l'érudition universitaire parisienne et se développe, en particulier à travers le discours de Nature, dans des visions que l'on peut dire panthéistes avant la lettre. Au début du XIVe siècle, le clerc Matheolus écrira en latin de vigoureuses *Lamentations* contre les femmes, dont le succès sera si grand qu'elles seront traduites en français dès la fin du siècle. Sans être aussi unilatéral (on a vu que Christine de Pizan, contemptrice de Jean de Meun et de Matheolus, ne lui en tiendra pas rigueur), Deschamps, ajoute sa pierre à cette littérature de combat avec les 97 chapitres du *Miroir de mariage*. Mais, fidèle à son habitude de balancer les arguments et de ne rien affirmer dont il ne puisse proposer la palinodie, il nous propose une réflexion qui présente déjà la structure du *Tiers livre* de Rabelais : de même que Panurge n'est pas plus avancé à la fin du roman qu'au début, ne sachant toujours pas s'il doit ou non se marier, Franc-Vouloir est bien en peine d'apprendre, à l'issue de l'ouvrage, ce qui est préférable du mariage ou du célibat. Le dispositif du livre met en scène des personnages allégoriques : Franc-Vouloir est encouragé à se marier par *Désir*, *Folie*, *Servitude* et *Faintise*, dont les seuls noms nous disent déjà à quel point leurs discours seront ambigus et peu fiables, tandis que *Répertoire-de-Science* lui conseille le célibat. Franc-Vouloir sera ainsi renvoyé d'*exemplum* positif en *exemplum* négatif, de récit biblique en recommandation patristique et d'autorité bienveillante en autorité disqualifiante sans jamais savoir sur quel pied danser. Au moment où l'œuvre s'interrompt, Deschamps en est arrivé à des exemples pris dans l'histoire récente, et l'on peut imaginer que ces évocations aient pu devenir suffisamment délicates, politiquement, pour que l'auteur ait préféré interrompre la rédaction de son traité. Le plus vraisemblable reste cependant qu'il ait fini par se lasser de ce trop long ouvrage.

Un petit détail d'érudition nous permettra à la fois de mesurer l'étendue des connaissances de Deschamps et l'écho recueilli par son ouvrage. Au chapitre 87, donc vers la fin de son traité, il évoque en effet une patricienne romaine, Ilie, dont il loue la fidélité, garantie par la remarque naïve qu'elle opposa à son époux sénateur, à qui on venait de reprocher en plein Sénat d'avoir mauvaise haleine. Comme il lui demandait pourquoi elle ne le lui avait jamais dit, Ilie répondit simplement qu'elle croyait qu'il en allait ainsi de tous les Romains, signe certain, selon saint Jérôme qui nous rapporte l'anecdote, qu'elle n'avait jamais eue d'amant. Deschamps est, sauf erreur, le seul auteur vernaculaire médiéval à rapporter cette petite histoire, ou plus exactement il semble être le seul à l'avoir directement puisée à sa source. Il se trouve en effet que deux de ses contemporains et amis y font également allusion, mais de manière si lapidaire qu'ils ne peuvent pas l'avoir connue de première main : le premier est Philippe de Mézières qui la cite, dans son *Livre de la vertu et du sacrement de mariage et reconfort des dames mariees*, que l'on date d'entre 1385 et 1389, sans même donner le nom de l'épouse (cette allusion[1] n'a jamais encore identifiée à notre connaissance) ; le second est Oton de Grandson qui, dans une de ses ballades[2], mentionne « Elie » parmi les femmes chastes, en compagnie de Lucrèce et d'Hécube. Comme l'érudition d'Oton apparaît par ailleurs comme fort sommaire, il est inenvisageable d'expliquer la présence de cette obscure héroïne aux côtés de femmes autrement illustres de l'Antiquité par une recherche personnelle, et ce d'autant plus que Jérôme orthographie son nom *Bilia*. Cette allusion obscure s'explique pourtant tout naturellement lorsque l'on sait l'amitié qui liait Oton à Deschamps : le premier aura trouvé chez le second un exemple de chasteté dans le mariage dont il a cru en toute bonne foi que l'héroïne était aussi célèbre (ou aussi obscure à ses yeux) que Lucrèce et Hécube. On nous pardonnera de nous être un peu étendu sur ce petit exemple qui montre tout de même trois choses fort intéressantes, à savoir que Deschamps avait des lectures d'une étendue peu commune pour son temps, qu'il avait parmi ses amis des lecteurs attentifs et que son *Miroir de mariage* ne peut pas avoir été interrompu par son décès, puisqu'Oton de Grandson est mort en 1397 et que le livre de Philippe de Mézières n'est guère postérieur à 1389. Ce « succès » fut cependant de courte durée : après la mort de Deschamps, plus personne ne fit allusion au *Miroir de mariage* qui tomba dans l'oubli jusqu'au XIXe siècle.

1. « Celle noble, josne et tres belle dame de Romme qui fu mariee a un prince des Romains, duquel l'alaine trop fort puoit… » (Philippe de Mézières, *Livre de la vertu et du sacrement de mariage et reconfort des dames mariees*, éd. par Joan Williamson, Washington, The Catholic University of America Press, 1993, livre III, 24ss, p. 307).

2. Oton de Grandson, *Poésies*, éd. par Joan Grenier-Winther, Champion, « Classiques français du Moyen Âge », 2010, poème 77, p. 340, v. 3.

2.3. Le conteur

Parmi les « pièces diverses » de Deschamps, trois au moins peuvent être qualifiées de récits ; les deux premières entretiennent en outre des rapports avec le théâtre, alors que la troisième s'apparente plutôt au dit allégorique. On a par ailleurs pu isoler dans son corpus poétique 27 textes que l'on peut considérer comme des fables[1], et on a vu que les poèmes sous-tendus par des anecdotes autobiographiques n'étaient pas rares chez notre auteur. Pour ne rien dire du *Miroir de mariage* qui s'autorise d'un prétexte narratif minimal pour égrener ses exemples et contre-exemples sur la nécessité (ou non) de se marier. La pulsion narrative est donc bien présente dans l'œuvre de Deschamps, même si, à proprement parler, aucun de ses textes ne peut être qualifié de roman. Au demeurant, Madeleine Jeay a subtilement glosé ce qu'elle a appelé, d'un terme repris à Jean Ricardou la « belligérance du texte[2] », à savoir le conflit, particulièrement aigu chez notre auteur, entre narration et description, cette dernière se concrétisant surtout par la propension de Deschamps à multiplier les listes, de personnages, de lieux, d'objets, de mets ou encore de vins, héritage évident des dits énumératifs du XIIIe siècle, et qui prendra, chez Rabelais, les dimensions qu'on sait. Particulièrement représentative de cette compulsion apparaît, chez Deschamps, la ballade 1451 (A 692), qui liste tous ce dont de nouveaux mariés ont besoin pour leur ménage :

> Il vous fault pour vostre mesnage
> Entre vous, mesnagiers nouveaulx,
> Coustes, coussins, liz et fourraige,
> Fourmes, bans, tables, tretïaulx,
> Escuelles, paelles, platïaulx,
> Nappes et touailles de lin,
> Cuevrechiefs, garnison de vin,
> Buche, charbon, blef en grenier,
> Feves, pois, gingembre et commin :
> Pensez y, tout vous a mestier ! (v. 1-10)

Et l'énumération de se poursuivre sur les deux autres strophes, dont Pierre de Hauteville se souviendra sans doute, cinquante ans plus tard, dans son *Inventaire des biens de l'amant trespassé de deuil.*

Si l'on revient aux trois textes de Deschamps que l'on peut, sans trop d'abus de langage, assimiler à des récits, on constate qu'ils gardent des proportions modestes :

1. Citons par exemple *le paysan et le serpent* (36), *le chat et les souris* (58, A 74), *le paysan et son chien* (70, A 80), *le corbeau et le renard* (232, A 142). On en trouvera la liste dans l'article de Christine Scollen-Jimack, « Deschamps fabuliste », in *Autour d'Eustache Deschamps*, éd. par D. Buschinger, Amiens, Presses du Centre d'Études médiévales, 1999, p. 231-232.

2. Madeleine Jeay, « Eustache Deschamps ou la 'belligérance du texte' », *Les « Dictez vertueulx » d'Eustache Deschamps. Forme poétique et discours engagé à la fin du Moyen Âge*, dir. par Miren Lacassagne et Thierry Lassabatère, Presses Universitaires de Paris-Sorbonne, 2005, p. 199-213.

le plus long, la *Fiction du Lion* (n° 1495), fait 2954 vers. Il n'en est pas moins la deuxième pièce la plus longue de Deschamps après le *Miroir de mariage*, et, comme ce dernier, il est inachevé, nous confirmant que notre poète (contrairement à bon nombre de ses contemporains) n'éprouvait aucun plaisir à allonger indéfiniment la matière de ses œuvres, et peut-être même que tout texte trop long finissait fatalement par l'ennuyer. Ses deux autres récits, *Le Traicté de Geta et Amphitrion* (n° 1494) et *La Farce de Maître Trubert et d'Antrongnart* (n° 1359), ne comptent respectivement que 1106 et 638 vers.

« Fiction », « Traité », « Farce » : on ne s'étonne pas que Deschamps soit attentif aux appellations génériques. Celles-ci, pourtant posent problème. « Fiction » semble certes insister sur l'effort d'imagination dont témoigne cette allégorisation animalière des règnes de Charles V et de Charles VI, mais la leçon politique qu'elle délivre reste bien éloignée d'en faire une simple œuvre narrative. « Traité », de son côté, étonne pour désigner la traduction de la pièce de théâtre médiolatine *Geta* de Vital de Blois (XIIe siècle), elle-même inspirée de l'*Amphitryon* de Plaute. Le mot peut, malgré tout, se justifier pour souligner l'aspect savant de l'entreprise et le caractère plutôt moralisateur du texte. Quant à la « farce », elle met bien en scène six personnages dans une intrigue comique, mais les tours de parole ne sont pas indiqués et le dialogue y alterne avec des passages narratifs. On a ainsi pu être tenté d'y voir plutôt un fabliau. Aucune de ces deux appellations ne paraît pourtant satisfaisante : au moment où Deschamps écrit, le fabliau a déjà disparu depuis longtemps de l'horizon littéraire français (aucun répertoire de fabliaux n'a d'ailleurs jamais songé à inclure ce *Trubert et Antrongnart*), tandis qu'à l'inverse, la farce (à part l'exception du *Garçon et l'Aveugle* de la fin du XIIIe siècle) ne s'épanouira réellement qu'à partir du milieu du XVe siècle. Également proposée, la catégorie du *dit* reste, pour sa part, bien trop floue et polymorphe pour nous offrir une alternative générique consistante.

En fait, la *Farce de Maître Trubert et d'Antrongnart* s'inscrit bien dans la tradition farcesque, comme on peut en juger par son intrigue : Antrongnart veut poursuivre un voleur et va trouver à cet effet l'avocat Trubert. Ce dernier, désireux de s'approprier les richesses de son client, lui propose de jouer son or aux dés. Quatre personnages allégoriques, *Barat* (= tromperie), *Faintise*, *Hasard* et *Happetout*, arbitrent la partie que Maître Trubert finira par perdre. Cette partie de dés n'est pas sans rappeler celle du *Miracle de Saint Nicolas* de Jean Bodel (début du XIIIe siècle), et le personnage de l'avocat véreux annonce évidemment Maître Pathelin, héros de la fameuse farce du XVe siècle. Les personnages allégoriques, pour leur part, anticipent sur le genre de la Moralité, tandis que le nom de Trubert est probablement emprunté au fabliau éponyme du XIIIe siècle. On peut voir dans *Trubert et Antrongnart* une satire contre les avocats sans scrupules.

Le *Geta et Amphitrion* soutient également un propos satirique, mais avec un fond plus nettement intellectuel : ce sont les mauvais clercs, cette fois-ci, qui sont brocardés, en la personne de Geta, lequel abuse des facilités de la Logique et de la Dialectique afin d'impressionner ses interlocuteurs. On songe ici encore à Rabelais (et en particulier au sorbonnard ridicule peint sous les traits de Janotus de Bragmardo), même si la plupart des saillies de la pièce sont déjà dans l'original de Vital de Blois. Mais Deschamps affine les expressions et en rajoute dans le discours amphigourique de son personnage principal, au point qu'on a pu le soupçonner d'avoir voulu proposer ici un pendant satirique à son *Art de dictier*, une forme d'anti-art poétique qui met d'autant mieux en valeur, par la peinture d'un charlatan, l'éminente dignité de la clergie.

Le *Geta et Amphitrion* et le *Trubert et Antrongnart* semblent donc bien témoigner d'une pulsion foncièrement théâtrale de Deschamps. Et si la forme même des deux textes rend difficile d'imaginer qu'ils aient pu être le support d'une réalisation scénique concrète, on peut les confronter à une autre œuvre, trop méconnue, de notre poète : le *Beau dit des. IIII. offices de l'ostel du Roy* (n° 1360), qui, pour le coup, est une véritable farce. Il est regrettable que cette pochade censée se dérouler dans les cuisines royales et qu'il est explicitement stipulé de « jouer par personnages », soit généralement oubliée des histoires du théâtre médiéval, car elle développe un humour culinaire tout à fait plaisant qui anticipe l'esprit des textes carnavalesques du XVe siècle et même de la Renaissance.

La Fiction du lion, enfin, est sans doute le moins divertissant des récits de Deschamps. C'est une continuation plus proprement narrative du lai intitulé *La Fiction de l'Aigle* (n° 1189), dans lequel le règne de Charles V était vu comme un âge d'or, propos sur lequel renchérit *La Fiction du Lion* : Charles V y est dépeint sous les traits du roi Noble le lion, personnage emprunté au *Roman de Renart*, mais dans une mise en scène où, justement, le rusé goupil n'apparaît pas, afin, sans doute, de ne pas trop diaboliser les conseillers du jeune Charles VI et les intrigants qui tentent de profiter de son inexpérience. Le personnage de Nature se ressent directement de la lecture du *Roman de la Rose*, et l'évocation de la fin des temps ressasse un thème qui est, on le verra, récurrent chez Deschamps. Le copiste du manuscrit 840 attribue l'inachèvement du texte à la mort de l'auteur, ce qui n'est pas plus vraisemblable que dans le cas du *Miroir de mariage*. Notre poète se serait-il rendu compte tout n'était pas bon à dire sur le règne de Charles VI ? A-t-il été découragé ou aurait-il subi des pressions pour l'abandonner ? Nous l'ignorerons sans doute toujours.

3. Passions et émotions

3.1. L'humour

Si la pose du moraliste est fréquemment adoptée par notre poète, elle n'empêche pas – bien au contraire – à l'humour de se donner libre carrière dans son œuvre. Deschamps se présente même comme un spécialiste du rire, dont la ballade 844 se propose de décliner toutes les diverses « manières ».

Que l'humour soit chose essentiellement sociale, pour Deschamps, on le voit par ailleurs à la création, déjà évoquée, du « cercle des Fumeux », dont le nom joue à la fois sur le sens figuré de l'adjectif *fumeux*, qui désigne les personnes colériques (les fumeux seraient donc en quelque sorte les *angry young men* du XIVe siècle), et sur les connotations « évaporées » qui s'attachent au concept de fumée. Plutôt, cependant, que d'imaginer que les Fumeux auraient inhalé des herbes, il est plus vraisemblable qu'ils se soient aéré l'esprit sous l'influence de l'alcool, en des soirées bien arrosées. En rédigeant les 254 vers de la *Charte des Fumeux* (1398, A 636), Deschamps, qui s'y présente comme « Jehan Fumeë » et comme l'« Empereur et sires des Fumeux », a signé un véritable manifeste qui, malgré ses allures potaches, n'est pas sans entrer en résonance avec l'ensemble de la production de notre poète. Il y revendique en effet son esthétique de la variété, impliquant le droit de se contredire, de manifester les humeurs les plus opposées, et même de parler pour ne rien dire :

> Ilz parlent varïablement,
> Ilz se demainent sotement,
> Chaux sont de cuer, mouvent de teste
> Plus que fouldre ne que tempeste.
> Pour trop pou de choses se meuvent
> Et ne scevent dont ilz se duelent :
> Plain sont de grant merancolie. (v. 41-47)

Le dernier mot de cette citation peut surprendre : nous reviendrons plus bas sur cette humeur noire, dont l'évocation dit bien à quel point les Fumeux cultivent les extrêmes ; cette ambivalence annonce ainsi le « rire en pleurs » qu'affectionnera Villon.

On se rappelle qu'un cercle littéraire dit des « fumistes » s'est constitué à la fin du XIXe siècle dans le Paris de l'époque décadente et que ce nom pourrait renvoyer aux mêmes connotations « fumeuses » que celui des amis de Deschamps. Peut-être les pataphysiciens fourniraient-ils, de nos jours, la meilleure analogie avec ce cercle dont l'ambition semble avoir été de se mouvoir dans un monde parallèle à celui de la logique courante. Même si Deschamps ne nous a laissé aucun texte pouvant s'apparenter strictement au genre nonsensique médiéval de la fatrasie, on admettra que le sens de la ballade qui porte le nº 9 des pièces qui lui sont attribuées hors du manuscrit 840 (SATF, t. X, p. XIV)[1], apparaît assez nébuleux, tant les différentes acceptions du mot *fumée* et de ses dérivés s'y pressent en une joyeuse sarabande d'allitérations :

> Puisque je suy fumeux plain de fumee,
> Fumer m'estuet, car, se je ne fumoye,
> Ceulx qui dient que j'ay teste enfumee
> Par fumee, je les desmentiroie.
> Et nonpourquant jamez ne fumeroie
> De fumée qui fut contre raison :
> Se je fume, c'est ma complexïon
> Colerique qu'ainsy me fait fumer ;
> Je fumeray sans personne grever.
> C'est bien fumé, il n'y a point d'oultrage,
> Quant on fume sans fere autry domage. (v. 1-11)

Paradoxalement – eu égard au refus de la musique exprimé dans *L'Art de dictier* –, ce sont les musicologues qui ont récemment attiré l'attention sur le cercle des Fumeux : dans le cadre de la réhabilitation de l'*Ars subtilior*, ils ont en effet remis en lumière une pièce qui est aujourd'hui devenue l'une des plus populaires de ce répertoire musical retrouvé, le rondeau *Fumeux fume par fumée* du compositeur français Solage, qui fut probablement au service du duc de Berry. Même si Solage semble bien l'auteur du texte du rondeau, il est certain que l'esprit de celui-ci lui a été soufflé par Deschamps.

La *Charte des Fumeux* est suivie dans le manuscrit 840 par une série d'autres documents qui semblent en prolonger l'esprit. On a voulu y voir la trace d'une propension marquée de notre auteur pour le droit et les controverses juridiques ; il faut cependant admettre, si c'est le cas, que Deschamps en use de manière essentiellement parodique : ainsi, la pièce 1399, signée « Eustace, empereur des Fumeux », condamne à la pendaison un chien coupable d'avoir volé de la viande de mouton dans son cellier ; la 1401 arbitre de « fumeuses dissencions » entre des ivrognes de Vitry, dont Eustache n'hésite pas à donner les noms ; la 1402, datée du 4 novembre 1370, se plaint des loups qui ont cerné la maison de « l'empereur de toute Fumée », lequel y trouve prétexte à convoquer Ysengrin et quelques autres personnages du *Roman de Renart*. Quant à la pièce 1400, d'août 1372, elle constitue la *Charte des bons enfants de Vertus en Champaigne*, société apparemment parallèle à celle des Fumeux (à moins qu'elle n'en ait été qu'une sous-section), et dont les activités essentielles consistaient à se rincer le gosier, à « jouer aux dez et a la paume » (v. 181) et « a poursuir femmes cloistrïeres » (v. 183).

1. L'attribution de ce texte à Deschamps reste cependant très problématique, car l'une de ses copies manuscrites (celle du recueil de Chantilly) en attribue la musique à Hasprois et semble identifier l'auteur du texte à Jacques de Noyon.

Enfin, parmi les textes humoristiques de Deschamps, il faut réserver une place de choix à son *Testament par esbatement* (1411, A 672). Prétendument rédigé lorsqu'il était malade (mais nous savons ce qu'il faut penser des maladies de notre poète), ce « testament pour rire » égrène, en à peine 104 vers, une série de legs loufoques qui vont lancer un véritable genre littéraire dont les représentants les plus célèbres (mais non les seuls) sont évidemment le *Lais* et le *Testament* de Villon. Contrairement à ce dernier, Deschamps ne semble cependant pas, dans ce texte, régler des comptes personnels, encore qu'il n'hésite pas à brocarder les gens d'église : ainsi lègue-t-il sa « pucelle » (c'est-à-dire sa servante) à son curé ou une boîte vide aux « Ordres Mendïens ». Il joue aussi sur le sens de *laisser*, comme lorsqu'il laisse Gonesse… « au lieu ou elle souloit estre » (v. 51) ou « Au roy le Louvre et le Palays » (v. 75), façon de dire qu'il n'envie pas les soucis qui s'attachent à la grandeur. Quant au chaperon qu'il lègue « Toute la penne et le drap hors » (v. 27), il n'est pas sans anticiper le « couteau sans lame auquel manque le manche » de Lichtenberg…

3.2. L'amour

On songe rarement à l'amour lorsque l'on commente l'œuvre d'Eustache Deschamps, et pourtant il est l'auteur d'un nombre considérable de poèmes d'amour : la section des « ballades amoureuses » du manuscrit 840 (SATF, t. III) ne comprend ainsi pas moins de 139 poèmes ; la section des rondeaux (SATF, t. IV) compte aussi un très grand nombre de poèmes amoureux, et on en dénicherait bien d'autres en plus d'un détour de son œuvre, y compris parmi les pièces qui lui sont attribuables dans le tome X de la SATF. Ce manque d'intérêt des critiques vient sans doute du fait que ces textes ne sont pas considérés comme la part la plus originale de sa production et y font figure de survivances plutôt que d'innovations. On ne peut tout à fait donner tort à ce jugement, mais la production amoureuse de Deschamps ne mérite pas moins qu'on s'y arrête quelque peu, ne serait-ce que pour souligner le fait que *Le Miroir de mariage* est loin de résumer toute la pensée de notre auteur sur les femmes. Deschamps sait en effet se couler dans la tradition courtoise et en reproduire les principaux lieux communs : l'obédience féodale à la dame, l'enchaînement à la dame par l'entremise du regard (ballade 540 : « Mar vy le jour que je vous regarday »), l'évocation du printemps (ballade 415 : « Je ne doy pas au jour d'uy cueillir may »), la tristesse de se voir refuser : nous avons déjà évoqué le « râteau » que lui a infligé Péronne dans la ballade 447 (A 326), mais on peut aussi citer le virelai 567 (A 368), manifestant une affliction apparemment moins intéressée. Dans la ballade 963, il évoque le danger d'aimer « en trop haut lieu », que dénoncera aussi Alain Chartier en se référant nommément à Oton de Grandson et à Machaut[1] : Deschamps songerait-il pour sa part à ce dernier et à

1. Alain Chartier, *Le Débat de reveille matin*, v. 229.

ses amours avec Péronne ? Il écrit même, à l'instar d'Oton, des poèmes à voix féminine, comme la ballade 535 (A 350) où une femme vieillissante regrette sa jeunesse (« Lasse ! languir vois ou desert d'amours »), ou le virelai 554 (A 356) où, à l'inverse, une jeune fille (selon toute vraisemblance une prostituée débutante) vante ses charmes. Enfin, serait-ce aller trop loin que de considérer que sa proposition de faire de l'Ascension « la feste aux dames » (ballade 485) pourrait être destinée à faire pièce à la Saint-Valentin promue en poésie avec l'éclat qu'on sait par Oton ? Le fait est que, s'il propose dans les rondeaux 581 et 610 des vœux de Nouvel An à sa maîtresse, Eustache semble n'avoir écrit aucun poème proprement valentinien.

Cela dit, aussi nombreux soient-ils, les poèmes de *fin'amor* écrits par Deschamps gardent quelque chose d'un peu convenu, et l'on ne sait finalement plus très bien ce qu'on doit prendre pour argent comptant chez ce poète capable tour à tour d'écrire les serments d'amour les plus tendres, comme dans ses *Adieux à une dame* (rondeau 577, A 372[1]), que n'aurait pas désavoués le chevalier de Grandson :

> Adieu mon cuer, adieu ma joyë,
> Adieu tout le bien que j'avoyë,
> Adieu ma tresparfaitte amour,
> Adieu celle qui, nuit et jour,
> Avez mon cuer ou que je soyë ! (v. 1-5)

et de se plaindre, dans un poème sur ses années d'études, de ne plus avoir son « vit d'Orléans » (ballade 1105, A 490)[2], pour nous laisser comprendre qu'à cette époque il forniquait à tout va et sans scrupule. C'est qu'Eustache est fondamentalement un hédoniste, et, en l'occurrence, plutôt jouisseur qu'épicurien. Ne reculant pas devant les aveux les plus précis, il affiche volontiers sa vision fondamentalement matérialiste de la vie, et l'on trouve facilement dans son œuvre un pendant grivois, voire obscène, à ses poèmes d'amour sublime. Les refrains des ballades 1226 (« Je ne puis la queue mouvoir »), 1227 (« Par deffault de bon vit avoir ») et 1228 (« Je ne puis mais fors que baisier » – c'est-à-dire, dans la langue du temps, 'embrasser chastement') nous proposent une véritable litanie de l'impuissance sexuelle, et le début de la ballade 1227 a toutes les chances de nous proposer le vrai credo amoureux, teinté de misogynie, de notre poète :

> Helas ! mainte femme me fuit
> Qui me souloit suïr de près,
> Quant j'estoupoye leur conduit
> Et que je fu jeusnes et frés ;

1. Il s'agit là, on l'a vu, du seul rondeau cinquain de Deschamps.

2. Queux-de-Saint-Hilaire parle délicieusement de « regrets de sa jeunesse » pour qualifie cette pièce.

Mais quant mes membres s'est retrés
Et qu'il ne puet fere besongne,
L'une rechigne, l'autre grongne ; (v. 1-7)

Autrement dit : on n'est aimé des femmes que lorsqu'on est capable de les satisfaire sexuellement. Il n'est pas impossible que cet aveu ait été un secret de polichinelle dans le monde très feutré – et au fond très machiste, comme le dénoncera la *Belle dame sans mercy* d'Alain Chartier – de la courtoisie médiévale, mais le moins que l'on puisse dire est que peu de poètes ont osé l'exprimer aussi crûment qu'Eustache Deschamps.

3.3. La mélancolie

La *Charte des Fumeux* nous a montré que, chez Deschamps, ce que nous appelons significativement la « bonne humeur » n'était jamais très loin de la mélancolie, sentiment vers lequel la poésie amoureuse nous entraîne également assez naturellement, lorsque la dame ne répond pas aux avances du poète. Comme on l'a rappelé, l'époque qui va de Machaut à Villon constitue l'âge d'or de cette « humeur » dont la fortune littéraire, infatigablement glosée par Jean Starobinski – qui n'a pas puisé par hasard le titre de son grand livre, *L'encre de la mélancolie*, dans un poème de Charles d'Orléans[1] –, a été sans commune mesure avec celle des trois autres. La raison en réside sans doute dans le fait que, alors que le sang (informant le tempérament sanguin), la bile jaune (pour le tempérament colérique) et la lymphe (pour le tempérament flegmatique) sont bien présents dans notre corps, la bile noire, prétendument secrétée par la rate (*spleen* en anglais), n'existe tout simplement pas. Depuis le fameux *Problème* XXX, 1, attribué à Aristote, mais en réalité plus tardif, l'Occident n'a ainsi cessé de fantasmer sur la mélancolie, voyant dans sa prédominance (à l'intérieur du système de la médecine ancienne qui considérait que la bonne santé du corps résidait dans l'équilibre des quatre humeurs) la caractéristique des hommes d'exception[2].

Deschamps, à vrai dire, n'utilise guère la mélancolie pour se valoriser luimême, et ne se complaît pas, comme Charles d'Orléans ou Oton de Grandson, promoteur du topos de « l'homme vêtu de noir », dans la rumination dépressive. Dans la ballade 815, il rencontre, alors qu'il est « pensiz et merencolieux » (v. 1), trois personnifications allégoriques, *Delit*, *Deduit* et *Paour* (Plaisir, Enjouement et Peur) qui l'enjoignent à se hâter de vivre. L'humeur sombre, chez lui, se manifeste donc plutôt au détour d'autres considérations, voire de manière ironique et paradoxale, comme on l'a vu dans la charte de son cercle de joyeux compagnons, où

1. Voir Jean Starobinski, *L'encre de la mélancolie*, Seuil, « la Librairie du XXIe siècle », 2012.

2. Voir Raymond Klibansky, Erwin Panofsky et Fritz Saxl, *Saturne et la Mélancolie* [1964], trad. fr., Gallimard, « Bibliothèque illustrée des histoires », 1989.

l'évocation de la mélancolie prenait un caractère rhétorique : il s'agissait d'abord de l'opposer à l'humeur « colérique » que désigne le terme même de *fumeux*, et de souligner l'incohérence du comportement de ses compagnons de beuverie. À moins qu'il ne se soit agi d'insinuer que nul, décidément, n'échappe à ce tempérament hégémonique qui rattrape jusqu'aux plus insouciants ? La deuxième strophe de la ballade 813, tout en insistant sur son tempérament mélancolique, le balance avec la colère, l'étonnement (le *merveilleux*) et la distraction (le fait de *muser*) :

De nature sui merencolieux,
Colerique, voir, me puet l'en trouver ;
Si sui enclins a estre merveilleux
Naturelment, donc doi je retourner
A ma nature, sans moy desnaturer
Et estre plains de grant merencolie ;
Car resister n'est pas de ma partie,
Ains me defuit ; ce me fait, en requoy,
Muser souvent et si ne say pourquoy. (v. 10-18)

Il suffit cependant de parcourir les poèmes de Deschamps pour voir que nombre d'événements qu'il relate ou redoute confortent son penchant pessimiste. Ainsi notre poète cultive-t-il l'angoisse de la fuite du temps, comme dans la ballade 195 (A 128) :

Quant plus vient le temps avant
Et plus voy dueil et tristesce,
L'un derrier, l'autre devant,
L'un tout seul et l'autre en presse,
L'un happe, l'autre delesse,
L'un s'enfuit, l'autre demeure,
Et que vault tele richesse ?
Tout est perdu en une heure. (v. 1-8)

Le poème se termine toutefois philosophiquement par l'injonction à mépriser les richesses périssables.

Dans la ballade 132 (A 104), face au fait inéluctable que « Viellesse vient, guerdon fault, temps se passe » (refrain), il se console à l'idée que celui qui a su être prévoyant « vit longuement et sans merancolïe » (v. 21). Ainsi la peur de la déchéance peut-elle être conjurée par le détachement et le renoncement. Toutefois, la ballade 814 (A 414) montre que ce programme est plus facile à imaginer qu'à appliquer : Deschamps y déplore sa pauvreté qui le met à la merci du mépris et de l'arrogance de ceux qui sont mieux lotis que lui. Sa malédiction, assez conventionnelle, du jour de sa naissance, se double d'une réflexion astrologique où l'on devine, bien qu'il ne le dise pas explicitement, que le poète érudit se sent dominé par l'influence néfaste de Saturne :

Je hé mes jours et ma vïe dolente
Et si maudy l'eure que je fu nez
Et a la mort humblement me presente
Pour les tourmens dont je suy fortunez.
Je hé ma concepcïon
Et si maudy la constellacïon
Ou Fortune me fist naistre premiers,
Quant je me voy de tous maulz parsonniers. (v. 1-8)

Le pessimisme personnel peut même atteindre des dimensions eschatologiques, car comme beaucoup d'esprits de son époque, Deschamps est hanté par la crainte de la fin des temps : dans la ballade 52, il voit « les signes [...] que li cours muera/ De ce monde qui approuche sa fin » (v. 5-6), et s'appuie, dans le refrain, sur les prophéties de saint Méthode et de Joachim de Flore[1]. Dans la ballade 1493 (A 700), l'un des tout derniers textes du manuscrit 840, l'annonce d'un dérèglement climatique, qui sonne étrangement familier à nos oreilles d'aujourd'hui, donne la main à des raisons plus morales, pour prédire l'approche de l'Apocalypse :

Autonpne, yver, esté, printemps
Et tous les climats principaulx,
Du monde varïe li temps.
Trop sont les pechiez generaulx
D'argent querir, estaz, joyaulx.
Envie, orgueil, detractïons
Regnent et dissolucïons,
Toute convoitise et ordure.
La fin de ce monde approuchons :
Toute chose se desnature. (v. 11-20)

Mais le thème est récurrent chez Deschamps : « J'ay grant paour de la fin de ce monde », dit le refrain du chant royal 1138 ; la ballade 1164 prétend que les messagers de l'Antéchrist sont venus et la ballade 107 (A 96) nous assure que « Mortalité, tempest, guerre et famine » (refrain) nous ont été envoyées, tels les quatre cavaliers de l'Apocalypse, pour nous punir de nos péchés et pour « ce monde mettre a fin dolereuse » (v. 2).

Cette humeur prophétique qu'affiche volontiers Deschamps n'est toutefois pas toujours aussi morbide, et on peut sérieusement douter de ce qu'il prenne au sérieux la « vision » qu'il dit relater dans la ballade 180, qui brocarde les Anglais,

1. Le cinéaste Lars Von Trier a donné dans son *Melancholia* (2011) une preuve supplémentaire, si besoin était, que mélancolie et fin du monde ont volontiers partie liée.

par l'inversion plaisante du surnom du roi Richard, « Cuer de lievre mis en corps de lïon » (v. 2), et par le refrain qui les déclare tous « lasches, couars, recreans et faillis ». Si le ton vaticinant peut être un produit de la mélancolie, celle-ci, en retour (et ce pourrait bien être là la leçon des Fumeux), s'avère bien souvent le prétexte d'un dire libéré de toute entrave.

III

Les thèmes d'une poétique

1. Géographies

1.1. Les voyages

Eustache Deschamps a beaucoup parlé de ses voyages, et ici encore il nous offre une vision contrastée de cette activité, que résume parfaitement la ballade 1311 (A 558), et où il nous dit à la fois que les voyages sont pénibles, mais que celui qui n'en entreprend jamais reste ignorant du monde :

> Ceuls qui ne partent de l'ostel
> Sanz aler en divers païs
> Ne scevent la dolour mortel
> Dont gens qui vont sont envahis,
> Les maulx, les doubtes, les perilz
> Des mers, des fleuves et des pas,
> Les langaiges qu'om n'entent pas,
> La paine et le traveil des corps.
> Mais combien qu'om soit de ce las,
> Il ne scet rien qui ne va hors. (v. 1-10)

Deschamps ne condamne donc pas le « vain travail de voir divers pays » comme le fera Maurice Scève dans son *Microcosme*, et la ballade se poursuit en énumérant, dans la deuxième strophe, les sujets d'étonnement que le voyageur peut être amené à contempler sur son chemin : traits de mœurs, faits de croyances, aliments exotiques, animaux, plantes et minéraux qui sont autant de « merveilleux cas » aptes à rendre le voyage profitable. Plutôt qu'à Marco Polo, dont le *Livre des merveilles* lui est vraisemblablement resté inconnu, Deschamps semble plutôt songer ici à des textes plus anciens comme les *Otia imperialia* de Gervais de Tilbury[1], qui recensait, au début du XIIIe siècle, un certain nombre d'anecdotes et de prodiges naturels : les allusions de la troisième strophe du poème de Deschamps aux montagnes de sel, aux sources sulfureuses et aux mines de métaux précieux vont dans le sens de cette lecture.

Mais le gain encyclopédique des voyages n'en efface pas pour autant les inconvénients. Certes, comme l'a remarqué Karin Becker, Deschamps ne se plaint jamais de désagréments majeurs : aucun accident vraiment mémorable ou traumatisant ne semble avoir entaché ses pérégrinations. La complaisance avec laquelle il égrène les menus tracas de ses déplacements prend néanmoins vite l'allure d'un catalogue, voire d'une litanie : à la difficulté de trouver des chevaux à un prix abordable (ballades 791 et 884, A 430; rondeau 1439) s'ajoutent les maladies qui peuvent affecter les montures (rondeau 1319), les difficultés de communication sont monnaie courante (ballade 1305), les chemins sont si étroits qu'on craint d'y perdre la vie (ballades 924 et 1309) et on peut récolter des mauvais coups dans une joute à laquelle on assiste de trop près (rondeau 1321). Deschamps raconte même une affaire de brigandage, heureusement résolue dès le lendemain (ballade 1302). Naturellement, la propreté des auberges laisse à désirer (1305, v. 23 : « En gros draps durs, flairans pervers »; 1318, v. 11 : « nape trop mal buee »), la nourriture y est rudimentaire (1326, v. 3-5 : « Pain, poisson sallé et froidure,/Poivre noir, choulz pourriz, poreaulx,/Char enfumée, noire et dure ») et les manières de table d'une grossièreté rédhibitoire (*id.*, v. 7-8 : « Vint gens mangier en deux plateaux,/Boire servoise amere et sure »).

Enfin, si Deschamps fait preuve, par la précision de ses annotations, d'une sensibilité nouvelle pour les détails de la vie matérielle, il reste en revanche bien de son temps pour son insensibilité aux paysages, ou plus précisément par son aversion pour tout ce qui ne ressemble pas à la « belle nature » des descriptions littéraires conventionnelles. Ainsi, alors que Pétrarque avait commencé de surmonter la crainte médiévale de la montagne en faisant, quelques décennies auparavant, l'ascension du Mont Ventoux, Deschamps se plaint, en traversant les Alpes, de ce que « verdeur n'y a, cerf, biche, ne cengler,/Vignes ne blez, ne nulle melodie » et qu'il n'y ait au contraire vu, comme s'il avait traversé l'Enfer, que « tenebres, vens et horribles vois ;/Et Lucifer qui est des diables roys » (ballade 1309, v. 21-22 et 26-27).

En fait, Deschamps n'accepte les voyages qu'à condition qu'ils le ramènent chez lui.

1. Ce texte, dont le titre peut se traduire « Divertissements pour un empereur » (en référence à son dédicataire l'empereur germanique Othon IV de Brunswick), a été traduit en 1992 par Annie Duschesne sous le titre *Le Livre des merveilles*, dans la collection « La Roue à livres » des éditions Les Belles Lettres.

1.2. La « douce France »

Dans la ballade 1142, Deschamps évoque la « douce France ». L'expression, on le sait, provient de *La Chanson de Roland* où elle dénote un très précoce (fin du XIe siècle !) sentiment d'attachement atavique à une patrie dont les guerriers de Charlemagne, empêtrés dans le bourbier espagnol, sont fort éloignés. Qui plus est, le mot « France » ne désigne pas dans ce contexte, comme il le fera très majoritairement dans toute la littérature française des XIIe et XIIIe siècles, la petite région qui entoure Paris (l'Île-de-France), mais bien l'ensemble de la nation carolingienne : les termes « Francs » et « Français » sont en effet synonymes dans *La Chanson de Roland*, seules les différenciant les nécessités métriques du vers qui les emploie.

Certes, on parle bien, depuis le Xe siècle, du « roi de France », mais l'usage courant du terme pour désigner le super-territoire qui englobe toutes les régions du royaume reste – malgré *La Chanson de Roland* – encore neuf à l'époque de Deschamps, et l'on verra un peu plus loin les conséquences politiques que notre poète tire de cette nouvelle acception. Notre poète écrit ainsi dans un moment clé qui voit la généralisation de l'opposition entre la France et ses provinces, ou du moins entre Paris et les autres régions de langue d'oïl ; les régions occitanophones mettront encore du temps à être considérées comme pleinement françaises. On le voit bien dans le *beau dit de ceuls qui contreuvent nouvelles bourdes et mensonges* (1404, A 650), où il dresse une longue liste (v. 144-158) de *pays* comprenant l'ensemble des provinces d'oïl, mais seulement elles (et où le mot *France* conserve d'ailleurs encore son sens étroit et régional). Sa vision du vignoble français reste également centrée sur les territoires du Nord de la Loire, comme le montre la ballade 1374, où il se plaint de la verdeur des vins de la nouvelle année, plus aigres et tranchants que du métal. Usant du topos de l'*ubi sunt ?* (qu'illustrera aussi Villon), il déplore en fait que les vins français ne soient plus ce qu'ils étaient :

> Helas ! ou sont les vins especiaulx,
> Vins de Beaune qui ont tel renommee,
> Vins de Poitou, de Rin aux granz tonneaulx,
> Vins de Tournuz, de pynos ceste annee,
> Vins d'Irancy, d'Aussonne et la contree,
> Qui estoient de mon corps medicin ? (v. 21-26)

Parmi toutes les régions de France, il en est cependant une qui est spécialement chère à son cœur, c'est celle d'où il vient : la Champagne. Dans la ballade 1474, il vante ses compatriotes « qui ayment justice et droiture » (v. 3), ne briguent pas les honneurs et sont farouchement indépendants. Plaidoyer *pro domo sua* assez clair, il termine même en affirmant que c'est parmi les Champenois que se recrutent les meilleurs écrivains :

Et pour leurs faiz ramentevoir,
Habiles sont a l'escripture
Les pluseurs et a concepvoir,
Dont cinq d'iceulx met en figure :
Le Mangeur, qui par tresgrant cure
Voult Escolastique traictier,
Saincte More Ovide esclairier,
Vittry, Machault de haulte emprise,
Poetes que musique ot chier :
Toutes gens n'ont pas ceste guise

Princes, le cinq fait a prisier,
Clamenges, et auctorisier,
Que rhetorique loe et prise
Et tuit ly poete estrangier ;
Cilz est de Langres tresorier :
Toutes gens n'ont pas ceste guise. (v. 21-36)

Les noms de Vitry et de Machaut ne nous étonnent pas ; celui de Pierre Le Mangeur, auteur de l'*Historia scolastica* (mort vers 1179), nous montre la persistance de certains écrivains du XIIe siècle dans le Panthéon littéraire de Deschamps, mais le nom de Sainte-Maure résulte d'une confusion : la présence dans l'*Ovide moralisé* (début du XIVe siècle) du nom de Chrétien Legouais, qui désigne en fait Chrétien de Troyes, a poussé les auteurs anciens à confondre le nom de ce dernier et celui de son contemporain Benoît de Sainte-Maure, auteur du *Roman de Troie* (vers 1160) pour attribuer à cet écrivain fantôme l'*Ovide moralisé*, qui est, pour nous, anonyme. Ainsi s'explique sans doute, du même coup, l'absence remarquable de Chrétien de Troyes dans cette liste des grands auteurs champenois (à laquelle manquent d'ailleurs aussi – omissions plus curieuses encore, car ils sont chronologiquement plus proches de Deschamps – les noms de Villehardouin et de Joinville). Quant au théologien Nicolas de Clamanges (1363-1437), sa position dans l'envoi le met tout particulièrement en valeur : Deschamps semble avoir construit toute sa ballade pour faire la réclame de cet auteur qui est encore, au moment où il écrit, jeune et prometteur.

Ce sont aussi ses habitants, autant et plus que les produits de son terroir, qui inspirent à Deschamps, dans le rondeau 650, un coup de chapeau au Limousin, province frontière, par ailleurs, des zones d'oc et d'oïl :

Ensengnez moy, beau seigneur et voysin,
Ou je pourray ces troiz choses trouver :

Femme constant, sage homme et gras poussin ;
Ensengnez moy, beau seigneur et voysin,

Lors me dirent : Quier les en Limosin. (v. 1-5)

À l'autre extrémité du domaine d'oïl, la Flandre est en revanche décrite de manière plus mitigée dans la ballade 812 :

Sur tous païz et toutes nacïons
Orguilleuses que l'en doit moins cremir,
Qui n'ont vivres, fruis, terres ne moissons,
Fors marchander quant on leur veult souffrir,
Et qui veulent en commun signourir,
Est le froit païz de Flandres. (v. 1-6)

Mais il est vrai que les circonstances dans lesquelles Deschamps l'a visitée (lors des campagnes militaires de Charles VI, comme on le verra plus loin) n'incitaient pas à la flânerie touristique.

La province qui recueille ses plus vives malédictions est cependant toute proche de la Champagne (ceci expliquant peut-être cela) : c'est la Brie, qu'il présente comme la province la plus pauvre et la plus mal lotie de France. À lire le rondeau 587, les ballades 790 et 827 et le chant royal 897 (A 432), la Brie serait dépourvue de tout :

Vignes n'y a, ne riviere, ni gloe,
Hayes, buissons, pour les leups demourer ;
Et, au surplus, a tout considerer,
Sur tous pays de mortier et de boe
Ne se doit nulz a Brie comparer,
Que Dieux a fait de tous biens separer. (rondeau 587, v. 8-13)

Il est vrai que Rutebeuf déjà, dans sa *Griesche d'été* (v. 26), prétendait que le mauvais temps avait rendu la Bourgogne « briesche », c'est-à-dire qu'elle l'avait réduite à l'état – censément famélique – de la Brie[1]. Cependant, comme le fait remarquer Karin Becker dans son livre sur *Le Lyrisme d'Eustache Deschamps* (p. 113), cette image négative de la Brie revêt un aspect rhétorique : sa *vituperatio* fait pendant à la *laudatio* dont la Champagne bénéficie par ailleurs. Il n'en reste pas moins que l'esprit de clocher de Deschamps ne fait guère de doute ; il se manifestera également dans sa description des villes.

1.3. Une poésie des villes

D'après Jay W. Gossner[2], Eustache serait, à peu près le seul représentant médiéval d'un type particulier de poèmes qui est « l'adieu aux villes ». Adam de

1. En regard des textes de Deschamps, je maintiens cette interprétation du texte de Rutebeuf, malgré le scepticisme affiché à son égard par Michel Zink (voir Rutebeuf *Œuvres complètes*, éd. par Michel Zink, Le Livre de Poche, « Lettres gothiques », 1989, p. 205).

2. Jay W. Gossner, « The Farewell in Medieval French Poetry », *Symposium*, 1953, p. 71-91 et 333-48, ici p. 84-86.

la Halle avait certes déjà fait ses adieux à sa ville d'Arras, mais il s'agissait là d'un chant d'exécration, et non de nostalgie. Chez Eustache Deschamps, en revanche, la poésie des villes quittées se teinte d'une mélancolie qui, parfois souriante, n'est qu'exceptionnellement acerbe[1]. Paris et Reims ont droit chacune à une ballade, Bruxelles à un rondeau et Troyes à non moins de trois rondeaux consécutifs, sans compter Calais, qu'i n'évoque pas moins de quatorze fois et où, comme on l'a vu, il a retrouvé Oton de Grandson. De fait, entrer dans une ville, pour Deschamps, c'est toujours se préparer à s'amuser. *A contrario*, en sortir ce sera essentiellement renoncer aux plaisirs. Et c'est bien ainsi qu'il convient de lire ses adieux aux villes : non tant comme l'expression d'un arrachement à une terre aimée, que comme un soupir ponctuant la fin d'un bon temps qu'il savait éphémère. Quand il quitte les grandes cités, Eustache se désole de revenir à son triste quotidien, et la ville en elle-même n'est qu'un prétexte à déplorer que la fête soit finie. Ainsi, de Reims, où l'a mené le sacre de Charles VI, il ne regrette, dans la ballade 489, que les réjouissances et la vie facile :

Beauté, bonté, honneur et courtoisie,
Noble maintien, gent corps et noble atour,
Humble parler et belle compaignie
Pour festoier toutes genz de valour,
Dames plaisans, garnies de doulçour,
Qui tant faictes d'onneur a estrangiers,
De grans festes et de nobles mengiers,
Pour le depart dont je souspire et plaings,
Adieu te dy, noble cité de Rains (v. 1-9).

Il n'oublie certes pas que Reims est en outre « du roy et du sacre embelie » (v. 12) ; mais précisément : plus qu'une occasion de renforcer le sentiment d'appartenance à la « nation France », le sacre est d'abord ici une fête et une occasion de ribote; et le « souspir » d'Eustache tient autant de l'éructation repue que d'une nostalgie qui sera, vraisemblablement, vite oubliée.

Si, dans les autres poèmes, des monuments sont cités, ce ne sont pas les palais ou les églises, mais les établissements de plaisirs et les lieux de rencontre :

Brusselle adieu, ou les bains sont jolyz,
Les estuves, le fillettes plaisans;
Adieu beauté, leësse et tous deliz,
Chanter, dancer et tous esbatemens, (rondeau 552, A 356, v. 4-7)

Adieu m'amour, adieu douces fillettes,

1. Jacqueline Cerquiglini-Toulet a consacré à cette propension des pages aussi brèves que lumineuses : « Poétique de la ville chez Eustache Deschamps », in *Un'idea di Città. L'imaginaire de la ville médiévale*, éd. par Rosanna Brusegan, Supplemento italo-francesse di *Nuovi Argomenti*, 43 (1992), p. 116-122.

Adieu Grant Pont, hales, estuves, bains,
Adieu pourpoins, chauces, vestures nettes,
Adieu harnois tant clouez comme plains,
Adieu molz liz, broderie et beaus seins,
Adieu dances, adieu qui les chantez,
Adieu connins, perdriz que je reclaims,
Adieu Paris, adieu petiz pastez ! (ballade 871, A 428, v. 1-8)

On notera que Deschamps, si l'on ose dire, « noie le poisson » en associant les « perdrix » aux « connins », pour nous faire croire qu'il a dégusté volailles et petits mammifères, mais le sens sexuel du second terme[1] doit sans doute nous inviter à ne pas interpréter plus innocemment le premier. On trouvait d'ailleurs aussi des « connins » dans les *Adieux à Bruxelles* en compagnie de « plouviers et capons et fesans » (v. 9), et même dans la ballade 798, que l'édition SATF intitule « Regrets d'être forcé de s'embarquer », poème de tonalité apparemment plus haute, dont cet animal ambigu vient troubler l'élévation :

Adieu vous dy, boys, rivieres et pars,
Deduit de chiens, d'oysiaux et de voler,
Adieu connins, perdris et fresches chars,
Adieu frois vins, dames c'on doit loer,
Adieu la terre ou l'en puet reposer,
Douce eaue aussy, adieu ! Trop me fait mal
Quant je vous laiz pour apprendre a humer ;
Desor me fault boire a un vermical (v. 1-8).

Si chez Deschamps la légèreté n'est pas toujours sûre, les plaisirs du corps n'en occupent pas moins une place prépondérante ; ainsi ses adieux aux villes sont-ils moins des plaintes d'exilé que des regrets de viveur, dans un monde où l'espace urbain est d'abord synonyme de sécurité et d'existence sans souci bien au chaud. *A contrario*, lorsqu'une ville lui déplaît, Eustache ne mâche pas ses mots. Ainsi Calais, dont l'entrée ne s'était pas effectuée sans mal, lui inspire-t-elle le peu amène rondeau 596 (A 374) :

Est cilz aise qui ne se puet dormir
Et qui ne fait toute nuit que viller,
Puces sentir, oÿr enfans crier,

Sur un mattas et sur cordes gesir,
Avoir ors draps et sur dur orillier ?
Est cilz aise etc. ?

1. L'importance manifeste des lapins et des lièvres dans le bestiaire de Deschamps a inspiré au zoologue François Poplin un article sur « les lagomorphes chez Eustache Deschamps », in *Autour d'Eustache Deschamps, op. cit.*, p. 199-212.

Et, d'autre part, oïr la grant mer bruir
Et les chevaulx combatre et deslier ?
C'est à Calays ; Granson, veillés jugier !
Est cil ayse etc. ?

L'inconfort physique et les nuisances sonores s'allient ici pour dresser un tableau haut en couleur des désagréments d'un séjour raté.

Voyageur en quête de bonnes fortunes et d'agréables surprises, Deschamps décerne donc éloges et blâmes dans des textes qui sont autant de feuillets d'un *Guide du routard* médiéval. Quant à la « terre » dont on doit prendre congé, elle n'est plus, comme pour les troubadours ou les héros arthuriens, celle de la femme aimée, mais simplement celle « ou l'en peut reposer ».

Une ballade, cependant, dans la production d'Eustache, vient entacher d'une note plus sombre cette joyeuse parade : c'est le poème 1339 (A 564), dédié à sa ville natale de Vertus. En apparence, il célèbre la ville avec la même ironie légèrement attendrie dont il avait usé envers les autres, mais la particularité de sa construction nous incite à citer ici le texte intégralement :

Vertus est ville vertueuse
Ou Dieux fist vertueusement
Mainte fontaine merveilleuse
En sec lieu merveilleusement
Pour arrouser le tenement.
Bons vins a, fromens, soille, avaine,
Moulins, jardins, riviere saine
Et qui court contre le souleil,
Sanz tarir vient de vive vaine :
Chascun le puet veoir à l'ueil.

Au piet du mont est fructueuse,
Fondeë tresdevotement
De mainte eglise precïeuse,
Deux crosses, college ensement,
Nostre Dame, premierement,
Saint Sauveur, et sur le demaine
Saint Jehan. L'autre eglise prochaine
Est Saint Martin de doulz acueil,
Parroche du lieu souveraine :
Chascun le puet veoir à l'ueil.

Maison Dieu y a gracïeuse,
Maladerie, et mesmement
Conté, seaulx, justice piteuse,

Tresbon aer, bel esbatement,
Brie au dessus, boys largement,
Carrieres, Moymer, la Champaigne
Et Marne de pres la compaigne
A Espernay et a Bussueil.
Bons fruis a, bestaulx et montaigne,
Chascun le puet veoir à l'ueil.

Prince, des le temps Charlemaine
Qui ficha son tref sur la plaine
Devant Moymer est en escueil
Vertus, qui a moult soufrir paine
Des Anglés, par feu gaste et vaine,
Chascun le puet veoir à l'ueil.

C'est peu de dire, avec Karin Becker (*op. cit.*, p. 161), que la ballade « se termine sur une évocation surprenante de l'actualité »; cette allusion à la destruction de la ville produit chez le lecteur une surprise comparable à celle du *Dormeur du val* de Rimbaud : cet endroit paisible est en fait une ville morte ! Le poème doit donc être relu depuis le début; le présent dont usait le poète était en réalité un passé, l'évocation idyllique se dénonce comme un souvenir, presque hallucinatoire, et le refrain, dans sa dernière occurrence, ne désigne plus le spectacle du bonheur mais celui de la dévastation. Détruite par les Anglais en 1380, Vertus devient ici un authentique objet de nostalgie, mais d'une manière antiphrastique qui témoigne de la pudeur de Deschamps à vouloir paraître grave. Cette ironie pour le moins grinçante nous rappelle que l'angoisse de la fuite du temps n'épargne pas notre poète, malgré des dénégations dont l'apparence positive et heureuse qu'il tente ici de donner de sa ville natale est l'illustration la plus frappante : l'adieu se cache ici sous les apparences d'un éloge d'autant plus déchirant qu'il a valeur de déni de réalité. Il n'est donc peut-être en fin de compte pas interdit de lire dans les autres poèmes d'adieu aux villes d'Eustache Deschamps un peu plus de mélancolie et d'angoisse qu'il ne feint d'en mettre.

2. L'Histoire

2.1. Une chronique en miettes

La plupart des grands (et même des petits) événements de la fin du XIVe siècle ont laissé des traces dans l'œuvre de Deschamps, mais comme le manuscrit 840 ne comprend aucune section spécifiquement liée aux poèmes politiques et qu'aucun souci de chronologie ne s'y fait jour, il faut aller les chercher aux endroits les plus improbables, égarés parmi les poèmes moraux ou même parfois au milieu des poèmes d'amour.

Pour ce qu'il en est de l'histoire plus ancienne, il est vrai que Deschamps se contente de généralités, pour ne pas dire de mythes. Ainsi la ballade 153 (A 108) réactualise-t-elle le motif de la *translatio*, cher à la Renaissance du XIIe siècle, en rappelant que les civilisations de l'Antiquité ont passé le flambeau aux Français et aux Anglais (les « Albïens », v. 22), qui ont su recueillir leur héritage. Dans la ballade 1286, il loue Rome d'avoir soumis « la machine du monde/soubz son treü » (v. 2-3), ce qui lui permit de rester en paix, puisque « Nulz ne lui mut noise, contens ne guerre » (refrain). On admettra que cette remarque ne dénote pas une connaissance très approfondie de l'histoire romaine !

Le règne semi-légendaire de Charlemagne semble lui être plus familier que celui des premiers Capétiens et même les événements précédant de peu sa naissance ne trouvent guère d'échos dans ses poèmes : on y chercherait ainsi en vain une allusion à Philippe le Bel ou aux Templiers. Seule exception : la bataille de Bouvines (1214), dont la mémoire persiste allusivement dans les *Demoustracions contre sortileges* (n° 1361). En revanche, à partir du règne de Charles V et surtout de celui de Charles VI, c'est-à-dire du moment où Deschamps peut en avoir été le témoin direct ou indirect, les événements évoqués commencent à se presser sous sa plume. En fait, l'histoire en elle-même intéresse peu notre poète : c'est l'actualité qui le requiert, en spectateur passionné et impliqué.

Il évoque ainsi la campagne d'Écosse de 1385 (ballade 62, A 76), la rébellion du duc de Bretagne en 1392 (ballade 157), et « couvre » des événements que l'on dirait aujourd'hui plus « mondains », comme le mariage du prince Antoine de Bourgogne (ballade 1282).

La Guerre de Flandre, menée par Charles VI en 1382, l'inspire particulièrement, dans un chassé-croisé constant entre la chronique de l'événement et les allusions autobiographiques : ainsi s'il vitupère les Flamands (ballades 16, 17, A 62 et 18), c'est à la fois parce que c'est un peuple rebelle (voir aussi la ballade 94, qui menace de représailles la « fausse ville de Gand ») et parce qu'il a personnellement été mal accueilli par eux. Sans compter qu'il y faisait un froid glacial, comme nous l'avons vu plus haut dans la ballade 812, à laquelle fait pendant, sur un mode plus personnel, la ballade 801, dans laquelle Deschamps demande une houppelande en vue de l'expédition. Enfin, la ballade 19 nous narre le retour et dresse le bilan de ce séjour rigoureux :

> Mauvais y fait longuement sejourner
> Car le païs les gens et chevaulx blesce
> Et quant il pluet, on ne scet ou tourner;
> Pain, vin ne vient; seurté n'y a, n'adresce.

En fourraige a pou de foing et de vesce;
Oeufs faillent la, cannes, cogs et gelines; (v. 9-14)

On est, pour le coup, définitivement sorti de la grande histoire. On y retourne cependant avec des expéditions militaires, auxquelles Deschamps n'a pas participé, mais dont il assure la propagande. C'est d'abord la « Croisade de Barbarie » qui, en 1390, mène en Tunisie le duc de Bourbon et ses troupes, à qui Deschamps souhaite bon vent dans la ballade 769 : l'expédition sera un échec, mais sans grand mal pour les assaillants. C'est ensuite la croisade balkanique qui mènera à la terrible défaite de Nicopolis où la chevalerie française sera taillée en pièces par les Turcs le 28 septembre 1396 : la ballade 49 salue le départ de l'expédition et la 1316, après la bataille, procède au décompte des morts. L'envoi exhorte le « Prince » à mieux tenir sa cavalerie désormais, pour qu'elle ne se lance pas tête baissée dans un combat irréfléchi :

Prince, pour Dieu, humblement vous supplie
D'avoir tousjours loial chevalerie
Et d'estre humble, qu'orgueil ne vous diffame,
Car Dieu le het, et ne vous fiez mie
En traïtreurs dont no gent est perie :
Que chascun d'eulx ait Dieu merci de l'ame ! (v. 31-36)

Il est peu douteux que Deschamps songe ici aux désastres des batailles de Crécy (1346) et de Poitiers (1356), où les trop arrogants chevaliers français furent massacrés par les archers anglais, et peut-être même aussi à la bataille de la Mansourah (1250) qui vit la défaite et aboutit à la captivité de Saint Louis en Égypte, par la faute, déjà, de l'impétuosité de ses chevaliers (comme le montre bien Joinville). Mais il y avait peu de chances que la voix du poète soit entendue, car moins de vingt ans après Nicopolis, en 1415, le même scénario se reproduisit à Azincourt.

Tour à tour toile de fond d'une confidence autobiographique ou sujet à méditation politique de portée générale, l'histoire est ainsi constamment présente chez Deschamps, mais notre poète n'a que faire d'ordonner ou de hiérarchiser les événements : chacun apporte sa propre leçon, futile ou universelle, mais toujours profitable au moraliste, qui sait faire flèche de tout bois.

2.2. Éloge de l'héroïsme

On mesure souvent la décadence des idéaux chevaleresque au XIVe siècle en faisant référence à Froissart, qui ne cesse, dans ses *Chroniques*, de déplorer la disparition de ces « belles emprises » qui faisaient la beauté des combats prétendument loyaux de jadis, et qui semble juger les combats de son temps à l'aune des chansons de geste et des romans courtois. Une telle nostalgie n'est pas tout à fait absente des poèmes d'Eustache Deschamps, qui, dans la ballade 141 (A 106) appelle au secours

Charlemagne et Roland pour venir sauver la France et, dans la ballade 185, prend les patriarches, les prophètes, les historiens anciens et même Zoroastre à témoin de l'état pitoyable du « royaume des Gaulx » (refrain). Cependant, notre poète salue aussi le mérite des grands guerriers de son temps : la ballade 13 fait l'éloge funèbre du « bon prodomme et chevalier Sampy », la 495 celui de Guichart d'Angle, à vrai dire surtout loué pour ses qualités de courtisan et d'amoureux... Par contraste, l'éloge funèbre de l'évêque de Beauvais Milon de Dormans (ballade 46) ne manque pas de rappeler que ce prélat, digne successeur de l'évêque Turpin de *La Chanson de Roland*, « A Rosebech fut armez sur la plaine » (v. 13). Quant à Louis de Sancerre, maréchal et connétable de France mort en 1403, il n'a pas droit à moins de deux ballades funèbres (1186 et 1187).

Le héros moderne favori de Deschamps reste néanmoins incontestablement l'illustre Bertrand Du Guesclin (v. 1320 – 13 juillet 1380), évoqué dans le lai 312, dans le chant royal 362, et dans les ballades 206 (A 130) et 207 (A 132), qui constituent à proprement parler la déploration funèbre du personnage. La ballade 206 le présente ainsi comme le parangon de toute chevalerie :

> Estoc d'oneur et arbres de vaillance,
> Cuer de lÿon esprins de hardement,
> La flour des preux et la gloire de France,
> Victorïeux et hardi combatant,
> Saige en voz fais et bien entreprenant,
> Souverain homme de guerre,
> Vainqueur de gens et conquereur de terre,
> Le plus vaillant qui onques fust en vïe,
> Chascun pour vous doit noir vestir et querre.
> Plourez, plourez flour de chevalerïe ! (v. 1-10)

L'expression « fleur des preux » doit ici nous retenir : elle ne désigne pas seulement la « prouesse » de Du Guesclin ; elle hisse celui-ci au rang de l'illustre confrérie des « neuf preux », dont la liste est apparue pour la première fois dans les *Vœux du paon* (rédigés avant 1312) de Jacques de Longuyon. Ce texte se rattache au *Roman d'Alexandre* et évoque en particulier un grand banquet dont les convives prononcent, autour d'un paon présenté sur un plat, des vœux qui illustrent leur bravoure et leurs ambitions chevaleresques. Le groupe des neuf preux est constitué de trois héros de l'Antiquité païenne (Hector, Alexandre, César), de trois héros bibliques (Josué, David, Judas Macchabée) et de trois héros « modernes » (Arthur, Charlemagne et Godefroy de Bouillon)[1] ; la ballade 207 les cite *in extenso*, prolongeant

1. Signe que l'idée était dans l'air, Dante, exactement à la même époque, dans le chant XVIII du *Paradis* (v. 37-48), décrit une croix céleste où figurent, répartis en quatre couples, huit héros dont quatre se retrouvent dans la liste des neuf preux : Josué, Judas Macchabée, Charlemagne, Roland, Guillaume, Rainouart, Godefroi de Bouillon et Robert Guiscard.

la ballade 206 en présentant de manière explicite l'assimilation de Du Guesclin à ce groupe prestigieux, que la ballade précédente ne faisait que sous-entendre :

Tuit li vaillant et prodoms de jadis,
Tuit li present et toute creature,
Cesar, Hector, Alixandre et Davis,
Artus, Charles, Godefroy, moy Nature,
Josué et Machabeë
Et tout homme qui a haulte honeur beë
Devons de plours faire riviere et unde
Car par la mort est la terre troubleë
Du plus vaillant qui fust en tout le monde. (v. 1-10)

Jamais à court d'originalité, Deschamps va même imaginer une liste des neuf preuses, destinée à doubler celle des neuf preux. Il les évoque dans les ballades 93, où il les exhorte à revenir pour instaurer la paix entre Anglais et Français, et, surtout, 403 (A 312), où il propose une correspondance terme à terme des deux séries :

S'Ector li preux, Cesar et Alixandre,
Deïphile, Tantha, Semiramis
David, Judas Macchabeë, qui tendre
A subjuguer vouldrent leurs ennemis,
Josué, Panthasileë
Ypolite, Thamaris l'onnoureë,
Artus, Charles, Godefroy de Buillon,
Marsopïe, Menalope, dit l'on,
Et Synope, qui eurent cuers crueux,
Revenoiënt tuit en leur regïon
Du temps qui est seroiënt merveilleux. (v. 1-11)

Contrairement au principe qui organise celle des neuf preux, la liste des preuses recrute exclusivement ses héroïnes dans la matière antique (la matière biblique, et même la matière moderne, ne manquaient portant pas de candidates, même si Deschamps est mort trop tôt pour citer Jeanne d'Arc). Mais cette liste, qui témoigne assurément du féminisme de notre poète, n'a jamais eu le succès de celle des neufs preux.

Cette prééminence de la matière antique chez Deschamps est corroborée par d'autres indices. Ainsi son personnage historique préféré semble être Alexandre le Grand : le glossaire de l'édition SATF le recense 62 fois. La ballade 99 (A 90) fait ainsi l'éloge des vertus que doit avoir un bon souverain, en sa rapportant à l'enseignement donné par « Aristotë au grand roy Alixandre » (refrain). On notera l'insistance sur la largesse proverbiale – non exempte, ici, de contreparties prudentes – du grand conquérant macédonien :

« Amez les bons, donnez aux soufraitteus,
Soiez larges ou il appartendra,
Durs aux mauvais et aux pauvres piteus,
Et restraingnez quant temps le requerra !
Saichez a qui vostre don se fera
Et se cilz a desservi pour l'avoir ! »
Du bien commun faictes vostre devoir ! » (v. 1-7)

César est, pour sa part, évoqué 31 fois, et Charlemagne pas moins de 56. Mais les souverains modernes ne sont pas oubliés pour autant. Deschamps n'est ainsi pas le dernier auteur à avoir contribué à la gloire de Charles V, encensé, à vrai dire par tous ses contemporains, de Philippe de Mézières à Christine de Pizan qui lui a consacré son fameux *Livre des faits et Bonnes Mœurs du roi Charles V le Sage*, écrit en 1404.

Dans la ballade 165 (A 110), Deschamps fait l'éloge funèbre du feu roi à grand renfort de références bibliques et antiques (David pleurant sur Absalon et Jonathan, Hécube se lamentant sur les Troyens, Salomon dont la sagesse fait écho à celle de Charles V) qui donnent au défunt une aura proche de celle qui entourait les neuf preux. Deschamps met en outre la mort du roi de France en parallèle avec celles du pape Urbain V et de l'empereur Charles IV : curieusement, cependant, si le décès de Grégoire (1378) est en effet proche de celui de Charles V (1380), on s'attendait plutôt à ce que Deschamps évoque la mort de Grégoire XI (1378 également), qui signale en outre le début du grand Schisme, plutôt que celle de son prédécesseur (1370). Sans doute avait-il contre ce dernier une dent particulière.

La ballade 168 (A 114) est également une déploration de Charles V, mais abordée sous un angle tout différent de la précédente, selon un principe de variation caractéristique de notre poète : si la 165 inscrivait le roi sage dans une profondeur à la fois historique et géographique, la 168 joue sur les lettres de son nom selon une pratique très courante de l'exégèse médiévale, qui lui permet de fonder en essence les qualités du souverain disparu : C comme *courtois*, H comme *hardi*, A comme *appert* (« adroit »), R comme *riche*, L comme *loyal*, E comme *estable* et S, *last but not least*, comme… *sage* ; comment un tel roi ne pourrait-il pas être le parangon de toutes les vertus ? Mais son fils et successeur, dont Deschamps finit par faire un repoussoir de son père, après l'avoir, certes, exhorté à suivre les traces de celui-ci, n'aurait-il pas pu avoir, tout aussi légitimement, droit, ayant le même prénom, au même éloge par lettres ?

2.3. Une certaine idée de la France

Comme l'a bien montré Thierry Lassabatère, dans son ouvrage intitulé *La Cité des hommes*, par référence à *La Cité des dames* de Christine de Pizan, on peut dégager des textes de Deschamps, un véritable projet politique dans lequel se lisent les prodromes de ce que l'on appellera plu tard le nationalisme. Il est courant de voir dans la Guerre de Cent Ans un conflit qui commence en guerre féodale et se termine en guerre nationale : Édouard III d'Angleterre, en 1337, exige moins de dominer un pays rival que de faire valoir les droits de succession de sa mère Isabelle, fille de Philippe le Bel, écartée du trône par la prétendue « loi salique », providentiellement exhumée par les juristes français pour éviter que l'héritage capétien ne tombe, comme on le disait alors, « en quenouille ». Et ce ne serait que trois générations plus tard, avec Jeanne d'Arc, dont la brève épopée court de 1429 à 1430, que l'interminable conflit serait véritablement devenu l'affrontement de deux nations souveraines. Cette vision des choses est cependant par trop schématique, car un demi-siècle avant Jeanne d'Arc, la vision d'Eustache Deschamps repose déjà clairement sur l'idée d'une unité de la conscience française face à un péril extérieur.

De même, la personnification de la France ne date pas du *Quadrilogue invectif* (1422), écrit au moment le plus critique de la Guerre de Cent Ans par Alain Chartier, qui prête à la France une mémorable harangue stigmatisant les princes et les chevaliers de Charles VII, lesquels ne mettent pas assez de cœur et de zèle à la défendre. Deschamps personnifie déjà la France dans de nombreux poèmes[1]. Dans la ballade 112, il se présente en amoureux désespéré de voir « deperir » (v. 6) celle qu'il aime « par le default d'estre bien gouvernee » (refrain). Les ballades 159, 164 ou 255 développent des prosopopées de la France malheureuse, dont les vicissitudes semblent répondre à celles dont Deschamps lui-même se plaint volontiers d'avoir endurées :

> Je plain et plour le temps que j'ay perdu,
> Vaillance, Honeur, Sens et Chevalerie,
> Congnoissance, Force, Bonté, Vertu,
> Largesce, Amour, doulz Maintien, Courtoisie,
> Humilité, Deduit, joieuse Vie,
> Et le bon nom que je souloie avoir,
> Le hardement, la noble baronnie :
> Quant l'un ne veult fors l'autre decevoir. (ballade 255, v. 1-8)

Assimilée à un homme trompé et trahi, La France, dépouillée de tout, devient ici une figure de Job, l'incarnation même du désespoir. Elle avait cependant vécu des heures plus fastes. Dans la ballade 68 (A 78), Deschamps l'identifie allégoriquement à Jérusalem pour faire du fils du roi, qui venait de naître (en 1386 – il mourra malheureusement dans l'année) un nouveau messie :

> France tu es Jherusalem – ce sente
> Or puet sentir estrange nascïon –

1. Th. Lassabatère analyse ces poèmes en détail, *op. cit.*, p. 262-291. Nous n'indiquons ici que quelques jalons.

Qui tant as eu de paine et de tourmente,
Par les gens Bruth. Mais, a m'entencïon,
Par cest enfant prendront finicïon (v. 17-21)

Un souvenir de Virgile, dont la quatrième bucolique a été lue au Moyen Âge comme une annonce de la venue du Christ (alors qu'elle salue simplement la naissance d'un « enfant divin » dans la famille d'Auguste), n'est peut-être pas ici à exclure. La ballade 1142, qui s'adresse, on l'a vu, à la « douce France », évoque aussi cette naissance royale, dans laquelle l'esprit prophétique de Deschamps voit même l'espoir d'une nouvelle croisade destinée à enfin « conquerir la terre d'oultre mer » (refrain).

Mais s'il célèbre ostensiblement les événements heureux, Deschamps évoque en revanche de manière plus voilée les dysfonctionnements du gouvernement. Le seul poème que l'on peut lier à la folie de Charles VI est la ballade 1056, construite sur un dialogue[1] de la tête et du corps (qui rappelle le modèle célèbre de la fable « des membres et de l'estomac ») ; la maladie du roi et l'évocation des mauvais conseillers, les Marmousets, qui mènent le royaume à sa perte, ne se laissent ainsi déchiffrer que sous le voile de l'allégorie :

Malade suy, dist le chief a son corps,
Tant que ne sçay que je devenir doye.
– C'est a bon droit, vous avez bouté hors
Les droiz membres dont je vous soustenoie,
D'estranges mains aidier ne vous pourroye,
Ce dist le corps, car vous m'avez osté
Jambes et bras et le destre costé
Et m'avez joint membres d'autre paraige
Qui m'ont destruit et a vous la santé. (v. 1-9)

La proximité des textes permet de même d'interpréter allégoriquement la ballade suivante (1057), qui narre une rencontre avec des bergers s'exhortant à rester attentifs pour protéger leurs brebis des loups. Les deux premiers vers, qui plantent le décor « En un païs plain de soulas/Dont Jeunesce tenoit la voye » renvoient ainsi, à l'évidence, au jeune âge à la fois prometteur et problématique de Charles VI.

Deschamps est plus concret lorsqu'il évoque les péripéties de la Guerre de Cent Ans. Il oppose ainsi la pusillanimité des Français et l'efficacité pragmatique des Anglais (rondeau 673), ou dénonce les effets contre-productifs de l'orgueil des Français qui, par leur arrogance, s'aliènent de nombreuses villes (rondeau 674). Quant au chant royal 956, il présente « la vision la plus synthétique de tous les aspects de la guerre », comme le remarque Thierry Lassabatère (*op. cit.*, p. 339), qui

1. Sur les poèmes en dialogue d'Eustache Deschamps, voir Susanna Bliggenstorfer, « les ballades dialoguées d'Eustache Deschamps », *Autour d'Eustache Deschamps*, *op. cit.*, p. 15-26.

rapproche les positions de Deschamps de celles du canoniste provençal Honoré Bovet, contemporain presque exact de notre poète (1345-1405), et dont l'*Arbre des batailles* (1386-1389) est l'un des premiers livres à traiter du droit de la guerre, en évoquant en particulier le droit des gens. Deschamps insiste aussi sur la discipline que le roi doit exiger de son armée et sur la solde qu'il ne doit pas négliger de payer régulièrement. Il prolonge sa réflexion dans le *Lai du roy* (311), qui propose des réflexions stratégiques, et dans le *Lai de plour* (310), qui exhorte les belligérants à épargner les populations civiles.

3. La Société

3.1. La cour et son envers

La vie de cour, avec ses contraintes et ses hypocrisies, a particulièrement nourri les plaintes de Deschamps. La ballade 1423, avec l'anaphore impatiente et inquiète de la question « Quand ? » et son refrain appelant à la réalisation du vœu platonicien d'un gouvernement des sages, est particulièrement significative :

Quant se pourra tout reformer ?
Quant sera paix et vrays amour ?
Quant verray je l'un l'autre amer ?
Quant verray je parfaicte honnour ?
Quant aura congnoissance tour,
Vérité loy, pité saison ?
Quant sera justice en raison ?
Que les mauvais pugniz seront ?
Quant avra Roy juste maison ?
Quant les saiges gouverneront. (v. 1-10)

La ballade 14 du tome X de la SATF (si du moins elle est de Deschamps[1]) troque, de son côté, le ton de l'indignation pour celui de l'ironie.

Qui ses besoignes veult bien faire
Selon le temps qui ores court,
Dissimuler fault et soy taire
Du tout, ou au moins estre court
En parler, et faire le sourt

1. Cette ballade, ainsi que la précédente, est en effet également attribuée, dans d'autres manuscrits, à Oton de Grandson, dans l'œuvre de qui ces deux poèmes seraient cependant les seuls à traiter de satire curiale. D'autre part, si la ballade « Qui ses besoignes veult bien faire » appartient au corpus périphérique de Deschamps, et que son attribution au poète de Vertus est donc plus fragile, la ballade « Quand ? » est bien présente dans le ms. 840, ce qui rend très improbable qu'elle puisse être due à un autre poète. De surcroît, l'évocation du « peuple » opprimé dans cette dernière ballade ne correspond pas aux sentiments que l'on peut attendre de la part du grand aristocrate qu'était Oton.

Quant on ot chose qui anuye,
Flater et c'on ne contredie
Aux seigneurs riens qui beau leur soit,
Maiz qu'a tous propos on leur die :
« Monseigneur dit bien, il a droit. » (v. 1-8)

Tandis que la ballade 179 feint de donner de bons conseils pour réussir à la cour, mais enjoint en réalité le lecteur à se réserver une retraite pour le moment où viendra la disgrâce :

Vous qui a court royal servez,
Entendez mon enseignement;
Oëz, voiez, taisez, souffrez,
Et vous menez courtoisement,
Faictes bien, servez loyaument;
Mais cellui qui grace y aura
Acquiere un lieu secretement
Pour aller quant la cour faurra. (v. 1-8)

La ballade 74 décrit également les bonnes attitudes qu'il convient d'afficher à la cour, mais le refrain nous dit bien que c'est là « condicïon de ribault et de pie » (donc de débauché et d'ivrogne). Dans tous ces cas, le constat est le même : qu'elle soit le lieu de l'injustice criante, des fausses apparences ou de la nécessaire dissimulation, la cour est un endroit malsain où il ne fait pas bon s'attarder. Que Deschamps ait cependant mis un certain temps à le comprendre, la ballade 1104 (A 488) le laisse clairement entendre, évoquant une perversion de la cour que l'on doit sans doute situer dans le passage du règne de Charles V à celui de Charles VI :

Il fut un temps qu'a la court frequenter
N'estoit que bon, et d'y tenir son corps
Pour vqir honeur, pour vaillance hanter,
Oïr les bons qui gouvernoiënt lors
Aprandre d'eulx et estre aux vertus fors,
Mais assez tost aprés changa li temps,
Qu'avoir a court un pié hors et l'autre ens
Fut le meilleur, et d'y sçavoir du hourt;
Mais au jour d'uy je voy que c'est grant sens
D'avoir deux piez de tous poins hors de court. (v. 1-10)

Ainsi Deschamps, qui condamne par ailleurs la vanité de la gloire dans le chant royal 345, est-il tenté, comme en témoigne *Le Lay de franchise* (307), de préférer à la fête mondaine, la vie rustique des paysans. L'évocation dans ce poème du couple de Robin et Marion semble trahir l'influence du *Jeu* éponyme d'Adam de la Halle, première œuvre médiévale à déplacer la thématique de la pastourelle (rencontre d'un chevalier et d'une bergère) vers ce que l'Antiquité appelait la *pastorale*, à savoir un dialogue entre bergers et bergères dans un monde complètement coupé de la société courtoise. Popularisé au milieu du XIVe siècle par le *Dit de Franc Gontier* de Philippe de Vitry, que parodieront Pierre d'Ailly dans son *Contredit Franc Gontier*, ainsi que Villon dans sa ballade de même titre, le thème pastoral fleurira au XVe siècle dans le *Pastoralet* (chronique de la lutte des Armagnacs et des Bourguignons, présentés comme des bergers querelleurs), ainsi que dans l'œuvre de René d'Anjou et de quelques autres poètes de cour. Renouvelé au début du XVIIe siècle par *L'Astrée* d'Honoré d'Urfé, il se perpétue jusqu'aux bergeries de Marie-Antoinette et aux utopies de Jean-Jacques Rousseau. Le texte de Deschamps s'inscrit donc au début de cette vogue : son Robin et sa Marion, comme le Gontier et l'Hélène de Philippe de Vitry, vivent d'amour, de pain blanc et d'eau fraîche.

Ces rêveries n'empêchent toutefois pas Deschamps de se plaindre de la précarité de son existence : dans ces circonstances, une obédience minimale à la cour reste malgré tout, ne serait-ce que financièrement, indispensable ; et, plutôt que de couper complètement les ponts, il peut paraître préférable de proposer des réformes, comme dans la ballade 1109, pour laquelle le contemporain de Courteline qu'était Queux de Saint-Hilaire proposait le sous-titre aguicheur de « Il faut diminuer le nombre de fonctionnaires ». Si les deux premières strophes de ce poème semblent ne parler que des médecins trop zélés qui administrent à leurs patients des remèdes inutiles, la troisième révèle le sens de l'image ; c'était bien aux princes que s'adressait l'avertissement :

> Medicin prince terrïen
> Figure, a garder son demaine,
> Son peuple et brebis que li chien
> Et loups ne leur plument la laine ;
> Un seul ne fait pas tant de paine
> Comme cent. Le trop est folie
> D'officiers, dont chascuns se lie
> Pour le bestail prandre et deffaire ;
> Un homme oster ne souffist mie :
> Restraingnons le plus neccessaire. (v. 21-30)

On rapprochera ce texte de la ballade 1377, dont on citait plus haut l'envoi enjoignant les « Princes » à faire « restraindre tout estat/En servant Dieu sans fictïon » (v. 33-34), ou encore de la ballade 1095 (A 482) qui les exhorte à se passer de « general », c'est-à-dire de ministres des finances.

3.2. Questions de morale et d'hygiène

Le sens moral de Deschamps se concrétise tout d'abord dans une vitupération constante des vices (on n'en attendait pas moins d'un natif de Vertus !), qui va bien au-delà de la satire curiale et se double d'une tout aussi irrépressible envie de donner des avis et des conseils sur tout et n'importe quoi : de nos jours, si l'on nous autorise ce parallèle, Deschamps ferait sans doute partie de ces personnes incapables de passer une journée sans poster plusieurs commentaires sur Facebook ou Twitter. Certes, on ne sait pour ainsi dire rien de la diffusion « en temps réel » de ses poèmes : homme très public et sociable (bien qu'il aime parfois jouer au misanthrope, mais ce n'est peut-être là qu'une pose destinée à attirer l'attention), il est probable qu'il n'ait pas manqué une occasion de les réciter et de les répandre, voire de les faire circuler sur des feuilles volantes. Leur impact n'en reste pas moins impossible à mesurer, et comme beaucoup d'entre eux jouent sur des lieux communs ressassés depuis l'Antiquité, on ne risque pas grand-chose à estimer qu'ils sont restés sans effet sur les mœurs du temps. La ballade 22 (mais on aurait pu aussi citer les n° 1058 ou 1097) offre ainsi un bon exemple du tempérament grognon de notre poète :

> Je ne voy rien qui me soit agreable,
> Joye, deduit, honnour, sens ne prouesce;
> Ne nul estat qu'homs puist avoir estable,
> Vertus es cuers, ne nulle gentillesce,
> Pité qui soit, humilité, largesce,
> Fors convoitier, avoir orgueil, envie
> Sur tous les bons : c'est ce qui trop me blesce :
> Mener ne voy a nul honneste vie. (v. 1-8)

Comme toujours, d'ailleurs, les remarques de Deschamps vont du plus frivole au plus grave. Et parfois à l'intérieur du même poème : ainsi la ballade 176 vitupère le mauvais temps qui peut rendre « pensis et merancolieus » (v. 3), mais dont le principal tort est en fin de compte que « que pluseurs sont au jour d'ui enrumez » (refrain).

On s'étonnera par ailleurs d'autant moins de trouver chez notre poète une satire de la mode que le début du règne de Charles VI est resté célèbre pour être l'un des moments clé de l'essor de la tenue vestimentaire en Occident. La ballade 1209 raille les extravagances de la coiffure féminine :

> Atournez vous, mes dames, autrement,
> Sanz emprunter tant de haribourras,
> Ne de querir cheveulx estrangement
> Que maintes fois rungent souris et ras;
> Vostre afubler est comme un grant cabas,
> Bourriaux y a de coton et de laine,
> Autres choses plus d'une quarentaine,
> Frontiaux, filez, soye, espingles, et neux;
> De les trousser est a vous tresgrant paine :
> Rendez l'emprunt des estranges cheveux. (v. 1-10)

Dans la ballade 1129, Deschamps va jusqu'à dénoncer ce qu'il appelle littéralement l'hermaphrodisme des silhouettes :

Menton poncé, filz Hermofondricus,
Effeminé, deffaulte de nature,
Couraige vain, vuit de toutes vertus,
De vice plain, qui ne tent qu'a ordure,
Non masculin, femenine figure,
Qui imposer suelz faulx noms sur autruy;
Ainz es livres de telz gens bien ne luy
Quant ilz ne sont en nature parfais,
Corrups de corps, de pensée, les truy,
Infeables, desloyaulx et mauvais. (v. 1-10)

Cette ballade doit sans doute être mise en parallèle avec la ballade 811, dans laquelle Eustache raconte qu'il n'ose plus aller au bois de peur qu'on lui demande de couvrir sa calvitie qu'une nouvelle ordonnance, vraisemblablement pour des raisons d'élégance, ordonne de dissimuler.

Plus fondamentale sans doute, la question des métiers, ou plutôt des « états », préoccupe Deschamps au premier chef : il leur consacre de nombreux poèmes, bien analysés par Jean Batany[1]. Plusieurs, comme le *Lay de vérité* (pièce 304), nous proposent de longues nomenclatures, et la tripartition de la société fait le fond, en particulier, des ballades 96, 377 et 386. Au demeurant, la position de Deschamps sur le sujet n'est guère différente de celle de la quasi-totalité des auteurs médiévaux : elle revient à dire qu'il faut que chacun reste à sa place. Corollairement, notre poète ne cesse de déplorer que dans ce monde bouleversé personne ne remplisse les devoirs de son état et que « Chascun fait contre son mestier » (refrain de la ballade 1108). Les activités louches ne laissent donc évidemment pas non plus Deschamps indifférent; on peut le soupçonner d'avoir côtoyé des catégories sociales extrêmement diverses, mais l'on découvre au détour de la ballade 1310 que ce sont encore les marins – souvenir probable de quelques voyages mouvementés – qui lui inspirent le plus d'aversion :

Je croy qu'entre joueurs de dez,
Coquins, courratiers de chevaulx,
Sarrasins, Juifs, larrons prouvez,
Mourdreurs, rufiens et ribaux,
Chartiers, cabuseurs, traitres faulx,
Pillars, coureurs sur les chemins,
Sorciers, sorcieres et devins,
Depuis qu'Adam fut faiz premiers,

1. Jean Batany, « Les "estats du monde" chez Eustache Deschamps : des structures sociales aux catalogues de métiers », in *Autour d'Eustache Deschamps*, *op. cit.*, p. 1-14.

Ne fut plus faulx ne plus malings
Que sont partout les maronniers. (v. 1-10)

Au chapitre des recommandations, on notera l'abondance des conseils diététiques ou gastronomiques. Ainsi la ballade 98 (A 88) fait-elle l'éloge des *restraintifs*, c'est-à-dire des purges. Dans la ballade 780 (A 410), Deschamps recommande de mettre de la moutarde sur tous les plats. La prévention de la Peste, dans les ballades 1162, 1290 (A 550), 1291 (A 552) et 1452, lui inspire aussi des conseils nutritionnels détaillés. Enfin, le *Notable enseignement pour continuer santé en corps d'omme* (pièce 1496) dresse en 226 octosyllabes à rimes plates « un catalogue quasiment exhaustif qui semble recenser tous les produits alimentaires connus dans la cuisine de la France médiévale », pour reprendre les termes de Karin Becker (*op. cit.*, p. 97), qui en propose un résumé analytique (p. 97-99).

Mais attention aux indigestions : ainsi Deschamps n'hésitera-t-il pas, dans le rondeau 685, à apostropher vertement son « ventre puans » qui refuse ses service à son « culz, sur qui ne vous puis porter » (v. 1-2). Dans le même but de ne rien nous cacher de ses maux les plus intimes, Deschamps se plaindra de ses rages de dents dans la ballade 834, avec le même exhibitionnisme désinvolte qu'il mettait à évoquer ses dettes de jeux dans le rondeau 623, ou à se complaire dans des litanies d'injures contre des indélicats (et des indélicates !), voire simplement contre des coutumes qu'il désapprouve (par exemple dans le rondeau 609, ou dans les ballades 777, 804, 849 et 1068). On constate une fois de plus la proximité de la louange et de l'exécration chez Deschamps qui ne peut que difficilement s'empêcher de dire ce qu'il pense sans s'échauffer et nous apparaître comme un râleur professionnel. Ainsi, ce sont peut-être ses retours constants sur les questions sanitaires et diététiques qui nous donnent la clé de son irrépressible besoin de récrimination : la vitupération relève bien chez lui d'une d'hygiène de la parole.

3.3. Vivre dans un monde en crise

Ce sont, en fin de compte, ses considérations sur les malheurs du temps qui vont nous permettre de cerner, pour conclure, ce que l'on pourrait appeler, avec tous les guillemets que mérite ce terme, la « philosophie » de Deschamps.

De fait, il n'y a nulle surprise à ce que les vicissitudes socio-politiques qui assombrissent le XIVᵉ siècle s'invitent plus souvent qu'à leur tour dans ses poèmes. Les exactions des routiers sont évoquées à plusieurs reprises, non d'ailleurs parfois sans une certaine pitié paradoxale, comme dans la ballade 5 où Deschamps décrit la spirale du vice dans laquelle s'enfoncent ceux qui ont fait le choix de cette vie qu'ils croyaient aventureuse :

Car on devient, de ce suïr, murdriers,
Lerres aussi, et de ravissement

Consentables, viïoleur de moustiers,
Femmes ravir, ardoir villainement,
Et ses voisins trahir mauvaisement,
Prendre le leur, d'eulx faire chiere lie
Sanz cause avoir du faire aucunement ;
Qui saiges est n'ait de ce faire envie ! (v. 9-16)

La ballade 175 déploie par ailleurs tout l'arsenal des personnifications animalières (propension récurrente chez Deschamps) pour stigmatiser un chef de routiers. Malgré l'horreur de la description, il s'en dégage presque un effet comique :

Goupil en faiz et mastin en courage,
Lyevre au dessoubz, lÿon a ton dessus,
Chas agaitans, tigre dure et sauvage
Bugle songans, ours rudes et velus,
Bouc eschaufez et pourceauls malostrus,
Loups ravissans le sang de char humaine,
Asnes pesans, et herissons pointus,
Pour quoy veulz tu les brebis et leur laine ? (v. 1-8)

La Peste, ou plutôt « l'épidémie » (le mot « peste » n'est sauf erreur jamais prononcé), est évoquée à de nombreuses reprises. La ballade 1290 (A 550) se risque même à en élucider les causes, que Deschamps voit dans « L'air corrompu, la terre venimeuse/Le corps infects en cymetiere, et mors/En my le champs, en guerre dolereuse » (v. 1-3), mais aussi dans une mauvaise hygiène de vie :

Vivre d'eauës de terre marcageuse,
Estre au gros air quant li brouillas est fors,
Trop main lever, vïe luxurïeuse,
Sanz mouvement soy courcier[1] est la mors ; (v. 21-24)

Il est, de fait, remarquable que Deschamps n'invoque jamais, à ce propos la colère divine, mais renvoie au contraire l'homme à ses responsabilités. Loin de toute culpabilisation, il délivre ce message, d'une laïcité très moderne, que celui qui renonce à lutter est perdu et que la maladie ne prospère jamais que chez les natures qui ont abdiqué tout espoir. On serait heureux de pouvoir le croire lorsqu'il nous dit, dans les ballades 1162 et 1291, qu'il suffit de ne pas se faire de souci, de ne sortir que par beau temps et d'aller boire avec ses amis pour échapper à une pandémie :

Qui veut son corps en santé maintenir
Et resister a mort d'epidemie,
Il doit courroux et tristesce fuir,
Laissier le lieu ou est la maladie
Et frequenter joieuse compaignie,

1. Nous adoptons la judicieuse correction de l'édition SATF.

Boire bon vin, nette vïande user,
Port bonne odour contre la punaisie,
Et ne voist hors s'il ne fait bel et cler. (ballade 1162, v. 1-8)

Malgré les allures de méthode Coué que revêtent ces propositions, le fait est que Deschamps a bel et bien échappé à la Peste.

Quant à l'aspect religieux des calamités du temps, il en traite dans ses poèmes consacrés au Schisme (ballades 243 et 985, *dictiés* latins 1260 et 1261), mais ici encore c'est moins l'aspect proprement spirituel que politique du problème que souligne Deschamps : la division des Chrétiens est d'abord dommageable à l'État et à la vie sociale, il est un scandale comparable à celui de la polygamie. Le chant royal 1012 en appelle à la tenue d'un concile : Deschamps est partisan, comme l'Université de Paris, de la soumission du pape d'Avignon Benoît XII au pape de Rome, mais Louis d'Orléans est de l'avis contraire. Charles VI soutiendra finalement l'opinion de l'Université, ce que Deschamps saluera dans le chant royal 955 (A 450), construit autour de l'image du monstre hybride qu'est le Minotaure. Son influence réelle sur le débat est difficile à évaluer, mais Deschamps agit incontestablement, en l'occurrence, en poète « engagé[1] ».

Face à tous ces maux, deux attitudes s'offrent à l'honnête homme : l'engagement et le retrait. Or, Deschamps – on n'en attendait pas moins de lui – les a pratiquées toutes les deux. D'une part, il n'a pas ménagé sa peine pour avertir et sermonner ses contemporains et pour conseiller les princes. D'autre part, la leçon la plus récurrente qu'il nous donne dans son œuvre reste que le secret du bonheur est dans l'adoption d'une vie « médiocre », c'est-à-dire maintenue dans les limites d'un juste milieu. En fin de compte, les préférences de Deschamps échappent à l'opposition rhétorique de la cour pervertie et du monde rustique préservé, son idéal de vie pouvant somme toute être dit « bourgeois », dans une autarcie et un contentement de soi que décrit bien la ballade 132 (A 106) :

Mais cilz qui vit du sien a chiere lïe,
Et qui se puet par son labour chevir
Vit longuement et sanz merancolïe
Et si se puet loyauté enrrichir
Sanz telz meschiefs ne telz paours souffrir. (v. 19-23)

Beaucoup de poèmes développent des sentences gnomiques que les éditeurs de la SATF, dans leur désir constant d'explicitation, résument assez bien dans les titres qu'ils donnent à chaque texte : « on doit être mesuré dans la joie comme dans la douleur » (ballade 102), « contentement passe richesse » (ballade 258), « nul n'est

1. Sur cette notion appliquée à l'époque de Deschamps, voir Jean-Claude Mühlethaler, « Une génération d'écrivains 'embarqués' : le règne de Charles VI ou la naissance de l'engagement littéraire en France », *Formes de l'engagement littéraire (XVe-XXIe siècle)*, dir. Jean Kaempfer, Sonya Florey et Jérôme Meizoz, Lausanne, Antipodes, 2006, p. 15-32.

malheureux que celui qui le croit être » (ballade 275). Il se dégage de toutes ces recommandations une forme de stoïcisme qui contraste avec l'éloge, récurrent chez Deschamps, des plaisirs de la table et de la boisson, que l'on a vus invoqués jusque dans les remèdes à l'épidémie. Faut-il voir dans cette sagesse, sans doute durement acquise, le dernier état de la pensée de notre poète ? C'est possible, mais un tel idéal ne va pas sans tensions, comme le montre bien l'opposition des ballades 82 (A 82), qui fait l'éloge de la médiocrité, et 83 (A 84), qui nous dit que pour « vivre paisiblement » (v. 1), il faudrait être aveugle, sourd et muet. On pourrait d'ailleurs aligner d'autres titres comme « on ne croit plus à rien » (ballade 1167), « l'auteur se plaint de vieillir » (ballade 1266, A 540) ou « la justice n'est pas de ce monde » (ballade 1320) pour argumenter que la fin de vie de Deschamps fut amère et révoltée. Le spectacle du monde tel qu'il va, ou plutôt tel qu'il ne va pas, ne saurait donc, pour Deschamps, laisser personne indifférent : même si l'on est revenu de la tentation de l'engagement, une certaine intranquillité, voire de révolte contre le malheur et l'injustice reste à ses yeux une composante fondamentale d'une nature humaine digne de ce nom.

Il reste ainsi loisible au lecteur d'Eustache Deschamps de s'arrêter sur l'injonction qui lui parlera le plus, et l'on avouera ici notre prédilection pour la morale qui se dégage de la ballade 270 : « seule l'étude ne fatigue jamais ».

Conclusion

Les études consacrées à Deschamps se sont multipliées ces dernières années, et l'on ne peut que s'en réjouir. Beaucoup, cependant, se concentrent sur une question particulière (l'organisation de son plus important manuscrit, la portée morale de ses œuvres, sa vision de la France), et il est difficile de trouver un ouvrage qui s'efforcerait de réunir toutes les facettes si diverses, de ce grand poète. On ne peut en effet réduire Deschamps ni à son rôle d'amuseur, ni à son humeur souvent chagrine, mais pas davantage à son aisance formelle ou à son caractère visionnaire. Il est à la fois le vitupérateur et le chantre des femmes, le bon vivant qui se complaît dans les propos « fumeux » et le conseiller avisé des princes, le récriminateur grognon et le messager de la paix, le prophète de la fin des temps et l'humble laudateur de son maître Machaut, l'auteur d'un art poétique et de sa parodie. Il a connu à peu près toutes les personnalités qui comptaient de son temps, et a su leur rendre justice, à l'exception de ses collègues italiens (mais il est vrai qu'il était encore bien jeune à la mort de Pétrarque en 1374), et, malgré des œillères et des partis pris, il a su regarder le monde qui l'entourait avec plus de curiosité que la plupart de ses contemporains. En lisant ses poèmes, on a l'impression que tout l'intéresse, quitte ensuite à en dire du mal ; mais au départ il y a toujours un regard comme aimanté par l'infinie diversité de la vie, des êtres et des choses. S'il préfère sa « douce France », ce n'est pas faute d'avoir voyagé à l'étranger, s'il se retire non sans misanthropie dans son manoir, c'est qu'il a su prendre sa part de la vie d'étudiant et de la vie de cour, et s'il ratifie parfois les propos les plus bassement misogynes, ce n'est pas sans avoir goûté à toutes les variétés de la séduction féminine. Ses défauts ne sont donc pas seulement l'envers de ses qualités, ils en sont le nécessaire complément, dans une volonté, qu'il n'affiche pas ouvertement, mais qu'il vit intensément, de ne laisser aucune sensation inéprouvée par lui. Contrairement à Montaigne, dont l'œuvre est rédigée *après coup*, tout bien pesé et toutes hontes bues, celle, essentiellement fragmentée, de Deschamps est constamment prise dans le flux de la vie et de l'action. Si certains de ses textes semblent faire état d'une expérience acquise, notre poète n'est jamais à l'abri de vicissitudes nouvelles qui remettront en cause la sagesse péniblement thésaurisée : le rêve pastoral est battu en brèche par la réalité de la guerre ou de la pauvreté, la crainte de l'Apocalypse entrave l'espoir d'une embellie politique, l'insouciance est menacée par la mélancolie. De fait, ce qui manque à Deschamps pour annoncer Montaigne – qui est lui aussi « en mouvement », comme le dit Jean Starobinski, mais d'abord dans sa pensée –, c'est le détachement : il ne cherche pas une sagesse supérieure dans la contemplation désintéressée d'un monde dont il aurait une fois pour toutes reconnu la vanité et la relativité. Il ne connaît pas le moment où l'on a son siège fait et s'observe constamment dans le présent : toutes ses émotions, y compris ses regrets, nous sont dites à vif. Le temps certes l'a changé, il constate les ravages de la vieillesse et l'émoussement de ses désirs, mais il n'en prend pas son parti et n'en retire aucune satisfaction. Il ressasse les lieux communs sur la vanité des choses de ce monde, mais ne cesse pas pour autant de se plaindre de l'ingratitude des gens de pouvoir. Et si un certain nombre de ses poèmes sont datables dans l'absolu (références à des événements historiques) ou de manière relative (allusions aux étapes de sa vie), beaucoup restent difficile à situer, l'ordre du manuscrit 840 n'offrant à cet égard aucune aide probante, et la variation de ses humeurs ne pouvant être déterminée par aucune chronologie. Mais c'est justement là ce qui fait le prix de son témoignage : dans le kaléidoscope de son œuvre foisonnante, c'est toute la seconde moitié du XIVe siècle qui revit, avec ses joies, ses terreurs, ses espoirs et ses découragements, relue par le prisme d'une conscience inquiète et curieuse. L'œuvre de Deschamps nous persuade que la poésie peut nous parler de tout, que rien n'est interdit à la littérature. Par là – et même si son univers se restreint aux frontières d'une Europe chrétienne qui peine encore à théoriser l'expérience de l'Autre –, elle ouvre une première porte sur notre Modernité et annonce le temps où la puissance de l'écrit contribuera à changer le monde.

Sujets de dissertation

1. Clotilde Dauphant milite pour une lecture globale et unifiée de la production de notre poète : « L'œuvre de Deschamps nous donne un exemple de l'image du bon vivant, remarquable par sa laideur, son ivrognerie ou sa mélancolie : l'ethos de l'auteur se construit entre les pièces, tissant une unité profonde au sein de l'œuvre » (*La Poétique des Œuvres complètes d'Eustache Deschamps*, Champion, 2015, p. 499). Cette analyse correspond-t-elle à votre expérience de la poésie de Deschamps ?
2. Discutez ce jugement de Miren Lacassagne, qui voit dans la poésie d'Eustache Deschamps les signes d'une tension entre deux époques : « Dialogue entre la tradition et la modernité, cette poésie manifeste la recherche d'un équilibre dans une époque en mutation. En s'ouvrant sur la réalité elle refuse de la refléter passivement mais entreprend de la changer. » (« Rhétorique et poétique de la "médiocrité" chez Eustache Deschamps », in *Autour d'Eustache Deschamps*, éd. par D. Buschinger, Amiens, Presses du Centre d'Études médiévales, 1999, p. 125).
3. Pour Jacqueline Cerquiglini-Toulet, dans la poésie du XIVe siècle, « La ville est à chanter parce qu'elle est femme et, comme telle, la matière même de la poésie » (*La Couleur de la mélancolie*, Hatier, 1993, p. 100). Commentez cette remarque en l'illustrant par des exemples pris dans l'œuvre de Deschamps.

Bibliographie sélective

[N.B. : Le lieu d'édition n'est pas précisé quand il est à Paris.]

1. Autres Éditions

Œuvres complètes, éd. par M. de Queux de Saint-Hilaire et Gaston Raynaud, « Société des Anciens Textes Français », 1878-1903, 11 vol.

L'Art de Dictier, ed. and transl. by Deborah M. Sinnreich-Levi, East Lansing, Colleagues Press, 1994.

2. Essais

Becker, Karin, *Eustache Deschamps. L'état actuel de la recherche*, Orléans, Paradigme, « Medievalia », 21, 1996.

–, *Le Lyrisme d'Eustache Deschamps. Entre poésie et pragmatisme*, Classiques Garnier, « Recherches médiévales », 12, 2012.

Bliggenstorfer, Susanna, *Eustache Deschamps. Aspects poétiques et satiriques*, Tübingen et Bâle, Francke, « Romanica Helvetica », 125, 2005.

Buschinger, Danielle (éd.), *Autour d'Eustache Deschamps, Actes du Colloque d'Amiens 5-8 novembre 1998*, Amiens, Presses du Centre d'Études médiévales, Université de Picardie Jules-Verne, 1999.

Cerquiglini-Toulet, Jacqueline, *La Couleur de la mélancolie. La fréquentation des livres au XIVe siècle 1300-1415*, Hatier, 1993.

Dauphant, Clotilde, *La poétique des Œuvres complètes d'Eustache Deschamps (ms. BnF fr 840). Composition et variation formelle*, Champion, « Nouvelle bibliothèque du Moyen Âge », 114, 2015.

Lacassagne, Miren et Lassabatère, Thierry (dir.), *Les « Dictez vertueulx » d'Eustache Deschamps. Forme poétique et discours engagé à la fin du Moyen Âge*, Presses Universitaires de Paris-Sorbonne, 2005.

Lassabatère, Thierry, *La Cité des hommes. Eustache Deschamps, expression poétique et vision politique*, Champion, « Études d'histoire médiévale », 12, 2011.

Poirion, Daniel, *Le Poète et le Prince. L'évolution du lyrisme courtois de Guillaume de Machaut à Charles d'Orléans*, Presses Universitaires de France, 1965.

3. Articles

Cerquiglini-Toulet, Jacqueline, « Portrait de l'écrivain en mangeur à la fin du Moyen Âge. La nourriture comme code chez Eustache Deschamps », *Être à table au Moyen Âge*, éd. Nelly Labère, Madrid, Casa de Velázquez, 2010, p. 227-237.

Corbellari, Alain, « À la recherche d'Elie : d'Othon de Grandson à Saint Jérôme en passant par Eustache Deschamps », *Romania*, 138, 2020, p. 453-458.

Dragonetti, Roger, « La poésie… *ceste musique naturele.* Essai d'exégèse d'un passage de *L'Art de dictier* d'Eustache Deschamps », *Fin du Moyen Âge et Renaissance. Mélanges de philologie française offerts à Robert Guiette*, Anvers, De Nederlandsche Boekhandel, 1961, p. 49-64.

Gally, Michèle, « Une poésie sans musique ? Bruits de voix et perception du monde chez Eustache Deschamps », *Par la vue et l'ouïe. Littérature du Moyen Âge et de la Renaissance*, dir. Michèle Gally et Michel Jourde, Fontenay-aux-Roses, ENS Éditions, 1999, p. 59-78.

Kendrick, Laura, « Trompes et tromperies à la cour d'après Eustache Deschamps », *La Cour du prince : cour de France, cours d'Europe (XIIe-XVe siècle)*, éd Murielle Ferragu et alia, Champion, 2011, p. 359-373.

Laurie, Ian, « Les amitiés métriques. Oton de Grandson et Eustache Deschamps », *Oton de Grandson chevalier et poète*, éd. Jean-François Kosta-Théfaine, Orléans, Paradigme, « Medievalia », 63, 2007, p. 123-136.

Parussa, Gabriella, « "Tuit voir ne sont pas bel a dire". Les fables d'Eustache Deschamps ou la tradition didactique réinterprétée par un poète de cour », *Reinardus*, 7, 1994, p. 81-101.

Thiry, Claude, « Eustache Deschamps ou le changement dans la (fausse) continuité lyrique », *Convergences médiévales. Épopée, lyrique, roman. Mélanges offerts à Madeleine Tyssens*, éd. Nadine Henrard et alia, Bruxelles, De Boeck, 2001, p. 511-526.

Vigneron, Fleur, « Les saisons et le temps qu'il fait chez Eustache Deschamps », *Le Temps qu'il fait au Moyen Âge. Phénomènes atmosphériques dans la littérature, la pensée scientifique et religieuse*, éd. Joëlle Ducos et Claude Thomasset, Presses de l'Université de Paris-Sorbonne, 1998, p. 253-270.

Jean de Léry
Histoire d'un voyage faict en la terre du Brésil

par Lisa Pochmalicki

L'édition de référence du concours est :

Jean de Léry, *Histoire d'un voyage faict en la terre du Brésil*, texte établi, présenté et annoté par Frank Lestringant, précédé d'un entretien avec Claude Lévi-Strauss, Paris, Le Livre de poche, « Bibliothèque Classique », n° 707, 1994.

Lorsque nous citons le texte, nous indiquons les références entre parenthèses (chapitre, puis page).

I

Entre France et Amérique : contexte historique, genèse éditoriale

1. La présence française en Amérique au XVIe siècle

1.1. L'attrait commercial des nouveaux horizons

Au XVIe siècle, la France prend du retard dans l'exploration et la conquête du monde dominées par les puissances ibériques. Les principales entreprises de navigation autour du globe sont le fait des Portugais (Bartolomeu Dias double le cap de Bonne-Espérance en 1488, Vasco de Gama atteint Calicut en 1498) et des Espagnols (Christophe Colomb aborde l'île de Guanahani en 1492). En mai 1493, la bulle *Inter Cætera* émise par le pape Alexandre VI réserve à la Couronne de Castille les terres occidentales à explorer au-delà d'une ligne située à 100 lieues (418 km) à l'ouest des Açores et du Cap-Vert. Un an plus tard, en juin 1494, cette ligne est repoussée à 370 lieues (1 770 km) par le traité de Tordesillas qui définit le partage des nouveaux territoires entre l'Espagne et le Portugal et qui place ainsi le Brésil sous souveraineté portugaise. Dans les premiers temps de la période dite des « Grandes Découvertes », la France est donc écartée de cette dynamique d'exploration du Nouveau Monde.

De nombreux Français participent, néanmoins, à des traversées océaniques au sein d'entreprises commerciales privées. Plusieurs navires sont armés depuis des ports normands en direction du Brésil qui suscite l'intérêt de commerçants et de pirates, parfois autorisés par le roi, à la recherche du *pau brasil* ou « bois brésil ». D'une couleur de braise, très utile pour la teinture des étoffes, ce bois a progressivement donné son nom à la *Terra de Vera Cruz*, officiellement découverte en 1500 par le navigateur portugais Pedro Álvares Cabral. Ce nouveau baptême, fondé sur une homologie entre une ressource recherchée et son lieu de récolte, révèle sans détour l'enjeu commercial que représente le Brésil dès le début du XVIe siècle.

Trois ans après la découverte de Cabral, Binot Paulmier de Gonneville part en juin 1503 du port de Honfleur sur son navire *l'Espoir* conduit par deux pilotes portugais Sebastião Moura et Diogo Couto. Au cours de cette première expédition française au Brésil dont nous ayons conservé la trace, Gonneville et ses compagnons séjournent pendant six mois, de janvier à juillet 1504, aux environs du Santa Catarina. La visée initiale de ce voyage reste aujourd'hui encore incertaine[1] : s'agissait-il des Indes orientales et de ses épices ? du Brésil et de son bois rouge ? *L'Espoir* semble s'être égaré après avoir essuyé une violente tempête et avoir trouvé refuge le long des côtes méridionales du Brésil. Les six mois nécessaires à la réparation du navire ont permis à l'équipage de commercer avec les Indiens de l'ethnie des Carijos. Au terme de leur séjour, les Normands prennent le chemin du retour et emmènent Essomericq, le fils du chef Carijo, afin qu'il devienne instruit dans les arts de la civilisation. Essomericq s'installe à Honfleur et épouse une parente de Gonneville, dont il hérite du nom et d'une partie des biens. Il est ainsi le premier Indien brésilien à venir en France, bientôt suivi par d'autres tout au long du XVIe siècle. L'expédition de Gonneville inaugure la présence française au Brésil et les échanges qui s'établissent entre les voyageurs et les ethnies locales. Ce voyage riche en péripéties connaît pourtant un écho limité au XVIe siècle. Ce n'est qu'en 1663 que la relation de Gonneville fait l'objet d'une première édition fragmentaire réalisée par Jean Paulmier de Courtonne qui se déclare être un descendant d'Essomericq.

C'est sous le règne de François Ier que la France développe une politique d'exploration plus ambitieuse. La formule est restée célèbre – « le soleil luit pour moi comme pour les autres, aurait un jour protesté le roi devant un ambassadeur de Charles Quint. Je voudrais bien voir la clause du testament d'Adam qui m'exclut du partage du monde ». En 1524, les frères Giovanni et Girolamo di Verrazzano entreprennent une navigation sur des navires armés par Jean Ango, sous le patronage de François Ier, pour trouver un passage vers l'Orient et l'océan Pacifique à travers l'Amérique du Nord, symétrique du passage récemment trouvé au sud du continent par Magellan (1519-1522). Les deux frères traversent l'Atlantique à quatre reprises jusqu'en 1529, ils explorent l'embouchure de l'Hudson et longent le littoral américain jusqu'au sud de Terre-Neuve. Leurs échecs successifs finissent par mettre en valeur une autre destination : le Brésil. Afin de défrayer les investisseurs de ces traversées, les navires se détournent, en effet, vers cette région pour

1. Perrone-Moisés, Leyla, *Le Voyage de Gonneville (1503-1505) & la découverte de la Normandie par les Indiens du Brésil*, Chandeigne, 1995. Sur les expéditions françaises au Brésil au XVIe siècle, voir Laurent Vidal, « La présence française dans le Brésil colonial au XVIe siècle », *Cahiers des Amériques latines*, 34, 2000, p. 17-38. Pour une introduction au contexte historique général, on pourra consulter Carmen Bernand et Serge Gruzinski, *Histoire du Nouveau Monde. vol. 2. Les Métissages (1550-1640)*, Fayard, 1993, chap. XIII, « Le tropique des péchés », p. 405-443.

rapporter des cargaisons de bois brésil, notamment lors des deux derniers voyages de 1527 et 1529. Parallèlement aux navigations des frères Verrazzano, d'autres marins français fréquentent l'Atlantique sud et les côtes brésiliennes, comme Jean et Raoul Parmentier qui voyagent au service de l'armateur dieppois Jean Ango. S'il est difficile de donner une estimation précise du nombre de navires français partis en direction du Brésil dans la première moitié du XVIe siècle, plusieurs dizaines semblent prendre le large chaque année. Notons également que cette intense activité maritime concerne toutes les régions littorales françaises et qu'elle permet aux équipages de nouer des relations commerciales avec les populations brésiliennes.

Durant ce siècle, les expériences maritimes françaises au long cours se multiplient, mais peu d'expéditions donnent lieu à des installations pérennes. La quête d'un passage vers la Chine par le nord de l'Amérique est reprise par Jacques Cartier. En 1534, François Ier délivre une charge royale au Malouin qui aborde la même année l'embouchure du Saint-Laurent, baptise les territoires explorés et prend possession de la « Nouvelle France ». Lors de son deuxième voyage, en 1535, Cartier remonte le Saint-Laurent jusqu'à une éminence qu'il nomme Mont Royal (la future Montréal). Un troisième voyage est encouragé par François Ier en 1541. Confrontée à l'hostilité des populations locales et à des tensions entre Cartier et le seigneur de Roberval, nommé vice-roi du Canada, cette première tentative coloniale se solde sur un échec. Une décennie plus tard, sous le règne de Henri II, une nouvelle colonie voit le jour au Brésil, dans la baie de Rio. Il s'agit de la « France Antarctique » fondée par Nicolas Durand de Villegagnon en 1555 et anéantie par les Portugais en 1560. Bien qu'éphémère, cette expérience a donné lieu à un vaste corpus littéraire, notamment représenté par les œuvres d'André Thevet et de Jean de Léry, dont la richesse tient autant à sa valeur documentaire qu'à l'imaginaire et aux réflexions qu'il a suscités. Avant d'examiner les singularités de cette France Antarctique, il faut également signaler une troisième tentative d'établissement colonial, en Floride cette fois. Face à l'échec au Brésil, l'amiral Gaspard de Coligny s'est ensuite tourné vers un territoire reconnu par les Espagnols, mais très vite abandonné par eux, pour y établir une colonie réformée. La première expédition en Floride est dirigée par le corsaire protestant Jean Ribault, accompagné de René de Laudonnière et parti avec son équipage du Havre en février 1562. Au cours de leur mission, est édifié Charlesfort, en l'honneur du jeune roi Charles IX, sur l'actuelle Parris Island. À leur retour, en juillet 1562, ils retrouvent une France plongée dans la guerre civile – la première guerre de Religion vient d'éclater. Exilé, puis emprisonné un temps en Angleterre, Ribault ne peut se joindre à la deuxième expédition de Floride conduite par Laudonnière en 1564 ; il n'est envoyé qu'un an plus tard par Gaspard de Coligny avec six navires. Cette colonie, traversée par des mutineries et des affrontements violents, s'achève, en septembre 1565, massacrée par une escadre espagnole chargée d'éradiquer toute implantation protestante en Amérique du Nord.

1.2. La France Antarctique (1555-1560)

En 1554, le roi Henri II accorde à l'amiral de France Gaspard de Coligny, qui, à cette date, n'a pas encore fait profession de sa foi réformée, l'établissement d'une colonie française au Brésil. En plus de concurrencer les puissances ibériques, ce projet entend aussi écarter la menace de guerre civile qui pèse sur la France. Nicolas Durand de Villegagnon, tenté par les idées réformées mais resté catholique, est choisi pour commander l'expédition. Né à Provins en 1510, ce gentilhomme et soldat, Chevalier de Malte et vice-amiral de Bretagne, s'était illustré en participant à l'enlèvement de Marie Stuart. Il est le premier à avoir, dès 1553, plaidé auprès de Gaspard de Coligny un établissement colonial au Brésil. Malgré la protection royale accordée à cette expédition au Nouveau Monde, la préparation du départ est laborieuse. Villegagnon peine à recruter des volontaires et doit faire appel au roi afin qu'il lui accorde des condamnés des prisons de Paris et Rouen. Les six cents hommes embarqués sont, pour l'essentiel, des miséreux et des marginaux.

Deux grands navires quittent le port de Dieppe le 14 août 1555 et sont pilotés par le protestant Nicolas Barré, qui meurt dix ans plus tard, lors de l'échec de la colonie française en Floride. Après quatre mois de navigation, le 10 novembre, ils font une première escale au Cabo Frio, où ils sont reçus par des Indiens qui organisent un « cahouinage » en leur honneur. Quelques jours plus tard, le Pain de Sucre, que les Normands appellent Pot de Beurre, est en vue. Villegagnon et ses hommes jettent l'ancre dans la baie de Rio de Janeiro, ou de Guanabara. Ils s'établissent non pas en terre ferme, mais sur l'île Serigipe (aujourd'hui appelée Villegagnon) où ils construisent le Fort Coligny, avec l'aide des Normands installés sur la côte.

Les tensions se multiplient rapidement au sein de la colonie. Villegagnon s'aliène les tribus Tamoio, appartenant au groupe des Tupinambas et traditionnellement alliées des Français, mais frappées par une épidémie soudaine et inexpliquée après l'arrivée des navires. Il impose, par ailleurs, une stricte discipline à l'équipage : travaux forcés pour mettre à l'abri le fort, interdiction de tout commerce sexuel avec les Indiennes. Une révolte éclate et plusieurs hommes rejoignent les tribus indiennes en terre ferme. Dans un premier temps, ces conflits n'empêchent pas la poursuite du projet colonial. Située non loin du goulet d'entrée de l'immense baie de Rio, l'île Coligny jouit d'une position permettant de contrôler l'accès au golfe. Le fort construit par les colons, bien vite remparé de « boulevards » de terre et fortifié de palissades, n'est, toutefois, pas une enclave coupée du reste du Brésil. Villegagnon en fait le « maillon principal » d'un réseau de petits établissements le long de la côte, de Cabo Frio jusqu'à São Vicente, assurant un commerce régulier avec les populations locales[1]. Imitée des Portugais, cette stratégie d'emprise ponctuelle permet d'assujettir l'espace étranger sans le posséder réellement : « Macaé, Cabo Frio, Guanabara et son île Coligny, *alias* Villegaignon, autant de positions-clefs égrenées en chapelet en bordure du continent, et qui permettent de tenir tout un pays[2] ».

Confronté aux assauts répétés de tribus indiennes et aux abandons successifs d'une grande partie de ses hommes, qui préfèrent la douceur d'une vie continentale parmi les populations autochtones à la rigueur laborieuse imposée sur l'île, Villegagnon se voit contraint de demander de nouveaux renforts. Il fait notamment appel à Jean Calvin, son ancien condisciple de la faculté de droit d'Orléans, et lui demande d'envoyer depuis Genève une nouvelle expédition de colons à la moralité plus solide. Adressée au grand réformateur, une lettre est expédiée au mois de janvier ou février 1556 (on en a, néanmoins, perdu la trace depuis le XVIe siècle). Elle est envoyée lors de l'expédition partie du Brésil avec à son bord Bois-le-Comte, le neveu de Villegagnon, et André Thevet, cordelier, futur cosmographe du roi et auteur des *Singularités de la France Antarctique* (1557), auquel Jean de Léry ne cesse de répondre dans son récit. Le premier chapitre de l'*Histoire d'un voyage faict en la terre du Bresil* fait, d'ailleurs, explicitement allusion à cette requête destinée à Calvin : « quand ses navires furent chargées et prestes de revenir en France, [Villegagnon] escrivit et envoya dans l'une d'icelles expressément homme à Geneve, requerant l'Eglise et les Ministres dudit lieu de luy ayder et le secourir autant qu'il leur seroit possible en ceste sienne tant saincte entreprinse » (I, 108-109). Dans les lignes qui suivent, Léry évoque la visée spirituelle du voyage de ministres genevois au Brésil. Il s'agira d'abord de « mieux reformer [Villegagnon] et ses gens », puis d'« attirer les sauvages à la cognoissance de leur salut » (I, 109). Le premier enjeu de la mission n'est donc pas la conversion des Indiens, mais bien l'instruction religieuse et morale des colons.

Seuls quatorze « Genevois » se portent volontaires « pour aller trouver Villegagnon, à fin d'annoncer l'Evangile en l'Amerique » (I, 110). Léry dresse la liste de ces hommes, qu'il présente comme plus courageux que les autres (I, 111). Il s'agit, pour la plupart, de Français exilés de fraîche date à Genève. Dix d'entre eux sont artisans et possèdent de précieuses compétences manuelles en plus d'une sincère foi réformée. Un proche de Gaspard de Coligny, Philippe de Corguilleray, seigneur du Pont, est choisi pour mener cette compagnie calviniste au Brésil, tandis que deux pasteurs, Pierre Richer et Guillaume Chartier, sont chargés d'assurer la direction spirituelle de l'expédition. On compte, enfin, Jean de Léry, dont on ne sait s'il était réfugié à Genève comme cordonnier ou s'il y avait déjà commencé

1. Frank Lestringant, *L'Expérience huguenote au Nouveau Monde (XVIe siècle)*, Genève, Droz, notamment p. 46-47.

2. *Ibid.*, p. 47.

ses études de théologie qui, à son retour en Europe, le mèneront au ministère. Tous quittent le port de Honfleur en novembre 1556 au milieu d'une foule d'anonymes qui comprend, comme l'indique Léry, six jeunes garçons destinés au rôle de truchement (d'interprète) et cinq jeunes filles rapidement épousées au Brésil.

Lorsqu'ils débarquent le 7 mars 1557 sur l'île Coligny, ils sont accueillis par Villegagnon, « roi d'Amérique ». Un conflit émerge bientôt entre lui et les nouveaux arrivants, sur la question de l'Eucharistie. Le jour de la Pentecôte 1557, un débat sur la Présence réelle fait éclater la rupture. Estimant que le pain et le vin enferment réellement le corps et le sang du Christ, Villegagnon refuse de se rallier à la conception symboliste du sacrement défendue par le ministre Pierre Richer. Cette discorde a une profondeur d'autant plus symbolique qu'elle a lieu au cœur du monde cannibale. La messe anthropophage des catholiques entre en écho avec d'authentiques actes de cannibalisme qui se déroulent en arrière-plan.

La colonie éclate après cette querelle. En révolte contre Villegagnon, les calvinistes sont contraints au bout de quelques mois de quitter le fort et de se réfugier en terre ferme, au sein des tribus anthropophages. Plusieurs retournent en Europe, d'autres sont convertis de force au catholicisme et trois d'entre eux sont exécutés. Le 15 mars 1560, le Fort Coligny tombe aux mains des Portugais, dirigés par le général Mem de Sá, alors que Villegagnon est de retour en France pour essayer de sauver sa colonie. Cette date marque la fin de l'aventure coloniale française au Brésil, alors que les guerres de Religion s'ouvrent en France.

La présence française dans la baie de Rio ne dure donc que cinq années. La France Antarctique n'en est pas moins une expérience coloniale d'importance dans l'histoire de la colonisation, comme dans celle de la mission. Cette brève aventure a aussi l'intérêt de refléter un moment charnière dans l'histoire de France, de l'apogée du règne de Henri II aux premiers troubles annonçant les guerres de Religion. Plusieurs auteurs font, en effet, du Brésil un miroir souvent fidèle de la France, et ils illustrent ainsi l'influence de cette colonie sur la culture littéraire et aristocratique de la Renaissance.

Parmi les pièces liminaires qui introduisent les *Singularités de la France Antarctique* de Thevet, se trouve une ode encomiastique d'Etienne Jodelle. Après avoir loué le voyageur Thevet, dont les exploits rappellent ceux d'Ulysse ou de Jason, Jodelle dresse un parallèle inattendu entre le Brésil et la France Arctique, celle de l'ancien monde :

> Car qui voudrait un peu blâmer
> Le pays qu'il nous faut aimer,
> Il trouverait la France Arctique
> Avoir plus de monstres, je crois,
> Et plus de barbarie en soi
> Que n'a pas ta France Antarctique.

Ces barbares marchent tout nus,
Et nous, nous marchons inconnus,
Fardés, masqués[1] […].

La terre des cannibales n'est donc pas une France des Antipodes, mais un monde qui n'a rien à envier à la cruauté et à la barbarie des Français. Jodelle emploie ici le procédé de la « révolution sociologique » défini par Roger Caillois dans ses travaux sur Montesquieu. Ce regard détourné porté sur la société où l'on vit connaît une importante fortune littéraire dès le XVIe siècle, notamment chez Léry et Montaigne. Ces vers semblent annoncer la description du corps des Indiens tupinamba au chapitre VIII de l'*Histoire d'un voyage* qui précise en ouverture : « les sauvages de l'Amerique […] n'estans point plus grands, plus gros, ou plus petits de stature que nous sommes en l'Europe, n'ont le corps ny monstrueux ny prodigieux à nostre esgard » (VIII, 211). Pour Jodelle, comme pour Léry, l'Indien nu et anthropophage est porteur d'une leçon morale aisément lisible par le lecteur. Ainsi allégorisé, l'Indien est moins représenté pour lui-même que signifiant pour autrui. On trouve ici en germe le mythe du Bon Sauvage.

Un autre poète de la Pléiade évoque les terres brésiliennes à travers le prisme, cette fois, du mythe ovidien de l'âge d'or. Dans la « Complainte contre Fortune » publiée en 1559 et dédiée à Odet de Coligny, le frère cadet de l'amiral à l'origine de la France Antarctique, Ronsard rêve de rejoindre les rives du Brésil pour échapper aux malheurs rencontrés à la cour[2]. Dès le milieu du XVIe siècle, les horizons brésiliens hantent ainsi durablement l'imaginaire français et européen et ils se trouvent parfois associés à des motifs hérités de traditions antiques. Lorsqu'ils partent pour le Nouveau Monde, les voyageurs ont eux aussi l'esprit pétri de représentations qui peuvent tendre vers le légendaire. Dans l'*Histoire d'un voyage*, Léry dialogue régulièrement avec l'imaginaire de ses lecteurs.

2. Jean de Léry, historien de la France Antarctique

2.1. Vie de Jean de Léry

Léry a une vingtaine d'années lorsqu'il s'embarque pour le Brésil au sein de la mission genevoise envoyée par Calvin à Villegagnon, le chef de l'éphémère « France Antarctique ». Né en 1534 en Bourgogne, dans le village de La Margelle,

1. André Thevet, *Le Brésil d'André Thevet. Les Singularités de la France Antarctique (1557)*, éd. F. Lestringant, Chandeigne, 2011, « Étienne Jodelle seigneur du Limodin, à M. Thevet, *Ode* », p. 414. Pour un commentaire de cette pièce poétique et la riche bibliographie qu'elle a suscitée, voir F. Lestringant, *Le Huguenot et le Sauvage. L'Amérique et la controverse coloniale en France, au temps des guerres de Religion*, Klincksieck, 1990, p. 30-31.

2. Pierre de Ronsard, *Œuvres complètes X*, éd. Paul Laumonier, Paris, Klincksieck, 1992, p. 33.

il est d'abord cordonnier. Léry n'a rien donc de l'explorateur parti en quête de terres inexplorées, ni du colonisateur cherchant à occuper et exploiter un territoire étranger, rien encore du marin venu négocier quelques cargaisons de bois brésil. Son voyage vers les rivages brésiliens est, à l'image de sa vie, marqué par sa conversion précoce à la Réforme.

Des premières années de Léry, nous savons peu de choses. Dans son étude biographique, Géralde Nakam lui suppose une bonne culture gréco-latine, celle du jeune homme issu de la bourgeoisie ou de la petite noblesse[1]. Néanmoins, Léry semble rapidement délaisser cette culture antique au profit des textes bibliques et des ouvrages de doctrine, comme l'indiquent les sources qu'il privilégie dans ses œuvres. Sa foi réformée le conduit à quitter sa Bourgogne natale pour Genève, où il est réfugié depuis peu lors de son départ pour l'Amérique en 1556. Léry évoque brièvement les raisons qui l'ont poussé à se rendre au Brésil au début de l'*Histoire d'un voyage* : « tant pour la bonne volonté que Dieu m'avoit donnée dès lors de servir à sa gloire, que curieux de voir ce monde nouveau, fus de la partie » (I, 111-112). De cette formule assez vague, ressort l'idée que la vocation religieuse lui sert de guide et se mêle à l'ordinaire curiosité.

De son embarquement à Honfleur en novembre 1556 à son arrivée en Bretagne le 26 mai 1558, Léry passe dix-huit mois hors d'Europe. Ses traversées de l'Atlantique durent plusieurs mois et celle du retour, ponctuée de péripéties – querelles, avaries, interminable famine – fait l'objet d'un long récit inspiré qui mêle de nombreuses pointes d'humour au ton du désespéré (XXI-XXII). Arrivé dans la baie de Rio le 7 mars 1557, Léry séjourne dix mois au Brésil et passe les huit premiers sur l'île Coligny. Ce n'est qu'en octobre 1557 que Villegagnon expulse les réformés de l'île et les contraint à s'installer en terre ferme. Pendant deux mois, Léry trouve ainsi refuge avec ses compagnons au lieu-dit « la Briqueterie » et poursuit son enquête sur le monde tupinamba. Son observation des Indiens est, en effet, favorisée par cette vie en terre ferme placée sous le signe de l'harmonie retrouvée :

> Comme de là nous allions, venions, frequentions, mangions et beuvions parmi les sauvages (lesquels sans comparaison nous furent plus humains que celuy lequel, sans luy avoir meffait, ne nous peut souffrir avec luy), aussi eux, de leur part, nous apportans des vivres et autres choses dont nous avions affaire, nous y venoyent souvent visiter. (VI, 196)

Léry se passionne pour les mœurs des Indiens cannibales à l'indéniable hospitalité. Son séjour heureux dans l'Éden perdu ne peut que contraster avec son retour jalonné d'une série d'épreuves.

1. Jean de Léry, *Au lendemain de la Saint-Barthélémy. Guerre civile et famine. Histoire mémorable du Siège de Sancerre (1573) de Jean de Léry*, éd. Géralde Nakam, Éditions Anthropos, 1975, p. 13.

En « Caïn de l'Amerique » (XXII, 549), Villegagnon fait supplicier et noyer trois Genevois, Pierre Bourdon, Jean du Bordel et Matthieu Verneuil. Ceux-ci avaient préféré rejoindre l'île Coligny plutôt que prendre la mer sur « Le Jacques », le navire normand rapatriant Léry et les autres huguenots le 4 janvier 1558. C'est ensuite la famine qui s'abat sur l'équipage forcé de trouver des expédients, dont Léry devra tragiquement se souvenir au cours de son existence. Après l'ancrage du navire en mai 1558 dans l'estuaire du Blavet, Léry et quelques autres rescapés entrent enfin en convalescence à Hennebont et Nantes pendant plusieurs semaines.

Rentré à Genève pour y terminer ses études, Léry rédige une notice intitulée « La persécution des fidèles en terre d'Amérique » qui sera publiée en deux articles disjoints dans l'*Histoire des Martyrs* de Jean Crespin (1564). L'un détaille ses dix mois passés dans la France Antarctique de Villegagnon, tandis que l'autre évoque l'exécution par noyade des trois réformés, rapportée d'après des témoins oculaires puisque Léry n'y a pas assisté[1]. La rédaction de ces textes parus dans le martyrologe réformé apparaît engagée au service de la cause protestante. Ce même engagement se manifeste dans l'*Histoire d'un voyage*, notamment dans la préface dans laquelle Léry se veut comme un martyr qui témoigne de sa foi par sa vie.

Moins d'un an après son retour du Brésil, le 28 mai 1559, il épouse Jannaz ou Jeanne Rachel, veuve de fraîche date d'un hôtelier, Otto Chautemps, qui avait été exécuté le 4 avril précédent pour blasphème. Pendant plusieurs mois, il cherche à obtenir l'autorisation d'exercer la profession d'aubergiste, mais le Conseil lui ordonne de reprendre son métier de cordonnier et motive son refus par la « mauvaise vie » passée de sa femme[2]. Le couple obtient néanmoins la permission de quitter Genève pour la France.

Léry devient alors pasteur et prêche l'Évangile, dès le mois d'avril 1562, à Belleville-sur-Saône. Ni la chronologie, ni les détails de sa vocation pastorale ne sont aujourd'hui connus. Elle est à comprendre, signale F. Lestringant, au regard de la période de tolérance qui s'ouvre avec l'Édit de janvier 1562[3]. Pendant les quelques semaines précédant le massacre de Wassy et la prise d'armes de Condé, qui mettent un terme à tout espoir de concorde, la prédication protestante se déploie de manière soudaine et éclatante. Léry appartient sans doute à la nuée de pasteurs envoyés depuis Genève pour répandre la Parole dans les églises françaises. On le retrouve le 6 décembre 1564 à Nevers, puis en 1569 à La Charité-sur-Loire. C'est dans cette ville que le surprend la Saint-Barthélemy en août 1572. Léry doit alors

1. Jean Crespin, *Histoire des Martyrs persécutez et mis à mort pour la vérité de l'Evangile, depuis le temps des Apostres jusques à présent*, Genève, 1564. Voir également F. Lestringant, « Calvinistes et cannibales. Les Écrits protestants sur le Brésil français (1555-1560) », *Bulletin de la Société de l'Histoire du Protestantisme Français (1903-2015)*, 1980, vol. 126, p. 9-26.

2. Lestringant 1990, p. 70.

3. *Ibid.*, p. 71.

se réfugier à Sancerre et quitter La Charité-sur-Loire, où les huguenots sont massacrés et dont s'emparent les troupes de Claude de La Châtre, gouverneur du Berry.

Sancerre accueille de nombreux réfugiés réformés qui fuient les violences, mais les vivres viennent rapidement à manquer. Assiégée de janvier à août 1573, la ville devient le théâtre de combats successifs et d'une terrible famine. D'autres pasteurs y ont également trouvé refuge, dont Lambert Daneau et Matthieu Béroald, père de l'écrivain Béroalde de Verville et maître d'Agrippa d'Aubigné. À l'occasion du siège, Léry se lie avec ces deux théologiens, dotés d'une culture humaniste beaucoup plus vaste que la sienne. Lambert Daneau composera en 1577 un sonnet adressé au voyageur et placé à l'ouverture de l'*Histoire d'un voyage*, dès sa première édition (51). L'influence exercée par Matthieu Béroald sur Léry est, semble-t-il, plus significative. Quelques mois après la reddition des assiégés, en 1574, Léry publie une chronique intitulée l'*Histoire mémorable de la ville de Sancerre*. Cet ouvrage, dans lequel il témoigne du siège en « une sorte de reportage engagé[1] », est, selon l'hypothèse de Géralde Nakam, structuré suivant une analogie avec la *Guerre des Juifs* de Flavius Josèphe. La forme et la signification de son texte s'inspirent de ce récit du siège de Jérusalem par Titus en 69-70 apr. J.-C., conçu comme une préfiguration de celui de Sancerre. Léry, alors pasteur depuis moins de dix années, connaissait sans doute mal l'œuvre du chroniqueur antique, mais il a pu la lire grâce à Matthieu Béroald qui avait avec lui les *Œuvres* de Josèphe. Ouvrage de polémique et de controverse, la *Guerre des Juifs* offre à Léry un parallèle éloquent : le combat des juifs contre les Romains apparaît comme l'archétype de celui mené par les huguenots. Ainsi, « l'histoire, comme le note Géralde Nakam, en se répétant, met en relief la ligne directrice qui, du passé au présent, relie ce monde à la divinité, et le malheur à l'espérance[2] ».

À Sancerre, Léry devient un auteur. Grâce à son témoignage personnel, il dessine une aventure collective, celle du destin huguenot. L'*Histoire mémorable de la ville de Sancerre* est diffusée dans l'Europe entière et traduite en allemand et en néerlandais dès 1575, puis en latin l'année suivante. Ce succès semble annoncer celui de l'*Histoire d'un voyage* à venir. Sa volonté de témoigner au nom de la communauté est aussi justifiée par le rôle qu'il a joué au cours des négociations avant la reddition de Sancerre. Léry a, en effet, servi d'intermédiaire entre les réfugiés dans la ville et les assiégeants, sans obtenir de véritables résultats. Porte-parole de son camp lors des pourparlers avec les catholiques, il fait un pas vers l'ennemi. Ce geste en rappelle un autre, qu'il raconte à la fin de l'*Histoire d'un voyage*. Avant son retour en France, Léry hésite lui aussi à retourner sur l'île Coligny, mais une main tendue l'incite à rester sur « Le Jacques », abandonnant ainsi ses compagnons à leur funeste

1. *Histoire mémorable du Siège de Sancerre (1573) de Jean de Léry*, éd. cit., p. 118. Le parallèle entre la *Guerre des Juifs* et l'*Histoire mémorable de Sancerre* est analysé p. 136-138 et p. 164-170.

2. *Ibid.*, p. 136.

sort (XXI, 510-511). Si ce moment d'élection est expliqué par le récit qu'il fera *a posteriori* des exactions commises par Villegagnon, sa posture d'intermédiaire à Sancerre mérite également un essai apologétique : l'*Histoire mémorable de la ville de Sancerre.*

Que ce soit l'écriture du témoignage, le récit engagé pour la cause réformée, la dimension apologétique, ou encore la mise en scène d'une élection, plusieurs parallèles, on le voit, peuvent être tissés entre les deux « histoires » de Léry. Avant d'examiner plus en détail son récit de voyage au Brésil, signalons encore un écho saisissant entre ces deux livres, ou plutôt entre les choses observées par l'auteur. L'horreur du siège de Sancerre culmine lorsqu'est découvert, le 21 juillet, un acte d'anthropophagie. Voici comment Léry évoque l'atrocité de cette scène, renvoyant tout d'abord au texte biblique :

> Mais, ô Dieu eternel ! voicy encores le comble de toute misere et du jugement de Dieu. Car comme il proteste en sa Loy qu'il reduira ceux qui n'obeiront à ses Commandemens en tel estat, que durant le siege il fera que les meres mangeront leurs enfans : les enfermez dans Sancerre (combien qu'ils fussent assaillis, non à cause de leur pechez, ains, pour sa querelle et pour le tesmoignage de sa parole) n'ayans pas bien faict leur profit de la cognoissance qu'il leur avoit baillée, ny assez profité sous ses autres verges, et chastimens, et quoy que ç'en soit par le bon vouloir de Dieu, ont veu commettre ce crime prodigieux, barbare et inhumain, perpetré dans l'enclos de leurs murailles. Car le vingt unieme de Juillet il fut descouvert et averé qu'un vigneron, nommé Simon Potard, Eugene sa femme, et une vieille femme qui se tenoit avec eux nommée Philippes de la Feüille, autrement l'Emerie, avoyent mangé la teste, la cervelle, le foye et la fressure d'une leur fille aagée d'environ trois ans, morte toutesfois de faim et en langueur[1].

Ce passage figure au sein du dixième chapitre de l'*Histoire mémorable du Siège de Sancerre*, qui porte sur le phénomène de la faim et ses différentes manifestations. La scène anthropophage constitue l'ultime étape d'une progression inexorable vers l'horreur. Suppliciés par la famine, hommes et femmes en sont réduits à goûter à diverses matières animales, jusqu'aux cuirs et aux parchemins, à se nourrir d'herbes, même de la toxique ciguë, puis à se tourner vers les excréments. Dans ce catalogue des différents pis-aller, Léry ne peut contenir son effroi à la vue de la chair humaine mangée. Les lignes suivantes offrent une succession de détails macabres dont l'exactitude donne toute sa force au témoignage. Ce tableau de cannibalisme sancerrois fait également ressurgir le souvenir du Brésil, souvenir qui, de manière inattendue, accentue la distance entre l'anthropophagie tupinamba et celle des réformés assiégés :

1. *Ibid.*, chap. X, p. 290-291.

Ce qui ne fust pas sans grand estonnement et frayeur de tous ceux qui l'entendirent. Et certes m'estant acheminé prés le lieu de leur demeurance, et ayant veu l'os, et le test de la teste de ceste pauvre fille, curé, et rongé, et les oreilles mangées, ayant veu aussi la langue cuite, espesse d'un doigt, qu'ils estoyent prests à manger, quand ils furent surpris : les deux cuisses, jambes et pieds dans une chaudiere avec vinaigre, espices et sel, prests à cuire et mettre sur le feu : les deux espaules, bras et mains tenans ensemble, avec la poitrine fendue et ouverte, apareillez aussi pour manger, je fus si effroyé et esperdu, que toutes mes entrailles en furent esmeues. Car combien que j'aye demeuré dix mois entre les Sauvages Ameriquains en la terre du Brésil, leur ayant veu souvent manger de la chair humaine, [...] si n'en ay-je jamais eu telle terreur que j'eus frayeur de voir ce piteux spectacle, lequel n'avoit encores (comme je croy) jamais esté veu en ville assiegée en nostre France[1].

L'épisode sancerrois est aussi mentionné dans l'*Histoire d'un voyage* (XXII, 533, 535-536). Ce « *leitmotiv* de la famine conduisant au cannibalisme[2] » fait partie des thèmes récurrents de l'œuvre de Léry. Grâce à Sancerre, l'auteur est sans doute amené à reconsidérer l'acte anthropophage et à le comparer à l'infini inventaire des cruautés humaines. Les différentes éditions de son récit au Brésil, dont la première paraît en 1578 à Genève, témoignent, au fil des additions, de cette réflexion.

2.2. L'*Histoire d'un voyage* ou les aventures d'un livre

Contrairement à l'*Histoire mémorable de la ville de Sancerre* parue un an après le siège, le témoignage de Léry sur le Brésil est imprimé longtemps après son voyage. Vingt ans séparent son retour en France (1558) de la première édition (1578). Pendant ces longues années, sa plume redonne vie à ses souvenirs en Amérique et la nostalgie qui teinte certaines pages de l'*Histoire d'un voyage* peut sans doute être attribuée à cet écart temporel. Dans sa préface, Léry explique les raisons de ce silence : le manuscrit lui a « tousjours eschappé des mains » (62). Plusieurs fois séparé de son auteur, le livre connaît une série de péripéties dignes d'un roman d'aventures. En voici les principales étapes.

Dès son retour en Europe, Léry raconte de vive voix, ou « de bouche » (62) dirait-il, ce qu'il a pu observer en Amérique à ses amis et à ceux désireux de connaître cette contrée lointaine. Il ne compte pas sur sa seule mémoire, mais s'aide des notes qu'il a prises lors de son voyage et écrites « d'ancre de Bresil » (61). C'est avec une encre rouge, couleur de sang, que Léry consigne au vif la première ébauche de l'*Histoire d'un voyage*. Affichant clairement la couleur de son origine, cette encre de Brésil matérialise l'expédition et atteste la crédibilité à accorder aux propos rapportés.

1. *Ibid.*, p. 291.

2. Lestringant 1990, p. 81.

Préparée à partir de la sève du *pau brasil*, elle se fait aussi métonymie d'une autre réalité brésilienne : la boucherie cannibale.

En 1563, Léry s'attelle à la rédaction d'un premier manuscrit sur l'instigation de certains de ses amis jugeant le récit intéressant. Il retravaille ses notes et ses souvenirs pour proposer un texte « plus au long et par ordre » (62). Mais, passant de main en main, ce livre se perd. Léry retrouve alors les « brouillars » (62), ou brouillons, qu'il avait laissés chez un copiste et rédige une deuxième version incomplète. Impossible, en effet, pour lui de retrouver le chapitre XX, le colloque français-tupi, qui n'est pas uniquement de sa main, mais écrit avec l'aide d'un truchement. Surpris par la violence de la Saint-Barthélemy à La Charité-sur-Loire, Léry doit abandonner ses livres et ses papiers pour se réfugier à Sancerre. Le manuscrit est à nouveau perdu. Quelques années plus tard, en 1576, Léry finit par retrouver son premier livre et il le donne, enfin, à publier. Il reste assez évasif sur les circonstances de cette réunion entre l'auteur et son texte. Est-ce le fruit du hasard ou un véritable miracle ? L'explication est peut-être à chercher du côté de la narration.

La préface de l'*Histoire d'un voyage* présente les aventures des manuscrits comme parfaitement véridiques et admissibles. Selon l'hypothèse de Marie-Christine Gomez-Géraud, ce bref exposé semble pourtant relever de la fable[1]. À la lumière de la production littéraire de la Renaissance, ce « récit du voyage des manuscrits[2] » s'apparente à un lieu commun de l'édition qui consiste à retrouver son livre ou celui d'un ami dans des circonstances accidentelles ou fictives. Pourquoi une telle fiction dans le livre de Léry ? Trois explications peuvent être proposées.

La première renvoie au parallèle que l'auteur établit entre sa destinée et celle de son livre. Dans le dernier chapitre de l'*Histoire d'un voyage*, Léry échappe de peu à la mort et frôle l'engloutissement par les flots. Raconter sa survie lui permet de révéler son élection ou, comme l'écrit F. Lestringant, « Léry écrit le mythe de sa vocation personnelle[3] ». Le livre suit un parcours similaire. Par deux fois perdu, il a lui aussi échappé de peu à l'oubli et à l'ensevelissement. Ainsi retrouvé, l'ouvrage jouit d'une élection et se doit d'être offert au public pour « venir en lumiere » (62) et faire éclater la vérité.

À cette manifestation de la Providence, s'ajoute une deuxième explication liée au rapport de l'auteur à son œuvre. Elle révèle l'inquiétude de l'écrivain laissant son manuscrit à l'éditeur et perdant ainsi le contrôle parfait de son texte. En d'autres

1. Marie-Christine Gomez-Géraud, « Jean de Léry : des parcours aventureux des manuscrits aux destinées du livre », *D'Encre de Brésil. Jean de Léry écrivain*, textes réunis par F. Lestringant et M.-C. Gomez-Géraud, Orléans, Paradigme, 1999, p. 65-78.

2. *Ibid.*, p. 68.

3. Frank Lestringant, « Calvinistes et cannibales. Les Écrits protestants sur le Brésil français (1555-1560) », art. cit., p. 12.

termes, à travers cette fiction du livre égaré, « se trouve traduit et manifesté l'éparpillement symbolique que permet l'imprimerie[1] ».

Une dernière raison, plus contextuelle, justifie cette petite fable, comme la publication d'un récit rétrospectif, vingt ans après le voyage au Brésil. Léry déclare, dans la préface, vouloir répondre aux fausses affirmations d'André Thevet. Il signale, non sans verve, que son livre des *Singularités de la France Antarctique* est « singulièrement farci de mensonges » (63). Ce texte, publié en 1557 sous l'unique nom de Thevet, est en réalité le fruit d'une collaboration. Tombé malade dès son arrivée au Brésil, le voyageur a séjourné à peine dix semaines sur l'île Coligny avant de repartir le 31 janvier 1556. Lorsque Thevet rentre en France, ses notes sont trop abondantes pour avoir été réunies par lui seul. Ses informations ethnographiques semblent, en effet, avoir été rassemblées par d'autres, notamment auprès de truchements familiers du terrain brésilien. Thevet ne fait pas imprimer ce recueil de données tel quel, mais le donne à son éditeur Maurice de la Porte et au scribe et étudiant en médecine Mathurin Héret. Tous trois mettent au propre et ordonne le texte, bientôt augmenté de nombreuses références antiques et de parallèles entre monde ancien et monde sauvage, suggérés par Héret.

C'est pourtant un autre ouvrage du même Thevet qui décide Léry à formuler une réponse. En 1560, après avoir été affranchi de son ordre monastique en janvier 1559, Thevet devient cosmographe du roi. Dans les années qui suivent, il prépare, avec l'aide silencieuse de scribes, une somme cosmographique, vaste compilation des savoirs sur toutes les parties du monde, qui réunit de très nombreuses sources, des textes antiques aux témoignages récents. Imprimée en 1575, sa *Cosmographie universelle* contient une cinquantaine de feuillets sur la France Antarctique. Thevet exprime de multiples accusations contre les ministres calvinistes envoyés de Genève et écrit, par exemple :

> [...] y avoit eu quelque sedition entre les François, advenuë par la division & partialitez de quatre Ministres de la religion nouvelle, que Calvin y avoit envoyez pour planter sa sanglante Evangille, le principal desquels estoit un Ministre seditieux nommé Richer [...]. Ces gentils predicans ne taschans qu'à s'enrichir, & attraper ce qu'ils pouvoient, feirent des ligues & menees secretes, qui furent causes que quelques uns des nostres furent par eux tuez. Mais partie de ces seditieux estans prins furent executez, & leurs corps donnez pour pasture aux poissons : les autres se sauverent[2].

C'est donc pour répondre à « l'envie [que Thevet] a euë de mesdire et detracter des Ministres » (63), que Léry fait publier l'*Histoire d'un voyage*. Il ajoute même :

1. Gomez-Géraud 1999, p. 72.

2. André Thevet, *La Cosmographie universelle d'André Thevet*, tome 2, Guillaume Chaudière, 1575, 908v°-909r° ; sur le Brésil, voir livres XXI-XXII, f. 903 r°-1000 r°.

« à fin, di-je, de repousser ces impostures de Thevet, j'ay esté comme contraint de mettre en lumiere tout le discours de nostre voyage » (63). Heureusement retrouvé en 1576, soit un an après la publication de la *Cosmographie universelle*, le livre se doit de rétablir la vérité en faisant entendre le témoignage de son auteur.

Le récit de Léry connaît un succès immédiat. Il est réédité cinq fois entre 1578 et 1611, mais aussi traduit dans plusieurs langues, en allemand, en néerlandais, et surtout en latin. Les différentes éditions imprimées du vivant de Léry font de son œuvre un véritable *work in progress*, puisque le pasteur ne cesse d'amplifier son texte. Un peu à la manière de Montaigne, lecteur de l'*Histoire d'un voyage* dans son essai « Des Cannibales », Léry procède par « allongeails » ; il ajoute sans jamais retrancher. Cette méthode n'est, toutefois, pas dictée par la même visée que celle de Montaigne. Pour Léry, supprimer reviendrait à renier son propre texte, un geste inconcevable pour un auteur qui n'écrit que la vérité[1]. Avant d'entrer dans le détail de ces cinq éditions, en voici la chronologie établie par F. Lestringant[2] :

A. 1578 : première édition. [Genève], « Pour Antoine Chuppin » ; 24 f. + 424 p. + table ; 5 gravures sur bois.

B. 1580 : « seconde Edition ». « A Geneve. Pour Antoine Chuppin » ; 22 f. + 382 p. + table ; 8 gravures, dont une répétée.

C. 1585 : « troisieme Edition ». [Genève], « Pour Antoine Chuppin » ; 34 f. + 427 p. (manque la table dans l'exemplaire de l'Arsenal) ; 8 gravures, dont une répétée.

B'. 1594 : fausse « troisieme Edition ». [Genève], « Pour les heritiers d'Eustache Vignon » ; 22 f. + 382 p. + table ; 8 gravures, dont une répétée.

D. 1599-1600 : « quatrieme Edition. Dediee a Madame la Princesse d'Orange ». [Genève], « Pour les heritiers d'Eustache Vignon » ; 36 f. + 478 p. + table ; 8 gravures.

E. 1611 : « cinquieme Edition. Dediee a Madame la Princesse d'Orange. A Geneve, pour Jean Vignon » ; 40 f. + 489 p. + table ; 8 gravures.

Remarquons, tout d'abord, le profond ancrage genevois et réformé de ces cinq éditions imprimées par Antoine Chuppin, puis par Jean Vignon, l'héritier d'Eustache Vignon. Le texte établi par F. Lestringant dans l'édition au programme est celui de 1580, noté B[3]. Comme l'indique la page de titre, cette deuxième édition a été « revue, corrigée et bien augmentée, [...] tant de figures, qu'autres choses notables sur le sujet de l'auteur » (45). Ces ajouts sont tout autant de nouveaux détails ethnologiques que des remarques prolongeant la polémique engagée contre

1. Gomez-Géraud 1999, p. 75.

2. Frank Lestringant, « L'Excursion brésilienne : note sur les trois premières éditions de l'*Histoire d'un voyage* de Jean de Léry (1578-1585) », *D'Encre de Brésil*, *op. cit.*, p. 38. Voir également la note d'établissement du texte dans l'édition au programme (p. 41-43).

3. Le riche appareil de notes permet de prendre la mesure des additions successives, tandis que l'appendice I (571-595) reproduit le long chapitre additionnel qui prolonge le chapitre XV de l'*Histoire d'un voyage*.

André Thevet. Il ne faut pas se fier ici à la diminution du nombre de pages entre A et B. Celle-ci s'explique par l'usage d'une typographie resserrée. En revanche, l'accroissement observé à partir de B est signifiant et on peut noter que c'est entre B et C que le texte augmente le plus (12 feuillets liminaires et 45 pages). L'émission de 1594 (B') a été réalisée à l'insu de Léry, à la seule initiative de l'éditeur qui a reproduit le texte de la deuxième édition déguisé en une fausse troisième édition. L'auteur évoque cette intervention éditoriale malencontreuse dans son avertissement de 1599 (appendice II, 597).

Au cours de ces cinq éditions successives, Léry infléchit sa méthode d'écriture et son dessein. À l'origine, le texte se présente comme un recueil de « choses vues », comme le témoignage d'un historien, terme sur lequel nous reviendrons. L'auteur explicite sa visée dans les toutes premières pages de son récit : « mon intention et mon sujet sera en ceste histoire, de seulement déclarer ce que j'ay pratiqué, veu, ouy et observé tant sur mer, allant et retournant, que parmi les sauvages Ameriquains, entre lesquels j'ay frequenté et demeuré environ un an. » (I, 105-106). À mesure que le livre s'amplifie, une métamorphose s'opère et relègue l'expérience brésilienne au second plan. Semé de « plusieurs belles fleurs cueillies çà et là » (appendice II, 597 et 600), comme Léry le reconnaît dans ses avertissements de 1599 et de 1611, l'ouvrage s'oriente de plus en plus vers la compilation. Il est complété par différentes autorités, notamment par d'autres récits de voyageurs en Amérique – Hans Staden, prisonnier pendant neuf moins des Tupinamba anthropophages, Nicolas Le Challeux, rescapé du massacre de la colonie française en Floride, dont le texte a été revu par Urbain Chauveton, ou encore Thomas Hariot, membre de la colonie britannique installée à Roanoke en Virginie –, mais aussi des textes sur l'Afrique de Jean Léon et Ludovico di Varthema. La liste s'allonge encore dans la toute dernière édition du vivant de Léry et révèle ainsi le nouvel objectif du livre. Il ne s'agit plus de témoigner avec nostalgie de son expérience brésilienne, mais de rassembler les savoirs sur le monde pour intégrer l'Indien tupinamba dans le théâtre général des peuples. Le livre de voyage apparaît comme l'espace capable de réunir la Création tout entière et permet de déployer la « conférence » des histoires[1]. Cette évolution affecte tout autant le genre de l'*Histoire d'un voyage* que les autorités, qui lui confèrent son caractère authentique et véridique.

1. Frank Lestringant, *Jean de Léry ou l'invention du sauvage. Essai sur l'*Histoire d'un voyage faict en la terre du Bresil, Classiques Garnier, [1999] 2016, en particulier p. 47-59.

II

Le Brésil de Jean de Léry

1. « L'œil écrit » (F. Hartog) : Jean de Léry, témoin du monde brésilien

1.1. « De veuë et d'experience »

Devançant les critiques de ses lecteurs ou de ses adversaires, Léry justifie, dès la préface, son recours répété à des marques d'énonciation :

> Si quelqu'un, di-je, trouve mauvais que, quand ci-apres je parleray de la façon de faire des sauvages (comme si je me voulais faire valoir), j'use si souvent de ceste façon de parler, Je vis, je me trouvay, cela m'advint, et choses semblables, je respon, qu'outre [...] que ce sont matieres de mon propre sujet, qu'encores, comme on-dit, est-ce cela parlé de science, c'est-à-dire de veuë et d'experience. (98)

Loin d'être un signe de vanité, cette présence affichée de l'auteur dans son texte est à lire comme une marque de vérité. Léry réaffirme ici sa qualité de témoin oculaire et annonce sa méthode d'écriture fondée sur l'autopsie. Comme l'a montré François Hartog, les discours sur l'ailleurs et l'altérité sont, depuis l'Antiquité, accrédités par l'œil du voyageur[1]. Des philosophes ioniens à Aristote, tous s'accordent pour considérer la vue comme un moyen de connaissance bien supérieur à l'ouïe. Celui qui a vu est porteur d'un discours vrai et authentique. « L'œil ou plutôt l'autopsie, comme la définit F. Hartog : il s'agit en effet de l'œil comme marque d'énonciation, d'un "j'ai vu" comme intervention du narrateur dans son récit, pour faire preuve[2]. »

1. François Hartog, *Le Miroir d'Hérodote. Essai sur la représentation de l'autre*, Paris, Gallimard, [1980] 2001, sur cette affirmation de Léry, voir en particulier p. 399-400

2. *Ibid.*, p. 396.

Après les premiers historiens antiques, Hérodote et Thucydide, les voyageurs européens ne cessent d'attester leurs récits en déclarant leur qualité de témoin oculaire. Le texte de Marco Polo affirme la valeur de l'autopsie dès son ouverture. Il commence par rappeler les régions évoquées par le voyageur – « vous y trouverez les grandes merveilles de la Grande Arménie, de la Perse, des Tartares, de l'Inde et de bien d'autres pays » –, puis le narrateur signale que « notre livre vous contera méthodiquement merveilles que messire Marco Polo, savant et illustre citoyen de Venise, raconte pour les avoirs vues[1] ». Cette précision fait coïncider les espaces vus et les espaces décrits, l'œil et la parole, tous deux déterminés par le même ordre.

Selon F. Hartog, Léry pratique lui aussi l'autopsie, mais introduit une autre adéquation entre la chose observée et la chose racontée. Dans sa préface, il indique présenter la somme des « choses notables par [lui] observées en [s]on voyage » (61-62). L'adéquation porte ainsi sur le notable et l'observable. Le voyageur note ce qu'il observe et observe ce qu'il note. Cet infléchissement renseigne sur la structure de l'*Histoire d'un voyage*. En dehors des chapitres liminaires et conclusifs qui portent sur les traversées, le reste de l'œuvre ne suit pas une logique spatiale. Contrairement à d'autres récits de voyage, celui de Marco Polo par exemple, organisés en fonction des espaces fréquentés et décrits, celui de Léry est ordonné suivant des catégories explicites (naturalistes ou ethnologiques).

L'autopsie explique le titre du livre, *Histoire d'un voyage faict en la terre du Brésil*. Comme le rappelle F. Hartog, citant Benveniste, l'historien, ou l'*hístōr*, est le témoin, en tant qu'il sait, mais d'abord en tant qu'il a vu. En ce sens, Léry représente ces topographes qui font une « narration particuliere des endroits où ils ont esté », et que Montaigne oppose aux cosmographes qui « pour avoir cet avantage sur nous d'avoir veu la Palestine, [...] veulent jouir de ce privilege de nous conter nouvelles de tout le demeurant du monde[2] ». Cette distinction entre le récit de voyage et la cosmographie, ou les autres formes de compilation, façonne la littérature géographique de la Renaissance.

S'il est un « genre sans loi[3] », sans règles, ni contraintes déterminées *a priori*, le récit de voyage présente malgré tout des marques et des constantes qui lui sont propres. Sa singularité s'affirme d'abord par le voyage, c'est-à-dire un déplacement réel dans l'espace, pendant une certaine durée, qui précède nécessairement le récit lui-même : « le syntagme *récit-de-voyage*, écrit Roland Le Huenen, pose de façon nécessaire une relation d'antécédence et de tutelle entre ses termes, entre le texte et son objet[4] ». L'expérience est la condition préalable au texte, mais après avoir

1. Marco Polo, *La Description du monde*, éd. Pierre-Yves Badel, Paris, Le Livre de Poche, 1998, p. 51.

2. Michel de Montaigne, *Essais I*, éd. Emmanuel Naya, Delphine Reguig-Naya et Alexandre Tarrête, Paris, Gallimard, 2009, p. 396.

3. Roland Le Huenen, « Qu'est-ce qu'un récit de voyage ? », *Littérales*, n° 7, 1990, p. 14.

4. *Ibid.*, p. 16.

vu, le voyageur se doit de faire voir et faire savoir. La question de la vue sature la relation de voyage ; le regard permet de déchiffrer le monde nouveau ou inconnu, tandis que la description a pour fonction de le restituer et de le faire connaître. Cette primauté du visuel constitue la matrice du récit de voyage et lui impose ses limites mêmes. Restreint aux observations recueillies pendant le déplacement, le champ de vision est volontairement partiel. L'enquête se contente d'une expérience singulière, manifestée par l'usage de la première personne.

Parallèlement à ce genre de la littérature géographique aux normes instables, mais pratiqué de l'Antiquité à nos jours, un autre mode d'écriture du monde se développe à la Renaissance : la cosmographie. Abandonnée après le XVIe siècle, cette forme de littérature descriptive se donne l'ambition de réunir l'ensemble des savoirs sur la sphère. Traités astronomiques, textes et légendes antiques, mappemondes et cartes chorographiques, mais aussi récits de voyage forment un socle de sources éclectiques exploitées par des voyageurs ou des géographes en chambre pour produire une information, cette fois, globale et universelle. Le savoir cosmographique met à l'honneur la connaissance livresque et les documents de seconde main, au détriment de la seule observation directe.

Léry ne manque pas de rappeler cette distinction fondamentale dans le champ géographique entre récit de voyage et cosmographie. Dans ses déclarations de principe qui concluent la préface de l'*Histoire d'un voyage*, il définit sans détour son écriture de topographe qui ne traite « non pas de toute l'Amerique en general, mais seulement de l'endroit où [il a] demeuré environ un an : assavoir sous le tropique de Capricorne entre les sauvages nommez *Touoüpinambaoults* » (98). La cible est claire ici. Après n'avoir séjourné au Brésil que dix semaines, Thevet écrit lui sur toute l'Amérique en général et enrichit sans retenue ses quelques observations de témoignages de seconde main. Bien avant sa *Cosmographie Universelle*, son livre sur le continent américain suivait déjà cette logique de compilation. Il suffit de se reporter à la table des matières de ses *Singularités de la France Antarctique* pour voir que ses chapitres sur le Brésil sont complétés par d'autres sur toutes les Indes Occidentales : Pérou, Cuba, Nouvelle-Espagne, Floride, Canada... Comme le note Michel Jeanneret dans son étude comparée de ces deux voyageurs, « l'un s'attache à des faits spécifiques et suffisants – il amorce le discours scientifique moderne –, l'autre glisse du singulier à l'universel – et représente, en géographie, un syncrétisme encore vivace parmi les humanistes[1] ».

1. Michel Jeanneret, « Léry et Thevet : comment parler d'un monde nouveau ? », *Mélanges à la mémoire de Franco Simone*, Genève, Slatkine, 1983, t. IV, p. 59-72 (repris dans *D'Encre de Brésil*, *op. cit.*, p. 112).

1.2. Description sommaire des chapitres de l'*Histoire d'un voyage*

L'autopsie pratiquée par Léry dicte l'ordre de son discours, comme la structure de l'*Histoire d'un voyage*. Intéressons-nous pour le moment à la structure d'ensemble de son ouvrage. On distingue généralement, à partir des travaux de Réal Ouellet, deux pôles complémentaires vers lesquels tend le récit de voyage : l'inventaire et l'aventure[1]. F. Lestringant examine la combinaison de ces deux composantes dans le corpus des voyageurs au Brésil. Il montre, notamment, la manière dont Léry les investit par rapport à Thevet. L'*Histoire d'un voyage* et les *Singularités de la France Antarctique* conjuguent en des proportions inverses ces deux éléments du récit d'itinéraire : « l'aventure enveloppe l'inventaire, lui donnant sens et dynamisme, mais de façon très lâche chez Thevet, de manière beaucoup plus nécessaire et récurrente chez Léry[2] ».

À l'échelle du livre, l'aventure se déroule dans les premiers et les derniers chapitres (I-VII et XXI-XXII), tandis que le catalogue des réalités brésiliennes forme le cœur de l'*Histoire d'un voyage* (VIII-XX). Deux formes littéraires se rejoignent : le récit du voyage et la description du paysage naturel et humain. La première suit la chronologie des évènements vécus par Léry et ses compagnons, c'est-à-dire par un sujet. La seconde expose des objets répartis dans un espace qui n'est pas défini par des indications géographiques, mais par une classification méthodique du vivant[3].

Toutefois, une lecture plus rapprochée révèle que ces deux composantes se mêlent sous la plume de Léry qui introduit souvent des digressions plus ou moins longues. Ainsi, dans son exposé naturaliste, le voyageur intercale des anecdotes qui peuvent être plaisantes ou susciter la réflexion du lecteur. Dans le chapitre XII, un bref récit interrompt l'inventaire des animaux marins et rapporte un échange entre Léry et un « Ameriquain » ayant un jour pêché un poisson « qui avoit semblablement forme humaine » (XII, 301). Au chapitre X, un autre micro-récit retient l'attention du lecteur. Égarés dans la forêt, Léry et deux autres Français rencontrent un lézard monstrueux aux yeux étincelants qui s'arrête « tout court pour [les] regarder » (X, 268-269). Comme le montre Frédéric Tinguely, cette anecdote reproduit les codes du roman de chevalerie ou du conte de fées et réussit à dynamiser la description du lézard et la scène la plus statique qui soit[4]. Après un quart d'heure de lorgnade appuyée, le lézard finit, en effet, par se sauver. Et Léry de conclure : « j'ay pensé depuis, suyvant l'opinion de ceux qui disent que le lezard se delecte à la face de

1. Réal Ouellet, « Le Discours fragmenté de la relation de voyage en Nouvelle-France », *Saggi e Ricerche di Letteratura francese*, vol. XXV, 1986, p. 175-200.

2. Lestringant 2016, p. 87.

3. Michel de Certeau, « Ethno-graphie. L'oralité ou l'espace de l'autre : Léry », *L'Écriture de l'histoire*, Gallimard, 1975, chap. V, p. 245-283.

4. Frédéric Tinguely, « Le lézard et le nourrisson », *Le voyageur aux mille tours. Les ruses de l'écriture du monde à la Renaissance*, Honoré Champion, 2014, p. 154-168.

l'homme, que cestuy-là avoit prins aussi grand plaisir de nous regarder que nous avions eu peur à le contempler » (X, 269). Une véritable aventure intellectuelle s'immisce donc dans l'inventaire animalier. Ces exemples invitent à observer les transitions ménagées par l'auteur entre récit et description. Voici malgré tout une esquisse de la structure d'ensemble de l'œuvre, inspirée de l'étude de F. Lestringant[1].

Le voyage vers le Brésil (I-VII).
- Les motifs du voyage (I).
- Le récit de la navigation (II-V).
- L'arrivée au Fort Coligny : les tensions entre Villegagnon et les calvinistes (VI-VII).

Une histoire naturelle du Brésil (VIII-XIII).
- Le portrait de l'Indien : une nudité paradoxale (VIII).
- L'alimentation indienne : manioc et cahouin (IX).
- Les animaux suivant leur milieu : terre, air, eau (X-XII).
- La flore brésilienne (XIII).

La description ethnologique : l'Indien ou le philosophe nu (XIV-XX).
- L'histoire morale du Brésil : guerre, cannibalisme, religion (XIV-XVI).
- Du berceau à la tombe (XVII-XIX).
- Le colloque tupi-français (XX).

La traversée vers la France : récit d'une élection (XXI-XXII).

Léry organise son récit selon une structure limpide, parfaitement soignée. Le reportage s'ordonne autour de catégories bien définies, elles-mêmes subdivisées en chapitres. Une remarque s'impose sur l'entrée dans le catalogue du Brésil. Le chapitre VIII dessine un portrait en pied de l'Indien et fonctionne comme un préambule. Il signale que l'inventaire du monde brésilien est construit suivant une perspective téléologique. Les éléments naturels sont, en effet, décrits en fonction de leur utilité ou de leur nocivité pour l'homme. C'est pourquoi le chapitre suivant traite de la farine de manioc et du cahouin, des aliments et de la boisson produits par les Tupinamba. Transformés par l'ingéniosité humaine, les racines et les végétaux en question sont humanisés et intègrent la sphère de la culture[2]. Viennent ensuite les animaux comestibles, dont les Indiens se nourrissent, puis la flore, les légumes et les fruits. À l'autre extrémité, le tableau de la vie indienne se clôt sur une scène de conversation entre un Français et deux Indiens tupi. Des colloques polyglottes enrichissent régulièrement les écrits français sur le Brésil, mais cet échange fictif apparaît problématique. Relevée par F. Lestringant dans son édition, une certaine ambiguïté plane sur l'auteur de ce chapitre, que Léry dit avoir établi avec l'aide d'un truchement (XIX, 479). La voix française renvoie tantôt au voyageur, désigné par son nom indien – *Léry-oussou*, une grosse huître (XX, 480) –,

1. Lestringant 2016, en particulier p. 87-227.
2. *Ibid.*, p. 91.

tantôt à l'interprète venu de Normandie. Ce dialogue semble occuper une place à part dans l'*Histoire d'un voyage*, que ce soit du point de vue de l'énonciation ou du mode adopté pour représenter les Indiens. S'il fait presque office d'appendice, on ne pourra le traiter comme tel pour étudier le récit. Comme l'a montré M.-C. Gomez-Géraud, ce chapitre fournit de précieux indices pour interpréter l'ensemble de l'œuvre, nous y reviendrons[1].

Dans le livre, l'ordre linéaire de l'expérience se mêle au quadrillage du monde brésilien. Par l'écriture, l'hétérogénéité de l'inconnu est ainsi mise en ordre et révèle l'unité profonde de l'univers et du genre humain.

2. L'inventaire de la faune américaine

2.1. Un exposé méthodique

Léry consacre trois chapitres à la faune américaine qu'il organise selon une répartition raisonnée. Dans les chapitres X à XII, il procède à une énumération des différents animaux suivant leur milieu, c'est-à-dire les trois éléments où ils habitent : la terre (X), l'air (XI) et l'eau (XII). Il reproduit ainsi la classification traditionnelle de l'histoire naturelle, proposée pendant tout le Moyen Âge et à la Renaissance, qui distingue animaux terrestres, volatiles et marins. À l'image de Pierre Belon ou Conrad Gesner, tous deux auteurs de célèbres traités zoologiques, Léry applique une conception héritée de la Bible. Comme l'explique le texte de la Genèse (1:20-25), les oiseaux et les animaux aquatiques sont créés le cinquième jour et emplissent l'air et l'eau, tandis que les espèces terrestres sont produites le sixième jour à partir de la terre. Dès lors, le récit biblique introduit « des ruptures ontologiques fortes, signale Laurent Pinon, entre les animaux qui volent, ceux qui nagent, et les "bestes" qui vivent sur terre[2] ». Cette perspective explique la distribution déterminée par Léry qui peut, aujourd'hui, nous paraître déroutante. Dans l'*Histoire d'un voyage*, il ne faudra pas s'étonner de trouver les reptiles aux côtés des mammifères terrestres, les chauves-souris réunies aux oiseaux, insectes et autre « vermine », ou encore les mollusques et les cétacés rangés avec les poissons.

À ce premier critère fondamental de classification s'en ajoute un deuxième. Au sein de chaque inventaire des animaux en fonction de leur élément – de leur milieu –, Léry organise le catalogue suivant leur rapport de proximité à l'homme. L'exposé s'ouvre naturellement avec les animaux terrestres, puis s'intéresse aux

1. Gomez-Géraud, « Un colloque chez les Tououpinambaoults : mise en scène d'une dépossession », *D'Encre de Brésil*, *op. cit.*, p. 147-162.

2. Laurent Pinon, *Livres de zoologie de la Renaissance, une anthologie (1450-1700)*, Klincksieck, 1995, p. 36 (cité par Lestringant 2016, p. 89).

oiseaux et autres animaux volants, puisque depuis l'Antiquité – notamment chez Platon et Ovide –, l'homme est représenté comme le seul de tous les animaux à avoir la face tournée vers le ciel. Il se referme sur les espèces marines, car l'eau est considérée comme inférieure à l'air, selon la hiérarchie des éléments. Une explication se trouve aussi dans le livre de la Genèse (2:19-20) : Adam donne un nom aux oiseaux et aux animaux terrestres, mais il ne nomme pas les poissons. Comme le note F. Tinguely, « si la langue adamique, celle de l'adéquation totale entre les mots et les choses, ne possède pas de termes pour désigner les différentes espèces marines, c'est donc que celles-ci n'ont pas d'identité propre et n'existent que par rapport aux espèces peuplant le ciel et la terre[1] ». Nous reviendrons plus loin sur cette question et les interprétations qu'elle peut susciter.

Il faut encore signaler les autres principes qui sous-tendent l'organisation de ces pages naturalistes. L'un d'entre eux renvoie à la notion d'utilité pour l'homme que nous avons mentionnée auparavant. Celle-ci explique que le manioc et le cahouin soient décrits au chapitre IX, entre le portrait de l'Indien (VIII) et l'énumération des animaux terrestres (X), mais elle oriente aussi le catalogue des espèces au sein des différents chapitres. Ainsi, l'inventaire débute toujours par les animaux comestibles et se termine sur les indigestes ou les toxiques. Léry proclame sa méthode sans détour dès les premières lignes du chapitre X : « pour donc descrire les bestes sauvages de leur pays, lesquelles quant au genre sont nommées par eux *Soó*, je commenceray par celles qui sont bonnes à manger » (X, 257). Il la répète au début des deux chapitres suivants. Le onzième propose, à cet égard, un parcours particulièrement explicite depuis les « oiseaux [...] qui sont bons à manger » (XI, 276) jusqu'aux crabes qui eux « ne sont gueres bons à manger » (XI, 295). Enfin, un dernier principe organise le catalogue zoologique. Il s'agit de la taille, un critère qui se combine à celui d'utilité. Léry commence par les animaux les plus grands, comme c'est le cas dans le chapitre X, avec le tapir, qui est « presque de la grandeur, grosseur et forme d'une vache » (X, 257).

L'inventaire de la faune américaine ne se réduit donc pas à une énumération pêle-mêle des espèces les plus remarquables. Léry prend soin de décrire ces animaux, qui ne sont en rien « semblable aux nostres » (X, 257), selon différentes perspectives raisonnées qui se combinent les unes aux autres. L'apparente bigarrure de ces pages semblent davantage liée à l'écriture elle-même qui déploie une esthétique de la *varietas*, de la diversité des styles et des registres. Le voyageur intercale, nous l'avons vu plus haut, différents micro-récits qui permettent de dramatiser et dynamiser ces chapitres relevant de l'histoire naturelle. Or les descriptions font elles aussi l'objet d'une remarquable travail rhétorique pour répondre à l'un des défis posés par l'écriture du voyage : la représentation de l'inconnu.

1. Frédéric Tinguely, « Jean de Léry et les vestiges de la pensée analogique », *Bibliothèque d'Humanisme et Renaissance*, LVII, 1995, p. 31 (repris dans *D'Encre de Brésil*, *op. cit.*).

2.2. La description des espèces inconnues

Tapiroussou, *Seouassou*, *Taiassou*, *Tatou*, *Jacaré*, *Jan-ou-are*, *Hay*… Voici certaines des espèces que l'on rencontre sous la plume du voyageur. Ces termes aux consonances inouïes provoquent une indéniable curiosité chez le lecteur, mais n'offrent qu'un pâle reflet de la faune que Léry et ses compagnons prennent plaisir à contempler. À la vue d'un petit mammifère inconnu en Europe, l'auteur précise, en effet : « les sauvages nous apporterent un de ces *Coati*, lequel à cause de la nouvelleté fut autant admiré d'un chacun de nous que vous pouvez penser » (X, 275). Léry regarde, le lecteur ne peut qu'imaginer. L'un des enjeux du texte viatique est de faire voir l'ailleurs, de le transposer par la représentation. Or, dans l'*Histoire d'un voyage*, l'auteur souligne les limites de l'écriture pour dessiner et transmettre le monde brésilien. Il exprime son regret de n'avoir aucun portrait des animaux du Nouveau Monde : « j'ay souvent prié un nommé Jean Gardien, de nostre compagnie, expert en l'art de pourtraiture de contrefaire tant cestuy-là [le coati] que beaucoup d'autres, non seulement rares, mais aussi du tout incognus par deçà, à quoy neantmoins à mon bien grand regret, il ne se voulut jamais adonner » (X, 275).

L'une des difficultés qui se présente au discours zoologique est de réussir à faire entrer l'animal dans un univers de savoir partagé afin de permettre au lecteur de l'appréhender. Cette question se pose de manière accrue à la Renaissance pour tous les voyageurs qui observent des espèces inédites. Elle n'est, cependant, pas nouvelle. Depuis l'Antiquité, plusieurs descriptions exploitent des ressorts rhétoriques permettant de pallier ce défaut de l'écriture et de représenter le jamais vu. L'opération communément pratiquée consiste à « diviser la réalité nouvelle en sous-unités susceptibles d'être plus facilement neutralisées au moyen de comparants familiers[1] ». À partir de ce double geste de fragmentation et de comparaison, F. Tinguely montre comment Léry s'approprie une technique descriptive dont l'héritage remonte à Hérodote. Dans son *Enquête*, l'historien emploie ce procédé devenu classique pour décrire l'hippopotame :

> Les hippopotames sont sacrés dans le nome de Paprémis, mais ils ne le sont pas dans le reste de l'Égypte. Voici les caractéristiques de cet animal : c'est un quadrupède qui a le pied fourchu, les sabots du bœuf, un museau camus, la crinière du cheval, des dents saillantes, la queue et le hennissement du cheval et la taille des bœufs les plus gros. Son cuir est si épais que, lorsqu'il est sec, on en fait des hampes de javelines[2].

1. Tinguely 2014, « Les métamorphoses du tapir », p. 97-110, pour la citation p. 97 (texte initialement publié sous le titre « Jean de Léry et les métamorphoses du tapir », *Littératures*, 41, 1999, p. 33-45).

2. Hérodote, *L'Enquête*, II, 71, dans Hérodote-Thucydide, *Œuvres complètes*, éd. A. Barguet et D. Roussel, Gallimard, « Bibliothèque de la Pléiade », 1964, p. 170, cité par Tinguely 2014, p. 97-98.

La description glose l'étymologie du référent. Le nom de cet animal, on le sait, est le produit d'une contraction entre « cheval » (*hippos*) et « fleuve » (*potamos*). Chez Hérodote, plusieurs caractéristiques rattachent l'hippopotame à son très lointain cousin équestre (crinière, queue, hennissement). Mais l'historien lui ajoute d'autres traits qui le rapprochent du bœuf (sabots, taille) ou le distinguent des animaux familiers (museau, dents, cuir). Cette accumulation d'éléments disparates et hétéroclites empruntés à des espèces de « par-deçà », pour parler comme Léry, produit un ensemble dont on peine à voir l'unité et qui tend vers le monstrueux. F. Hartog précise, en effet, que « le monstre, c'est toujours un assemblage d'éléments connus, et il convient même que chacun des éléments soit connu pour que leur assemblage soit au total monstrueux[1] ». Cette technique, qui arrache l'objet décrit de son environnement pour le décomposer en détails connus du lecteur, ne doit pas être considérée comme excessivement naïve ou archaïque. Elle correspond, d'une part, à une opération rigoureuse de transposition dans un cadre de référence partagé. Elle connaît, d'autre part, une longue histoire, qui n'est toujours pas éteinte à ce jour[2].

C'est à la Renaissance que cette opération donne lieu à des développements sans précédent, notamment dans les récits de voyage en Amérique. Chez Léry, elle anime les pages de description zoologique. Le sagouin est ainsi comparé à l'écureuil et au lion, le paresseux devient lui une étonnante mosaïque composée de caractéristiques du barbet, de la guenon, de la truie, du mouton noir, ou encore de l'ours. Une espèce se distingue au sein de la nature américaine luxuriante : il s'agit du tapir, ou *tapiroussou*, qui cristallise les enjeux de cette fragmentation analogique et peut apparaître comme l'emblème de la faune américaine[3].

L'*Histoire d'un voyage* est loin d'offrir la première description de cet animal, le plus grand mammifère de l'Amérique tropicale. Avant Léry, plusieurs auteurs d'ouvrages sur l'Amérique le représentent, comme Pierre Martyr d'Anghiera, qui exprime toute son admiration pour cette espèce hors du commun, ou Gonzalo Fernández de Oviedo, qui met en valeur la singularité irréductible du monde américain. Thevet est le premier auteur français à décrire le *tapihire* dans les *Singularités de la France Antarctique*. Comme les voyageurs qui lui succèdent, il connaît les représentations données par Pierre Martyr ou Oviedo et inscrit sa propre description dans le champ délimité par ces auteurs attachés à la Couronne d'Espagne. Voici le portrait qu'il en propose :

1. Hartog [1980] 2001, p. 381.

2. Réal Ouellet indique que ce procédé est, par exemple, toujours employé par George Lucas pour décrire les créatures de la *Guerre des étoiles* (Ouellet, « Sauvages d'Amérique et discours hétérologique », *Études littéraires*, 22 (2), 1989, p. 111).

3. Tinguely 2014.

> Il se trouve davantage en l'Amérique grande quantité de ces bêtes qu'ils nomment *tapihire*, désirées et recommandables pour leur difformité. Aussi les sauvages les poursuivent à la chasse, non seulement pour la chair qui en est très bonne, mais aussi pour les peaux, dont ces sauvages font boucliers, desquels ils usent en guerre. Et est la peau de ceste bête si forte qu'à grande difficulté un trait d'arbalète la pourra percer. Ils les prennent ainsi que le cerf et le sanglier, dont nous avons parlé naguère. Ces bêtes sont de la grandeur d'un grand âne, mais le col plus gros, et la tête comme celle d'un taureau d'un an ; les dents tranchantes et aiguës ; toutefois elle n'est dangereuse. Quand on la pourchasse, elle ne fait autre résistance que la fuite, cherchant lieu propre à se cacher, courant plus légèrement que le cerf. Elle n'a point de queue, sinon bien peu, de la longueur de trois ou quatre doigts, laquelle est sans poil, comme celle de l'*agoutin*. Et de telles bêtes sans queue se trouve grande multitude par-delà. Elle a le pied fourchu, avec une corne fort longue, autant presque devant comme derrière. Son poil est rougeâtre comme celui d'aucunes mules ou vaches de par-deçà : et voilà pourquoi les chrétiens qui sont par-delà, nomment telles bêtes vaches, non différentes d'autre chose à une vache, hormis qu'elle ne porte point de cornes ; et à la vérité, elle me semble participer autant de l'âne que de la vache, car il se trouve peu de bêtes d'espèces diverses, qui se ressemblent entièrement sans quelque grande différence[1].

La comparaison entre cette description du tapir et celle qu'en donne Léry (X, 256-258) révèle d'emblée de nombreuses similitudes. La faune représentée dans l'*Histoire d'un voyage* fait déjà l'objet d'une tradition descriptive fondée sur le procédé de fragmentation analogique. Dès lors, le voyageur ne se trouve pas face à une réalité parfaitement inconnue de lui. Un imaginaire et un savoir transmis par d'autres textes, voire par des récits de vive voix, enrichissent son regard. Son portrait du tapir n'a donc rien d'inédit, mais constitue plutôt un passage obligé du discours américaniste. La singularité de Léry tient à sa façon de s'approprier cette intertextualité et à élever cette description zoologique au point d'en faire le support d'une réflexion sur le semblable et le dissemblable, sur les rapports entre le par-deçà et le par-delà.

Si Léry s'inspire de Thevet ici, il ne peut se contenter de recopier son texte, dont il a dénoncé avec véhémence les erreurs. Il lui emprunte le rapprochement du tapir avec l'âne et la vache, la remarque d'ordre général sur l'absence de queue parmi les espèces américaines et un certain nombre de syntagmes (« poil rougeastre », « dents [...] trenchantes et aiguës », « ne portant point de cornes »). Au-delà de ces similitudes, Léry remanie son modèle en appliquant une « dialectique du semblable et du dissemblable[2] » beaucoup plus modérée. Celle-ci se manifeste à

1. Thevet, *Les Singularités de la France Antarctique*, éd. cit., p. 256-257. L'*agoutin* n'est autre que l'*agouti* mentionné auparavant par Thevet et aussi évoqué par Léry (X, 262).

2. Tinguely 2014, p. 106.

travers son emploi récurrent de l'adverbe « presque », son recours à des comparatifs de supériorité ou encore sa réduction du nombre de comparants. En définitive, Léry insiste sur le fait qu'aucune de ces analogies ne permet de se rendre compte de la réalité étrangère. Comme le note F. Tinguely, cette impossibilité de faire voir le tapir, de l'intégrer dans un fonds de connaissance commun, est symbolisée par l'évocation de l'épisode de famine en mer[1].

Racontée dans le dernier chapitre du livre, cette épreuve lors du retour en France vient confirmer l'élection divine du voyageur, mais soumet l'équipage à d'interminables tourments. Tous les stocks du navire s'épuisent progressivement et les hommes sont contraints de se nourrir des « Guenons, Perroquets, et autres animaux que nous apportions de ce pays-là » (X, 258). Même les boucliers tupis, fabriqués à partir de cuir de tapir, sont engloutis en route. On notera, d'ailleurs, que le souvenir de ces ronds de peaux grillés sur les charbons ressurgit dans l'esprit de Léry lors de la famine de Sancerre. Il les évoque dans le catalogue des expédients trouvés par les assiégés pour lutter contre la faim :

> Au retour d'un Voyage que je feis en la terre du Bresil dite Amerique, en l'an 1558, ayans demeurez et branslez cinq mois sur mer sans mettre pied à terre, et durant la famine que nous eusmes d'un mois, nous fusmes contraincts de manger des rondaches de cuir sec, faites de la peau d'un animal gros comme un taureau d'un an que les Sauvages appelent *Tapiroussou*, mais nous les mettions seulement rostir sur les charbons par petits morceaux : et ne peusmes trouver l'invention de les amollir comme nous avons faict les peaux seiches à Sancerre[2].

Cette irruption des « rondaches » en cuir de tapir au milieu des guerres civiles montre à quel point Léry tisse des liens, dans sa mythologie personnelle, entre la famine en mer et celle de Sancerre, également rapportées à la famine endurée par les juifs pendant le siège de Jérusalem assaillie par Titus. Mais retournons au Brésil.

Dévorées par l'équipage, ces rondelles de *tapiroussou* n'atteignent jamais les rives françaises. Cette impossibilité de leur faire franchir l'Océan figure la difficulté de faire voir l'animal, en chair et en os ou bien par l'écriture. Chez Léry, le tapir ne peut être arraché au par-delà, à son environnement brésilien. En ce sens, il manifeste la distance entre ancien et nouveau monde : « les êtres sauvages répètent en eux la scission qui partage l'univers[3] ». Le procédé de fragmentation analogique produit même l'image de cette scission, puisqu'ainsi représenté l'animal étranger offre « un tableau tapissé d'innombrables miroirs brisés où se reflète la même cassure (moitié ceci, moitié cela[4]) ».

1. *Ibid.*, p. 107.
2. *Histoire mémorable du Siège de Sancerre (1573) de Jean de Léry*, éd. cit., p. 284.
3. Certeau 1975, p. 258.
4. *Ibid.*

Cette lecture de Michel de Certeau peut, toutefois, être nuancée, comme le suggère F. Tinguely[1]. Léry ne décrit pas seulement le tapir, il le rebaptise à partir des comparants exploités dans son portrait. Contrairement aux auteurs sur l'Amérique qui l'ont précédé, il forge le qualificatif d'« Asne-vasche » (X, 260) pour le désigner. Cet acte de nomination peut surprendre : Léry connaît le nom tupi du tapir et vient de mettre en valeur son irréductible singularité. En produisant un « hybride descriptif » (F. Lestringant, note 2, 257), il semble neutraliser la dissemblance qu'il avait pourtant accentuée. Le syntagme « Asne-vasche » rappelle d'autres néologismes animaliers, à l'image du fameux *camelopardalis*, plus communément nommé girafe. Ce geste se justifie par le contexte théologico-scientifique de la Renaissance. Léry, comme ses contemporains, lit le monde à travers les Écritures et cherche à concilier ses observations avec la tradition biblique. Cette perspective s'applique aussi à l'évocation d'animaux inconnus dans le Nouveau Monde. Afin d'expliquer leur existence, on postule l'apparition de différentes hybridations postérieures au Déluge entre des espèces qui avaient été réunies dans l'Arche. Inconnu à l'époque de Noé, le tapir pourrait néanmoins résulter d'un croisement ultérieur entre un âne et une vache. Une telle hypothèse n'a rien de curieux, ni de fantaisiste au XVIe siècle, alors que les individus monstrueux et les espèces prodigieuses suscitent un vif intérêt. Devenu un « Asne-vasche », le tapir perd toute singularité radicale, mais permet de manifester l'universalité des Écritures. Cette métamorphose confirme ainsi l'unité de la Création jusque dans le territoire américain[2].

Les pages zoologiques, et plus largement naturalistes, de l'*Histoire d'un voyage* sont donc orientées par une méthode claire et une curiosité pour la faune et la flore américaine. Dans cet Éden perdu, tous les regards sont, malgré tout, tournés vers les hommes et les femmes tupi.

3. Des Cannibales

3.1. Corps indiens

L'*Histoire d'un voyage* – « bréviaire de l'ethnologue » dit Claude Lévi-Strauss –, ouvre l'inventaire du Brésil sur le corps de l'Indien. Le chapitre VIII propose une galerie hétéroclite de portraits figurant hommes, femmes et enfants brésiliens. Il ne s'agit pas de la première rencontre à proprement dit avec le peuple cannibale. Celle-ci a déjà eu lieu dans le chapitre V, le premier à traiter de la « terre du Bresil », dans lequel Léry joue avec les attentes de son lecteur et ouvre son séjour brésilien

1. Tinguely 2014, p. 109.

2. *Ibid.*

sur un sentiment de désillusion. Arrivé près des côtes américaines, l'équipage éprouve une joie profonde à la vue de la Terre promise, atteinte après quatre mois d'errance en mer, qui ne manquent pas de rappeler l'exode de quarante ans des Hébreux et les quarante jours de Jésus dans le désert. Cette joie doit pourtant être contenue car les Français sont immédiatement accueillis par les Margajas, alliés des Portugais, « et par consequent tellement ennemi[s] des François, que s'ils nous eussent tenus à leur advantage, nous n'eussions payé autre rançon, sinon qu'apres nous avoir assommez et mis en pieces, nous leur eussions servi de nourriture » (V, 147). Le premier contact introduit donc l'horrible menace « d'estre prins et *Boucanez*, c'est-à-dire rostis » (V, 148). En d'autres termes, cette nation est déjà marquée par la corruption, celle apportée par notre civilisation, mais aussi celle inhérente à leur propre nature[1]. Ce lieu paradisiaque est peuplé par une humanité déchue.

Une fois cette désillusion inaugurale affichée, Léry invite son lecteur à suivre un cheminement parallèle. Cette scène de première rencontre concentre toutes les idées reçues sur le Nouveau Monde. Le paysage a tout de l'Eden perdu, « les forests, bois, et herbes de ceste contrée là aussi verdoyantes que sont celles de nostre France és mois de May et de Juin » (V, 147). Le troc, qui a lieu dans cet éternel printemps, renvoie à un épisode traditionnel du récit viatique. En plus d'être cannibales, ces habitants sont « aussi entierement nuds, que quand ils sortirent du ventre de leur meres » (V, 149). Plusieurs éléments nuancent, dans le même temps, la dimension topique de la scène. Léry ajoute que hommes et femmes ne sont pas seulement nus, mais sont peints et noircis par tout le corps. Il présente également les différences qui séparent les tribus indiennes en évoquant les Waitaka (*Ouetacas*), beaucoup plus belliqueux et hostiles aux Européens que les Margajas. Il établit ainsi plusieurs parallèles entre le par-deçà et le par-delà, entre réalités indiennes et réalités européennes, qui s'expriment nettement dans les pages ethnographiques consacrées aux Tupinamba, alliés des Français.

L'exposition des corps indiens détaillée dans le chapitre VIII est redoublée par l'ajout d'une gravure. Léry fait insérer quelques représentations iconographiques dans l'*Histoire d'un voyage* à la manière de scènes de vie indienne. Contrairement aux ouvrages de Thevet, dont il plagie certaines illustrations, celui de Léry ne comporte aucune carte. Son iconographie se compose principalement de portraits de nus, de figures en plan rapproché de couples ou de groupes : « toute la place est prise par le corps érotisé de l'Indien[2] ». L'image qui représente la famille Tupinamba à l'ananas (VIII, 213) montre le syncrétisme introduit par le graveur. Cette mise en scène indique que l'unité de la base de la société tupinamba est le modèle familial à l'européenne. L'homme, muni d'un arc et de flèches, est représenté dans sa

1. Josiane Rieu, « Le sujet à la marge : pratique de l'inhumanité chez Jean de Léry », *Loxias*, 23, 2009.

2. Lestringant 2016, p. 77.

qualité de guerrier et de chasseur, mais aussi de père. La femme, retirée au second plan, est définie par sa fonction maternelle. Cette proximité avec l'imagerie européenne est à peine atténuée par les quelques touches d'exotisme introduites dans la gravure : le hamac à l'arrière-plan, l'ananas et les fruits de l'arbre « choyne » au premier plan, qui sont des détails empruntés à Thevet. Enfin, cette illustration rappelle la statuaire antique, notamment dans la posture du guerrier tupi. Cette image oscille donc entre proximité et éloignement avec les codes traditionnels. Elle resserre le regard sur des individus, un couple et son enfant singularisés du groupe. Cette perspective renvoie à la visée plus générale de l'*Histoire d'un voyage*. Léry ne cherche pas à civiliser, ni même à convertir l'Indien, mais recherche plutôt une vie en harmonie, un partage de ses coutumes.

Hommes, femmes et enfants se trouvent décrits selon une organisation, elle aussi, méthodique. Le regard se déploie du haut vers le bas à la manière des descriptions physiques dans la poésie de la Renaissance. Le chapitre VIII s'ouvre sur un certain nombre de généralités avant de se particulariser et de proposer un « défilé de mode » indienne et naturiste, où chaque modèle exhibe ses ornements peinturés ou emplumassés[1]. Le ton général du propos s'affiche clairement dès les premières lignes : le discours ethnographique s'inverse en une leçon éthique et rapporte les réalités du par-delà à celles du par-deçà. Construit suivant différentes structures d'analogie, le portrait initial exhibe son caractère rhétorique. Léry commence par annuler toute différence entre nouveau et ancien monde. Les « sauvages de l'Amerique [...] n'estans point plus grands, plus gros, ou plus petits de stature que nous sommes en l'Europe, n'ont le corps ny monstrueux, ny prodigieux à nostre esgard » (VIII, 211). Ce premier constat va sans doute à l'encontre des attentes du lecteur friand de créatures monstrueuses et barbares. Ensuite, le voyageur creuse l'écart entre Indiens et Européens en introduisant différents degrés de comparaison : « bien sont-ils plus forts, plus robustes et replets, plus dispos, moins sujets à maladie : et même il n'y a presque point de boiteux, de borgnes, contrefaits, ni maleficiéz entre eux ». Il réintroduit ainsi l'altérité initialement nuancée en évoquant le mythe de la fontaine de Jouvence. Cette légende n'est pas à prendre au sens propre, mais elle accuse la différence entre Européens et Brésiliens. Contrairement à ceux de par-deçà, les Indiens ne sont pas soumis aux mêmes passions corruptrices qui nous raccourcissent la vie et peuvent donc jouir d'une longévité admirable. Voici mis en place le paradoxe exprimé à la fin du chapitre vers lequel tend toute la démonstration et le défilé des parures indiennes :

> Mais ce que j'ay dit de ces sauvages est, pour monstrer qu'en les condamnans si austerement, de ce que sans nulle vergongne ils vont ainsi le corps entierement

1. *Ibid.*, p. 112.

descouvert, nous excedans en l'autre extremité, c'est-à-dire en nos boubances, superfluitez et exces en habits, ne sommes gueres plus louables. (VIII, 236)

En calviniste, Léry ne peut que condamner austèrement la nudité des Brésiliens, et peut-être davantage encore celle des Brésiliennes. « Cest animal se delecte si fort en ceste nudité » écrit-il au sujet des femmes, qui sont « du tout obstinées de ne vouloir s'habiller en façon que ce fust » (VIII, 232). Ce mode de vie naturiste aurait pu être le signe d'une innocence primitive, d'un état antérieur à la Chute, mais leur absence de honte est plutôt la marque de leur corruption (voir Gn 3:10-11). Pourtant, M. de Certeau révèle la vision ambivalente que Léry développe sur ces femmes[1]. De jour, lors de leurs bains quotidiens, leur nudité rappelle celle de Vénus sortie des eaux dans le tableau de Botticelli :

> Vray est que pour pretexte de [...] demeurer tousjours nues, nous allegant leur coustume, qui est qu'à toutes les fontaines et rivieres claires qu'elles rencontrent, s'accroupissans sur le bord, ou se mettans dedans, elles jettent avec les deux mains de l'eau sur leur teste, et se lavent et plongent ainsi tout le corps comme cannes, tel jour sera plus de douze fois, elles disoyent que ce leur serait trop de peine de se despouiller si souvent. (VIII, 232)

Léry ne s'arrête pas à ce fascinant spectacle des ondines américaines. À la nuit tombée, sur l'île Coligny, les prisonnières de guerre, que les Français font travailler comme esclaves, retirent les vêtements qu'elles portent de force : « il falloit que pour leur plaisir et avant que se coucher elles se pourmenassent toutes nues parmi nostre isle » (VIII, 232). Objets de fascination et de menace, ces Vénus du Nouveau Monde se métamorphosent en « sorcières dansant et criant de nuit, ivres de plaisir et dévoreuses d'enfants[2] ».

Le théâtre des corps indiens met en scène l'oscillation constante, chez Léry, entre l'enchantement et la crainte. Néanmoins, le chapitre VIII ne traite pas que du pouvoir de fascination des habitants de par-delà. Une deuxième tension, spatiale cette fois, est introduite entre ancien et nouveau monde. Après avoir dénoncé la nature démoniaque des femmes américaines, le voyageur s'attaque à une autre cible. « Beaucoup moins attrayante qu'on ne cuideroit » (VIII, 234), la nudité ordinaire des femmes se révèlent être moins dangereuse que les excès vestimentaires des coquettes de par-deçà :

> Je maintien que les attifets, fards, fausses perruques, cheveux tortillez, grands collets fraisez, vertugales, robbes sur robbes, et autres infinies bagatelles dont les femmes et filles de par-deçà se contrefont et n'ont jamais assez, sont sans comparaison, cause de plus de maux que n'est la nudité ordinaire des femmes sauvages. (VIII, 234)

1. Certeau 1975, p. 276 et suivantes.

2. *Ibid.*, p. 277.

L'énumération *ad nauseam* des atours dont se parent les Européennes déplace l'objet de la condamnation. À travers l'accumulation de vêtements, c'est la contrefaçon, l'artifice qui est dénoncé. L'excès d'ornement n'a rien à envier à la nudité débridée. Cette invitation à la modestie et à la pudeur introduit un troisième terme dans l'équation. La division entre le monde sauvage et le monde civilisé se complique d'une distinction entre réformés et catholiques. Ce changement de perspective est constant dans l'*Histoire d'un voyage*. Il montre aussi la fonction accordée à l'Indien. Au cours de la leçon, le nu brésilien est progressivement allégorisé et devient un être de papier commode pour dénoncer les travers du par-deçà. Cette « révolution sociologique », qui connaît une importante fortune dans les siècles suivants, illustre aussi la manière dont Léry invente le sauvage.

3.2. « L'obsession cannibale » (F. Lestringant)

Le mot « cannibale » trouve son origine dans le terme arawak *caniba*, qui semble être une altération de *cariba*, employé par les Indiens Carib des Antilles pour se désigner eux-mêmes en tant que « hardis ». Les Arawaks de Cuba donnent eux à ce terme une valeur péjorative pour nommer leurs ennemis, les Carib, et connoter la barbarie et la férocité. L'introduction du « cannibale » dans les langues européennes se fait dès la fin du XVe siècle, puisque Colomb l'emploie dans le journal de voyage de sa première traversée atlantique. Il note dès le 4 novembre 1492, soit quelques jours après son arrivée sur la côte nord de Cuba, que « plus au-delà [vers l'est], il y avait des hommes avec un seul œil et d'autres avec des museaux de chiens qui mangeaient les êtres humains[1] ». Dans cette première allusion, le mot n'apparaît pas encore, mais le navigateur évoque deux créatures bien connues depuis l'Antiquité. Monoculi – hommes à un seul œil – et cynocéphales font, en effet, partie de la cohorte traditionnelle des monstres exotiques transmise par Pline, Solin, saint Augustin, ou encore Isidore de Séville. Colomb a sans doute rapproché les indications données par les truchements au sujet de tribus voisines de son imaginaire géographique. Des hommes qui mangent des êtres humains ne peuvent être que ces cynocéphales mentionnés par toutes les autorités.

Le mot est retranscrit pour la première fois dans son journal de voyage à la date du 23 novembre 1492 pour désigner les habitants d'une terre aperçue au loin : « [les Indiens] disaient qu'elle était très grande, qu'on y rencontrait des gens qui avaient un œil sur le front et d'autres, appelés cannibales, dont ils manifestaient avoir grand-peur[2] ». Si ce terme finit par désigner les mangeurs d'hommes, sa signification apparaît fluctuante dans les premiers temps. En effet, les écrits de

---

1. Christophe Colomb, *La Découverte de l'Amérique. Écrits complets (1492-1505)*, trad. S. Estorach et M. Lequenne, La Découverte, [1979] 2015, p. 147-148.

2. *Ibid.*, p. 162.

Colomb montrent une certaine hésitation. Le terme *caniba* est parfois assimilé aux cynocéphales à partir d'une étymologie fantaisiste supposant que sa racine est *canis*, le chien. Un autre rapprochement est suggéré, tout aussi curieux que le précédent, entre le *caniba* et la seigneurie du grand Khan. Colomb, on s'en souvient, part en direction de l'Asie et ne semble pas avoir conscience de sa découverte d'un continent inconnu.

Quoi qu'il en soit, le navigateur ne rencontre ni hommes à têtes de chien, ni habitants du royaume du khan, et encore moins de véritables anthropophages lors de son premier voyage. En revanche, deux ans plus tard, au cours de sa deuxième expédition, les préparatifs d'un banquet cannibale, qui vient d'être abandonné, est découvert dans un village de Guadeloupe :

> On vit peu d'hommes et on en prit peu : ils s'enfuirent tous dans les bois, et à cause de l'épaisseur de ces derniers on ne put reprendre que des femmes, que j'envoie également à Vos Altesses [...]. Lesquelles me disaient qu'on les avait amenées d'autres îles, et à mon avis ils les tenaient en esclavage et pour concubines ; elles me disaient également avec des paroles et par signes qu'ils avaient mangé leurs maris, et à d'autres leurs fils et leurs frères et qu'ils les obligeaient à les manger elles-mêmes. Je trouvai aussi quelques jeunes hommes qui avaient été pris de même et à qui ils avaient coupé le membre [...]. Je trouvai dans leurs maisons des paniers et des grands coffres remplis d'os humains et des têtes accrochées dans chaque maison[1].

Reprise dans de nombreuses gravures et œuvres de la Renaissance, cette scène de cauchemar exerce une empreinte durable dans l'imaginaire européen. Ici, le cannibale a perdu sa tête de chien, mais son humanisation n'en est pas pour autant assurée. Ce tableau, d'une horreur absolue, prépare les descriptions de la barbarie indienne. Dès les premières décennies du XVIe siècle, le mot « cannibale » échappe à tout ancrage spatial pour désigner, au prix d'un glissement sémantique, l'anthropophage. C'est notamment le cas dans les récits en français, chez Thevet par exemple, qui observe les coutumes américaines du Brésil, et non des Antilles.

Dans l'*Histoire d'un voyage*, l'évocation du cannibalisme prend place au cœur des chapitres exposant l'histoire des mœurs brésiliennes. Elle apparaît au centre d'un triptyque (XIV-XVI) qui tisse un parcours de la guerre des Indiens à leur religion, en passant par l'épisode fondamental de l'anthropophagie rituelle[2]. Intitulé « Comment les Ameriquains traittent leurs prisonniers prins en guerre, et les ceremonies qu'ils observent tant à les tuer qu'à les manger », le chapitre XV est ainsi placé sous le signe de la guerre et de la violence. La succession s'ordonne de manière cohérente et chronologique. Après avoir traité de la guerre, Léry en

1. *Ibid.*, p. 311-312.

2. Lestringant 2016, p. 177.

vient à l'anthropophagie qui en est à la fois la conséquence et le but. La guerre des Tupinamba est, en effet, entièrement justifiée par la vengeance. Les guerriers ont pour mission de faire des prisonniers afin de les manger au cours de banquets solennels et ritualisés.

D'une densité remarquable, cette question cannibale présente, notamment dans le chapitre XV, plusieurs enjeux ethnologiques, réflexifs et polémiques. Pour mesurer toute la singularité de Léry, il pourra être utile de comparer sa représentation de l'anthropophagie à celle proposée dans les *Singularités de la France Antarctique*. Du récit de Thevet, Léry retient, en effet, des nombreuses informations d'ordre ethnographique et l'image indulgente, voire positive, du cannibalisme tupi. Néanmoins, il prolonge sa lecture en insistant sur la notion de vengeance et en faisant de l'acte cannibale un usage symbolique.

Le banquet anthropophage constitue l'une des scènes attendues du théâtre brésilien. Celle-ci n'en est pas moins problématique et invite à repousser les limites de la représentation acceptable. Léry en propose une peinture réaliste et minutieuse, mais s'attache principalement aux différents préparatifs. L'acte lui-même, c'est-à-dire l'ingestion de chair humaine, fait l'objet d'une remarquable ellipse. S'il est passé sous silence, c'est sans doute parce qu'il relève de l'insoutenable, voire de l'irreprésentable. Le voyageur décrit, en effet, tous les faits et gestes du prisonnier, il rapporte, surtout, ces paroles vengeresses, puis peint directement ses restes rôtissant sur le boucan. Cette omission permet aussi de détourner le regard vers l'analyse du rituel anthropophage, notamment sur les raisons qui le président.

Pour Léry, comme pour Thevet, le cannibalisme trouve sa cause dans la vengeance. Il n'est nullement question pour les Indiens tupi de manger de la chair humaine pour simplement s'en nourrir. Ce trait les distingue de leurs ennemis, les Waitaka (*Ouetacas*), présentés dans le chapitre V comme l'archétype du barbare, dont même la langue est incompréhensible :

> Ces diablotins d'*Ouetacas* demeurans invincibles en ceste petite contrée, et au surplus comme chiens et loups, mangeans la chair crue, mesme leur langage n'estant point entendu de leurs voisins, doyvent estre tenus et mis au rang des nations les plus barbabres, cruelles et redoutées qui se puissent trouver en toute l'Inde Occidentale et terre du Brésil. (V, 153)

Léry distingue entre « bon et mauvais cannibalisme[1] », entre les Tupinamba qui sont compris, et ne méritent pas d'être condamnés, et les Waitaka, qui ne savent se servir du boucan pour cuire leurs viandes et agissent comme des bêtes sauvages. Cette absence de cuisine finit par les apparenter aux vampires : leur anthropophagie est un acte uniquement alimentaire. L'opposition entre les Tupinamba et

1. Frank Lestringant, *Le Cannibale. Grandeur et décadence*, Genève, Droz, [1994] 2016, p. 128. Pour l'analyse de « l'obsession cannibale » chez Léry dont nous nous inspirons ici, voir p. 127-142.

les Waitaka, entre le cuit et le cru, duplique une distinction traditionnelle entre culture et nature, entre raison humaine et pulsion bestiale. Chez les Tupi, le rituel est représenté dans toute sa complexité. Leurs techniques culinaires sont même assez semblables à celles qui sont pratiquées en Europe. À l'inverse, le comportement des Waitaka relève d'une barbarie extrême et rappelle à la fois les figures légendaires de l'ogre ou du loup-garou et l'image du cannibale véhiculée depuis Colomb. Il faut toutefois signaler que certains Tupinamba font l'objet d'un regard moins clément de la part de Léry. Sa sévérité se lit dans l'évocation des vieilles femmes qui « appetent merveilleusement de manger de la chair humaine » et se délectent de la graisse ruisselante du pauvre prisonnier en train de rôtir (XV, 363-364). Celles-ci apparaissent, en effet, comme un double brésilien de la sorcière européenne.

Léry ne se contente pas de justifier le cannibalisme par la vengeance, il le traite également sur le mode de l'allégorisation. Pour lui, cette pratique signifie autre chose que le simple fait de manger de la chair humaine : la cruauté, le prêt usuraire, l'absence de charité. Ce glissement de sens se comprend au regard de l'interprétation que les théologiens calvinistes donnent de l'Eucharistie[1]. La lecture qu'ils proposent des paroles du Christ n'est pas littérale, elles doivent être entendues au sens figuré. « Quand Jésus a dit : "Ceci est mon corps; ceci est mon sang", il invitait les disciples à comprendre : "Ceci signifie mon corps, mon sang…" », comme l'explique F. Lestringant[2]. La substance du pain et du vin n'est dès lors pas métamorphosée, ainsi que le soutient la croyance catholique. Centrale dans l'*Histoire d'un voyage*, la controverse eucharistique, rapportée au chapitre VI, met en scène les affrontements entre les deux camps. Villegagnon défend contre les calvinistes, qu'il a fait venir de Genève, le dogme de la Présence réelle du Christ : « ceci est mon corps : ceci est mon sang, ne se peuvent autrement prendre sinon que le corps et le sang de Jesus Christ y soyent contenus » (VI, 176). En réponse au matérialisme du « roi d'Amérique », Pierre Richer et Léry le renvoient immédiatement au rang des barbares Waitaka : « à la maniere des sauvages nommez *Ou-ëtacas*, dont j'ay parlé ci-devant, ils vouloyent mascher et avaler [la chair de Jesus Christ] toute crue » (VI, 177).

Léry applique ainsi la lecture rhétorique de l'Évangile et l'interprétation symbolique du dogme calviniste de l'Eucharistie au cannibalisme, comme à l'ensemble des phénomènes qu'il observe. Dans les temples réformés, les fidèles réunis se passent le pain et le vin, qui ne sont ni le corps, ni le sang, mais un signe. De la même manière, la chair du prisonnier du Brésil n'est pas une viande, mais elle aussi un signe. Dans cette perspective, l'horreur du cannibalisme est atténuée. Si

1. *Ibid.*, p. 131.

2. *Ibid.*

l'acte lui-même n'en devient pas pour autant acceptable, il est malgré tout possible de le comprendre. Ce raisonnement n'écarte pas l'anthropophagie du théâtre des horreurs et cruautés. Dans le mystère chrétien, il est aisé de réduire le pain azyme et le vin de messe à des signes. En revanche, dans le rituel cannibale, rien ne se substitue à la chair humaine : le signe se confond donc avec la chose.

Dans l'*Histoire d'un voyage*, le cannibalisme n'est pas purgé de sa portée violente, mais il est rapporté à d'autres actes, d'autres crimes qui sont commis chaque jour en Europe, puis dans le monde. Léry dresse un tableau des anthropophagies de l'ancien et du nouveau monde, qu'il augmente de manière substantielle au fil des éditions. À cet égard, on consultera le chapitre XV bis (appendice I, 571-595) pour mesurer les exemples qu'il choisit afin de figurer cette histoire universelle de la violence et qu'il emprunte à toutes les régions du globe. Prêt usuraire, guerres de religion, crimes commis par les colons... ce catalogue de la cruauté humaine finit par montrer l'universalité du cannibalisme.

Plusieurs épisodes vécus par Léry le confrontent à l'anthropophagie. C'est au Brésil qu'il en est le plus souvent témoin et qu'il craint même, non sans humour, d'en être victime (XVIII, 452-453). Les deux périodes de famines qu'il subit, lors de la traversée vers la France et à Sancerre, déplacent cet acte de l'Amérique vers l'Europe. Au sein du récit, le voyageur montre sa familiarisation progressive avec le cannibalisme, mais développe tout de même une conclusion extrêmement pessimiste. Le Brésil – terre pourtant si proche de l'Éden perdu – est un espace d'une violence extrême, comme l'est l'ancien monde. Frappé par l'horreur et la cruauté, ce territoire ne peut être assuré de son salut.

3.3. « Ce qu'on peut appeler Religion entre les sauvages de l'Amerique »

Le chapitre XVI clôt le triptyque consacré à l'histoire morale du Brésil. Guerre, cannibalisme et absence de religion constituent une « triple faute » et une « triple conséquence [...] de l'oubli de Dieu[1] ». La démonstration que Léry déploie, pour interroger les éventuels signes de religion chez les Tupinamba, invite à relire son premier portrait favorable des habitants du Brésil. Fondé sur une stratégie argumentative nettement exhibée, ce chapitre traite de l'Autre, de l'Indien suspecté d'athéisme, mais il enrichit aussi la dimension polémique de l'œuvre. Léry y fait entendre la voix du pasteur sévère et n'hésite pas à proférer des sentences qui tendent vers la malédiction. Son discours peut être décomposé en quatre temps successifs.

1. Un long exorde polémique (XVI, 377-395). Léry part d'une maxime empruntée à Cicéron – « assavoir qu'il n'y a peuple si brutal, ny nation si barbare et sauvage, qui n'ait sentiment qu'il y a quelque Divinité » (XVI, 377-378) –, devenue un véritable

1. Lestringant 2016, p. 178.

lieu commun exploité par de nombreux voyageurs de la Renaissance, en particulier par Thevet. Il se propose de la discuter et de la réfuter par l'exemple des Indiens brésiliens. Avec cette prise de position, Léry se place sur le plan de la controverse. Il défend ainsi une position contraire à l'apologétique chrétienne fondée sur l'idée que l'humanité tout entière est religieuse et prête à recevoir la Révélation. Dans l'*Institution de la religion chrestienne*, Calvin lui-même démontre la conception universelle d'un Dieu en prenant l'exemple des témoignages païens[1]. Léry ouvre son propos sur une argumentation dynamique, qui interpelle le lecteur. La citation de Cicéron fonctionne à la manière d'une prolepse rhétorique : l'auteur présente l'argument d'autorité traditionnel opposé à la thèse qu'il défend pour la mettre en valeur et anticiper les objections. Ce procédé renvoie dos à dos le savoir livresque commun (Cicéron) et l'expérience personnelle (Léry). Le chapitre XVI est l'un de ceux qui fait le plus entendre le « je » du voyageur et atteste la valeur accordée à l'observation directe. La suite du texte repose également sur une forte dimension rhétorique. On pourra noter l'emploi récurrent de connecteurs logiques, la citation d'autorités concurrentes (Francisco López de Gómara), ou encore le travail de la cadence et du rythme phrastique. La pensée de Léry s'expose et s'amplifie sous les yeux du lecteur, comme dans ce segment structuré autour d'une kyrielle de négations :

> Ils [les Indiens du Brésil] ne confessent, ny n'adorent aucuns dieux celestes ny terrestres : et par consequent n'ayans aucun formulaire, ny lieu deputé pour s'assembler, à fin de faire quelque service ordinaire, ils ne prient par forme de religion, ny en public, ny en particulier chose quelle qu'elle soit. (XVI, 379)

Après avoir signalé que les Brésiliens n'ont pas de divinité, contrairement aux anciens païens, aux « idolatres d'aujourd'huy » (XVI, 379) et aux Indiens du Pérou, Léry assure, dans cette succession de négatives, qu'ils ne pratiquent pas la confession, n'adorent aucun dieu, n'ont aucun temple, ne connaissent pas la prière. Et il poursuit en disant qu'ils n'ont pas de récit de création, pas de calendrier, et surtout pas d'écriture. Voilà leur principal défaut : cette absence d'écriture les empêche nécessairement d'accéder aux Écritures. Nous reviendrons sur cet éloge de l'écriture, mais on peut remarquer que Léry exploite toute la polysémie du terme. Il s'agit à la fois de l'enregistrement de la pensée par l'écrit, qui assure une transmission à distance, et des Écritures, c'est-à-dire du message divin transmis par la Bible. Pour Léry, on ne peut connaître l'écriture sainte sans maîtriser l'écriture, et ce manque est d'autant plus problématique que pour le réformé la lecture des Écritures garantit la relation du croyant avec le Verbe de Dieu.

À la fin de l'exorde, le constat apparaît sans appel : les Indiens ne semblent pas avoir de religion. Il reste ainsi à interroger les causes de cette ignorance. Celle-ci

1. *Ibid.*, p. 121-122.

ne peut avoir cours depuis l'origine. Une telle hypothèse reviendrait à mettre à mal l'idée de la Révélation universelle. Il serait plus probable que les Indiens l'aient reçue, mais qu'ils l'aient ensuite oubliée. Voici la question que Léry interroge dans la suite du chapitre : cet oubli est-il volontaire ou involontaire ? Il part donc en quête des vestiges de la Révélation et en trouve quelques signes, comme la croyance en l'immortalité de l'âme ou la crainte face au tonnerre. Une remarque s'impose sur ce deuxième vestige. La perception de ce phénomène ordinaire comme la manifestation du divin repose sur une conception qui remonte aux débuts de la tradition chrétienne : la théologie naturelle. Comme les Indiens, sans écriture, n'ont pas accès au livre, peut-être peuvent-ils lire la nature, ce grand livre du monde. Cette idée de la nature conçue comme la deuxième source de la Révélation, après la Bible, est largement partagée à la Renaissance et relayée dans un grand nombre d'ouvrages. Du Bartas la glose dans ses vers particulièrement inspirés du premier jour de la *Sepmaine* (v. 119-178). Montaigne recommande lui aussi la lecture du livre ouvert aux yeux de tous :

> Mais qui se présente, comme dans un tableau, cette grande image de notre mère nature en son entière majesté : qui lit en son visage, une si générale et constante variété : qui se remarque là-dedans, et non soi, mais tout un royaume, comme un trait d'une pointe très délicate : celui-là seul estime les choses selon leur juste grandeur. Ce grand monde, que les uns multiplient encore comme espèces sous un genre, c'est le miroir où il nous faut regarder pour nous connaître de bon biais. Somme, je veux que ce soit le livre de mon écolier[1].

Méditer sur les pages de la nature offertes à la lecture conduit à une leçon morale : l'adoration de Dieu et la prise de conscience par la créature de sa propre humilité. Le grand monde révèle ainsi l'Écriture sainte à ceux qui ne possèdent aucun savoir. Or les Indiens semblent incapables de lire ce livre de la nature, alors que leur environnement est si luxuriant. Faut-il voir dans leur ignorance la marque d'un aveuglement volontaire ? Pour répondre à cette question particulièrement pessimiste, Léry développe trois micro-récits, trois anecdotes didactiques.

2. Premier récit : la danse chamanique des Caraïbes (XVI, 395-409). Cet épisode narratif, d'une dizaine de pages, est le plus long de l'*Histoire d'un voyage*. Léry, alors en compagnie de Jacques Rousseau et d'un truchement, se retrouve plongé au cœur d'un rituel dirigé par les Caraïbes ou chamanes. Finement agencé autour d'une répartition spatiale bien délimitée entre les espaces autorisés au regard et ceux qui lui sont interdits, ce récit devient l'histoire d'une transgression. Ce mode d'observation est fréquent dans le récit de voyage. On en trouve un exemple célèbre dans les *Navigations et pérégrinations orientales* de Nicolas de Nicolay (1567) qui décrit, bien sûr sans les avoir vus, les bains réservés aux femmes ottomanes.

1. Montaigne 2009, éd. cit., p. 330.

Léry transgresse un espace masculin où se réunissent les chamanes, richement parés, et les hommes de la tribu au cours d'une cérémonie rythmée de danses et de chants. « Nous les contemplasmes tout nostre saoul » (XVI, 401), écrit Léry, sans cacher le ravissement que lui procure cette scène. Ce plaisir peut surprendre de la part du calviniste qui associe le plus souvent la danse au « cahouinage », à l'ivrognerie, et aux postures lascives. Heureusement cette cérémonie se tient à l'écart des femmes et se trouve prémunie de tout risque de débordement sensuel. La fascination de Léry peut donc s'exercer sans retenue et même être transmise, à distance, au lecteur par le texte et par l'ajout de portées musicales transcrivant le chant tupi (appendice v, 610-611).

Cette scène chamanique fait également surgir l'indice d'une lointaine connaissance du Déluge universel dans la cosmologie indienne. Grâce à la traduction du truchement, Léry saisit des bribes de la chanson américaine :

> Au surplus, qu'ils avoyent entremeslé et fait mention en leurs chansons, que les eaux s'estans une fois tellement desbordées qu'elles couvrirent toute la terre, tous les hommes du monde, excepté leurs grands peres qui se sauverent sur les plus hauts arbres de leurs pays, furent noyez : lequel dernier poinct, qui est ce qu'ils tiennent entre eux plus approchant de l'Escriture saincte, je leur ay d'autres fois depuis ouy reiterer. (XVI, 405)

Ce mythe des origines rappelle la doctrine chrétienne. Néanmoins, sans écriture, il a pris progressivement des allures de fable (XVI, 405). Si ce récit fait office de vestige de la Révélation, sa transmission orale et fabuleuse le ramène du côté de la fiction et du mensonge. En cela, il se distingue, et même s'oppose, de l'Écriture sainte et véritable.

3. Deuxième récit : le catéchisme au village d'Ocarentin (XVI, 410-417). Cette anecdote est l'occasion, pour Léry, d'évoquer l'action missionnaire et d'imputer l'échec de la France Antarctique à Villegagnon. Un vieillard apprend au voyageur que, dans des temps immémoriaux, leurs ancêtres tupi avaient reçu la visite d'un « *Mair*, c'est-à-dire François, ou estranger » (XVI, 412). Dans l'apologétique chrétienne, l'évangélisation des lointains, notamment de l'Orient, a été menée par saint Thomas. Léry pense pourtant reconnaître dans ce « Mair » un autre apôtre : Matthieu. L'échec de cette première tentative de conversion est le signe de la malédiction qui pèse sur les Indiens. En vertu du dogme calviniste de la double prédestination, Léry voit non seulement dans ce peuple l'image d'une humanité déchue, mais aussi d'une humanité condamnée de toute éternité[1]. Leur ignorance de la Révélation n'est, dès lors, pas imputable à leur seule responsabilité, mais découle de cette condamnation originelle.

1. Lestringant 2016, p. 123.

4. Troisième récit : psalmodie et contemplation de la nature (XVI, 417-419). Ce dernier souvenir raconte un épisode en terre ferme au cours duquel Léry est accompagné de deux Indiens *Toüpinenquins* et d'un couple *Oueanen*. La situation rapportée inverse celle du premier récit, de la cérémonie chamanique. Ici, ce sont les Brésiliens qui sont ravis d'entendre Léry psalmodier. Face au spectacle de la nature, le voyageur entame la récitation :

> Contemplant en icelle forest tant de divers arbres, herbes et fleurs verdoyantes et odoriférantes : ensemble oyant le chant d'une infinité d'oiseaux rossignollans parmi ce bois où lors le soleil se donnait, me voyant, di-je, comme convié à louër Dieu par toutes ces choses, ayant d'ailleurs le cœur gay, je me prins à chanter à haute voix le Pseaume 104. (XVI, 417)

Devant l'émotion ressentie par les Indiens, Léry, pasteur avant l'heure, commence à leur expliquer la doctrine chrétienne à partir du livre du monde. De ce récit, il tire une conclusion moins sévère que celles formulées au cours du chapitre. Il décèle chez ses auditeurs une compréhension des choses naturelles du monde qui l'amène à rattacher la sauvagerie à la nature.

Dans la conclusion du chapitre, le pessimisme des premières lignes ressurgit malgré tout : « c'est un peuple maudit et délaissé de Dieu » (XVI, 420), affirme-t-il. Considérés par Léry comme les descendants de Cham, les Indiens sont définitivement frappés par la malédiction. Mais de ce constat, formulé après une démonstration finement argumentée, l'auteur tire une leçon personnelle. L'observation de l'Indien déchu lui permet de prendre conscience de sa propre élection et le confirme dans sa foi. L'*Histoire d'un voyage* peut ainsi « être lue comme un récit de conversion, un récit à valeur exemplaire[1] ».

1. *Ibid.*, p. 124.

III

Interpréter l'*Histoire d'un voyage*

En dépit de la structure consciencieuse et de l'écriture soignée qu'adopte Léry, l'*Histoire d'un voyage* appelle de nombreuses interprétations, qui s'élaborent sur plusieurs plans. Les pages qui précèdent en ont examiné certaines qui méritent d'être prolongées. Nous ne proposons ici que quelques pistes afin d'introduire à la lecture de l'œuvre.

1. Le récit d'une élection

Nous l'avons déjà signalé ponctuellement : l'*Histoire d'un voyage* peut se lire comme le récit d'une élection. Il illustre celle de Léry, mais aussi celle des réformés, puisque cet ouvrage a une vocation exemplaire. En plus d'orienter l'itinéraire suggéré par l'auteur, cet aspect mêle différents enjeux littéraires, en particulier les dimensions autobiographique et militante. Pour envisager cette question de manière plus détaillée, les récits de traversées aller et retour sont particulièrement éclairants.

L'une des caractéristiques du voyage ancien est son caractère périlleux. Sur la mer, les équipages sont confrontés à divers tourments : piraterie, faim, soif, maladie, calme plat et tempête. Ce dernier danger, la tempête, apparaît comme un lieu commun du récit de voyage et connaît différents traitements littéraires. Les modèles de ce *topos* se trouvent déjà dans la littérature antique. Les épopées homérique et virgilienne raffermissent le caractère héroïque de leurs personnages en les soumettant aux flots déchaînés. La Bible et les Évangiles rapportent aussi des épisodes de tempête et leur donnent une dimension spirituelle. Quelques passages bibliques deviennent les modèles intertextuels de futures tempêtes littéraires, en particulier le livre de Jonas et le psaume 107. Bien connu de Léry grâce aux traductions de Clément Marot et Théodore de Bèze imprimées dans le *Psautier de Genève*, ce psaume contient les principaux éléments du récit de tempête. Aux éléments impétueux (vent, mer, vagues, ciel, abîme) répondent les réactions des voyageurs qui passent par des états successifs : détresse, perte de tout repère, peur de la mort, désespoir, appel à Dieu, espérance et soulagement.

Dans le récit de voyage, la tempête apparaît le plus souvent au début de l'œuvre. Elle permet d'interrompre la monotonie de la traversée océanique, généralement pauvre en évènements. Sa fonction est aussi liée au sens qu'elle accorde à la mission du voyageur. Placée à l'ouverture du texte, elle inaugure l'ensemble du périple. Dans l'*Histoire d'un voyage*, l'aventure s'ouvre et se referme sur les dangers de l'océan. Une première tempête surprend l'équipage au large de l'Angleterre quelques jours après leur départ de Honfleur. Tous les passagers, écrit Léry, « voyans la mer ainsi haulte et esmeuë, pensoyent à tous coups et à toutes minutes que les vagues [les] deussent faire couler en fond » (II, 115). La houle du large leur impose ainsi « l'épreuve pratique du texte biblique qui apparaît comme un cadre théorique de toute expérience humaine[1] ». Léry paraphrase le psaume 107 dans l'ensemble de l'épisode. Il lui emprunte certaines comparaisons, notamment celle des passagers « chancelans comme yvrongnes » (II, 118). Il emploie également des images frappantes pour représenter l'hostilité de la nature. Ainsi, le voyageur se dit « subsistant [...] au milieu d'un million de sepulchres » (II, 118). Cette métonymie révèle un double salut : celui de la collectivité qui a échappé à la tempête, qui survit après l'épreuve tragique, et celui individuel de Léry. Son expérience ne donne pas seulement lieu à une anecdote aventureuse, mais elle a une valeur de signe. Cette tempête inaugurale introduit des accents prophétiques dans l'ensemble de l'œuvre.

On pourra noter que dans un genre voisin du récit de voyage, dans celui de pèlerinage, la tempête a aussi une valeur annonciatrice. L'initiation aux dangers maritimes relève d'une imitation des épreuves du Christ : le voyageur vit la traversée comme la Passion et il en ressort autre, purifié des tentations et des passions de ce monde. Comme le remarque M.-C. Gomez-Géraud dans le récit de pèlerinage, le rapprochement entre les épreuves du voyage et le mystère pascal est parfois très explicite[2]. La tempête est ainsi l'image d'une des épreuves que le Christ a vécues pour la rédemption des péchés de l'humanité : mort symbolique, foi ébranlée, chair éprouvée.

Pour Léry, devenu pasteur réformé, il ne fait pas de doute qu'échapper à la tempête est un signe d'élection. À l'autre extrémité du livre, celle-ci est confirmée par un deuxième récit rapportant une litanie d'épreuves subies en mer qui culminent avec la famine. De nombreux échos peuvent être notés entre ces épisodes d'ouverture et de clôture. L'image du sépulcre revient hanter le texte (XXI, 511), tandis que le psaume 107 est de nouveau convoqué (XXII, 527). Dans les dernières pages, Léry se

1. Caroline Trotot, « "Au milieu d'un million de sépulchres". L'écriture comme salut chez Jean de Léry », *Travaux et recherches de l'UMLV*, 12, 2006, p. 68.

2. Marie-Christine Gomez-Géraud, *Le Crépuscule du Grand Voyage. Les récits de pèlerins à Jérusalem (1458-1612)*, Classiques Garnier, [1999] 2022.

fait exégète des épreuves qu'il traverse et qu'il considère comme autant de preuves de son élection et de celle du nouveau peuple de Dieu :

> Pour conclusion, puis, comme j'ay monstré en la presente histoire, que non seulement en general, mais aussi en particulier j'ay esté delivré de tant de sortes de dangers, voire de tant de gouffres de morts, ne puis-je pas bien dire, avec ceste saincte femme mere de Samuel, que j'ay experimenté que l'Eternel est celuy qui fait mourir et fait vivre ? (XXII, 550)

2. Une rhétorique de la différence

Chez Léry, comme chez les autres voyageurs, la comparaison est un procédé auquel il recourt fréquemment pour saisir l'objet nouveau ou inconnu. L'usage singulier qu'il en propose est, toutefois, marqué par une certaine ambiguïté. Si la comparaison peut apparaître comme un mode pratique d'appréhension de la réalité étrangère, il faut être attentif à la manière dont elle est employée et dont elle peut produire des discours apparemment contradictoires.

Elle sert, tout d'abord, le geste de fragmentation analogique opéré par Léry pour décrire la faune et la flore brésilienne. Analysée par F. Tinguely, une autre description animalière illustre les rapports d'analogie que Léry établit entre le par-deçà et le par-delà[1]. Il s'agit du poisson-volant, autrement nommé exocet, que le voyageur observe près de l'Équateur. Après avoir avoué qu'il prenait les récits de marins sur cette espèce insolite pour des fariboles, le voyageur révise son jugement sous l'effet de l'expérience :

> Nous commençasmes doncques [...] de voir sortir de la mer et s'eslever en l'air des grosses troupes de poissons volans hors de l'eau (ainsi que sur terre on voit les allouettes et estourneaux) [...]. Partant pour descrire ce poisson, selon que je l'ay considéré en une infinité que j'ay veus et tenus en allant et retournant en la terre du Bresil : il est de forme assez semblable au haren, toutesfois un peu plus long et plus rond, a des petits barbillons sous la gorge, les aisles comme celles d'une Chauvesouris et presques aussi longues que tout le corps : et est de fort bon goust et savoureux à manger. Au reste parce que je n'en ay point veu au deçà du Tropique de Cancer, j'ay opinion [...] qu'aimans la chaleur, et se tenans sous la zone Torride, ils n'outrepassent point d'une part ni d'autre du costé des Poles. (III, 127-128)

D'après ses observations, Léry précise que ces poissons ne se rencontrent qu'à proximité de la ligne équinoxiale. Cette localisation à la latitude qui sépare les deux hémisphères entre en parfaite cohérence avec les caractéristiques de l'exocet. Rattaché

1. Tinguely 1995.

à deux éléments, l'air et l'eau, le poisson-volant symbolise à merveille cet endroit où le monde se renverse. En parallèle, l'auteur suggère différentes analogies entre cette espèce et des animaux familiers : alouette, étourneau, hareng et chauve-souris. Ces comparants ne sont sans doute pas de la seule invention de Léry[1]. Ils renvoient plutôt à l'idée d'une chaîne entre les êtres présentant la Création comme le tableau d'une gradation continue entre les espèces. Néanmoins, pour que sa conception de la réversibilité du monde s'exprime clairement, le voyageur va plus loin. Quelques lignes après sa description du poisson-volant, un autre animal déroutant apparaît : l'oiseau marin. Léry développe des jeux de reflets entre ces deux espèces, à la fois inverses et complémentaires, « car ce couple d'animaux nous oblige en définitive à considérer l'océan comme un miroir sans fin, et la surface de l'eau comme un des axes de la réversibilité du monde[2] ».

Dès lors, l'Équateur est davantage qu'une projection cartographique dans l'*Histoire d'un voyage*. Léry donne à cette ligne imaginaire une réalité physique et signifiante. Celle-ci dresse un miroir entre France et France Antarctique, entre Europe et Amérique australe. Les ressemblances entre ces deux espaces deviennent explicites dès l'arrivée de Léry dans la baie de Rio. Appelée « Janeiro » en portugais et « Ganabara » en français, cette baie devient sous sa plume « Genevre » (V, 160). Cette altération orthographique provoque un évident rapprochement avec Genève et vise à faire du Brésil français un miroir de la ville réformée. Ces deux espaces sont même comparés de manière explicite (VII, 197). Cela révèle le rôle que Léry associe à la mission genevoise envoyée par Calvin : il conçoit le Fort Coligny comme une version australe de la cité calviniste et un refuge pour les réformés français.

De manière ponctuelle, Léry développe des structures analogiques qui visent à rapprocher le par-deçà et le par-delà à partir de la pliure formée par la ligne équinoxiale. Ce geste ne se vérifie, cependant, pas dans toute l'*Histoire d'un voyage*. Comme l'indique F. Tinguely, ces exemples montrent les « vestiges de la pensée analogique » qui demeurent dans l'œuvre. Il s'agit, en effet, de vestiges, car la méthode d'ensemble de Léry se distingue de l'*épistèmè* renaissante selon la définition qu'en a donnée Michel Foucault. L'archéologue des savoirs caractérise cette épistémologie fondée sur la ressemblance à partir de « quatre similitudes ».

> C'est elle qui a conduit pour une grande part l'exégèse et l'interprétation des textes : c'est elle qui a organisé le jeu des symboles, permis la connaissance des choses visibles et invisibles, guidé l'art de les représenter. Le monde s'enroulait sur-lui-même : la terre répétant le ciel, les visages se mirant dans les étoiles, et l'herbe enveloppant dans ses tiges les secrets qui servaient à l'homme. La peinture imitait l'espace. Et la représentation – qu'elle fût fête ou savoir – se

1. *Ibid.*, p. 28.

2. *Ibid.*, p. 30.

donnait comme répétition : théâtre de la vie ou miroir du monde, c'était là le titre de tout langage, sa manière de s'annoncer et de formuler son droit à parler[1].

Dans son étude comparée de Thevet et Léry, M. Jeanneret a montré les différences épistémologiques qui les séparent[2]. Thevet transmet, certes, des connaissances acquises par l'expérience, mais exploite la méthode analogique afin de postuler l'universelle unité des choses et de perpétuer un savoir traditionnel. Léry, en revanche, adopte une démarche de rupture : « indépendante des systèmes préalables, affranchie des mécanismes de la ressemblance, elle participe d'une exigence scientifique nouvelle, qui cherche à capter l'identité propre des choses[3] ». Celle-ci se manifeste par l'attention constante qu'il porte à la différence. Les animaux sont entièrement dissemblables aux nôtres, la flore est dans sa quasi-totalité différente, les hommes vivent selon des lois et des coutumes autres. Cette vision que Léry porte sur le monde ne l'empêche pas de saisir les rapports entre ancien et nouveau monde. La réalité familière reste un point de repère, une référence nécessaire, pour percevoir l'altérité. Mais, « parler du monde, c'est recenser les différences et afficher des idées claires et distinctes[4] ». Dans l'*Histoire d'un voyage*, la nature n'est donc plus régie par la seule unité, elle n'est pas un grand Tout mystérieux, mais elle apparaît comme une collection d'objets qui se laissent comparer et ordonner, apprécier dans leur différence.

3. Une leçon d'écriture

Dans le chapitre XVI, Léry exploite la polysémie du terme « écriture », pris dans son acception matérielle et dans sa signification spirituelle, et amorce un éloge de l'écriture fondé sur une argumentation singulière. Traditionnellement, depuis Socrate, l'écriture est perçue comme possiblement trompeuse. Elle est vue comme un simulacre de la parole vivante et animée. Comme la peinture qui doit se contenter de représenter le réel sans se confondre avec lui, l'écriture représente le discours mais ne s'identifie pas à lui. Socrate critique l'écriture conçue comme une mémoire externe à l'âme qui conduit, en ce sens, à un dépérissement de la mémoire interne, vive, inscrite en chaque individu[5]. À plusieurs siècles d'écart, on retrouve chez Lévi-Strauss une conception de l'écriture également considérée comme un filtre, comme une médiation face au réel. Chez l'anthropologue, l'acte d'écrire empêche d'accéder à la transparence originelle et provoque un affaiblisse-

1. Michel Foucault, *Les Mots et les choses. Une archéologie des sciences humaines*, Gallimard, 1966, p. 32 et suivantes.
2. Jeanneret [1983] 1999.
3. *Ibid.*, p. 124.
4. *Ibid.*, p. 117.
5. Lestringant 2016, p. 126.

ment de la connaissance. En parallèle, l'écriture peut être critiquée en tant qu'elle est le support d'une hiérarchisation entre ceux qui la maîtrisent et ceux qui le maîtrisent pas. M. de Certeau le dit autrement : le pouvoir culturel de l'écriture dont les Occidentaux se créditent « est contresigné de l'absolu ; ce n'est pas seulement un fait, mais un droit, l'effet d'une élection, un héritage divin[1] ».

Léry défend une position différente. Il chercher à réfuter la thèse de Socrate : pour lui, l'écriture ne nuit pas à la mémoire, au contraire elle l'assure (XVI, 382). Mais il va plus loin. Le voyageur ne distingue pas la parole de l'écriture, en effet, pour lui, Verbe et Écriture sainte sont une même chose. En calviniste, il voit la Bible, non comme un simulacre, mais comme un livre qui parle au lecteur capable de le recevoir, comme une parole vivante.

C'est peut-être cette conception de l'écriture qui révèle le mieux l'ethnocentrisme de Léry. Celui-ci peut apparaître brutal, tant il est atténué par rapport à celui de ses contemporains dans l'ensemble de l'*Histoire d'un voyage*. Il développe une pensée de l'écriture strictement européenne. Sa réflexion ne laisse aucune place à des signes non alphabétiques. Cette vision justifie la rupture franche entre Indiens et Européens. Les premiers, sans écriture, ont perdu le souvenir de la Révélation et sont condamnés par une malédiction originelle. Les seconds, maîtres de cette « invention d'escrire » (XVI, 382), ont reçu un don singulier de Dieu, une bénédiction singulière. L'écriture favorise l'élaboration d'une hiérarchie entre les peuples. Celle-ci est sans doute moins justifiée, chez Léry, par des degrés de civilisation que par une distinction fondamentale entre élus et réprouvés, qui ne fait que manifester l'expression de la volonté divine : « le sauvage incarne l'homme selon la chair, le chrétien réformé l'homme selon l'esprit, racheté par la grâce et promis au salut éternel[2] ».

Le colloque français-tupi qui forme le chapitre XX peut être relu dans cette perspective. M.-C. Gomez-Géraud voit dans cette fiction « la mise en scène d'une dépossession[3] ». L'Indien est dessaisi de la parole tupi à mesure qu'elle est figée par l'écriture et recomposée en une grammaire permettant à d'autres, à ceux de par-deçà, de l'apprivoiser. Ce chapitre mime, en effet, un renoncement à un héritage ancestral, à une identité propre. L'étude de M.-C. Gomez-Géraud signale, toutefois, en clôture qu'une mise à l'écart parallèle semble s'opérer dans ce chapitre qui referme l'aventure brésilienne : « Léry abandonne lui aussi quelque chose du Brésil quand il consent à ce que l'expérience vécue devienne le fondement et la source d'un objet de savoir entrant en résonance avec les autres peuples de la terre[4] ». L'écriture de l'autre peut ainsi conduire à l'écriture de soi.

1. Certeau 1975, p. 253 (cité par Lestringant 2016, p. 124).

2. Lestringant 2016, p. 124.

3. Gomez-Géraud 1999, p. 147-162.

4. *Ibid.*, p. 162.

Sujets de dissertation

1. « L'*Histoire d'un voyage faict en la terre du Bresil* est le récit d'un témoin dédoublé, témoin intransigeant de la Parole d'une part, et en même temps, et contradictoirement, témoin amoureux d'un monde auquel il n'était pas préparé et au milieu duquel, l'espace d'à peine un an, il s'est trouvé de plain-pied, heureux, comblé. La réussite du livre tient à la tension jamais résolue entre ces deux points de vue. Jamais l'imprécateur et prophète ne l'emporte sur l'observateur, et l'ire de l'homme de Dieu passée, c'est le retour à la sérénité de la description complice et curieuse. »

   F. Lestringant, *Jean de Léry ou l'invention du sauvage. Essai sur l'*Histoire d'un voyage fait en la terre de Brésil, Champion, 2005, p. 172.

2. « Du moins se manifeste ainsi l'une des règles du système qui s'est constitué comme "occidental" et "moderne" : l'opération scripturaire, qui produit, préserve, cultive des "vérités" non périssables, s'articule sur une rumeur de paroles évanouies aussitôt qu'énoncées, donc perdues à jamais. Une "perte" irréparable est la trace de ces paroles dans les textes dont elles sont l'objet. C'est ainsi que semble s'*écrire* une relation à l'autre. »

   Michel de Certeau, *L'Écriture de l'histoire*, Gallimard, 1975, chap. V, « Ethnographie. L'oralité ou l'espace de l'autre : Léry », p. 249.

Bibliographie sélective

[N.B. : Le lieu d'édition n'est pas précisé quand il est à Paris.]

Nous ne précisons ici que quelques titres qui nous semblent utiles à une entrée dans l'*Histoire d'un voyage* de Léry dans le cadre de la préparation à l'agrégation. Pour une bibliographie plus détaillée, on pourra consulter celle constituée par Grégoire Holtz pour la SFDES : https://sfdes.hypotheses.org/4316.

1. Récits de voyages et études sur la littérature viatique

Gomez-Géraud, Marie-Christine, *Écrire le voyage au XVIe siècle en France*, PUF, 2000.

Le Huenen, Roland, « Qu'est-ce qu'un récit de voyage ? », dans M.-C. Gomez-Géraud (dir.), *Les modèles du récit de voyage, Littérales*, n° 7, 1990.

Lestringant, Frank, *Le Huguenot et le Sauvage. L'Amérique et la controverse coloniale en France, au temps des guerres de Religion*, Genève, Droz, [1990] 2004.

–, *Le Cannibale. Grandeur et décadence*, Genève, Droz, [1994] 2016.

–, *L'Expérience huguenote au Nouveau Monde (XVIe siècle)*, Genève, Droz, 1996.

Staden, Hans, *Nus, féroces et anthropophages* [Marburg, 1557], trad. Henri Ternaux-Compans, éd. Marc Bouyer et Jean-Paul Duviols, Métailié, [1979] 1990.

Thevet, André, *Le Brésil d'André Thevet. Les Singularités de la France Antarctique (1557)*, éd. Frank Lestringant, Chandeigne, 2011.

Voyageurs de la Renaissance. Léon l'Africain, Christophe Colomb, Jean de Léry et les autres, édition de Grégoire Holtz, Jean-Claude Laborie et Frank Lestringant, Gallimard, coll. « Folio classique », 2019.

2. Études sur Léry et l'*Histoire d'un voyage*

Certeau, Michel de, *L'Écriture de l'histoire*, Gallimard, 1975, chap. V, « Ethno-graphie. L'oralité ou l'espace de l'autre : Léry », p. 245-283.

Gomez-Géraud, Marie-Christine, et Lestringant, Frank (dir.), *D'Encre de Brésil. Jean de Léry écrivain*, Orléans, Paradigme, 1999.

Hartog, François, *Le Miroir d'Hérodote. Essai sur la représentation de l'autre*, Gallimard, [1980] 2001.

Léry, Jean de, *Au lendemain de la Saint-Barthélémy. Guerre civile et famine. Histoire mémorable du Siège de Sancerre (1573) de Jean de Léry*, éd. Géralde Nakam, Éditions Anthropos, 1975.

Lévi-Strauss, Claude, *Tristes Tropiques*, Paris, Pocket, [1955] 1995, en particulier le chap. IX, « Guanabara ».

Lestringant, Frank, *Jean de Léry ou l'invention du sauvage. Essai sur l'*Histoire d'un voyage fait en la terre de Brésil, Champion, 2005.

Tinguely, Frédéric, *Le Voyageur aux mille tours. Les ruses de l'écriture du monde à la Renaissance*, Champion, 2014.

Tristan L'Hermite
La Mariane, La Mort de Sénèque, Osman

par Sandrine Berrégard

L'édition de référence du concours est :

Tristan L'Hermite, *La Mariane, La Mort de Sénèque, Osman*, dans *Tragédies*, publié sous la direction de Roger Guichemerre avec la collaboration de Claude Abraham, Jean-Pierre Chauveau, Daniela Dalla Valle, Nicole Mallet et Jacques Morel, Paris, Honoré Champion, « Champion Classiques Littératures », n° 10, 2009.

Introduction[1]

Celui que Napoléon-Maurice Bernardin dans sa thèse de 1895 qualifiait de « précurseur de Racine » a trop longtemps été placé par l'historiographie à l'ombre de la grande dramaturgie classique, qui marqua le règne du Roi-soleil. Avec le concept de baroque à la française qu'introduisirent les travaux de Jean Rousset (*La Littérature de l'âge baroque en France, Circé et le paon*, 1953) et de quelques autres critiques comme Raymond Lebègue (*De la Renaissance au classicisme : le théâtre baroque en France*, 1942) ou, plus près de nous, Jean-Claude Vuillemin (*Baroquisme et théâtralité, le théâtre de Jean Rotrou*, 1994), le théâtre de l'époque Richelieu a bénéficié d'approches nouvelles, qui témoignent notamment de ses liens avec les dramaturgies contemporaines anglaise, espagnole et italienne fondées sur des motifs et des modes de représentation semblables. L'ambiguïté qui les caractérise réside dans le rapport incertain qu'entretient la fiction théâtrale entre vérité et illusion, et apparaît dès lors comme une métaphore de la création dramatique elle-même. Simultanément s'élabore en France une esthétique de la régularité, qui aboutit quelques décennies plus tard à l'épure racinienne (*Bérénice*, C 1670)[2] et que la postérité interprétera comme l'expression par excellence du génie national, avec toute la charge idéologique qui s'attache à la formule. C'est dire à quel point les pièces de Tristan appartiennent à une période cruciale de l'histoire de la littérature française, qui se signale entre autres par le développement de la tragédie politique, dont relève chacune d'elles : une tragédie qui met en scène des hommes ou des femmes de pouvoir et dont se dégage une réflexion sur le sujet. Pour autant les trois œuvres qui composent notre corpus offrent des traits qui les distinguent assez nettement les unes des autres. *La Mariane*, *La Mort de Sénèque* et *Osman* se situent respectivement dans la Jérusalem d'Hérode, la Rome de Néron et la Constantinople d'Osman. Mais ce ne sont pas seulement le cadre et l'arrière-plan historique qui diffèrent. Les intrigues et les sujets en sont également distincts, qu'il s'agisse de la jalousie maladive d'un roi devenu l'esclave de ses passions, de la conjuration ourdie contre un empereur sanguinaire ou encore du désir de possession d'une femme à l'égard d'un amant dont l'attitude est par ailleurs condamnable.

S'esquissent d'ores et déjà les principaux thèmes de Tristan, dont l'examen nous permettra de dessiner les contours d'une dramaturgie unifiée en dépit des particularismes propres à chacune de ses réalisations. Réinscrites dans le contexte politique et artistique qui les a vu naître et reliées à un imaginaire personnel, dont le songe et la mélancolie sont les traits saillants, les tragédies de Tristan y seront lues hors du modèle racinien. C'est ce à quoi s'étaient employées avant nous les études

1. J'adresse tous mes remerciements à Véronique Adam, dont la lecture vigilante et les remarques attentives m'ont été d'une grande utilité.

2. Concernant la datation des pièces, nous indiquons par la lettre C l'année de création et par la lettre P l'année de publication.

pionnières que lui consacrèrent Claude K. Abraham (*The Strangers : the trajic world of Tristan L'Hermite*, 1966) et Daniela Dalla Valle (*Il Teatro di Tristan L'Hermite, saggio storico e critico*, 1964). Conduite par Jean-Pierre Chauveau, Amédée Carriat et Roger Guichemerre, l'édition de ses œuvres complètes, dramatiques, poétiques et narratives (Champion, 1999-2002), invite par ailleurs à considérer ses pièces à la lumière du reste de sa production, sans pour autant que soit négligée la biographie, qui éclaire la carrière de l'auteur.

I

Contextes et histoire des textes

1. Tristan en son temps

1.1. La carrière d'un poète sous Louis XIII

Né au château de Soliers dans la Marche (aujourd'hui Janaillat dans la Creuse) probablement en 1601, François L'Hermite meurt à Paris le 7 septembre 1655 chez son dernier protecteur, le duc de Guise. L'académicien qu'il était devenu le 1er janvier 1648 est alors remplacé par La Mesnardière, l'un des principaux théoriciens du théâtre que compta le XVIIe siècle (*La Poétique*, 1640). Le futur Tristan est issu d'une famille d'ancienne noblesse, mais de graves difficultés financières les contraindront, son jeune frère Jean-Baptiste et lui, à vendre la propriété qu'ils avaient reçue de leur père, Pierre L'Hermite. C'est dès 1623, alors qu'il vient tout juste de commencer sa carrière de poète, que l'écrivain prend le pseudonyme de Tristan L'Hermite en référence aux *Tristes* d'Ovide, dont il se réclame dans la préface de son premier recueil, *Les Plaintes d'Acante* (1633) (« Je m'assure que les honnêtes gens y trouveront au moins des choses assez agréables pour avouer que tous les exilés qui ont écrit d'amour, depuis l'ingénieux Ovide, n'ont pas mieux employé de tristes loisirs »), ainsi probablement – car il ne le cite pas – qu'au mythe de Tristan et Iseult, consacré à la célébration d'un amour malheureux, selon un motif qui traverse l'ensemble de son œuvre. L'aristocrate désargenté, celui que la Fortune ne cesse de malmener selon le portrait qu'il dresse volontiers de lui-même, semble en effet nourrir une nostalgie à l'égard de l'idéal chevaleresque, Tristan L'Hermite étant aussi un héros des Croisades, comme le souligne fièrement le narrateur du *Page disgracié* (1643) : « Je porte le nom et les armes d'un gentilhomme assez illustre [...]. L'Histoire lui donne beaucoup de louanges pour avoir été l'un des principaux ministres de cette heureuse guerre qui se fit en la Terre Sainte »

(I, 2). Quant à la vie de Tristan dès lors qu'il fit son entrée en littérature, elle se déroula dans une large mesure à Paris et, pour ce qui est du début des années 1630, à Bruxelles, aux Pays-Bas espagnols, où le poète avait suivi son protecteur, Gaston d'Orléans, contraint de quitter la France à cause du conflit qui l'opposait à son frère, le roi Louis XIII. L'exil joint à l'ingratitude de celui auquel pourtant il est demeuré fidèle conduit l'auteur à exprimer dans des vers élégiaques l'amertume d'une « servitude » mal récompensée, d'après le titre d'un poème qui figure dans *Les Vers héroïques* (1648). C'est pourquoi, non sans déceptions ultérieures, Tristan se tourne ensuite vers d'autres membres de la haute société (le comte de Saint-Aignan, la duchesse de Chaulnes, le duc de Guise), sachant qu'un tel soutien, en monnaies sonnantes et trébuchantes comme celui qu'attend d'eux le poète, est indispensable à l'immense majorité des écrivains français du XVIIe siècle. Rares en effet sont ceux qui possèdent une fortune personnelle et peu nombreux sont ceux qui vivent intégralement de leur plume. *Le Page disgracié*, qui conte à la première personne les aventures d'un enfant puis d'un adolescent, constitue une précieuse source d'informations biographiques, qu'il convient néanmoins de traiter avec une extrême prudence car à des épisodes de sa jeunesse se mêlent des passages dont Tristan est à l'évidence l'inventeur et pour lesquels il s'est inspiré d'une littérature existante. Par conséquent, la lecture à clefs que Jean-Baptiste L'Hermite fit du récit dans une édition posthume (1667) fausse la signification d'un texte fondé sur une subtile alliance entre fiction et réel. La preuve en est la rareté des noms de personnes ou de lieux véridiques au profit d'élégantes périphrases ou d'une onomastique fantaisiste. Compte tenu de la position qu'elle occupe dans le parcours du Page, la ville de Bordeaux, par exemple, se devine à travers la description d'une « cité, où le flux et reflux de la mer et le courant d'un fleuve orgueilleux enrichissent un si beau port qu'il est avoué d'un des plus beaux astres » (II, 37). Le héros, de son côté, se nomme « Ariston », imparfait anagramme de Tristan. La référentialité et le romanesque alternent donc avec des allusions ou des emprunts aisément repérables. Les amours compliquées du Page avec une jeune Anglaise, dont il est devenu le précepteur – une histoire qui rappelle celle d'Héloïse et d'Abélard – portent ainsi la marque du roman sentimental et de *L'Astrée* en particulier, à laquelle du reste le narrateur rend un vibrant hommage : « Personne n'ignore que c'est un des plus savants et des plus agréables romans qui soient en lumière » (I, 34). Pour des raisons qui tiennent à sa trajectoire propre, à sa personnalité et à la fécondité créatrice de la souffrance, que l'origine en soit ou non un amour insatisfait, le motif de la mélancolie ou de la tristesse et ses différents modes d'expression occupent dans la poétique tristanienne, tous genres confondus, une place centrale. Il s'agit même là d'un des principaux fils directeurs de son œuvre, qui révèle ainsi sa cohérence thématique sinon esthétique en dépit de la grande disparité des catégories de textes qui la composent. Loin d'être personnel, ce tropisme s'inscrit en fait dans une longue tradition qui, depuis le *Problème XXX* du pseudo-Aristote, attribue le génie créateur au tempérament mélancolique.

Parce qu'il s'est illustré et à parts égales dans les principaux genres littéraires que sont alors la poésie lyrique, le théâtre et la prose narrative, Tristan est au XVIIe siècle l'archétype par excellence du polygraphe. Pour comprendre pleinement leurs enjeux, il convient donc de réinscrire les trois tragédies du programme dans un corpus élargi. Or, si elles entretiennent avec l'œuvre lyrique de l'auteur des relations privilégiées, ce n'est pas uniquement en vertu des liens intrinsèques qui unissent les genres dramatique et poétique (le XVIIe siècle désigne « poésie dramatique » le théâtre versifié et « poète dramatique » l'auteur de théâtre), c'est d'abord parce que Tristan est avant tout un poète au sens étroit du terme. Plus encore que *La Mort de Sénèque* et *Osman*, *La Mariane* se ressent des expériences antérieures de Tristan.

Le théâtre et la poésie ne sont toutefois pas, nous l'avons dit, les seuls genres auxquels se soit attelé le polygraphe. La prose narrative le fut aussi, et encore à l'intérieur de chacun de ces grands ensembles la diversité est-elle de mise : la production dramatique de Tristan se partage ainsi entre cinq tragédies (*La Mariane* C 1636, *Panthée* C 1637-1638, *La Mort de Sénèque* C 1644, *La Mort de Chrispe* C 1644 et *Osman* C 1647), une tragi-comédie, *La Folie du sage* (C 1644), une pastorale, *Amarillis* (C 1652), et enfin une comédie à l'italienne, *Le Parasite* (C 1653). S'il est toujours possible de lire chaque pièce pour elle-même, la rapporter au reste de l'œuvre, et non seulement à son versant théâtral, s'avère être plus fructueux car les textes de Tristan sont unis par de puissants liens thématiques et/ou structurels. La tonalité pathétique par exemple est également présente dans son roman sous la forme de deux histoires écossaises, explicitement rattachées au genre de l'histoire tragique (*Le Page disgracié*, II, 7-8) qu'avaient promu dès le milieu du XVIe siècle Marguerite de Navarre (*L'Heptaméron*) mais surtout et par la suite François de Belleforest (*Histoires tragiques*), François de Rosset (*Histoires tragiques*) et Jean-Pierre Camus (*L'Amphithéâtre sanglant*). Leur *inventio* et leur *dispositio* (= la nature des arguments et la manière de les ordonner) ne sont en outre pas étrangères à celles qui caractérisent ses tragédies. Elles se distinguent en effet par un commun respect de la règle des trois unités, et la place accordée à la passion amoureuse et à ses conséquences désastreuses achève de jeter un pont entre les deux corpus. Parus en 1643, *Les Plaidoyers historiques*, que la plupart des commentateurs attribuent à Tristan et qui sont une traduction des *Épitomés de cent histoires tragiques* du Flamand Alexandre Van den Bussche dit Sylvain, décrivent à leur tour des situations incongrues et/ou poignantes, comme par exemple celle d'un « curieux impertinent qui voulut répudier sa femme » (VIII. Plaidoyer) ou encore celle d'un « homme qui, étant trouvé saisi d'un breuvage pernicieux, est accusé de vouloir empoisonner son père » (XII. Plaidoyer). Le cadre judiciaire dans lequel s'inscrit l'alternance d'« accusations » et de « défenses » prononcées par les protagonistes, et que résume au préalable un court récit liminaire, reproduit celui sur lequel est fondée une scène de tragédie dès lors que celle-ci consiste en une confrontation entre le personnage mis en cause et son pourfendeur, nos trois pièces étant largement pourvues en ce domaine. L'emploi systématique du style direct pour faire entendre la parole des personnages donne l'impression de lire un véritable dialogue théâtral, même si en l'espèce l'échange n'excède pas deux tirades. Tout se passe donc comme si Tristan expérimentait en des contextes variés des motifs ou des schémas similaires voire strictement identiques.

À côté des genres théâtraux ou de ceux qui, d'une manière ou d'une autre, s'y apparentent figure sous la plume de Tristan un ouvrage inattendu, *Principes de cosmographie*, publié en 1637 par Courbé, l'éditeur de *La Mariane*, et « tir[é] d'un manuscrit de Viète » comme l'indique la page de titre. Conformément au genre auquel il appartient, celui de la cosmographie, qui existe depuis Ptolémée et qu'affectionne l'encyclopédisme humaniste, il consiste en une peinture du monde terrestre et céleste. Après une première section, intitulée « De la sphère », viennent une deuxième, « Éléments de géographie », puis une troisième, « Éléments d'Astronomie », qui suivant la tradition alchimique établit un subtil jeu de correspondances entre les éléments, les humeurs, les parties du corps, les maladies, les animaux et les métaux. Les acquis de la révolution copernicienne n'y sont curieusement pas intégrés, Tristan relayant une vision de l'univers qui n'est depuis longtemps plus d'actualité (« Que la terre est au centre du monde »). Mais surtout, en associant littérature et science, il marche dans les pas de tous ceux qui, à la Renaissance déjà, associaient les différents champs du savoir. En dépit des apparences, les *Principes de cosmographie* possèdent une valeur proprement littéraire : au plaisir de la désignation sous la forme de longues énumérations et à l'usage de mots chargés d'exotisme, comme ceux que nous trouvons dans *Osman*, s'y ajoute la croyance en une connaissance approfondie du monde permise par le langage littéraire.

1.2. Tristan poète, dramaturge et prosateur

C'est là qu'il convient de différencier, par un examen attentif de la chronologie, le contexte dans lequel nos trois pièces s'inscrivent respectivement. Au moment où Tristan compose *La Mariane*, c'est-à-dire vers 1635-1636, il n'a encore jamais écrit pour le théâtre, mais il est en revanche un poète lyrique reconnu. Il a commencé par écrire des vers épars, parus dans des ouvrages collectifs tel le *Recueil des plus beaux vers* (Toussainct du Bray, 1626), qui réunit des pièces de Malherbe et de ses disciples. Le grand réformateur de la poésie française qu'est au début du XVIIe siècle le poète normand fixe une série de règles, en particulier pour les poèmes strophiques comme les stances, que ses successeurs immédiats pratiquent à son imitation. C'est aussi à un élagage de la langue poétique qu'il procède à rebours du rêve jadis caressé par Ronsard et la Pléiade, qui était au contraire de l'enrichir pour la rendre si possible égale aux grec, latin et italien. Il est recommandé aux poètes de clarifier leur style en renonçant aux néologismes et aux archaïsmes dont leurs aînés faisaient un abondant usage. Dans les faits, la rupture n'est pas aussi franche qu'il y paraît parce que la quête du raffinement et le goût pour l'ornementation dont témoignait la génération antérieure ne sont pas absents de la poétique malherbienne ni de celle de ses héritiers. Les théories de Laudun d'Aigaliers (*L'Art poétique français*, 1597) et de Deimier (*L'Académie de l'art poétique*, 1610) montrent à leur tour que la simplification du langage poétique et la tendance à faire usage de « finesses trop étudiées », comme l'écrit Tristan dans l'avis au lecteur de *La Mariane*, sont parfaitement conciliables. Théophile de Viau, qui fut l'un de ses amis, n'est pas exempt sur ce point de contradictions : il a beau écrire à l'ouverture de sa *Première Journée* (1623) « Malherbe a très bien fait, mais il a fait pour lui » (*Première Journée*, 1623), il n'en est pas moins comme tous les poètes contemporains tributaire des schémas métriques établis par son aîné. Pour le reste, le jeune Tristan rédige des poèmes d'éloge, qui rejoindront par la suite deux de ses recueils personnels, *La Lyre* (1641) et *Les Vers héroïques* (1648). L'un d'eux est *La Maison d'Astrée*, une ode qui célèbre Charlotte d'Étampes-Valençay, l'épouse du marquis de Puisieux, à travers la description fabuleuse de son château, édifié par Mansart, comme l'avait fait quelques années plus tôt Théophile de Viau dans *La Maison de Sylvie* à propos de la duchesse de Montmorency et de sa propriété de Chantilly. L'attention que Tristan accorde aux figures féminines, et que confirmera son théâtre, se vérifie à la lecture de *La Peinture de son Altesse Sérénissime*, consacrée à l'infante Isabelle d'Espagne, qu'il avait sans doute croisée au cours de son séjour bruxellois et qui meurt brusquement en 1633. C'est pourquoi au versant encomiastique de ce qui constitue un vaste massif poétique s'y joint une suite de vers funèbres, cependant que l'auteur ravive la métaphore picturale (« peinture ») traditionnellement appliquée à la création littéraire comme à la représentation théâtrale. Enfin, parmi les nombreux vers dispersés que publie Tristan à cette période, et qui intéressent directement ou indirectement notre corpus, nous relèverons les deux poèmes en stances parus dans les premier et troisième tomes du *Théâtre d'Alexandre Hardy* en 1624 et 1626 respectivement. L'auteur y salue la puissance d'un dramaturge qui parle le « langage des Dieux », c'est-à-dire dont le style choisi apparaît comme le signe même d'une inspiration conforme au principe platonicien de l'enthousiasme poétique. Il y fait également allusion aux virulentes critiques qu'essuie alors Hardy de la part de jeunes dramaturges comme Auvray ou Du Ryer et qu'il estime injustes au regard de la force d'une plume qui, ajoute-t-il, sait se montrer « douce » ou « menaçante » en fonction de la nature du sujet. L'admiration que Tristan manifeste à l'endroit de son prédécesseur est à l'évidence réelle et d'autant plus notable qu'elle surgit en un contexte où Hardy est désormais perçu comme archaïque.

Si *La Mariane* est par conséquent l'œuvre d'un poète devenu un dramaturge renommé, *La Mort de Sénèque* et *Osman* à l'inverse sont à l'échelle tristanienne entourés de textes hétérogènes. En 1639 (P) l'auteur poursuit dans la voie de la tragédie avec *Panthée*, dont le sujet appartient à *La Cyropédie* de Xénophon mais qui surtout s'inspire de la pièce homonyme de Hardy. Il y retrouve le motif de la fureur amoureuse qu'incarnent Panthée elle-même ainsi qu'Araspe et, plus encore qu'il ne l'avait fait dans *La Mariane*, confère à sa poétique tragique une forte dimension lyrique avec les plaintes que laissent échapper un amant insatisfait puis une héroïne à la mort de son mari. Mais précisément il en ressort un déséquilibre au détriment du drame lui-même, selon le reproche que lui adresse d'Aubignac dans son *Jugement de la Tragédie, intitulée* Penthée, *écrit sur le champ, et envoyé à M[onseigneur] le Cardinal de Richelieu par son ordre exprès*, de sorte que Tristan modifie la fin en y ajoutant le suicide d'Araspe accompli sur le corps même de la jeune femme dont il était épris. Le poète ne tient en revanche pas compte des observations sévères que fait le théoricien à propos des prétendues inconvenances d'Araspe, par exemple lorsque celui-ci se réjouit de la mort de son rival. Quoi qu'il en soit, la deuxième tragédie de Tristan lui vaut un échec qu'il évoque avec un humour grinçant dans une ode adressée à une comédienne : « Je ne fais point ces vers de choix/Par qui l'oreille est enchantée ;/On enveloppe des anchois/De *Mariane* et de *Panthée* ». C'est en fait travestir une partie de la réalité parce que, si *Panthée* a effectivement pâti de l'absence de l'acteur Montdory, *La Mariane* de son côté a connu dès sa création et longtemps après un immense succès sur le marché du livre comme sur la scène théâtrale. Dans l'intervalle, en 1638, Tristan publie un nouveau recueil poétique, *Les Amours*, qui sont une refonte des *Plaintes d'Acante*, avant d'offrir à ses lecteurs trois ans plus tard *La Lyre*, un recueil placé sous l'égide de l'Italien Marino et orchestré autour de « L'Orphée », un long poème qu'il dédie à « Monsieur Berthod, ordinaire de la musique du roi ». L'année suivante (1642), contre toute attente, l'auteur se tourne vers la prose avec un recueil de *Lettres mêlées*, qui associe à des épîtres fictives d'authentiques lettres et auquel succèdent coup sur coup *Le Page disgracié* (1643) et *Les Plaidoyers historiques* (1643). 1644 marque le grand retour de Tristan au théâtre puisque sont créées à quelques mois de distance et par la troupe de Molière *La Mort de Sénèque* et *La Mort de Chrispe, ou les Malheurs domestiques du grand Constantin*, cette dernière tragédie étant fondée sur un épisode de l'histoire romaine semblable au mythe de Phèdre et d'Hippolyte. Les ardeurs du sentiment amoureux et leurs conséquences tragiques, de même que la réflexion sur l'exercice du pouvoir politique, se trouvent donc une nouvelle fois au cœur de la dramaturgie tristanienne. Celle-ci s'enrichit en outre d'un genre que le poète n'avait encore jamais éprouvé et que le public ne prise alors plus guère : la tragi-comédie, qu'illustre *La Folie du sage*, jouée par la troupe de l'Hôtel de Bourgogne en 1644, avant de paraître l'année suivante chez

Quinet. La pièce brosse le portrait à la fois burlesque et inquiétant d'un courtisan loyal qui sombre dans la folie – un motif récurrent dans l'imaginaire théâtral de Tristan – après avoir, croit-il, perdu sa fille. Elle inclut également un personnage de souverain – un roi de Sardaigne de fantaisie – qui outrepasse ses droits en demandant que la jeune femme devienne sa maîtresse, ce que le père ressent comme un insupportable affront. Tristan renoue avec le tragique qui distinguait sa production théâtrale antérieure, puis s'oriente vers le dénouement heureux attendu d'une tragi-comédie : le roi renonce à son projet au profit du jeune Palamède, dès lors promis à Rosélie, qui dans l'intervalle s'est réveillée d'un profond sommeil, tandis qu'Ariste recouvre ses esprits.

Les trois pièces au programme sont donc le fruit d'un esprit ouvert aux formes littéraires les plus variées et, si la poésie constitue dès l'origine le terrain d'élection de Tristan, celui-ci néanmoins se spécialise au fil des ans dans le genre dramatique. Ses tragédies y occupent une place de choix et c'est à la lumière de la production tragique contemporaine qu'il convient de les étudier.

2. La tragédie en France dans les années 1630-1640

2.1. Une extraordinaire efflorescence

Les années 1630-1640 sont à cet égard d'une exceptionnelle richesse tant sur le plan éditorial que sur la scène théâtrale. Elles sont marquées par l'émergence et l'épanouissement d'une constellation de dramaturges talentueux, tous nés dans les premières années du XVIIe siècle (Scudéry comme Tristan en 1601, Mairet en 1604, Corneille en 1606, Rotrou en 1609) et désireux de renouveler en profondeur les formes du théâtre. Leur ambition est soutenue par la professionnalisation de la troupe parisienne de l'Hôtel de Bourgogne, dirigée par Bellerose de 1635 à 1647, ainsi que par la création en 1635 de la troupe concurrente du Marais. Aidé de Chapelain, Richelieu enfin mène une politique propice aux arts et aux lettres, comme le souligne *L'Illusion comique* de Corneille, probablement jouée durant la saison 1635-1636 au théâtre du Marais, à la tête duquel se trouve Montdory. À Pridamant, qui déplore de savoir son fils comédien, le magicien Alcandre répond en louant un art qui a acquis ses lettres de noblesse :

> Cessez de vous en plaindre : à présent le Théâtre
> Est en un point si haut qu'un chacun l'idolâtre,
> Et ce que votre temps voyait avec mépris
> Est aujourd'hui l'amour de tous les bons esprits,

L'entretien de Paris, le souhait des Provinces,
Le divertissement le plus doux de nos Princes,
Les délices du peuple, et le plaisir des grands (V, 6, v. 1781-1787).

Devenu l'un des « Cinq Auteurs » que patronne le cardinal-ministre et dont la mission est d'écrire à sa demande des pièces à plusieurs mains, Corneille entend redorer le blason d'un genre sur lequel pèsent encore des préjugés défavorables. La seule année 1637 reflète l'intensité de la vie théâtrale puisqu'elle comptabilise au total trente et une pièces publiées pour la première fois (car les rééditions y affluent) et, parmi elles, six tragédies (*La Lucrèce romaine* de Chevreau, *La Mort de Brute et de Porcie, ou la Vengeance de la mort de César* de Guérin de Bouscal, *La Mort de Mithridate* de La Calprenède, *Le Marc-Antoine ou la Cléopâtre* de Mairet, *Didon* de Scudéry et *La Mariane* de Tristan), toutes parues chez l'un ou l'autre des trois éditeurs parisiens qui, mises à part de rares exceptions, se partagent alors le marché : Antoine de Sommaville, Toussaint Quinet et Augustin Courbé. Comme le montrent les titres, le corpus tragique privilégie dorénavant à une écrasante majorité l'histoire romaine sans pour autant ignorer les sujets mythologiques, le court sondage effectué valant à peu de choses près pour l'ensemble de la décennie. Mais c'est assurément sur le plan formel que la tragédie des années 1630 se distingue le plus nettement de celle de la période antérieure.

Si Corneille dans sa *Médée* de 1635 (C) expose au regard du spectateur les meurtres de Créon et de Créuse (celui des enfants lui est fort heureusement épargné) ainsi que le suicide de Jason, c'est parce que comme Chrestien des Croix par exemple (*Rosemonde ou la Vengeance*, P 1603) il est encore influencé par le modèle sénéquéen, y compris dans le choix de la fable. Il suit d'ailleurs scrupuleusement la structure de la *Médée* jadis écrite par le poète latin. Il se rattache ainsi à la tragédie sanglante telle qu'elle existait à la lisière des XVIe et XVIIe siècles et qui, trente ans plus tard, ne concorde plus avec la politesse des mœurs caractéristique du public de l'époque Richelieu. *Horace* (C 1640), en revanche, la première tragédie romaine de Corneille, témoigne du progrès que les règles du théâtre et celle des bienséances en particulier ont entre-temps accompli, ce qui se traduit en l'espèce par un dispositif assez savoureux : le jeune Horace disparaît un instant du plateau (« Horace, *mettant la main à l'épée, et poursuivant sa sœur qui s'enfuit* », IV, 5, v. 1319) pour assassiner en coulisses la jeune femme, dont résonne seulement le cri (« Camille, *blessée derrière le théâtre.* Ah, traître ! », v. 1321), ce qui conduit à laisser furtivement le public devant une scène vide, tandis que l'action tragique se déroule hors de sa vue. De fait, et au prix de véritables contorsions, les auteurs dramatiques développent une série d'astuces pour se plier aux exigences auxquelles ils ont choisi d'obéir. Ainsi l'événement annoncé par le titre de *La Mort de César* (P 1636) se produit-il derrière le rideau ou la « tapisserie » qui cache avec pudeur le compartiment ou la « chambre » correspondant à la « salle du Sénat ». Le texte est à cet égard sans aucune ambiguïté : « *La salle se ferme pour n'ensanglanter pas la face du théâtre contre les règles.* César. Et toi mon fils aussi. *Ils* [Brute et ses complices] *sortent tous avec le poignard sanglant à la main après avoir tué César* », IV, 8.

Le vocabulaire technique dont use l'auteur dans les didascalies est l'expression des réalités matérielles du théâtre jusque dans les années 1640 au moins. L'espace scénique est divisé en plusieurs segments (de deux à cinq), qui figurent les différents lieux successifs du drame. Juste avant que ne commence une scène au sens dramaturgique du terme, un rideau se lève pour faire voir le compartiment (une toile peinte agrémentée le cas échéant d'accessoires évoquant un palais, une prison, un jardin) dans lequel se sera au préalable positionné l'acteur, avant qu'il ne vienne occuper le centre du plateau, afin d'être mieux vu et entendu du public, tandis que les autres chambres demeurent provisoirement invisibles. Le *Mémoire* de Laurent Mahelot, qui fut l'un des principaux « feinteurs » (décorateurs) de l'Hôtel de Bourgogne, en est l'illustration même, qui contient des croquis et dresse la liste des objets nécessaires à la représentation des pièces. Un tel système évite les complications techniques qu'entraînerait un changement de décor complet tout en assurant le respect de la règle de l'unité de lieu dans la mesure où l'ensemble relève d'une entité géographique déterminée, la ville de Rome pour Scudéry ou celle de Jérusalem pour *La Mariane*. Huit ans plus tard, les contraintes esthétiques seront plus fortes encore et c'est pourquoi *La Mort de Sénèque* selon toute probabilité et *Osman* avec certitude se situent en un lieu unique.

De fait, les débuts de la Régence d'Anne d'Autriche (Louis XIII et Richelieu meurent en 1642, et Louis XIV, âgé de quatre ans, ne succédera réellement à son père qu'en 1651) continuent de creuser le sillon de la tragédie, et Corneille, dont la carrière fut longue et la plume généreuse, joue là encore un rôle majeur. En dépit de rares incursions du côté de la comédie (*Le Menteur* et *La Suite du* Menteur, P 1644-1645), qu'il avait déjà beaucoup pratiquée dans les années 1630, et de la comédie héroïque (*Don Sanche d'Aragon*, P 1650), voisine de la tragi-comédie, il fait de la tragédie romaine et politique son terrain de prédilection avec coup sur coup *Cinna* (P 1643), *Polyeucte* (P 1643), *Rodogune* (P 1646), *Théodore vierge et martyre* (P 1646), *Héraclius* (P 1647), avant de poursuivre dans cette voie au cours des années 1650-1660. Deux de ces pièces, *Polyeucte* et *Théodore*, offrent également une dimension religieuse en ayant pour protagonistes de nouveaux convertis, avant que le reste du personnel dramatique ne soit à son tour touché par la grâce. Il serait néanmoins imprudent de réduire la production tragique de 1644 à 1647 au seul Corneille. Pour l'année 1645, qui correspond, on le sait, à la publication de *La Mort de Sénèque* et de *La Mort de Chrispe* de Tristan, les autres tragédies françaises sont les suivantes : *L'Illustre Comédien, ou le martyre de saint Genest* de Desfontaines (Rotrou en 1647 fournira de la même histoire une seconde adaptation, *Le Véritable saint Genest*), *La Virginie romaine* de Le Clerc, *Le Grand Sélim, ou le*

Couronnement tragique de Le Vayer de Boutigny, *Artaxerce* de Magnon, *Le Jugement équitable de Charles le Hardy* de Mareschal, que créa la troupe de Molière. Ce relevé appelle deux remarques : la première concerne l'existence exclusive de la tragédie historique, qui s'appuie essentiellement sur des sujets romains sans pour autant qu'en soit exclue la matière orientale ; la seconde intéresse la valeur hagiographique de plusieurs de ces pièces. Plus qu'il ne l'avait fait dans *La Mariane*, qui s'inspire de l'histoire antique certes mais juive plutôt que romaine, l'auteur de *La Mort de Sénèque* et d'*Osman* suit les tendances générales que dessine alors la tragédie en choisissant un sujet romain puis en portant à la scène un épisode de l'histoire de Constantinople comme l'avait fait en 1639 (P) Mairet avec *Le Grand et Dernier Solyman ou la Mort de Mustapha*. Mais c'est en réalité un véritable engouement pour les sujets de ce type qui se manifeste tout au long du XVIIe siècle, comme l'illustrera encore le *Bajazet* de Racine (P 1672). À l'éloignement temporel qui caractérise la tragédie romaine se substitue un éloignement géographique puisque cette fois les épisodes portés à la scène appartiennent à une histoire très récente.

Parce que *La Mort de Sénèque* en est un exemple, un sort particulier mérite d'être réservé à la tragédie de conjuration, qui constitue l'un des visages de la tragédie romaine et dont Corneille, après Scudéry (*La Mort de César* P 1636), s'empare avec *Cinna, ou la Clémence d'Auguste*, qui à la différence de la précédente connaît une fin heureuse. Cette catégorie de pièces, qui trouve son origine dans le meurtre fondateur de César par Brutus et Cassius, se prolonge d'ailleurs au-delà des années 1640 avec *La Mort d'Agrippine* de Cyrano de Bergerac (P 1654). Mais surtout elle traite d'une question presque interdite dans la société d'Ancien Régime, celle du régicide, évoquée sous les traits de la fable historique, mais n'en ravivant pas moins le douloureux souvenir de l'assassinat du roi Henri IV et faisant par ailleurs écho aux rébellions et autres complots qui jalonnèrent le règne de Louis XIII puis celui de son successeur. Le conflit tragique devient alors autant sinon plus politique qu'amoureux, en comparaison de *Médée* ou de *La Mariane* par exemple, qui met l'accent sur le drame domestique, et la tragédie se fait dès lors le lieu d'une réflexion sur le pouvoir et les relations de l'individu à l'État.

En établissant une hiérarchie au profit de « l'ambition ou [de] la vengeance », qu'il juge « plus noble et plus mâle que l'amour » (*Discours de l'utilité et des parties du poème dramatique*, 1660), Corneille fixe théoriquement le modèle de la tragédie politique, dont procèdent *La Mort de Sénèque* ou *Osman* et, à un moindre degré, *La Mariane*.

2.2. Une réflexion théorique intense

Au-delà de l'exemple cornélien, le déploiement du genre tragique et de ses diverses inflexions s'accompagne dans les années 1630 d'une importante réflexion théorique, qui a pour principal objet les règles du théâtre et que cristallise la Querelle du *Cid* (1636-1639).

Avant que des théoriciens comme La Mesnardière (*La Poétique*, 1639) et d'Aubignac (*La Pratique du théâtre*, 1657) ne prônent la régularité au nom de la *mimèsis* et de la vraisemblance, sur lesquelles reposait déjà la poétique aristotélicienne, de multiples voix s'élèvent pour contester avec vigueur ce qu'elles estiment être d'insupportables entraves à l'élan créateur et au génie personnel. « Je [...] n'ai pas voulu me restreindre à ces étroites bornes ni du lieu, ni du temps, ni de l'action, qui sont les trois points principaux que regardent les règles des Anciens », affirme par exemple Mareschal dans la préface de sa tragi-comédie *La Généreuse Allemande, ou le Triomphe d'Amour* (P 1631). Quelques années plus tôt, en 1628, Ogier déclarait dans la préface de la tragi-comédie de Schélandre *Tyr et Sidon* (P 1628) :

> La poésie, et particulièrement celle qui est composée pour le théâtre, n'est faite que pour le plaisir et le divertissement, et ce plaisir ne peut procéder que de la variété des événements qui s'y représentent, lesquels ne pouvant pas se rencontrer facilement dans le cours d'une journée, le poètes ont été contraints de quitter peu à peu la pratique des premiers qui s'étaient resserrés dans des bornes trop étroites.

L'argument du plaisir défini comme la seule finalité du théâtre est théoriquement imparable, les uns et les autres ne s'accordant ensuite pas sur les moyens à mettre en œuvre pour y parvenir. Comme le montre le second extrait, les Irréguliers se fondent sur l'argument du vraisemblable, qu'ils partagent avec leurs adversaires, pour justifier les entorses faites aux règles de l'unité de temps et de l'unité de lieu. Comment en effet admettre qu'un grand nombre d'événements puisse se produire en une durée et en un espace réduits ? Le raisonnement ne saurait en outre concerner la seule tragi-comédie, car il n'est pas rare que la tragédie elle-même comprenne un grand nombre de faits. Enfin Réguliers comme Irréguliers se réclament de la modernité qu'ils prétendent respectivement seuls incarner : les premiers parce que leurs prédécesseurs immédiats enfreignaient les règles du théâtre en ignorant par exemple ce qui sera ensuite appliqué et conceptualisé sous le nom de liaison de scène (un personnage au moins assure la continuité entre deux scènes successives) ou encore en multipliant à la vue du spectateur des actes d'une extrême violence (« Plus les tragédies sont cruelles, plus elles sont excellentes », proclamait Laudun d'Aigaliers) ; les autres en vertu de l'ancienneté de règles – spécifiquement celle des trois unités – issues de la *Poétique* d'Aristote, quoique le philosophe n'y traite guère que de l'unité de temps, appelée par lui « révolution de soleil » (V, 1449b), une formule dont l'interprétation est sujette à caution. Faut-il entendre par là vingt-quatre heures (un jour complet) ou seulement douze heures (du lever au coucher du soleil) ? Des contradictions par ailleurs surgissent comme chez Mairet, qui dans la préface de *La Silvanire* (P 1631) se fait le chantre de l'unité d'action (« il y doit avoir une maîtresse et principale action à laquelle toutes les autres se rapportent comme les lignes de la circonférence au centre »), mais qui exprime sa préférence pour sa tragi-comédie *La Virginie*, irrégulière comme le permet le genre auquel elle appartient : « De tous les Poèmes Dramatiques de ma façon, voici celui que j'aime, et que j'estime le plus ; tant pour la variété de ses effets, que pour son économie, et sa conduite » (« Au lecteur », P 1635). *La Sophonisbe* du même Mairet (P 1635) est considérée par l'histoire littéraire – en partie à tort car le baiser que s'échangent les amants à la fin de la scène 4 de l'acte III est contraire au principe des bienséances, qui « demande que la pièce ne choque pas les goûts, les idées morales, ou [...] les préjugés du public » (J. Scherer, *La Dramaturgie classique en France*, 1950) – comme la première tragédie française à respecter intégralement les règles du théâtre, et dans son avis liminaire l'auteur explique en effet qu'il a pris soin de modifier les données originelles pour les rendre conformes au principe de vraisemblance :

> Il est vrai que j'y ai voulu ajouter pour l'embellissement de la pièce, et que j'ai même changé deux incidents de l'histoire assez considérables, qui sont la mort de Syphax, que j'ai fait mourir à la bataille, afin que le peuple ne trouvât point étrange que Sophonisbe eût deux maris vivants ; et celle de Massinisse, qui vécut jusques à l'extrême vieillesse.

La polémique suscitée par *Le Cid* donne assurément sa pleine mesure au débat. Le procès fait à Corneille porte sur deux points majeurs : d'une part, le fait que l'auteur se soit soustrait à la règle de l'unité d'action avec une intrigue secondaire insuffisamment reliée à la principale (l'amour de l'Infante pour Rodrigue n'interfère en rien dans la relation entre le jeune homme et Chimène) ; d'autre part et plus encore, l'inconvenance et l'invraisemblance de la situation (l'héroïne ne renonce pas au mariage avec l'assassin de son père, et les amants reçoivent même la bénédiction du roi). Il y a néanmoins là quelque paradoxe puisque la pièce est une tragi-comédie et non une tragédie ; or le genre est par essence irrégulier, de sorte que les reproches adressés au dramaturge touchant l'unité d'action sont en théorie dépourvus de pertinence. Mais le pathétique situé au cœur de l'intrigue apparente *Le Cid* à une tragédie, et c'est d'ailleurs ainsi qu'il est qualifié à partir de 1644 (P), Corneille étant désormais soucieux d'offrir de lui l'image d'un poète tragique. Ce n'en est pas moins un épisode décisif de l'histoire du théâtre français, qui conduit *in fine* à la victoire des Réguliers.

Les règles du théâtre telles qu'elles sont formalisées dès le début des années 1630 ne sont pourtant pas inédites, comme le montre par exemple l'*Art poétique* de Jean de La Taille qui précède son *Saül le furieux*, paru en 1572. L'auteur y souligne la haute dignité du personnel dramatique inhérent à la tragédie ainsi que l'omniprésence du tragique : « Son vrai sujet ne traite que de piteuses ruines des grands Seigneurs ». Il définit ensuite la nature des émotions qu'éveille dans le cadre d'une représentation théâtrale le spectacle des malheurs d'autrui (« la vraie et seule intention d'une tragédie est d'émouvoir et de poindre merveilleusement les affections d'un chacun ») – et le lecteur aura reconnu là une référence à la compassion fondatrice de la *catharsis* aristotélicienne (la purgation des émotions de crainte et de pitié) – mais pose également le principe des trois unités ainsi que celui des bienséances : « Il faut toujours représenter l'histoire ou le jeu en un même jour, en un même temps, et en un même lieu ; aussi se garder de ne faire chose sur la scène qui s'y puisse commodément et honnêtement faire ». Enfin, concernant la *dispositio*, La Taille réclame que la tragédie se compose de « cinq actes », ce qui recoupe pour partie la structure traditionnelle de la tragédie grecque, faite d'un prologue, de trois épisodes et d'un exode.

La doctrine théâtrale relative à ce que l'historiographie appelle un peu vite la tragédie classique, et dont Boileau offre une version caricaturale (« Qu'en un lieu, qu'en un jour, un seul fait accompli/Tienne jusqu'à la fin le théâtre rempli », *Art poétique*, 1674), finit donc à l'époque de *La Mariane* de s'affermir grâce à la multiplication des textes qui légifèrent sur le sujet en laissant toutefois une latitude à chacun. La conséquence à terme en est la généralisation des règles au-delà même du genre tragique puisque la comédie par exemple s'y soumet, tandis que la rétive tragi-comédie finit par disparaître.

À la différence de beaucoup des dramaturges de sa génération (Corneille, Mairet, Rayssiguier), Tristan ne prend jamais ouvertement position sur le sujet, alors qu'il n'est pas avare de commentaires sur ses pièces et les circonstances de leur création. La seule trace – encore reste-t-elle timide – qu'il est possible d'en trouver est la phrase-clé qui figure dans l'avertissement au lecteur de *La Mariane* : « j'ai seulement voulu décrire avec un peu de bienséance les divers sentiments d'un Tyran courageux et spirituel ». Le sujet (la mort d'une femme victime de violences conjugales) risque d'avoir pour effet d'ensanglanter la scène, mais l'auteur a justement pris soin de reléguer en coulisses les actes dont la représentation heurterait la sensibilité des spectateurs (la noyade d'Aristobule et la décapitation de Mariane). La pratique du théâtre à l'évidence intéresse Tristan plus que sa théorisation, et le reste de son itinéraire montre en outre qu'il n'est guère un homme de parti. La polémique n'est pas son fort, et le rêveur qu'il est préfère le refuge de l'imaginaire. Or la scène est particulièrement à même de répondre à cette aspiration.

3. De la création à la publication

3.1. *La Mariane*

C'est au théâtre du Marais que *La Mariane* voit le jour au printemps 1636, soit quelques mois seulement avant la création du *Cid*, que les spécialistes datent du 7 janvier 1637. L'acteur Guillaume Desgilberts dit Montdory est l'interprète remarqué des héros des deux pièces, Hérode et Rodrigue, qui ont en commun une même ardeur, mise au service du mal dans le cas du premier personnage. Le fait a son importance parce que le tragédien jouit d'une grande réputation grâce à la puissance expressive de son jeu, comme le souligne Tristan dans l'avis au lecteur de *Panthée* (P 1639) :

> Jamais homme ne parut avec plus d'honneur sur la scène ; il s'y fait voir tout plein de la grandeur des passions qu'il représente ; et comme il en est préoccupé lui-même, il imprime fortement dans les esprits tous les sentiments qu'il exprime. Les changements de son visage semblent venir des mouvements de son cœur ; et les justes nuances de sa parole et la bienséance de ses actions forment un concert admirable qui ravit tous ses spectateurs.

L'auteur y fait également allusion à l'« espèce d'apoplexie » qui saisit Montdory – une attaque cérébrale que la légende attribue aux fureurs d'Hérode et qui serait survenue sur la scène même – et le laissa inapte au théâtre jusqu'à sa mort en 1653. Si l'auteur explique l'échec de sa deuxième tragédie par la défaillance de celui pour lequel avait été créé le personnage d'Araspe, amoureux de Panthée, il reconnaît donc en filigrane le rôle que joua Montdory dans le triomphe de *La Mariane*. Sa tragédie reçut en effet de chaleureux applaudissements, avant d'être reprise après la mort du poète, comme l'attestent par exemple les vingt-trois représentations signalées par le Registre de La Grange qu'en offrit l'Illustre Théâtre entre 1659 et 1667. La tragédie de La Calprenède *La Mort des enfants d'Hérode ou suite de* Mariane (P 1639) enfin achève de montrer l'intérêt pour les personnages que Tristan avait su éveiller.

La Mariane paraît ensuite en 1637 chez Courbé, avant de faire rapidement l'objet de plusieurs rééditions – preuve du profit qu'elle génère : la même année toujours chez Courbé, mais imprimée cette fois par Claude Calleville, alors que la première l'avait été par les ateliers de Jean et Nicolas de La Coste ; une troisième chez Courbé encore une fois la même année, suivie en 1638 d'une contrefaçon caennaise réalisée par Jacques Mangeant ; puis, pour le seul XVIIe siècle, la pièce parut ensuite successivement en 1639, 1644, 1645, 1653, 1654, 1656, 1666, 1672 et 1678.

3.2. *La Mort de Sénèque*

Selon l'hypothèse formulée par G. Forestier (*Molière*, Gallimard, 2018, p. 56), c'est avec la création de *La Mort de Sénèque* le 1er janvier 1644 dans la salle du jeu de paume des Métayers, Porte de Nesle à Paris, que naquit l'Illustre Théâtre, avant que ne fût cédée à la troupe de Molière dès l'automne suivant *La Mort de Chrispe*. Ces circonstances s'expliquent par la relation un tant soit peu personnelle qui unit les deux hommes, Jean-Baptiste L'Hermite ayant épousé Marie Courtin, la demi-sœur de la mère de Madeleine Béjart. Avec sa femme et leur fille, elle-même prénommée Madeleine, le frère de Tristan s'essaya d'ailleurs brièvement au métier de comédien et suivit – modestement – les pas de son aîné avec la publication en 1639 de son unique tragédie, *La Chute de Phaéton.*

Tout laisse à penser que les jeunes comédiens offrirent de *La Mort de Sénèque* une interprétation convaincante, à rebours de la légende, que les adversaires de Molière se plurent à entretenir, selon laquelle ils furent de piètres tragédiens. Plusieurs arguments plaident en faveur de la thèse contraire : d'abord le fait que les tragédies de Tristan ne furent pas les seules dont se fût emparée la troupe (*Le Jugement équitable de Charles le Hardy* et *Le Dictateur romain* de Mareschal ainsi que le *Scévole* de Du Ryer et l'*Artaxerce* de Magnon firent partie de son répertoire) ; ensuite, si par sa grandeur la tragédie était propre à donner du lustre à des acteurs débutants, le peu de talent dont ils eussent fait preuve en ce domaine eût risqué à l'inverse de les pénaliser lourdement et durablement. Pourquoi donc Molière et ses camarades se fussent-ils enferrés dans une voie qui aurait à l'évidence gravement nui à leur besoin de reconnaissance ? D'après le témoignage de Tallemant des Réaux dans un chapitre consacré à Montdory et à l'« Histoire des principaux comédiens français », il semble que Madeleine Béjart se soit illustrée avec brio dans le rôle d'Épicaris : « on dit que c'est la meilleure actrice de toutes [...]. Son chef d'œuvre, c'était le personnage d'Épicharis, à qui Néron venait de faire donner la question. » C'est là une référence à la troisième scène de l'acte V, au cours de laquelle la jeune femme, qualifiée *a posteriori* par la critique de cornélienne, affronte avec un extraordinaire courage la violence non moins forte de Néron. Ici à son comble, la tension dramatique et émotionnelle ne tolère aucun faux pas, sans quoi les acteurs en deviendraient tout bonnement ridicules -- ce qui est de nature à confirmer la version de Tallemant. Dans son édition de la pièce (*Théâtre du XVII*e siècle, t. 2, Bibliothèque de la Pléiade, 1986, p. 1340), J. Scherer tâche d'imaginer le reste de la distribution, qui demeure à ce jour inconnu :

> On aimerait pourtant savoir quel rôle interprétait Molière, pour la première fois peut-être qu'il jouait en public ; on a suggéré que ce pouvait être celui de Lucain. L'acte du 30 juin 1643 ne me paraît guère permettre cette possibilité. Il y est dit que, sauf disposition contraire, 'Clérin, Poquelin et Joseph Béjart [...] doivent choisir alternativement les héros' [...]. L'obscur Clérin, nommé le premier dans l'acte, a pu choisir Néron. Joseph Béjart, plus âgé, a des chances d'avoir obtenu le rôle de Sénèque.

Pourquoi alors ne pas supposer que Molière incarnât l'un des conjurés et, plus particulièrement, Procule, qui par dépit amoureux n'hésite pas à dénoncer Épicaris (III, 1, v. 807-818) ? Les deux membres fondateurs de la troupe formeraient ainsi un couple à la scène comme à la ville, et en outre le rôle périphérique que le premier se serait arrogé le rendait pleinement disponible pour porter un regard extérieur sur l'ensemble de la représentation.

Après une première publication en 1645, la pièce est rééditée à deux reprises, en 1646 et 1647 également chez Quinet.

3.3. *Osman*

Enfin, concernant la dernière tragédie de Tristan, on suppose qu'elle fut créée en 1646-1647, on ne sait où, avant de paraître de façon posthume en 1656 chez Guillaume de Luynes, sans qu'il soit toutefois possible de connaître les raisons d'une publication aussi tardive. C'est en tout cas grâce au jeune Quinault que la pièce fut imprimée, et sans doute ce dernier cherchait-il à témoigner de sa reconnaissance à l'égard de son aîné. Il semble en effet que, pour soutenir le dramaturge débutant, l'auteur expérimenté ait fait passer pour sienne sa première comédie, *Les Rivales* (C 1653), qu'il aurait ainsi vendue à bon prix aux comédiens, avant que ces derniers ne découvrissent le stratagème et ne fissent alors baisser la somme consentie.

À l'histoire des trois pièces appartiennent également les sources auxquelles a puisé le dramaturge, et leur lecture permet de comprendre le travail de réinvention auquel se livre Tristan à partir d'une matière essentiellement narrative. À cela s'ajoutent les modèles esthétiques que constituent par exemple pour l'auteur de *La Mariane* les tragédies de Hardy.

4. Sources et modèles

4.1. *La Mariane*

> [Q]uiconque a lu Josèphe, Zonare, Égésippe, et nouvellement le Politique Malheureux, exprimé d'un style magnifique par le Révérend Père Caussin, sait assez quelles ont été les violences d'Hérode, qui furent fatales aux Innocents, et particulièrement à cette Illustre Mariane, dont il avait usurpé le lit et la liberté, avec la Couronne de Judée (« Avertissement »).

Comme le souligne l'auteur lui-même, *La Mariane* croise plusieurs hypotextes. Les *Antiquités judaïques* de Flavius Josèphe (37-38-~100 apr. J.-C.) sont à l'origine de la pièce comme auparavant de la *Mariamne* de Hardy – le nom de l'héroïne s'orthographiant aussi « Myriam » ou « Maryam » – de sorte qu'il est permis de penser que l'auteur en a pris connaissance non directement mais par l'intermédiaire de son aîné. Les traductions latines du texte grec parues au XVIe siècle en facilitaient pourtant l'accès. L'histoire de Mariane et d'Hérode figure aux livres XIV et XV, et le lecteur de Tristan y reconnaîtra la plupart des ingrédients constitutifs de l'intrigue théâtrale. Flavius Josèphe y raconte comment les suspicions d'adultère et de tentatives de meurtre sur la personne du roi qui pèsent sur son épouse ont conduit à la mort de celle-ci. Hérode est soutenu par sa mère et sa sœur, qui tiennent au sujet de leur parente des discours haineux en l'accusant de fomenter un assassinat. Salomé convainc ensuite l'échanson de témoigner contre Mariane, qui aurait profité d'un voyage de son mari à Rome pour faire avancer son dessein. Puis, après que la jeune femme s'est nouvelle fois refusée à lui, Hérode décide de la tenue d'un procès qu'il dirige seul et qui se termine immanquablement par la condamnation à mort de l'accusée. Mais, comme par l'effet d'une justice immanente, le monarque est finalement victime d'hallucinations provoquées par le remords et la souffrance que lui cause la disparition de l'héroïne. Comme le feront plus tard les dramaturges, l'historien met donc l'accent sur les contradictions du souverain, cependant qu'il brosse de la reine un portrait peu flatteur, ce en quoi les pièces diffèrent du récit initial. Mariane y est dépeinte comme une femme excessivement orgueilleuse, injuste vis-à-vis de son époux et méprisante à l'égard de sa belle-famille, au point que Flavius Josèphe l'estime en partie responsable de sa propre mort.

Parce que la suite de l'histoire en est la conséquence directe, méritent d'être considérés les faits antérieurs telle la mort d'Aristobule, le jeune frère de Mariane, dont le narrateur précise qu'il mourut noyé sur l'ordre d'Hérode. Plus tôt Hyrcan, le grand-père de Mariane, avait permis l'accession au pouvoir d'Antipater, le père d'Hérode, avant que ce dernier ne fît exécuter Hyrcan, afin d'écarter tout risque de rivalité politique. Les relations complexes que les Juifs entretenaient avec les Romains contribuent enfin à dessiner le cadre général dans lequel s'inscrit l'histoire de Mariane. Flavius Josèphe fait allusion à Cassius et à Brutus, les assassins de César, de même qu'à son successeur Antoine, qui s'allia à Hérode en dépit de l'hostilité de Cléopâtre, qui tenta d'influencer défavorablement son amant au sujet du roi.

Un siècle plus tard, le chapitre XXXI de la première partie de l'*Histoire de Jérusalem* d'Égésippe (110-180), dont une traduction française avait été fournie en 1556 par Jean Millet, reprend l'essentiel de la matière contenue dans le récit de Flavius Josèphe. L'auteur explique notamment que les révélations de Joseph, le beau-frère de Mariane (le roi l'avait chargé de tuer la jeune femme s'il ne revenait pas vivant de Rome), suscitèrent la jalousie de Salomé et éveillèrent les soupçons d'Hérode) – ce que relatait déjà l'historien juif. À son imitation, Égésippe s'attarde également sur les relations entre le roi et Marc-Antoine, séduit par la beauté de Mariane, qui lui avait offert un portrait d'elle. Enfin il souligne à son tour la puissance de la passion qu'Hérode voua à son épouse, en particulier après la mort de celle-ci.

Au début du Moyen Âge, les *Histoires et chroniques du monde* de Zonaras (~1074-après 1159), dont Jean de Maumont et Jean Millet avaient publié une traduction française en 1561, incluent un long développement sur le règne et la vie d'Hérode et racontent comment les calomnies de Salomé, les fausses accusations de l'échanson mais aussi l'arrogance de la reine causèrent l'ire d'Hérode, qui la fit ensuite exécuter.

En 1624, enfin, le jésuite Nicolas Caussin consacre le chapitre de sa *Cour sainte* intitulé « Le Politique malheureux » à l'histoire d'Hérode et de Mariane. Comme il le précise au préalable, il cherche à illustrer la « belle sentence » de saint Augustin selon laquelle « il n'y a rien de si misérable que la félicité des impies, et rien de si heureux que la vraie, et solide piété ». Pour cela, il développe deux exemples contraires, également tirés de l'histoire antique, ceux de la « Cour d'Hérode » et de la « Cour de Théodose le jeune », ce dernier, empereur romain, ayant mené une politique favorable au christianisme. L'opposition entre le vice et la vertu qui sous-tend la comparaison n'est pas pour autant absente du premier récit grâce à Mariane, qui représente la figure chrétienne de « l'Innocence persécutée » et dont le portrait est par conséquent des plus élogieux : « discrète, accorte, respectueuse, débonnaire, chaste comme une Suzanne, mais surtout courageuse et patiente ». Au cours du procès notamment, elle fit preuve, explique Caussin, d'une constance et d'une « patience plus qu'humaine », qui l'apparente au « Fils de Dieu ». À l'inverse, l'auteur dénonce avec force la « furieuse jalousie » qui anime Hérode, au point de voir dans l'union des époux une alliance contre-nature. Le récit, qui reprend précisément les données réunies par Flavius Josèphe, draine donc une réflexion sur le mauvais usage des passions, en particulier dans l'exercice du pouvoir. Alors que Mariane reste maîtresse d'elle-même, y compris dans les instants les plus délicats, Hérode fait figure de tyran dans la sphère politique comme dans la sphère domestique.

C'est néanmoins la *Mariamne* de Hardy dont l'influence s'avère être la plus décisive sur la pièce de Tristan. Aussi importe-t-il d'en rendre compte, avant de commenter ce qui les rapproche ou les éloigne (voir *infra* « Une construction singulière »).

Hardy, *Mariamne*	**Tristan, *La Mariane***
I, 1 : l'ombre d'Aristobule en appelle à la vengeance.	I, 1 : Hérode s'éveille en sursaut après avoir vu en songe le fantôme d'Aristobule exprimant sa colère. Le bref monologue du début est suivi, à la scène 3, du récit circonstancié du cauchemar (v. 87-139). Y sont mentionnés les « reproches » et les « imprécations » (v. 128-129) que la victime adressa *post mortem* à son assassin.

Hardy, *Mariamne*	Tristan, *La Mariane*
I, 2 : Hérode se réjouit auprès de Phérore et de Salomé d'être parvenu au pouvoir, mais se plaint du comportement de son épouse envers lui. Phérore attise les soupçons d'Hérode au sujet de Mariane. Salomé morigène à son tour Hérode, qui trouve néanmoins à Mariane des circonstances atténuantes.	I, 2 : Hérode et Phérore discutent du sens à donner aux songes. I, 3 : Hérode fait le récit de son cauchemar à Phérore et à Salomé. Cette dernière y voit le signe d'un malheur imminent, ce que Hérode peine à croire compte tenu de ses succès politiques et militaires. Il se plaint ensuite de la souffrance que lui inflige l'inimitié de Mariane. Salomé exprime l'hostilité que lui inspire sa belle-sœur, à laquelle elle reproche des propos haineux au sujet d'Hérode, mais celui-ci lui trouve des circonstances atténuantes.
II, 1 : Mariamne confie à sa nourrice les douleurs qu'elle éprouve et la haine que lui inspire Hérode, le « meurtrier de [s]es parents » et de son frère en particulier. La nourrice s'efforce d'apaiser la colère de la jeune femme et craint que ses plaintes ne soient entendues et ne lui causent un grand tort. Mariamne répond que la mort mettrait un terme à ses souffrances. Le dialogue revêt ainsi les traits d'une véritable *disputatio*, avant d'être interrompu par l'arrivée d'un page, qui demande à la reine de rejoindre son époux. II, 2 : Salomé charge l'échanson d'accuser Mariamne de tentative d'empoisonnement sur la personne d'Hérode. L'échanson accepte malgré ses scrupules.	II, 1 : Mariane confie à Dina la haine que lui inspire le « meurtrier de [s]es parents ». Elle relate ensuite les circonstances de la mort de son frère. Craignant que des oreilles indiscrètes ne l'entendent, Dina s'efforce d'apaiser la colère de la jeune femme, avant que le dialogue ne soit interrompu par l'arrivée de Salomé. II, 2 : cette scène, qui n'a pas d'équivalent chez Hardy, est un échange très vif entre Mariane et Salomé. Une fois seule, cette dernière promet de se venger aidée de l'échanson. II, 3 : Salomé achève de convaincre l'échanson d'accuser Mariane de tentative d'empoisonnement sur la personne d'Hérode. II, 4 : Hérode chasse violemment Mariane de sa chambre. II, 5 : Hérode confie à Salomé le refus que lui a opposé Mariane. Salomé dit son inquiétude au sujet du danger que représente à ses yeux Mariane pour Hérode. II, 6 : en présence de Salomé, l'échanson confie à Hérode le projet d'assassinat dont il accuse Mariane. Saisi d'une violente émotion, le roi demande que l'on fasse instamment venir la jeune femme. II, 7 : désormais convaincu de la culpabilité de Mariane, Hérode prie Phérore et Salomé d'assister au procès qu'il s'apprête à présider.

Hardy, *Mariamne*	Tristan, *La Mariane*
III, 1 : Hérode exprime sa colère à l'encontre de Mariamne, qui s'est une nouvelle fois refusée à lui (II, 4 chez Tristan). Il raconte la scène à Salomé, qui se réjouit de la lucidité de son frère. À l'arrivée de Phérore, Hérode lui confie également sa colère. Phérore à son tour souffle sur les braises. Enfin survient l'échanson, qui confie à Hérode le (prétendu) complot ourdi contre lui (II, 6 chez Tristan). Hérode laisse éclater la violente émotion que ses révélations ont éveillée en lui, et annonce la tenue d'un procès. Une fois présente, Mariamne essuie les reproches et les accusations de son mari. Persuadé de la complicité de Soême, Hérode ordonne qu'il soit arrêté. Mariamne, de son côté, n'hésite pas à raviver le souvenir des crimes passés, et dit son souhait de mourir. Convoqué, l'eunuque refuse de témoigner contre la jeune femme, comme l'y pousse le roi. Aussi est-il condamné à la torture. Soême subira le même sort, pour des raisons analogues.	III, 1 : en une courte scène, Hérode se prépare au procès. III, 2 : Hérode est assisté de deux juges, Phaleg et Sadoc, qui n'ont en réalité guère voix au chapitre. Mariane, de son côté, réfute les accusations portées contre elle par l'échanson et n'hésite pas à raviver le souvenir des crimes passés. Le seul regret qu'elle a de mourir est de rendre ses enfants orphelins. Hérode se laisse un instant attendrir, avant de se durcir à nouveau. Il condamne ensuite Soême, qu'il juge complice, à la torture. III, 3 : Hérode reproche à Soême d'avoir révélé à Mariane l'ordre qu'il avait jadis laissé de la faire mourir s'il ne revenait pas de sa rencontre avec Antoine. Il soupçonne Soême d'être devenu l'amant de sa femme, ce que récuse l'intéressé. Hérode le condamne alors à la peine capitale. III, 4 : il fait de même avec l'eunuque en dépit des dénégations de ce dernier.
IV, 1 : dans une ultime prière adressée à la divinité, Mariamne se prépare à la mort (cf. IV, 2 chez Tristan). Puis le prévôt vient la chercher pour qu'elle soit confrontée à son accusateur (cf. IV, 3 chez Tristan). IV, 2 : Hérode est partagé entre des sentiments contraires. Mais l'échanson maintient ses déclarations, et Mariamne renonce à se défendre. Plus encore, alors que son mari s'est dit prêt à faire preuve de clémence, elle rappelle les meurtres de ses père et frère, avant d'exprimer la conviction qui est la sienne que ses enfants, devenus orphelins, seront maltraités par leur père. Il n'en faut pas davantage pour que Hérode se laisse emporter par sa fureur et son aveuglement.	IV, 1 : Hérode se réjouit auprès de Phérore et de Salomé de la lucidité qu'il prétend avoir eue. Il n'en demeure pas moins partagé entre des sentiments contraires. Ses frère et sœur s'emploient à faire taire ses derniers scrupules. IV, 2 : Mariane, en prison, se prépare à la mort. IV, 3 : le concierge vient chercher la jeune femme. IV, 4 : Alexandra plaint le sort de sa fille, qu'elle attend de voir passer (une scène que Tristan, à la différence de Hardy, choisit de montrer). IV, 5 : Mariane dit au capitaine des gardes, venue la chercher, qu'elle ne craint nullement la mort. Elle exprime à nouveau le regret qu'elle a de laisser ses enfants (une scène qui n'a pas d'équivalent chez Hardy). IV, 6 : aux adieux que sa fille lui adresse, Alexandra, mue par la peur d'être à son tour condamnée à mort, répond par des injures (une scène que Tristan, à la différence de Hardy, choisit de montrer ; un épisode brièvement relaté chez Hardy aux vers 1495-1518, et de nouveau évoqué chez Tristan par Narbal aux vers 1515-1524).

Hardy, *Mariamne*	Tristan, *La Mariane*
V : le messager raconte à Hérode les circonstances de la mort de Mariamne. Le roi exprime sa douleur et en appelle à la vengeance sur lui-même. Phérore accourt, alerté par les clameurs que pousse son frère dans le palais. Salomé arrive à son tour, mais ils sont chassés par les menaces que profère à leur encontre Hérode en proie à la fureur. Persuadé un temps de la survie de la reine, il demande qu'un autel lui soit édifié.	V, 1 : Hérode se reproche vivement d'avoir causé la mort de celle qu'il aimait. V, 2 : Narbal relate à Hérode les derniers instants de Mariane. Le roi peine à croire en la réalité de l'événement. Tenté par le suicide, il « *se jette sur l'épée de Narbal* », puis implore le peuple de venger le meurtre de la reine, avant d'en appeler aux « Cieux ». V, 3 : Salomé et Phérore arrivent, alertés par le bruit des clameurs. Hérode leur demande de faire venir Mariane, qu'il croit encore vivante. En apprenant qu'elle est morte, il menace ses frère et sœur, qu'il estime coupables. Puis il pense voir sa femme dans le ciel.

De même que le choix de Flavius Josèphe pour *La Mariane*, celui de Tacite pour *La Mort de Sénèque* distingue Tristan des auteurs de tragédies contemporains. Si, comme nous l'avons dit, la tragédie romaine est alors largement pratiquée, rares en revanche sont les sujets tirés des *Annales* (ce sera plus tard le cas du *Britannicus* de Racine P 1670), sans doute parce que les épisodes qu'elles réunissent sont trop connus pour autoriser une réelle liberté de traitement, mais aussi probablement parce que la cruauté des faits contreviendrait par trop aux convenances exigées du genre tragique.

4.2. *La Mort de Sénèque*

Aux livres XIV et XV des *Annales*, Tacite raconte en détail la conjuration ourdie par Pison et ses soutiens, Lucain, Rufus, Scévinus, Milichus, Proculus, Silvanus, Natalis et beaucoup d'autres encore, contre le cruel Néron. Une fois réunis, « ils commencèrent à délibérer plus hardiment sur le lieu et le temps de l'exécution ». C'est alors que surgit Épicharis, une ancienne esclave, avec « ses exhortations et ses reproches », par lesquels elle espère hâter le cours des événements. Elle parvient à entraîner Proculus, qui par la suite pourtant n'hésite pas à trahir ses complices. Pour l'heure, les conspirateurs décident de tuer le tyran à l'occasion de son séjour dans la maison de campagne de Pison. Mais celui-ci refuse au nom des lois sacrées de l'hospitalité : « il trouvait odieux d'ensanglanter par le meurtre d'un prince, quel qu'il fût, la table sacrée du festin et les dieux hospitaliers ». Aussi Pison et ses amis choisissent-ils le palais impérial et les jeux du cirque pour perpétrer leur crime. Leur plan néanmoins échoue parce que Milichus, l'affranchi de Scévinus, finit par tout révéler à Néron. Interrogé, Scévinus nie ; Natalis, lui-même emprisonné, désigne Pison ainsi que Sénèque, dont l'historien précise que Néron le « haïssait mortellement », alors même que le philosophe avait été son précepteur. Torturée,

Épicharis conserve le silence avant de se suicider, et Tacite de louer le « courage admirable » dont fit preuve la jeune femme. C'est alors que l'auteur s'attarde sur le personnage de Sénèque, accusé à tort d'avoir pris part à la conspiration. Convaincu de sa culpabilité, l'empereur lui commande de mettre fin à ses jours, ce à quoi il consent avec un calme et une constance remarquables. Avant cela, il fait ses adieux à son épouse Pauline, qui exprime son désir de mourir. Néron toutefois l'en empêche, cependant que Sénèque, qui s'est coupé les veines, s'empoisonne pour hâter sa mort. « Enfin il entra dans un bain chaud, et répandit de l'eau sur les esclaves qui l'entouraient, en disant : "J'offre cette libation à Jupiter Libérateur" ».

Une autre version, que relaient *La Cour sainte* de Caussin (« Saint Paul et Sénèque à la cour de Néron ») et *La Mort et les dernières paroles de Sénèque* de Mascaron (1637), stipule que le philosophe se convertit au christianisme sous l'influence de saint Paul, dont il avait fait la connaissance peu de temps auparavant. La sagesse stoïcienne y croise alors le dogme chrétien, qui l'enrichit d'une croyance en la résurrection des âmes, cependant que le tyrannique Néron sert de repoussoir à la promotion d'un idéal moral.

Si avec *La Mariane* et *La Mort de Sénèque* Tristan puise donc dans l'Antiquité, avec *Osman*, il se tourne à l'inverse vers l'histoire orientale et la plus récente qui soit.

4.3. *Osman*

Le récit de la mort du sultan figure chez plusieurs chroniqueurs, que Tristan a probablement tous lus, sans qu'il soit toujours possible de savoir lesquels il a privilégiés. Le règne d'Osman II à la tête de l'empire ottoman commence en 1618 pour s'achever quatre ans plus tard, ce qui signifie que l'écriture de la pièce est postérieure de moins d'un demi-siècle aux événements qui composent son intrigue. Le très jeune souverain, âgé seulement de treize ans lorsqu'il le devient, mène de nombreuses guerres de conquête jusqu'à la ville de Khotin (« Ouchin ») dans l'actuelle Ukraine. Après plusieurs victoires, en Perse puis en Hongrie et en Pologne, il essuie une cuisante défaite dans cette cité même. Les pertes humaines massives qui résultent d'une telle politique lui valent l'hostilité de ses propres soldats, les « janissaires », auxquels il reproche leur manque de combativité ; aussi entreprend-il, sous le prétexte d'un pèlerinage à La Mecque, de lever une nouvelle armée en Égypte et en Syrie. Mais le dessein est finalement découvert et Osman assassiné.

Le premier à s'être fait l'écho de cet épisode est le Père missionnaire Pacifique de Provins, qui prétend même en avoir été un témoin direct. La lettre du 30 mai 1622 qu'il adresse à un membre de sa congrégation pour lui relater les faits est publiée à Paris, et *Le Mercure français* (sorte de journal avant l'heure) s'y réfère également. Dans l'édition de 1628 de son *Inventaire de l'Histoire générale des Turcs* (livre XVIII), Michel Baudier raconte à son tour la mort d'Osman et introduit la Fille du mufti, un chef religieux musulman, qui n'avait encore jamais été mentionnée. Le texte introduit aussi des motifs littéraires, à l'exemple du songe prémonitoire attribué à un empereur qui sent gronder la menace ; et, si nous citons le passage en entier, c'est parce que Tristan s'en inspire très largement (v. 261-268) :

> Osman songea trois semaines avant sa mort, qu'il faisait le voyage de La Mecque, monté sur un chameau d'extraordinaire grandeur, lequel dans son chemin s'écoula de dessous lui, s'envola au Ciel, et lui laissa la bride en main sans aucun usage. À son réveil son esprit souffre des grandes inquiétudes, et le désir de savoir l'explication d'un tel songe le travaille, et lui en demande l'interprétation. L'Hodia lui répond, que ce songe-là contenait des mystères trop hauts, qu'il le suppliait très humblement le pardonner, s'il n'osait point l'interpréter : mais que son oncle Mustapha, qui conversait journellement avec les Anges, lui en donnerait l'explication véritable [...]. Osman va trouver Mustapha, lui expose le songe, et en reçoit de lui le sens, en ces termes. Tu dois savoir Sultan, que ce grand chameau sur lequel tu as songé être monté, n'est autre que ton Empire, qui surpasse en grandeur tous les autres de la terre. [...] mais puisqu'il t'a paru s'être écoulé de dessous toi, il se rebellera contre toi.

Avant d'examiner les modalités et les enjeux de la réécriture dont procèdent les trois pièces, il nous faut décrire leur physionomie ainsi que celle des paratextes auctoriaux qui les accompagnent.

II

Étude des trois tragédies

1. *La Mariane*

1.1. L'appareil paratextuel

1.1.1. *L'avis au lecteur*

Le texte de *La Mariane* est accompagné d'une suite de paratextes liminaires, qui en déterminent la lecture et l'interprétation même. Mais auparavant figure, en guise de frontispice, une belle gravure réalisée par Abraham Bosse, qui montre la scène cruciale du procès (III, 2), avec un Hérode entouré de sa sœur et des quatre juges. Située au premier plan et à la droite de l'image, l'héroïne pointe un doigt accusateur vers l'échanson, dont le témoignage à charge précipite sa condamnation. Puis, suivant une pratique habituelle chez un écrivain comme Tristan qui bénéficie de la protection d'un grand seigneur, vient une épître dédicatoire destinée au duc d'Orléans, auquel le poète adresse les compliments d'usage pour le féliciter des victoires militaires qu'il a remportées au nom du monarque. Dans la deuxième édition de la pièce, parue elle-même en 1637, la lettre est suivie d'une ode de la main même de l'auteur, qui rend hommage au frère du roi « allant en Picardie commander l'armée de sa Majesté », comme le précise le titre complet. Au-delà de ce que ces deux paratextes ont de convenu, ils renseignent sur la dimension politique d'une tragédie dont le protagoniste est un souverain – de la pire espèce qui soit néanmoins. Aussi l'« avertissement » livre-t-il au lecteur une clé de compréhension majeure de la tragédie : la réflexion sur le pouvoir qui la sous-tend, avec le contre-modèle que constitue la cruelle tyrannie d'Hérode. Tristan y dresse la liste des sources auxquelles il a puisé et qui se divisent en deux catégories distinctes : d'une part, les historiens « Josèphe, Zonare, Égésippe », qui lui ont fourni la matière de sa pièce ; d'autre part, le « Révérend Père Caussin », qui mérite d'être considéré pour lui-même car non seulement il est un contemporain du dramaturge, mais surtout, comme nous l'avons dit, il inscrit l'histoire d'Hérode (plus que celle de Mariane à vrai dire) dans une perspective morale. Le tyran de Jérusalem y est décrit comme l'archétype du mauvais souverain, qui sous l'emprise de ses passions en vient à commettre d'abominables crimes.

Comment expliquer que Tristan passe sous silence le nom de Hardy, dont pourtant il s'est largement inspiré ? Sans doute est-ce d'abord en raison de la piètre réputation acquise par un dramaturge que la nouvelle génération jugeait obsolète. Ensuite les auteurs dramatiques avaient pris l'habitude de citer de préférence les Anciens, le prestige qui les entourait rejaillissant immanquablement sur la réputation de leurs imitateurs. Plus remarquables encore sont l'accent mis sur les « violences d'Hérode » et le portrait de ce « Prince sanguinaire » que brosse l'auteur, faisant ainsi de lui le personnage central de la pièce au regard de l'« Illustre Mariane », dont le rôle semble être en comparaison assez secondaire. Les contradictions d'un Hérode déchiré entre amour et haine, ses atermoiements lui confèrent un réalisme psychologique, qui n'enlève cependant rien à sa monstruosité. Dans le second paragraphe, Tristan introduit de nouveau le « Tyran », auquel il adjoint Salomé (« les artifices d'une femme envieuse et vindicative ») et Mariane (« la constance d'une Reine dont la vertu méritait un plus favorable destin »), autant de figures dotées d'une fonction allégorique comme le montre leur désignation même. Si le dramaturge a choisi d'appeler sa pièce *La Mariane*, c'est à l'évidence pour introduire un jeu intertextuel avec la *Mariamne* de Hardy, la célébration du courage exceptionnel de l'héroïne suscitant l'admiration, qui, comme le théorisera Corneille à propos de *Nicomède* (P 1651), constitue à côté de la crainte et de la pitié une véritable émotion tragique : « la fermeté des grands cœurs, qui n'excite que de l'admiration dans l'âme du Spectateur, est quelquefois aussi agréable, que la compassion que notre Art nous commande de mendier pour leurs misères » (« Au lecteur »). Les dernières lignes de l'avis au lecteur de *La Mariane* formalisent une réflexion qui, sans que Tristan ne le dise ouvertement, porte sur l'articulation entre genre poétique et genre dramatique. L'auteur y explique en effet que, « dans la perspective du Théâtre », il a renoncé aux « finesses » et à la « trop grande affectation » auxquelles la pratique de la poésie amoureuse l'avait accoutumé, c'est-à-dire aux « pointes » et autres ornements poétiques issus de la veine pétrarquiste ou mariniste, au profit de « beautés [...] naturelles », plus en adéquation avec l'exigence de *mimèsis* inhérente à l'art dramatique (« Vois cette peinture en son jour »).

1.1.2. *Les Arguments*

Chacun des cinq actes de *La Mariane* est en outre introduit par un « Argument », selon un protocole fréquemment employé à la Renaissance, à l'instar de ce que proposent les premières éditions de pièces antiques. Comme le latin *argumentum*, dont il est issu, le terme revêt plusieurs significations : le sujet, la matière d'une œuvre ou d'un discours ; la preuve qui sert à étayer une affirmation, par exemple dans le cadre d'une plaidoirie ou d'une diatribe – et on sait l'importance que la tragédie accorde à la rhétorique judiciaire ; enfin le procédé qui consiste à placer en amont d'un texte un résumé de son contenu. C'est évidemment ce dernier sens qui nous intéresse ici, même si les deux premiers ont à voir avec lui, en particulier lorsque le récit liminaire, que nous appellerons Argument initial (la majuscule permettant de distinguer le procédé du sujet), mentionne les sources narratives auxquelles a puisé le dramaturge. À supposer qu'il en soit l'auteur, comme ce paraît être le cas, Tristan a recours à un autre type d'Argument, que nous nommerons Arguments successifs dans la mesure où il s'agit de descriptifs incluant une numérotation qui correspond peu ou prou à la succession des scènes.

La question principale que pose la présence aux côtés d'une œuvre dramatique d'un ou de plusieurs Arguments est la suivante : quel est son intérêt du point de vue du lecteur, sachant qu'il demeure inaccessible au spectateur ? Ses détracteurs (notamment Scudéry dans *La Comédie des comédiens*, P 1635) lui reprochent non seulement son inutilité (pourquoi redire en une prose souvent minimale ce que la pièce dit déjà ?), mais encore le rôle néfaste qu'ils jouent auprès d'un lecteur dès lors privé du plaisir de la découverte. À ces critiques il est possible de répondre par deux objections : la première consiste à dire que l'agrément de la lecture sera d'autant plus grand qu'auront au préalable été fournies au lecteur des informations sur l'intrigue et les personnages ; la seconde concerne en particulier le genre tragique, dont les sujets, historiques, mythologiques ou bibliques, sont généralement déjà connus du lecteur. Dans le cas de Tristan, les Arguments rendent en fait compte moins de l'épisode original que de la teneur de chacune des scènes. Fort de ces éclairages, le lecteur est mieux à même d'apprécier le style du poète ou le traitement réservé aux protagonistes.

Enfin, comme il est d'usage, à la liste des personnages, qui inclut des précisions sur le statut de plusieurs d'entre eux (par exemple, « Dina, Dame d'honneur et confidente de Mariane », l'équivalent chez Flavius Josèphe de la « Nourrice », dont la dénomination, plutôt évocatrice de la dramaturgie humaniste, eût parue désuète), succède une didascalie qui situe dans ses grandes lignes le lieu de l'action : « *La Scène est à Jérusalem* » ; mais, en réalité, comme nous le constaterons, l'intrigue se déroule dans le palais d'Hérode ou à proximité immédiate de celui-ci. Avant d'examiner le degré de conformité de la pièce à la règle des trois unités, il nous faut en analyser la structure d'ensemble et, pour cela, un examen approfondi des similitudes et des divergences avec la *Mariamne* de Hardy s'impose.

1.2. Une construction singulière

Dans ses grandes lignes, *La Mariane* épouse la structure adoptée par son prédécesseur pour la sienne, comme le montre notamment la composition des deux derniers actes : une fois la mort de Mariane survenue, dans l'intervalle qui les sépare, libre cours est laissé au récit de l'événement et, surtout, à l'expression vive de la douleur et des remords d'Hérode – une orientation que confortent d'autres traits, comme celui qui consiste à inverser l'ordre des scènes : chez Hardy, le cinquième acte fait se succéder le récit du messager et les lamentations d'Hérode, tandis que chez Tristan celles-ci précèdent celui-là. Il n'empêche : la disposition générale fixée par l'auteur de *La Mariane* ne résulte sans doute pas tant du souci de jeter une pleine lumière sur un acteur prisé du public – et, à ce titre, propre à assurer le succès de la pièce – que de la volonté de suivre pas à pas les traces de son prédécesseur. Quoique moindre, la part quantitativement accordée à Hérode par la plus ancienne des deux tragédies était du reste déjà considérable.

Entre elles n'en demeurent pas moins des différences majeures, qui éclairent sur la position de Tristan dans le champ théâtral des années 1630. Chez Hardy, la scène d'exposition consiste en un long monologue attribué à l'« ombre d'Aristobule », qui en appelle à la vengeance après le meurtre dont s'est rendu coupable Hérode. Tristan, lui, procède d'une tout autre manière : sa pièce s'ouvre par un très bref monologue d'Hérode « *s'éveillant en sursaut* » (I, 1), encore sous le coup de l'émotion provoquée par la vision, terrible, du « fantôme injurieux » (v. 1) de son beau-frère, avant qu'il ne fasse, à la scène suivante, le récit complet de son cauchemar à Phérore et à Salomé. Au couple fraternel et idéal que formaient – et forment encore sur le plan symbolique – Mariane et Aristobule répond très nettement le trio, infernal, que composent Hérode et sa fratrie, en un rapport d'opposition que la jalousie des seconds envers les premiers attise jusqu'à la haine. À un procédé dont l'appartenance à la tradition antique ne fait aucun doute Tristan en substitue donc un autre, qui s'accorde mieux avec les usages du théâtre de son temps et auquel est associé un avantage substantiel, celui d'offrir la représentation, saisissante, d'un héros en proie à la « colère » et à l'« horreur » (v. 14). Les ressorts de la crainte et de la pitié, que la poétique aristotélicienne assigne au genre, se trouvent par là d'entrée de jeu mobilisés. Le souvenir du cadavre d'Aristobule, qui hante l'imagination d'Hérode, apparaît dès lors comme la métaphore du processus de réminiscence dont résulte, à cet endroit, l'écriture de la pièce comparée à celle de Hardy. Les développements qui occupent la troisième scène fournissent ensuite toutes les informations nécessaires relatives au contexte dans lequel s'inscrit l'intrigue, en faisant notamment état de la relation conflictuelle entre Mariane et son époux (I, 3, v. 205-330) Enfin la discussion que Tristan prête aux trois locuteurs au sujet du sens à accorder aux songes (I, 2, v. 21-82) lui offre l'opportunité d'introduire un motif qu'il affectionne, celui de la « mélancolie » (v. 19) – sous les traits de la

« mélancolie érotique » (P. Dandrey, *La Médecine et la maladie dans le théâtre de Molière*) qui affecte l'esprit d'Hérode. C'est précisément pour l'auteur une manière de nouer un lien étroit entre ses œuvres dramatique et poétique : le sonnet « À des cimetières » du recueil des *Plaintes d'Acante* (1633) ne résonnait-il pas déjà de la voix sourde des « ombres dolentes » en un « séjour mélancolique » ? Les annotations des « Plaintes d'Acante » témoignent enfin de l'intérêt de Tristan pour les théories médicales, comme celle de Du Laurens, afférentes à l'humeur noire et relayées par les explications de Phérore (I, 2, v. 47-74).

Concernant l'intervention d'Alexandra, le créateur de *La Mariane* opte pour une tout autre solution. Alors que, chez Hardy, les injures proférées par la mère de l'héroïne à l'encontre de sa fille, à l'instant même où celle-ci, stoïque, est menée à l'échafaud, figurent – succinctement – dans le récit que fait de l'épisode entier le messager, chez Tristan, elles donnent lieu à deux scènes, la première (IV, 4), au cours de laquelle la vieille femme exprime sa peur d'être à son tour condamnée par Hérode, la seconde (IV, 6), qui la montre couvrir la reine de reproches et d'insultes. Un tel dispositif étonne d'autant plus qu'il a pour conséquence d'enfreindre la règle de l'unité d'action – les paroles d'Alexandra n'ayant aucune incidence sur le cours de l'intrigue principale – en une période où, pourtant, se généralise le type de la tragédie régulière. Trois raisons semblent expliquer le choix de Tristan : il est d'abord fort possible que le dramaturge ait cherché par ce moyen à doter d'un rôle – si possible marquant – l'une des actrices (parmi les plus expérimentées) de la troupe du Marais ; il n'est ensuite pas exclu que la quête de l'efficacité scénique ait été délibérément subordonnée au respect des règles inhérentes à la tragédie ; enfin, selon une hypothèse corrélée à la précédente, la surprise qu'un tel coup d'éclat était susceptible de produire sur le public avait toutes les chances de contribuer au succès que la pièce n'a d'ailleurs pas manqué d'obtenir. L'auteur s'emploie en tout cas à amplifier, en le rendant visible, ce que son prédécesseur lui avait légué au travers d'une simple et courte narration.

Contraire au principe horatien, qui demande que le dénouement lui-même soit le plus tardif possible, une telle répartition de la matière dramatique rapproche *La Mariane* de la tragédie renaissante de la déploration. Elle est surtout le moyen de valoriser le talent de Montdory, à qui la troupe du Marais avait confié le personnage d'Hérode, et c'est d'ailleurs ainsi qu'à l'instar de Corneille la critique interpréta volontiers l'architecture de la pièce :

> L'auditeur qui la [la catastrophe] sait trop tôt n'a plus de curiosité, et son attention languit tout durant tout le reste, qui ne lui apprend rien de nouveau. Le contraire s'est vu dans *La Mariane*, dont la mort, bien qu'arrivée dans l'intervalle qui sépare le quatrième acte du cinquième, n'a pas empêché que les déplaisirs d'Hérode, qui occupent tout ce dernier, n'aient plu extraordinairement. Mais je ne conseillerais à personne de s'assurer sur cet exemple. Il ne

se fait pas de miracles tous les jours ; et quoique son auteur eût mérité ce beau succès par le grand effort d'esprit qu'il avait fait à peindre les désespoirs de ce monarque, peut-être que l'excellence de l'acteur qui en soutenait le personnage, y contribuait beaucoup (Corneille, *Discours de l'utilité et des parties du poème dramatique*, 1660).

Quoi qu'il en soit, le troisième acte joue un rôle central, non seulement sur le plan structurel avec le double diptyque qui l'encadre (I-II, IV-V), mais aussi au regard de la progression dramatique. C'est là en effet que se situe le tournant majeur de l'intrigue avec l'inique procès intenté par Hérode, juge et partie à la fois, à l'héroïne (III, 2) et le châtiment infligé à l'eunuque (v. 1083-1084), que le tyran fou accuse d'avoir pris part au prétendu projet meurtrier de la jeune femme. Ce n'est toutefois qu'à l'issue du quatrième acte que le roi, « agité d'une cruelle inquiétude » (Argument de l'acte IV) et doutant encore de la culpabilité de Mariane, rend sa décision sous l'influence des méchants Salomé et Phérore (IV, 1), qui agissent auprès de lui comme ils l'avaient fait à la première scène (I, 3) en noircissant le portrait de leur belle-sœur. En même temps qu'ils offrent au personnage d'Hérode une épaisseur et une complexité qu'il n'avait guère chez Hardy, les troisième et quatrième actes sont émotionnellement denses, ce qui accroît le plaisir du spectateur, suspendu à la décision du tyran sans pour autant croire à un dénouement favorable. La riche matière que contient la pièce n'empêche pas la règle des trois unités de s'y appliquer, avec toutefois une marge de manœuvre.

1.3. Une compréhension élargie de la règle des trois unités

En vertu de la souplesse qui prévaut dans les années 1630, l'auteur de *La Mariane* opte pour une pluralité des lieux de l'action (les appartements d'Hérode = I, II, 4-7, IV, 2, V ; la chambre de Mariane = II, 1-3 ; le tribunal = III, la prison = IV, 2, 5 ; le chemin qui conduit l'héroïne à l'échafaud = IV, 4, 6), que lie cependant une proximité voire une contiguïté. Tout se passe en effet dans le « palais » royal (v. 297, 369) ou ses alentours. Le texte est ainsi émaillé de termes qui désignent l'espace variable dans lequel se tiennent les personnages, quand il ne signale pas leurs entrées et sorties : à la fin de la première scène, « *Phérore paraît avec le Capitaine des Gardes* » et rencontre donc Hérode dans ses appartements, avant que leur sœur ne fasse elle-même son apparition à la fin de la scène 2 (« *Salomé entre* », v. 82). À la scène 3 se constituent deux groupes de personnages, spatialement distincts : d'un côté, Hérode et Soême, qu'il charge d'aller chercher la reine (v. 343) ; de l'autre, Salomé et Phérore, qui commentent l'attitude de leur frère (v. 335-342). Puis, avant que la première scène de l'acte II ne se termine, une didascalie indique que « *Salomé se montre à l'entrée de la chambre* » (v. 466), et Mariane invite alors sa belle-sœur à s'approcher d'elle (v. 474). Le dialogue qui s'engage entre les deux femmes s'interrompt au moment où l'héroïne « *se lève* » (v. 520), laissant son interlocutrice « seule » (v. 527), rejointe ensuite par l'échanson (v. 549). Une rupture néanmoins intervient à la scène 4 avec un Hérode « *chassant Mariane de sa chambre* » (v. 639) puis s'entretenant successivement avec Salomé, qui « *entre* » (v. 642), et l'Huissier, qui « *s'avance vers la chaire d'Hérode* » (v. 701). À la fin de l'acte, « *Phérore entre* » (v. 729), tandis que le capitaine des gardes part prévenir Mariane de la tenue prochaine d'un procès. Dès le début de l'acte III, Hérode apparaît « *au conseil* » (v. 743), c'est-à-dire à la tête du tribunal qui jugera la reine. En « *montrant l'échanson* » (v. 776), le roi l'exhorte à s'avancer et à prendre la parole, mais par la suite deux mouvements se succèdent : « *Il fait signe au Capitaine des Gardes d'éloigner Mariane* » (v. 832) et « *Il fait signe à ceux qui sont du Conseil qu'ils se retirent* » (v. 892), ce qui a pour conséquence de laisser les époux face à face. Devant la résistance de sa femme, le souverain ordonne finalement qu'elle soit conduite « dans la tour » (v. 998), ce qui explique que nous la retrouvions « *en prison* » à la scène 2 de l'acte IV (v. 1239). Après s'être résolue à « descendre » (v. 1292) de la « tour » (v. 998) où elle était enfermée, Mariane rencontre sa mère à « l'endroit » (v. 1303) où celle-ci l'attendait. À l'acte V, enfin, la venue de Narbal est clairement signifiée par Hérode, qui jusque-là était resté « *seul* » (v. 1403) : « Mais un des miens s'avance » (v. 1433), précise-t-il.

La liberté relative dont dispose Tristan dans l'organisation des actes explique qu'un personnage puisse arriver ou s'en aller en cours de scène, comme c'est le cas à la fin de la scène 2 de l'acte II, lorsque Salomé se retrouve « *seule* » (v. 527) après le départ de Mariane, et se lance dans un long monologue, avant de recevoir la visite de l'échanson. Telle est également la configuration de la scène 6 de l'acte IV. Pour éviter tout malentendu, une didascalie du type « *seul* » est parfois ajoutée à l'ouverture d'une scène pourtant intégralement monologuée : Tristan ou son imprimeur procède ainsi pour introduire la première scène de l'acte V (« Hérode *seul* »).

Si donc la localisation et les déplacements des personnages sont faciles à repérer, aucune information en revanche n'est fournie sur le temps exact que dure la fiction théâtrale. Il est probable que la pièce commence le matin, au réveil d'Hérode, pour s'achever le soir même voire le lendemain compte tenu du nombre et de la nature des événements survenus dans l'intervalle.

Quelles conclusions tirer de ces observations ? D'abord que Tristan accorde une importance cruciale au spectacle, sans qu'il soit toutefois possible de savoir si les didascalies font dès l'origine partie de la pièce ou si, au contraire, elles ont été ajoutées à l'issue des premières représentations. Ensuite il est évident que la tragédie a été jouée dans un décor à compartiments, comme c'était alors l'usage au théâtre du Marais ou à celui de l'Hôtel de Bourgogne. Conformément aux indications présentes dans le texte, Bernardin imagine le dispositif scénique suivant : « au fond, la salle du trône ; sur un des côtés, les chambres d'Hérode et de Mariane, sur l'autre, la prison; le cinquième compartiment [...], l'arcade auprès de laquelle avait lieu l'entrevue de Mariane et de sa mère ». Enfin, exception faite des scènes 3, 6 et 7, l'acte IV est tout entier fondé sur une juxtaposition de dialogues ou de monologues dont le personnel dramatique n'est pas continu : Phérore et Salomé (IV, 1), Mariane (IV, 2), Alexandra et son chevalier d'honneur (IV, 4), Mariane, Dina et le capitaine des gardes (IV, 5) occupent respectivement les autres scènes. À la liaison de présence, devenue la norme dans la dramaturgie classique, Tristan préfère donc un enchaînement de type thématique car, à lire les noms des personnages, le lecteur comprend que l'étau se resserre autour de la victime, agressée et par sa belle-famille et par sa propre mère.

2. *La Mort de Sénèque*

2.1. L'appareil paratextuel

Tout en étant plus réduit que celui de *La Mariane*, l'appareil paratextuel de *La Mort de Sénèque* est riche d'enseignements. Le volume s'ouvre par une gravure anonyme qui intègre le titre même, inscrit sur une colonne au-dessus de laquelle se tient un buste représentant tête inclinée le personnage éponyme, tandis que se dessine de part et d'autre de la statue une architecture à l'antique, surmontée des armes du comte de Saint-Aignan, le dédicataire de la tragédie et nouveau protecteur du poète. L'arrière-plan est occupé par un jardin au centre duquel se trouve un bassin, le tout en référence au décor probablement unique choisi pour l'ensemble de la pièce. Comme celle qu'il destinait au duc d'Orléans, l'épître dédicatoire que Tristan adresse au capitaine des gardes de Gaston résonne des flatteries attendues en de pareilles circonstances, mais elle comprend aussi des enjeux proprement littéraires. Le poète y file la métaphore picturale (« Les Muses n'ont point de pinceaux que je ne puisse manier avec quelque adresse »), qui, toute topique qu'elle est, assoit sa conception de l'art dramatique. Selon la célèbre formule de d'Aubignac, le théâtre est en effet pour Tristan une « peinture agissante et parlante », mais plus encore c'est sur une esthétique du tableau que repose sa dramaturgie, comme un écho au portrait initial d'un philosophe dont le marbre aura à jamais fixé la mémoire. L'hommage appuyé que le poète rend à son destinataire est un appel à l'héroïsme dont la tragédie cornélienne contemporaine offre de multiples exemples et qui constitue une clef de compréhension majeure de *La Mort de Sénèque* : comment rester vertueux dans un État gouverné par les passions les plus viles, et le régicide n'est-il alors pas légitime ? Il est évident que la double identité du personnage-pivot (Sénèque est un citoyen éclairé en même temps qu'un penseur prudent) conduit à associer étroitement les considérations politiques et les réflexions morales véhiculées par le sujet. Il semble qu'une telle lecture s'applique singulièrement aux dernières lignes du paratexte inaugural, lorsque le poète salue chez son dédicataire une « sagesse vigilante, qui règle avec tant d'autorité les passions qui se débordent » car le stoïcisme, dont Sénèque est l'un des plus éminents représentants, recommande à chacun la maîtrise de ses affects, ceux-là même précisément qui s'emparent avec une force irrépressible d'Hérode, de Néron, d'Osman et de la Fille du mufti. Enfin, comme dans *La Mariane*, le texte de *La Mort de Sénèque* est précédé de la liste des personnages, la plupart d'entre eux étant suivis de notations complémentaires (« Rufus, capitaine des gardes » ou « Sévinus, sénateur » par exemple), et d'une suite d'Arguments, respectivement placés en amont des cinq actes de la tragédie et construits selon le même principe qu'antérieurement.

2.2. Une conception rigoureuse de la règle des trois unités

Sur le plan structurel, *La Mort de Sénèque* se distingue par un remarquable resserrement de l'espace et du temps fictionnels. La didascalie liminaire précise que « *la scène est à Rome* », mais en fait il semble que l'action se déroule tout entière dans les jardins de la villa érigée par le riche Mécène et devenue propriété impériale. Même la première scène de l'acte V s'y produit, alors qu'il serait plus logique d'imaginer Sénèque en prison, comme l'avait été Mariane. La dernière réplique que prononce le centenier chargé de sa surveillance (v. 1607-1610) signale l'« entrée » (v. 1607) du héros, c'est-à-dire son retour chez lui, cependant que Néron fait de nouveau son apparition entouré de des gardes. Le statut privilégié dont jouit l'ancien précepteur de l'empereur explique qu'il échappe à un emprisonnement auquel, à l'inverse, la fureur vengeresse d'Hérode avait condamné son épouse. Surtout l'intérêt du dispositif est qu'il distribue les différents lieux de vie occupés entre autres par Néron et Sénèque, dont les appartements se situent au sein même du palais, ce qui rend ambiguë la relation du philosophe au tyran. L'intéressé lui-même souligne qu'il continue de bénéficier des largesses de son ancien élève (v. 177-244). Le texte est par ailleurs émaillé de mentions du lieu dans lequel se tient l'essentiel du drame. Pison désigne explicitement le « jardin de Mécène » (v. 317) dans lequel il rencontre Rufus et Sévinus (II, 1), avant que Néron à la fin du troisième acte n'ordonne à Milichus : « Attends dans ce jardin, je reviens dans une heure » (v. 1076). Il disparaît alors pour se rendre dans son « cabinet » (v. 998), comme il en était sorti à la fin de la scène 3. Plus tard, l'empereur se trouve à la « tribune » (v. 1608), le jardin étant suffisamment vaste pour accueillir pareil dispositif; puis, à l'approche de son suicide, Sénèque « *frappe à sa porte* » (v. 1539), afin de mourir dans l'intimité de sa chambre.

Une telle configuration présente un inconvénient majeur, dont Tristan par la voix de Pison se défend à demi-mot : « Nous ne pouvions choisir un endroit moins suspect/Pour parler de Néron que ce lieu de respect » (v. 315-316). Il leur est de fait périlleux de comploter en prenant le risque d'être entendus de Néron ou de l'un de ses alliés et, comme le remarque Corneille à propos de l'une de ses comédies urbaines, la commodité qui s'attache à l'observation stricte de l'unité de lieu contrarie parfois le principe, non-moins essentiel, de la vraisemblance :

> L'unité de lieu est assez exactement gardée en cette Comédie, avec ce passe-droit toutefois [...] que tout ce que dit Daphnis à sa porte ou en la rue serait mieux dit dans sa chambre, où les Scènes qui se font sans elle et sans Amarante ne peuvent se placer. C'est ce qui m'oblige à la faire sortir au-dehors, afin qu'il y puisse avoir, et unité de lieu entière, et liaison de Scène perpétuelle dans la Pièce ; ce qui ne pourrait être, si elle parlait dans sa chambre, et les autres dans la rue (*La Suivante*, Examen).

En comparaison de *La Mariane*, dont l'espace dramatique est pluriel, *La Mort de Sénèque* marque une évolution significative de l'esthétique tristanienne vers une plus grande concentration, celle-là même qu'exige la tragédie régulière.

La liaison des scènes y est également presque toujours suivie, même s'il arrive encore à Tristan d'introduire à l'intérieur d'une scène le départ ou l'arrivée d'un personnage, comme lorsque « *Pauline entre* » (v. 1450) à la fin du monologue de Sénèque (V, 1), avant que le centenier ne fasse son apparition (v. 1523) pour demander au vieil homme de se préparer à la mort. Se déploie ainsi une longue séquence pathétique et empreinte de la quiétude qu'apporte la philosophie.

Par ailleurs, tout laisse à penser que l'intrigue se déroule en moins de vingt-quatre heures. À l'acte II, les conjurés expriment leur intention d'agir le soir même (v. 429-430, 471, 699-700) ou au plus tard le lendemain matin (v. 459-460), et leur impatience à tuer le tyran est soulignée à plusieurs reprises (v. 480, 663). Mais leur projet est très vite découvert, de sorte que le cinquième acte semble se tenir le jour même où s'est ouverte la pièce.

L'unité d'action enfin y est observée avec une rigueur qu'ignorait *La Mariane*. *La Mort de Sénèque* déploie en effet un seul et même fil, qui se développe autour de la conjuration et de ses conséquences, notamment sur le destin du personnage éponyme. Enfin Tristan y a majoritairement recours à la liaison de présence et une seule fois à la liaison de vue lorsque, à la fin de la première scène de l'acte V, le centenier, qui redoute la colère de Néron, avertit Sénèque : « Celui qui nous envoie/S'avance à la Tribune, et je crains qu'il te voie » (v. 1607-1608). À l'achèvement d'un dialogue, un personnage prononce en général une phrase qui amorce le suivant. Par exemple, à la fin de la première scène, Sabine, apercevant Sénèque, lance à son mari : « Mais le voici, ce savant Personnage » (v. 165). De même, Tristan fait dire à Épicaris à l'issue de la scène 5 de l'acte II : « Lucain, retire-toi. Procule qui s'avance/Nous pourrait soupçonner de quelque intelligence » (v. 717-718).

Mais c'est en fait la pièce dans son ensemble qui témoigne d'un véritable souci de construction.

2.3. L'équilibre des actes et des scènes

Les cinq actes de *La Mort de Sénèque* se composent de la manière suivante : deux (I, 314 vers), six (II, 407 vers), quatre (III, 353 vers), quatre (IV, 341 vers) et quatre scènes (V, 449 vers). Le contraste est évident entre un premier acte réduit en nombre de scènes et de vers et un dernier marqué au contraire par une amplification, y compris au regard des trois autres. Que l'acte traditionnellement dévolu à l'exposition soit bref en comparaison des suivants est fréquent dans la dramaturgie française du XVIIe siècle et s'explique par la volonté d'en arriver le plus rapidement possible au nœud puis aux péripéties constitutives de l'action tragique. Il est en revanche plus rare que l'acte consacré au dénouement se distingue par une expansion, la fin de l'intrigue se caractérisant de préférence par une précipitation qui contribue à son intérêt. Encore ce trait de construction s'observe-t-il dans la tragédie classique plutôt que dans la précédente. Comme nous l'avons remarqué à propos de *La Mariane*, la tendance de Tristan est en outre de faire durer le cinquième acte, afin de donner sa pleine mesure au spectacle de la fureur du bourreau une fois la mort de sa victime survenue, même si *La Mort de Sénèque* lui accorde une place quantitativement moindre.

La manière dont se répartissent les personnages tout au long de la pièce est également révélatrice de la structure sur laquelle elle repose. Le premier acte est dominé par le personnage de Néron, qui s'entretient successivement avec Sabine (I, 1) et Sénèque (I, 2), ce qui permet de mettre en place le conflit opposant d'abord Sabine plutôt que Néron à Sénèque. Mais l'inimitié que la femme de l'empereur nourrit à l'encontre du philosophe ne tarde pas ensuite à déteindre sur celui que dominent déjà de viles passions. Le deuxième acte est presque exclusivement occupé par les conspirateurs, comme si le dramaturge, à l'instar de Garnier dans *La Troade* (1579) par exemple, tâchait de faire entendre en les juxtaposant des points de vue adverses. La succession des scènes n'en dessine pas moins un *crescendo* avec la très longue intervention d'Épicaris qui ouvre la deuxième d'entre elles (v. 333-414) et par laquelle la jeune femme s'efforce de remotiver une troupe encore hésitante. Le regard se centre ensuite habilement sur Lucain, qui essaie de calmer les ardeurs de l'héroïne (II, 3) et dont la présence surtout réintroduit la figure de Sénèque (II, 4). En effet, le lien qui les unit n'est pas seulement familial (le jeune homme est le « neveu de Sénèque », comme le rappelle la liste inaugurale), il est aussi déterminé par les exigences de l'intrigue puisque le philosophe est invité à prendre part à la conjuration (II, 4). Tristan trouve ainsi le moyen de situer le personnage éponyme au centre du dispositif, alors même et paradoxalement que le stoïcien entend rester à l'écart de la vie publique, selon l'argumentation qu'il développe (v. 684-709). Le troisième acte, dont nous savons le rôle crucial dans la tragédie en général, nous fait logiquement assister à la confrontation entre les deux groupes de personnages. Néron y interroge rudement Épicaris (III, 1), dont l'importance dès lors se confirme ; puis, une nouvelle fois aiguillonné par Sabine, il agit de même auprès de Milichus (III, 2) et de Sévinus (III, 4), auparavant trahi par son ancien esclave. L'acte central de *La Mort de Sénèque* est par conséquent décisif, comme il sied dans une tragédie en cinq actes. Du point de vue de la répartition des personnages, le quatrième ensuite s'apparente au deuxième dans la mesure où lui-même réunit les conjurés (IV, 1-2), à l'exception notable d'Épicaris, dont Pison annonce d'emblée la « prise » (Argument de l'acte IV), sans pour autant qu'en soient exclus Néron et Sabine (IV, 4), qui ordonnent l'arrestation de tous les autres conjurés. Le cinquième acte, enfin, est presque tout entier consacré à la mort de Sénèque, d'abord avec la scène par laquelle le philosophe se prépare à mourir (V, 1), puis avec la réaction de Néron à l'annonce du meurtre (V, 4), toutefois précédée d'un ultime affrontement entre Sévinus, Épicaris et Sabine, qui laisse à l'événement désigné par le titre de la pièce le temps d'advenir.

Si la dernière tragédie de Tristan offre des similitudes avec les deux autres, elle se distingue en revanche d'elles par l'existence d'un seul paratexte, allographe.

3. *Osman*

3.1. La dédicace de Quinault

Dans l'épître liminaire qu'il adresse à Bussy-Rabutin, le célèbre cousin de Mme de Sévigné alors « lieutenant général des armées du roi », le jeune Quinault s'exprime au nom du défunt et adopte des formules topiques prisées de ce dernier, notamment lorsqu'il affirme à propos de l'ouvrage, placé sous si haute protection, que « l'envie n'osera l'attaquer ». Tristan terminait par exemple ainsi son discours de réception à l'Académie française : « je me trouve aujourd'hui vengé par les propres mains de la Vertu de tous les mauvais traitements que j'ai reçus de la Fortune ».

Puis viennent la liste des personnages et une description du dispositif scénique dans lequel la pièce fut jouée : « Le théâtre est la façade du palais ou sérail, où il y a une porte au milieu qui s'ouvre et se ferme, à côté, une fenêtre, où l'on pourra tirer un rideau, lorsque Osman reçoit les plaintes des janissaires ».

3.2. Un perfectionnement des règles du théâtre

À ce système, auquel le texte lui-même fait écho avec la mention « d'une porte qui s'ouvre » (v. 562) et d'une « fausse fenêtre » (v. 1073), par laquelle l'empereur observe invisible ses ennemis, s'ajoute un « balcon » (v. 1062, 1082), du haut duquel il s'entretient avec Orcan, Sélim et Mamud à la scène 4 de l'acte IV. En dépit de sa complexité, le décor ainsi conçu est parfaitement compatible avec la règle de l'unité de lieu.

Sur le temps fictionnel, les indications que contient la pièce sont peu nombreuses. Il est néanmoins permis de conclure qu'elle n'excède pas les vingt-quatre heures exigées par les théoriciens du théâtre. « Que me peux-tu répondre en ce funeste jour ? » (v. 1336), demande à Osman la Fille du mufti au début du cinquième acte. Les précisions fournies mettent l'accent sur la précipitation avec laquelle les faits s'enchaînent. « Le dessein de partir ne se peut différer » (v. 91), déclare dès le premier acte l'empereur au sujet de son projet de voyage vers l'Égypte, après quoi il décide : « Partons dès cette nuit ! » (v. 272). Mais, dans l'intervalle, ses ennemis se sont mobilisés et la Fille du mufti est impatiente de voir sa vengeance s'accomplir : « Travaille à la révolte et fais dès aujourd'hui/Que pour tout renverser il ne tienne qu'à lui » (v. 543-544), exhorte-t-elle Sélim. La tragédie s'ouvrant par le réveil de la Sultane sœur, elle commence probablement le matin pour s'achever le soir même, comme le suggère le sentiment d'urgence qui anime à tout instant les protagonistes.

La structure d'*Osman* s'apparente à celles de *La Mariane* et de *La Mort de Sénèque* tout en témoignant de changements notables dans la dramaturgie tristanienne. Comparée à la première, la dernière tragédie accorde une place réduite au lyrisme pour mettre davantage l'accent sur l'action. Elle se situe en cela dans le prolongement direct de *La Mort de Sénèque*, avec laquelle elle partage le thème de la conjuration. Mais, à la différence de celle-ci, *Osman* mêle étroitement intrigue politique et intrigue amoureuse en maintenant un subtil équilibre entre les deux. Leur présence conjointe tout au long de la pièce est attestée dès le premier acte, qui se fait tour à tour l'écho de la révolte sourde dirigée contre Osman et du danger potentiel que représente la Fille du mufti. À la confiance excessive que manifeste l'empereur sur les plans politique et personnel à la fois (il a l'ambition de bâtir une nouvelle armée, qui servira ses projets d'expansion, de même qu'il a la ferme intention d'épouser celle qu'il ne connaît encore qu'à travers son image : I, 3), s'opposent la prudence et la clairvoyance de la Sultane sœur, avertie il est vrai par un songe prémonitoire (I, 1-2). L'acte II est traversé par une péripétie dont les conséquences seront décisives à l'heure de la rencontre entre les deux protagonistes (II, 3), qui fonctionne à la manière d'un *innamoramento* inversé : loin d'être séduit par le visage de la jeune femme, l'empereur se détourne d'elle et refuse de l'épouser. Le personnage de Sélim achève de nouer un lien entre conflit politique et conflit personnel (II, 3), comme le réclame la règle de l'unité d'action, dont le respect strict est désormais requis. Le bassa propose en effet de s'allier à la jeune femme, furieuse d'avoir été répudiée, afin d'obtenir la mort de l'empereur, dont avec le reste de l'armée il souhaite également se venger (v. 490). Se prépare alors une conjuration dont le déroulement rapproche *Osman* de *La Mort de Sénèque*, mais les motivations amoureuses en sus des motivations politiques lui confèrent une originalité qu'elle n'avait pas dans la pièce antérieure, comme si Tristan cherchait *in fine* à combiner les deux types de tragédie auxquels il s'était essayé. À une dramaturgie fondée sur la violence d'un amour insatisfait s'y ajoutent des ressorts qui intéressent l'exercice du pouvoir, de sorte qu'*Osman* est une tragédie domestique autant qu'une tragédie politique. Il ne restait dès lors plus à Tristan qu'à tirer les fils qu'il s'était plu à nouer, et à cet égard le troisième acte tient parfaitement ses promesses et joue de nouveau le rôle central que *La Mariane* et *La Mort de Sénèque* lui avaient déjà assigné. Le piège se resserre autour de l'empereur, cependant que commencent à apparaître de fortes dissensions entre Sélim et la Fille du mufti (III, 2), animée de sentiments contradictoires (III, 1) comme l'était Hérode, ce qui ajoute à la complexité du nœud. Au quatrième acte ensuite est attribuée la fonction propédeutique qui lui est traditionnellement dévolue. Le départ du souverain ayant été empêché durant l'entracte, le sérail est le sous le coup d'une menace (v. 1023), qui finit par éclater à la faveur de la confrontation entre Osman et Orcan (IV, 4), tandis que le cinquième acte est comme de juste occupé par le dénouement. Au regard de la dualité de l'intrigue, sa fin se partage en deux moments distincts, qui jettent une pleine lumière sur le drame passionnel, l'acte V étant davantage centré sur les troubles de la cité. Survenu hors de la scène, le meurtre d'Osman fait l'objet d'un long récit circonstancié de la part de Mamud (v. 1512-1567), et surtout la narration s'adresse à la Fille du mufti (V, 4), touchée à double titre par l'événement : non seulement parce qu'elle en est l'une des principales instigatrices, mais aussi parce que la disparition de son amant la plonge dans un désespoir qui la pousse au suicide (v. 1603). C'est ainsi que Panthée, dans la deuxième tragédie de Tristan, se poignarde sur le corps même de son mari, dont elle a involontairement causé la mort, à quoi succède le suicide d'Araspe, follement épris de la reine (*Panthée*, V, 4-5).

Des remarques antérieures se dégagent les enjeux propres à chacune des pièces, mais également ceux qu'elles partagent et que nous nous proposons à présent d'examiner. Au-delà de leurs disparités, les trois tragédies au programme témoignent de la cohérence de la dramaturgie tristanienne, à commencer par le rapport ambivalent qu'elle entretient avec les règles du théâtre et qu'il est possible de résumer en termes de baroque et de classicisme.

III

Principaux enjeux

1. Entre baroque et classicisme

Ces deux concepts sont devenus de véritables lieux communs du discours critique et de l'historiographie par lesquels sont désignées et caractérisées les esthétiques respectives des deux grandes périodes constitutives de la littérature française du XVIIe siècle et correspondant successivement aux règnes de Henri IV (1589-1610) et de Louis XIII (1610-1643) et à celui de Louis XIV (1651-1715). À une poétique classique de l'ordre et de la mesure, qui obéit aux principes cartésiens de rigueur et de clarté, s'oppose la propension baroque à des formes moins prévisibles, comme l'indique l'origine même du mot (le portugais *barocco*, « perle irrégulière »). Les frontières incertaines entre le rêve et la réalité, le goût pour le macabre et le sanglant, de même que pour le faste et l'ostentation, qui distingue à l'époque de Hardy le théâtre élisabéthain ou l'œuvre de Calderon, qualifiée aussi de baroque, dessinent les contours d'une dramaturgie dont l'esprit autant que la lettre la différencient assez radicalement du classicisme. La règle des trois unités, celles de la vraisemblance et des bienséances, lui sont également étrangères, alors qu'elles suffisent à résumer le théâtre classique.

Du moins la distinction vaut-elle théoriquement parce qu'en pratique nombreux sont les textes qui relèvent à la fois du baroque et du classicisme. Opératoire, la chronologie n'en est pas moins sujette à caution, comme l'attestent entre autres les comédies-ballets de Molière, créées en plein classicisme mais fondées sur une alliance des arts du spectacle (du théâtre, de la musique et de la danse) qui ressortit plutôt au baroque.

1.1. *Songe et vérité*

Qu'en est-il des tragédies de Tristan, composées en une période transitoire mais décisive, où, nous l'avons dit, le modèle régulier est en passe de se généraliser, cependant que persistent des usages qui évoquent davantage les aspérités du baroque ? Récurrent dans le théâtre tristanien, le motif du songe en est l'illustration par excellence avec la confusion qu'il instaure entre croyance et savoir, vérité et illusion. La discussion qu'engagent Hérode et Phérore à la scène 2 du premier acte de *La Mariane* porte d'ailleurs sur le crédit à donner à ce que le songe funeste semble avoir de prédictif, et les opinions qui s'y expriment ne sont en fait pas aussi tranchées qu'il y paraît. Le roi aimerait se laisser convaincre par l'argument habituel selon lequel le « songe » n'est qu'un « mensonge », suivant la thèse que défend son interlocuteur et comme le résumera la rime d'Osman (*Osman*, v. 257-258). Mais, en son for intérieur, le monarque sent toute la force tragique qui s'attache à l'apparition du fantôme vengeur d'Aristobule, et reconnaît à demi-mot sa culpabilité dans la mort du jeune homme. L'angoisse qui l'étreint au sortir d'un cauchemar qui l'a mis face à l'horreur de ses crimes et dont les conséquences, il le sait, seront terribles ne saurait donc être adoucie par les paroles rassurantes que lui adressent en retour Phérore puis Salomé (I, 3). C'est paradoxalement dans un état intermédiaire entre la veille et le sommeil que le tyran commence à prendre conscience de la vérité de son être, en une dialectique que prise le théâtre contemporain de Rotrou : la réalité s'y manifeste au contact de la fiction, comme le montre l'exemple particulièrement éclairant de Genest, dont la conversion miraculeuse est déclenchée par son interprétation du martyr d'Adrian (*Le Véritable saint Genest*, C 1644). Telle est au fond la vocation que les dramaturges baroques assignent à « l'illusion comique » (Corneille) : mettre au jour ce que les sens ne perçoivent pas immédiatement, et le songe, que Tristan emprunte à la tradition antique mais qu'il réinterprète à la lumière des conventions du baroque, est un moyen d'y parvenir. La contradiction apparente n'est pas étrangère à celle qu'énonçait Érasme dans *L'Éloge de la folie*, à savoir que le plus fou est celui qui se croit le plus sage et *vice-versa*. La folie hallucinatoire qui atteint Hérode à la fin de la pièce permet une double révélation : celle du mari coupable qui se reconnaît tel (« Ah ! Je suis l'auteur de ce meurtre inhumain », v. 1589, s'exclame-t-il au sujet de la mort de Mariane) et celle d'une victime dont l'assomption est la preuve évidente de son innocence (« Mais elle n'est point morte, elle vit dans les Cieux », v. 1725).

En une tension caractéristique de la conception baroque d'un monde instable et de son rapport à la création littéraire, le processus se produit par l'entremise d'un imaginaire chargé de significations : les ultimes visions d'Hérode sont à comprendre comme l'expression même d'une clairvoyance qu'il n'avait encore jamais atteinte, et le délire semble être dès lors le chemin le plus sûr vers la lucidité. Néron a beau écarter les funestes présages dont le « songe fâcheux » (*La Mort de*

Sénèque, v. 924) de Sabine semble être le vecteur ; il n'en décide pas moins par précaution de « rendre grâces » (v. 944) aux dieux Cérès et Bacchus. Superstitions et rationalité sont donc compatibles selon les mécanismes mêmes de l'oxymore, qu'affectionnent les poètes baroques. Enfin aux craintes répétées de la Sultane sœur, consécutives au cauchemar qui lui a fait voir par anticipation le cadavre de son frère (*Osman*, I, 1), s'oppose l'arrogance d'un empereur qui succombe au portrait trompeur de la Fille du mufti et hâte la décision de leur mariage sans même l'avoir jamais rencontrée. Le sens de l'image est d'autant plus difficile à saisir qu'il est très variable : elle masque et dévoile tour à tour, ce qui explique les errances et les erreurs des personnages. Hérode, Néron et Osman sont la proie d'un jeu de dupes dont ils sont les premiers responsables et, lorsqu'ils finissent par comprendre, l'heure de la mort a déjà sonné. Or celle-ci survient de la pire façon qui soit, et la description minutieuse de ses circonstances témoigne d'une complaisance un peu macabre qui mérite d'être analysée en termes esthétiques.

1.2. *Un théâtre de la cruauté*

La prédilection de Tristan pour le spectacle de la cruauté est à mettre sur le compte d'une dramaturgie baroque, que celle-ci se traduise par l'évocation voire la représentation de la mort ou par l'expression non-moins forte de la fureur. Que l'issue en soit ou non fatale, la souffrance acquiert une dimension spectaculaire en levant un voile sur les obscures profondeurs de l'âme. Dans notre corpus, la mort s'accomplit une seule fois sous les yeux du public, au moment où la Fille du mufti « *se donne trois coups de poignard* » (v. 1603) après avoir appris le meurtre d'Osman, dont elle se sait en partie coupable. Le suicide de Panthée ainsi que celui d'Araspe étaient déjà visibles dans la deuxième pièce de l'auteur (*Panthée*, V, 4-5). Le genre de la tragédie orientale auquel appartient *Osman* explique l'exaspération de la violence qui distingue son esthétique. Les récits de voyage et les tragédies de ce type associent à la peinture de contrées lointaines telles que Constantinople (*La Rhodienne, ou la Cruauté de Soliman* de Mainfray, P 1612, ou encore *Le Soliman* de Vion d'Alibray, P 1617) ou le Pont (*Monime* de Pageau, P 1600, ou *La Mort de Mithridate* de La Calprenède, P 1637) un imaginaire de « brutale furie » et de « cruauté barbare », pour reprendre les termes de la Fille du mufti (v. 1568). L'emploi privilégié de l'arme blanche par laquelle s'y commettent les actes de vengeance ou les suicides conduit à faire couler le sang, de préférence sur la scène, comme si par ses origines étrangères la tragédie orientale échappait mécaniquement aux convenances auxquelles la tragédie romaine tend en revanche à s'assujettir.

Survenue en coulisses durant la scène 3 de l'acte V, le décès de l'empereur fait ensuite l'objet de la part de Mamud d'un long récit (v. 1512-1567), d'une telle précision que lecteurs ou auditeurs ont l'impression d'avoir eux-mêmes été les témoins de l'événement. L'ensemble de la narration est placée sous le signe de l'hypotypose, que prisent en général les dramaturges baroques pour dire les horreurs de l'existence. Le passage, qui s'apparente à une *ekphrasis* (la description littéraire d'une peinture, ici d'une vaste fresque, caractérisée par l'abondance des personnages et le mouvement qui les anime) restitue avec une remarquable crudité la brutalité du meurtre du Grand Vizir accompli par une foule en délire : « Mais ces impatients, choqués de son audace,/L'ont en moins d'un moment déchiré sur la place » (v. 1528-1529). Puis c'est au tour d'Osman de semer la terreur avec une célérité que reflète la concision même de la phrase correspondante : « Il fait soudain voler vingt têtes et vingt bras » (v. 1543). Le bain de sang se termine par l'assassinat du protagoniste, et la métaphore de la « chasse » (v. 1548) suffit à dire la sauvagerie des combats : « Chacun se jette à lui, par terre on l'abat » (v. 1563). S'y succèdent des verbes d'action qui ne passent rien sous silence (« détache », « se jette », « abat », « lutte »), pas même le geste presque anthropophagique de la morsure infligée par Osman à ses adversaires : « Qu'il en tient quelques-uns qu'avec les dents il mange » (v. 1565).

Mais en réalité c'est l'ensemble de la pièce que traverse un imaginaire sanglant, et il n'est pas sûr que l'ébranlement du spectateur soit moindre qu'à la scène finale tant les narrations sont précises : « Quoi ! le sang ottoman n'a point de privilège :/ On l'épanche à ma vue », s'exclame *in medias res* la Sultane sœur (v. 2-3), à laquelle un songe affreux vient de faire voir l'assassinat de son frère. Après quoi l'empereur évalue le manque de courage de ses soldats au peu de sang qu'ils ont versé sur les théâtres d'opération (« Il [le Niester] rougit de leur sang bien moins que de leur honte », v. 114), ce qui dessine en creux le portrait d'un souverain prompt à sacrifier les siens pour servir ses folles ambitions. Il ne se prive cependant pas de mettre en péril son propre « sang », celui « des Ottomans », afin de calmer l'ardeur de ses ennemis (v. 135-136). En effet, le sang n'est pas seulement celui qui s'écoule des blessures; il est aussi le symbole d'une noble hérédité, dont l'empereur tire une grande fierté. La Fille du mufti décline à son tour le motif : « Une terreur soudaine a figé tout mon sang » (v. 817), confie-t-elle à Sélim, à qui elle reproche de s'être laissé attendrir par Osman, avant d'affirmer à l'annonce de la disparition de son amant, dont l'image est gravée en elle selon un *topos* de la rhétorique galante : « Il nage dans mon sang, il court dans mon esprits » (v. 1599). En se transperçant le cœur, elle réalise le meurtre qu'elle souhaitait et redoutait à la fois. Même si l'acte qu'elle exécute frappe par sa fulgurance et la haine de soi dont il témoigne, il a été préparé par le discours qui précède (v. 1582-1603) et, comme Hérode dans *La Mariane*, la criminelle découvre sa victime auréolée d'un éclat presque divin (v. 1594-1597). La mort est donc sublimée et esthétisée par la mise en scène et les commentaires qui l'accompagnent. Il en est également ainsi lorsqu'elle fait l'objet d'une narration.

Le récit de mort constitue en effet un exercice oratoire auquel le dramaturge se livre avec talent et qui suscite une large gamme d'émotions, de l'indignation à la compassion. Les précisions fournies par le narrateur sur le cadre de l'action ou la dignité de celui ou celle qui va mourir placent le lecteur dans la position d'un spectateur virtuel et, quand il se substitue aux temps du passé, le présent de narration accentue ce sentiment d'actualité (*Osman*, v. 1563-1567). Tout en restituant les ultimes paroles de Mariane, Narbal la dépeint dans une attitude pieuse, qui contribue à sa sacralisation : « Elle joignit les mains, leva les yeux en haut » (v. 1530). Non content d'être pathétique, le meurtre de l'innocent persécuté, du martyre sacrifié sur l'autel de la tyrannie qu'est Mariane ou Sénèque, invite les témoins à exprimer une admiration que le spectateur externe est ensuite invité à partager : « On vit sourdre aussitôt mille chaudes fontaines/Des yeux de tout le peuple ainsi que de ses veines » (*La Mariane*, v. 1555-1556), déclare Narbal en forme de pointe, l'eau des larmes se mêlant étrangement au sang qui s'échappe du corps de la reine. L'imaginaire liquide est décidément au cœur de l'esthétique tristanienne puisque la mort de Sénèque associe à son tour les deux éléments, même si Tristan, en poète précieux qu'il est, y ajoute un contraste singulier entre le luxe tapageur du lieu et l'horreur de la situation : « Un vaste bassin d'or, où des eaux odorantes/Ornaient de leur parfum mille pierres brillantes » (*La Mort de Sénèque*, v. 1795-1796). La scène est rendue poignante par la citation au style direct du discours paisible que le philosophe adressa à ses proches (v. 1809-1828) puis à Dieu (v. 1834-1838), l'auteur retenant l'hypothèse d'une rencontre avec saint Paul qui aurait conduit à sa conversion. Repris, le motif de l'élévation, concrète mais surtout spirituelle (v. 1830), achève de galvaniser une figure que le récit s'était déjà attaché à célébrer.

Le cas d'Osman est différent dans la mesure où le personnage ne bénéficie pas du même crédit de sympathie que les deux précédents. Tout en suivant une trame analogue (une narration qui mime pas à pas le déroulement des faits, et des propos fidèlement retranscrits), le récit de Mamud rend compte de la puissance destructrice de l'empereur (v. 1515-1555), qui, à la manière de l'Attila de Corneille, finit par subir une violence équivalente à celle qu'il avait infligée à autrui. Celui qui avait fait voler tant de têtes se trouve à son tour décapité.

2. De la mort à la folie

2.1. Le principe des bienséances préservé

Le choix que fait Tristan de situer la mort de Sénèque ou celle d'Osman hors de la scène s'explique à l'évidence par la progression en ces années 1640 de la règle des bienséances, qui demande que soient soustraites au spectateur des scènes d'une trop grande violence, fussent-elles nécessaires à la progression dramatique comme le soulignent le titre même de *La Mort de Sénèque* et, partiellement, celui de *La*

Mariane. La folie non-moins spectaculaire de Néron est à l'inverse exposée au regard du public à l'extrême fin de la pièce (v. 1845-1868), tandis que celle d'Hérode occupait l'intégralité du dernier acte. La crise qui saisit le personnage se traduit principalement par des mots, et ces derniers donnent à voir à l'imagination un monde terrifiant, que peuplent divinités infernales et ombres vengeresses (v. 1851-1854). Tristan trouve ainsi le moyen de frapper l'esprit du public, sans pour autant avoir à montrer ce que les règles et les contraintes du théâtre ne lui permettent guère de rendre visible. Avec l'entrée symbolique du tyran dans les ténèbres, *La Mort de Sénèque* se termine là où commençait *La Mariane*, à telle enseigne que les paroles respectives y sont très similaires : « Un fantôme sanglant me presse et m'épouvante » (v. 1852 ; *cf.* « Fantôme injurieux qui trouble mon repos », *La Mariane*, v. 1). Gagné *in fine* par les « les cuisantes pointes du remords » (Argument de l'acte V), Néron reçoit la visite du défunt Sénèque, qui lui inflige le châtiment d'une mort psychique, celle-là même à laquelle la mort inique d'Aristobule puis celle de Mariane avaient irrémédiablement condamné Hérode.

Le *logos* est par conséquent le fondement de l'esthétique tragique de Tristan, comme le souligne la place considérable assignée aux douleurs d'Hérode dans le cinquième acte de *La Mariane*. Un tel accent mis sur la tonalité élégiaque comporte une part d'archaïsme en rappelant la dimension déploratoire de la tragédie humaniste, dont chacun des actes par exemple se termine par de longues plaintes du chœur ; mais il vise également à mettre en valeur l'acteur principal à une période où le métier de comédien se professionnalise. La conséquence en est que le discours lui-même devient un objet de spectacle, et son efficience est d'autant plus grande que le personnage sombre dans une confusion mentale dont les signes sont à la fois physiques et linguistiques : « Mille tristes pensers lui tiennent compagnie,/Il a le teint tout pâle, et les yeux égarés » (v. 1664-1665), constate un Phérore incapable de ramener son frère à la raison. La représentation acquiert ainsi une force exceptionnelle, sans pour autant que soient exposés au regard du public des actes d'une violence insoutenable. Le geste réitéré par lequel Hérode se saisit de l'épée de Narbal (v. 1574 et 1586) est l'expression d'un profond désespoir et non le prélude à un suicide effectif.

2.2. La dualité du sujet

Le dispositif conduit à s'interroger sur l'identité exacte du protagoniste. Ne s'agit-il en effet pas plutôt d'Hérode, contrairement à ce que le titre semble indiquer ? Du moins le déséquilibre quantitatif est-il patent entre les deux personnages : Hérode comptabilise au total huit cent quatre-vingt-dix-sept vers contre seulement deux cent quatre-vingt-huit pour Mariane. Si le roi de Jérusalem est tenu pour le seul véritable héros de la tragédie – ce qu'il paraît être eu égard à sa présence massive et au rôle crucial qu'il joue dans la progression de l'intrigue – alors le sujet principal est la fureur du tyran et non la mort de Mariane. Le martyr de la reine ne serait-il donc que le sujet apparent, derrière lequel se cacherait le sujet réel (la folie du souverain) ? Et, dans ce cas, pourquoi avoir choisi pour intitulé le nom de la jeune femme ?

Même si le choix de la dénomination est à l'évidence dicté par le jeu intertextuel qu'il introduit avec la *Mariamne* de Hardy, nous retiendrons l'hypothèse d'un titre qui désigne l'héroïne et par conséquent le sujet central de la pièce (la mort de Mariane comme plus tard celle de Sénèque ou d'Osman). La tension tragique est en effet dirigée vers un événement majeur (le sacrifice d'une innocente injustement persécutée), dont les prémisses sont sensibles dès la scène d'exposition avec l'évocation de la mort d'Aristobule mais aussi celle du conflit conjugal, et que prolonge ensuite la mort psychique d'Hérode. Preuve de la puissance insurpassable de la femme forte qu'est Mariane, d'une constance et d'un courage exceptionnels, selon la définition générale qu'en offre par exemple le Père Le Moyne (*La Galerie des femmes fortes*, 1647) : il n'est pas nécessaire qu'elle paraisse sur la scène pour faire la démonstration de son aptitude à agir sur soi et les autres. L'ultime étape du processus est sa sanctification, préparée par le poignant monologue en forme de prière qu'elle prononce depuis sa prison et qui est empreint d'un imaginaire christique (« Au milieu des épines,/Seigneur, fais-moi bien marcher dessus des fleurs », v. 1267-1268), et finalement réalisée par son accession à la vie éternelle : « L'un lui tend une Palme, et l'autre une Couronne » (v. 1768). La reine est morte mais vit désormais dans le Ciel tel un « Ange » (v. 1782) nimbé de lumière, et là encore Tristan use d'un lexique qui apparente la pièce à une tragédie hagiographique (« divin », « console », « joie », « Doux et puissant esprit », *etc.*). Tandis qu'Hérode est englué dans les pesanteurs du corps, lui qui entend soumettre sexuellement sa femme, celle-ci entretient un commerce avec les défunts (v. 379-390), et la vertu qu'elle incarne, jointe à sa souffrance, la prédispose à une mort promesse d'une résurrection.

La problématique que nous venons de définir à propos des sujets réel et apparent de *La Mariane* vaut également pour *La Mort de Sénèque*. L'objet principal en est-il la fureur du tyran, la conjuration ourdie contre lui ou encore ce que désigne le titre, le philosophe n'étant pas directement concerné par elle ? Est-il même pertinent d'établir une hiérarchie entre les deux séries d'événements (la conspiration et la mort de Sénèque), sachant le lien qui les unit ? Comment enfin justifier le choix du titre compte tenu de la relative passivité du personnage éponyme voire de la position moindre qu'il occupe dans l'économie générale de l'œuvre (trois cent vingt-neuf vers contre trois cent quarante-sept pour Néron) ? Il semble que Tristan ait cherché à s'inscrire dans la suite de *La Mariane* avec un héros vertueux condamné à mort par un souverain brutal. Une telle situation ouvre la voie à un pathétique qui se conjugue avec de larges méditations sur l'existence – un aspect qu'affermit naturellement le statut du personnage éponyme. Le monologue par lequel Sénèque se prépare à mourir (V, 1, v. 1419-1450) est ainsi nourri de réflexions issues de ses textes philosophiques et de la pensée stoïcienne en général, notamment lorsque le vieil homme affirme « quitter la terre », ses « beautés » mais surtout ses « lois tyranniques » – celles du corps et non seulement celles du pouvoir – pour espérer rejoindre « du Ciel les belles avenues » (v. 1433). Pour répondre à la question initiale, nous appliquerons donc à *La Mort de Sénèque* le raisonnement suivi à propos de *La Mariane* : le centre névralgique en est effectivement la mort de Sénèque, comprise dans sa dimension philosophique et religieuse, et le désir de puissance que Néron incarne à lui seul sert dès lors de contre-point à l'exaltation des vertus de constance incarnées par le sage.

Demeure néanmoins un paradoxe, à savoir que la mort de Sénèque est reléguée en coulisses, avant de donner lieu à un long récit. Il en était déjà de même pour celle de Mariane, à la nuance près que ses circonstances (une décapitation en place publique, aux « yeux de tout le peuple », v. 1556) rendaient sa représentation matériellement difficile, alors que dans le cas de Sénèque c'eût été parfaitement possible : un compartiment aurait dévoilé la chambre du héros, avec « ses amis » (v. 1803) autour de lui. Mais Tristan préfère une nouvelle fois à la représentation la narration.

En une perspective élargie aux trois pièces du programme, c'est à une véritable typologie des actes de langage qu'il convient de procéder.

3. Le discours tragique et ses déclinaisons

3.1. Le modèle oratoire

Pour saisir pleinement les modalités et les enjeux du discours tragique, il nous faut faire appel aux catégories héritées de la rhétorique ancienne. Comme le théorisent Aristote (*Rhétorique*), Cicéron (*L'Orateur*) et Quintilien (*L'Institution oratoire*), l'éloquence se répartit entre trois types de discours : démonstratif, délibératif et épidictique (l'éloge ou le blâme). La finalité de l'orateur, du tribun ou de l'avocat, étant de convaincre son auditoire, sa parole vise tout à la fois à instruire (*docere*), à plaire (*placere*) et à émouvoir (*movere*). En effet, sa force de persuasion sera d'autant plus grande qu'il aura su au préalable séduire son public par un bel ordonnancement ou le recours à des figures de style qui frappent l'imagination. L'efficacité qu'il vise dépend donc de la pertinence des arguments qu'il énonce (l'*inventio*) tout autant que de leur enchaînement (la *dispositio*). C'est à la lumière de cet héritage que méritent d'être considérées les tirades en forme de plaidoiries

(*La Mort de Sénèque*, v. 245-308, 1491-1522; *Osman*, v. 1129-1216, 1342-1385) ou de diatribes (*La Mariane*, v. 379-428, 1315-1356, 1589-1646; *La Mort de Sénèque*, v. 83-126, 333-416; *Osman*, v. 1083-1124) qui jalonnent nos pièces, ou encore les amples récits que font les personnages d'événements extra-scéniques (*La Mariane*, v. 87-139, 1485-1558; *La Mort de Sénèque*, v. 1773-1842; *Osman*, v. 111-136, 713-795, 846-892, 1514-1567), la *narratio* constituant la partie traditionnelle du discours qui suit l'exorde (= l'introduction ou la définition du sujet). *Osman* relate ainsi sur le mode épique les batailles dont l'empereur se rendit victorieux (v. 125-136, 713-795) : le fracas des armes, la foule des combattants, la violence des coups assénés, mais aussi l'éclat de l'armure que porte le guerrier et qui contribue à sa gloire (v. 737-746), agrandissent l'horizon de la scène en dévoilant de somptueux spectacles. Soucieux de variété, Tristan témoigne également de son éloquence avec les monologues élégiaques qui figurent en grand nombre dans les trois pièces (*La Mariane*, V, 1; *Osman*, II, 1 et V, 1) ainsi qu'avec les joutes verbales caractérisées par de courtes répliques, assises ou non sur le principe de la stichomythie (*La Mariane*, II, 2 et IV, 6; *La Mort de Sénèque*, III, 1, IV, 3 et V, 3, IV, 4 et V, 2). En même temps qu'elle permet à chacun d'exposer son point de vue, et conformément à son *ethos*, c'est-à-dire à ses statut et caractère (un roi de tragédie par exemple s'exprime conformément à son rang), une telle palette introduit une diversité qui évite à la représentation de devenir monotone. L'analyse de l'argumentation et de la manière dont elle est structurée s'avère être ici décisive.

La scène du procès, qui occupe très exactement le centre de *La Mariane* (III, 3), porte à son sommet le registre délibératif ou judiciaire qu'illustre le corpus. Les deux parties s'y opposent avec une vigueur extrême, et chacune d'elles déroule sa thèse au moyen d'une argumentation, offensive pour ce qui est d'Hérode et des autres accusateurs, défensive pour ce qui est de Mariane. L'émotion est à son comble lorsque l'héroïne réagit au témoignage à charge de l'échanson, convaincu par Salomé de la nécessité du mensonge (II, 3) : « Poursuis, poursuis, barbare, et sois inexorable » (v. 855), répond la jeune femme à un mari qui se fait justicier. En une stratégie qui précipite sa condamnation, l'accusée réclame la mort, mue par le désespoir d'avoir perdu les siens et d'être désormais contrainte de vivre aux côtés d'un homme qu'elle déteste.

Si le poète dramatique est donc comparable à l'orateur, le tragédien l'est également, comme le soulignent les nombreux traités de l'art de l'acteur parus à partir du milieu du XVIIe siècle (*Sept traités sur le jeu du comédien et autres textes : de l'action oratoire à l'art dramatique, 1657-1750*, éd. S. Chaouche, Champion, 2001). Il prend la parole dans l'espoir d'obtenir l'adhésion de son auditoire, et déploie pour cela une gestuelle expressive, qui vient étayer un discours solidement construit. L'*elocutio* et l'*actio* intéressent plus encore le jeu scénique, fondé sur l'alliance de la voix et de la posture que recouvrent peu ou prou ces deux notions. Preuve une nouvelle fois de l'importance que Tristan accorde à la théâtralité : la présence dans ses tragédies de didascalies externes ou internes, qui laissent deviner une partie de la représentation possible ou effective. C'est ainsi que sont précisément décrites les manifestations de fureur d'Hérode (« Il a le teint tout pâle, et les yeux égarés », v. 1665 ; « Il s'est évanoui », v. 1802) ou de celle de Néron (« Tous mes sens sont troublés, et son âme inquiète/Ne peut plus se remettre en sa première assiette », v. 1847-1848).

Le spectateur n'est toutefois pas le seul destinataire des pièces ; l'est aussi le lecteur, dont la prise en considération est attestée par la présentation même du texte. Dès les éditions originales, les longs discours attribués aux héros tragiques sont typographiquement scindés en plusieurs sections, comme le montre par exemple l'ample plaidoyer que la Fille du mufti adresse à Osman pour le convaincre de l'épouser (v. 1342-1385). Ce mode de composition offre l'avantage de distinguer clairement les différents arguments que développe le personnage : ainsi, à partir du vers 1360, qui significativement commence par la conjonction adversative « Mais », la jeune femme se dit prête à soutenir celui sur lequel elle avait pourtant dans les vers précédents déversé sa haine.

Il existe évidemment beaucoup d'autres catégories de scènes, et c'est leur succession ou leur alternance qui détermine la structure de la tragédie dans son ensemble.

3.2. Une succession de discours diversifiée

La notion de rythme constitue ainsi l'une des pierres angulaires de toute dramaturgie, quel que soit le genre ou la période à laquelle celle-ci appartient. Elle se fonde sur l'ampleur autant que sur la nature de chacune des scènes qui composent la pièce : un long monologue lyrique interrompt la progression dramatique, tandis qu'un dialogue agonistique, formé de brèves répliques, par exemple sous la forme de stichomythies (*La Mariane*, II, 2 ; *La Mort de Sénèque*, V, 3 ; *Osman*, I, 3, v. 205-213 ; V, 2, v. 1337-1341), l'accélère. Ces différents types de scène se rencontrent chez Tristan, et leur coexistence au sein d'un même ensemble offre du point de vue de la représentation un double avantage : l'introduction de monologues lyriques permet au spectateur de reprendre son souffle après des scènes haletantes, caractérisées par une virulente confrontation ou l'annonce d'une funeste nouvelle ; mais la diversité de ton ou de registre permet aussi à l'acteur de faire montre de l'étendue de son talent, comme c'est le cas d'Hérode, dont les réactions varient au gré de ses humeurs.

Cependant les joutes verbales qui émaillent nos trois tragédies mettent principalement face à face des personnages féminins. Si, dans *Osman*, jamais la Sultane sœur et la Fille du mufti ne s'opposent frontalement, dans *La Mariane* et *La Mort de Sénèque*, en revanche, les scènes de ce type sont nombreuses et marquent même des jalons décisifs de l'action dramatique. Ainsi, après un dialogue avec sa confidente dominé par la plainte (II, 1), Mariane tient tête à Salomé (II, 2), et les répliques cinglantes que s'échangent les deux femmes sont comme autant de coups qu'elles s'assènent mutuellement. Le monologue que prononce Salomé une fois Mariane partie (v. 527-548) est appréciable non seulement parce qu'il instaure une autre cadence, moins tendue, mais surtout parce qu'il annonce les sombres desseins ourdis par la sœur du roi. Dans *La Mort de Sénèque*, la femme forte qu'est Épicaris décide de la physionomie des « duels » verbaux (M. Vinaver, *Écritures dramatiques : essais d'analyse de textes de théâtre*) qui ponctuent la pièce (II, 2; III, 1 ; V, 3). S'observe même à cet égard une intensification, qui contribue à donner au personnage une remarquable épaisseur. À la scène 2 de l'acte II, celle que Pison qualifie de « Généreuse Amazone » et d'« esprit tout héroïque » (v. 417) attise le feu de la conjuration en faisant valoir par un long discours (v. 333-416) la cruauté et le cynisme de Néron. Lucain, dans la scène suivante, loue à son tour la jeune femme : « Fille égale à Minerve en beauté de visage,/En force d'éloquence, en grandeur de courage » (v. 481-482). Mais ensuite sa relation aux autres conjurés (tous des hommes) se dégrade, ce qui accroît dans les mêmes proportions sa force morale. Elle résiste à l'interrogatoire musclé auquel la soumet Néron (III, 1), elle que Procule par dépit amoureux vient de dénoncer, et refuse de livrer le nom de ses complices y compris sous la torture (v. 1099). Surtout, comme Tristan l'avait fait avec Mariane et Salomé (*La Mariane*, V, 3), mais plus vivement encore, il réunit Épicaris et Sabine pour un effet dramatique et émotionnel inégalé puisque cette fois les deux ennemies se combattent à coup d'insultes (v. 1715-1720).

Les trois tragédies sont donc pour une large part un théâtre féminin, dominé par de puissantes figures, que celles-ci incarnent le vice ou la vertu, la constance de l'âme ou les fureurs de la passion. Le langage théâtral est ainsi doté d'une valeur performative, à l'inverse de ce que nous observons lorsqu'il se déploie sur le mode lyrique.

4. Théâtralité et poéticité

4.1. La composante lyrique de la tragédie tristanienne

Commencé avec les plaintes de l'héroïne (II, 1), le lyrisme de *La Mariane* achève de s'épanouir avec les longues tirades élégiaques que prononce Hérode après l'annonce de la mort de la jeune femme (v. 1589-1650). Les regrets qu'il y fait entendre composent en effet un chant d'amour et de mort, conforme à la définition fournie par Boileau dans son *Art poétique* (1674) : « La plaintive élégie en longs habits de deuil,/Sait, les cheveux épars, gémir sur un cercueil ». L'acte V relève ainsi presque tout entier d'une poétique de l'ornementation au sens où le discours de lamentation s'y développe en un vaste jeu de variations. Aussi décisives soient-elles, les informations qu'il contient sur la mort de Mariane et la folie d'Hérode n'avaient pas besoin d'un tel développement, et les figures de style très recherchées qu'emploie Tristan portent la marque évidente du poète, et ce dès le début de la pièce. Hérode par exemple dit les douleurs d'un amour insatisfait au moyen de métaphores topiques : « Tu m'as mis dans les fers, tu m'as mis dans la flamme » (v. 987). Le lecteur y reconnaît l'image convenue de la servitude amoureuse (« les fers »), que contredit la puissance effective du roi, de sorte que celui-ci est métaphoriquement l'esclave de sa propre captive (avant d'être faite prisonnière, Mariane est soumise à l'autorité de son mari). La pointe ou le *concetto* (= une image frappante exprimée en un style concis et généralement placée à la fin d'un poème ou d'une strophe) est donc fondé sur une syllepse de sens (l'assujettissement se comprend aux sens propre et figuré à la fois) en même temps que sur une contradiction interne, qu'expose la situation dramatique. Quant au terme de « flamme », il fait évidemment référence au feu de l'amour, mais il est aussi l'expression hyperbolique des souffrances qui rongent le cœur de l'amant, comme le confirme le vers suivant : « Tu m'as percé le cœur, tu m'as arraché l'âme ». Parmi les nombreux autres exemples de ce type qui rapprochent le langage de *La Mariane* de celui des *Plaintes d'Acante* ou des *Amours* figure la formule suivante, qui résonne des reproches adressés par Hérode à son épouse : le « serpent couvert de fleurs » (v. 1403) fait écho à la représentation traditionnelle de la rose – évocatrice des fragiles douceurs de l'amour comme chez Ronsard – cachant en son sein un dangereux reptile, celui-là même auquel est comparée une femme que son mari accuse de fomenter sa mort.

Moins fréquents et plus réduits, les pointes et autres ornements poétiques n'en sont pas pour autant absents de *La Mort de Sénèque* ni d'*Osman*[1], comme l'illustre notamment la métaphore récurrente de l'orage (*Osman*, v. 946, 1035) ou de la tempête (*Osman*, v. 903, 1326), que prise traditionnellement la poésie amoureuse pour dire les aléas de l'amour et par laquelle le dramaturge souligne les tourments vécus par les personnages. La première occurrence appartient à la Fille du mufti, qui à l'ouverture d'un long monologue élégiaque (V, 1) déplore l'inconstance de la Fortune en la comparant à une divinité marine. Est également topique le portrait de l'être aimé dont l'amante conserve une trace indélébile : « Il subsiste en mon cœur ; mais il faut qu'il périsse » (v. 1601). Le désir de la jeune femme s'accomplit au moment où elle se transperce la poitrine, ce qui permet de comprendre rétrospectivement la syllepse de sens contenue dans l'image originelle : le cœur est à la

1. Pour une analyse plus complète, nous renvoyons à notre article « La naissance d'un dramaturge, ou comment Tristan poète vint au théâtre », dans *Réussir les agrégations de lettres* 2023, dir. M.-A. Fougère, Dijon, Éditions universitaires de Dijon, 2022, sous presse.

fois le siège de l'amour et l'organe indispensable à la vie. Le suicide de l'héroïne fait par conséquent disparaître à jamais l'empereur.

Or les choix stylistiques de Tristan sont en contradiction avec le programme qu'il énonce dans le second paragraphe de l'avis au lecteur de *La Mariane.* Il y exprime en effet son intention de renoncer aux « finesses trop étudiées », afin de mieux s'inscrire, dit-il, « dans la perspective du Théâtre », qui préfère les « beautés [...] naturelles », autrement dit un style simple et sans fioritures. En clair : le dramaturge débutant est conscient de la tentation que représente pour le poète pétrarquiste et mariniste qu'il est une esthétique de la riche ornementation, peu appropriée dans le cadre d'une œuvre dramatique, dont la progression serait ainsi ralentie.

4.2. Une diversité de formes poétiques

La tragédie n'en demeure pas moins pour Tristan un laboratoire d'expérimentations poétiques et, à ce titre, elle ne saurait être considérée indépendamment de son œuvre lyrique, qui partage avec elle des schémas métriques, comme si le dramaturge ne cessait jamais d'être le poète – au sens étroit du terme – qu'il est par ailleurs. La liste suivante énumère tous les passages qui échappent au distique d'alexandrins à rimes plates, devenu la norme dans la tragédie.

- *La Mariane*, IV, 2, monologue en stances (30 vers) : sizains d'alexandrins et d'hexasyllabes (aabccb).
- *La Mort de Sénèque*, V, 1, monologue en stances (32 vers) : huitains d'alexandrins et d'octosyllabes (aabccbcb).
- *Osman*, I, 3, lettre (16 vers), v. 281-296 : quatrains d'alexandrins (abab).
- *Osman*, II, 3, lettre (4 vers), v. 533-536 : quatrain d'alexandrins (abab).
- *Osman*, III, 1, monologue en stances (42 vers) : sizains d'octosyllabes et d'alexandrins (aabcbc).
- *Osman*, V, 1, monologue en stances (36 vers) : sizains d'octosyllabes et d'alexandrins (aabccb).

La première remarque qui s'impose concerne l'existence à côté des stances hétérométriques du quatrain isométrique, ce qui en soi témoigne déjà d'un désir de s'essayer à des combinaisons de vers et de rimes très variées. Toutes formes poétiques confondues, et en dépit de la plus grande brièveté des deux lettres qui y sont incluses, il est évident qu'*Osman* domine quantitativement – et de loin – *La Mariane* et *La Mort de Sénèque* avec quatre passages, dont deux monologues en stances, contre un seul dans chacune des deux autres pièces. Or c'est là un paradoxe, le monologue en stances connaissant surtout le succès à l'époque de *La Mariane*, comme l'atteste notamment *Le Cid* avec les célèbres stances de Rodrigue (I, 6), et sous l'influence de la réforme malherbienne, qui a contribué à en fixer les règles. Il paraît étonnant que l'auteur n'ait pas eu davantage recours à des genres poétiques spécifiques dans sa première tragédie, dont la création suit de peu la publication de son premier recueil. Mais sans doute le jeune dramaturge entendait-il prendre ses distances avec une pratique qui aurait risqué d'entacher sa nouvelle carrière en rappelant trop le poète qu'il était. Tristan se conforme par ailleurs à l'usage qui consiste à faire suivre les stances monologuées d'une seconde partie dont la structure est calquée sur le reste de la tragédie (une suite de distiques d'alexandrins à rimes plates). Enfin, comme c'est le cas des stances poétiques, chacune des strophes constitutives des stances dramatiques est métriquement, syntaxiquement et sémantiquement autonome, ce qui encourage à les lire pour elles-mêmes, en tout ou partie. Si le texte de théâtre constitue donc un objet de lecture, de compréhension et d'interprétation, il est également et avant tout un objet de représentation.

La question est alors de savoir quelle part de théâtralité recèle ce type de passage et comment il est possible de le faire entendre sur la scène. Une interrogation qui intéresse en fait tous les monologues pour peu qu'ils soient étendus car le risque est grand de lasser le spectateur, surtout lorsqu'ils correspondent à des scènes liminaires (*La Mariane*, I, 1 ; III, 1 ; V, 1 ; La *Mort de Sénèque*, V, 1 ; *Osman*, I, 1 ; II, 1 ; III, 1 ; V, 1), dont la vocation est théoriquement de relancer la mécanique théâtrale. Pour ne pas épuiser la patience du public, il est en effet nécessaire de contrecarrer le statisme qu'implique la solitude du personnage ; et les outils dont disposent les auteurs sont relatifs à la dramaturgie et/ou au jeu théâtral. Les premiers concernent notamment le « dialogisme du monologue » (A. Ubersfeld, *Lire le théâtre*), qui consiste à y mêler plusieurs voix, comme lorsque le personnage est traversé par des sentiments contraires (*La Mariane*, V, 1, v. 1421-1428 ; III, 1, v. 649-654 ; *Osman*, V, 1, v. 1278-1313) ou qu'il hésite sur la décision à prendre (*La Mariane*, IV, 6, v. 1395-1402 ; V, 1), ou encore lorsqu'il s'adresse à des interlocuteurs absents ou imaginaires (*La Mariane*, I, 1 ; II, 4, v. 642-652 ; IV, 2, v. 1263-1268 ; V, 1, v. 1403-1420 ; *La Mort de Sénèque*, V, 1, v. 1443-1450 ; *Osman*, I, 1, v. 1 ; II, 1 ; III, 1, v. 613-642 ; V, 1, v. 1242-1247 et 1260-1265). Ces variations contribuent également à mettre l'acteur en lumière : celui-ci fait montre de sa virtuosité et de son aptitude à tenir en haleine le public au gré des humeurs du personnage, et quelle que soit la physionomie du texte. La déclamation prisée des tragédiens du Marais, qui créèrent *La Mariane*, fait ainsi du monologue un véritable morceau de bravoure, d'autant plus attendu que l'acteur est illustre comme l'était Montdory, le brillant interprète d'Hérode.

4.3. Le songe à la lisière du poétique et du dramatique

Présent à la fois dans son œuvre lyrique et dramatique, le récit du songe est particulièrement révélateur de l'articulation qui se joue entre poéticité et théâtralité.

Il donne volontiers lieu à un développement autonome, comme le montrent par exemple l'ode « Les Terreurs nocturnes », intégrée au recueil des *Vers héroïques* et à l'intérieur d'elle quelques-unes des scénettes qui la composent, mais surtout les narrations que lui consacrent les tragédies : chaque passage est en effet lisible indépendamment du reste de la pièce, même si le contexte dramatique le dote d'une dimension supplémentaire en l'inscrivant dans le cours d'une intrigue. C'est ainsi que Tristan parvient à nouer un lien étroit entre les versants proprement poétique et théâtral de ses tragédies. Le songe fonctionne telle une vaste métaphore, dont les images sont comme autant d'ornements du langage, cependant qu'il sert la progression de l'intrigue, dont il annonce la fin tragique. Il constitue pour l'acteur un moment privilégié : les sombres visions qui hantent l'esprit du personnage, ou qui sont tout juste en train de le quitter, offrent à son interprétation une force expressive incomparable, qui associe à des paroles vigoureuses une gestuelle révélatrice de la violence de son âme. Le discours dont le songe est l'objet forme donc paradoxalement une parenthèse lyrique située au cœur même de l'action tragique.

Pour en faire la preuve, il suffit de reparcourir les trois pièces à travers ce qui apparaît comme un véritable fil directeur. Hérode se réveille « *en sursaut* » en apostrophant le « fantôme injurieux » (*La Mariane*, v. 1) d'Aristobule venu réclamer vengeance. Telle est du moins la compréhension que permet rétrospectivement d'atteindre la scène 3 avec le compte rendu que fait le roi lui-même de cette scène intérieure (v. 87-106). L'essentiel de ce qui fait la matière de la tragédie se trouve symboliquement réuni dans de ce qui ressemble à une miniature, conçue à l'image de l'ensemble : les « ténèbres » (v. 95) ne sauraient être associées à la nuit ni à l'opacité du cauchemar seules, elles reflètent le sombre règne d'un roi monstrueux et préfigurent l'obscurcissement de son esprit qui se produira au dernier acte. La mort à venir de Mariane est elle-même inscrite en creux dans le récit inaugural : l'appel du jeune homme à sa sœur, suivi de la découverte d'une eau rougie du sang de la victime, est précurseur de sa disparition prochaine (v. 101-102). Se déploie ainsi un spectacle parallèle à celui qui se déroule sous les yeux du public, et qui exprime sur le mode métaphorique le pathétique de l'action tragique. L'atmosphère inquiétante qu'il crée accroît en outre l'effet de suspens, ce qui rend d'autant plus vive la curiosité du spectateur. Or c'est là un enjeu majeur de l'acte d'exposition : éveiller la curiosité en fournissant des informations minimales sur les personnages et leur vie passée ou future.

Quoique *La Mort de Sénèque*, nous l'avons dit, accorde à la dimension poétique de la tragédie une place réduite, elle est comme *La Mariane* arrimée au motif du songe, dont les mécanismes sont similaires. C'est à l'acte III seulement qu'il surgit, au moment où Sabine vient faire part à Néron des craintes que lui cause un « songe divin » (v. 923), qualifié ainsi en référence aux êtres surnaturels qui lui sont apparus : Mars, prêt à tuer l'empereur; Bacchus et Cérès, victorieux du dieu de la guerre, et

« l'image d'Auguste » (v. 929) – les empereurs défunts étant *de facto* divinisés chez les Romains – qui l'avertit du danger pesant sur son successeur.

Dans *Osman*, enfin, le songe concerne de manière inégale deux personnages : la Sultane sœur d'abord, qui dans son sommeil décrit la mort de son frère (I, 1) avant de se réveiller, de confier ses craintes à ses deux esclaves (I, 2) et de s'en faire à nouveau l'écho à elle seule (II, 1) puis à l'intéressé lui-même (II, 2) ; l'empereur ensuite, mais furtivement cette fois (v. 257-268) puisqu'il ne lui accorde aucun crédit. Tristan use en outre pour ces deux songes de régimes distincts. Le premier dévoile le meurtre imminent d'Osman, d'où l'angoisse qui étreint d'emblée la jeune femme, la question étant simplement de savoir si ce cauchemar est ou non « prophétique » (v. 30). Léontine joue le rôle traditionnellement dévolu à la suivante en s'efforçant de rassurer sa maîtresse, à laquelle elle expose l'argument habituel du songe « déceveur » (v. 21), pourvu même selon elle d'un sens contraire à celui qu'il semble exprimer : « L'image de la guerre y figure la paix » (v. 24). Il n'y a cependant pas là de quoi apaiser l'inquiétude de l'héroïne, qui consacre ensuite au « songe plein de terreur » (v. 313) un long développement sous la forme d'un monologue lyrique (II, 1). C'est une nouvelle fois pour l'actrice chargée d'incarner le personnage l'occasion de retenir l'attention du public, et les contradictions qui la caractérisent (la Sultane sœur est tiraillée entre de sombres pressentiments et la détermination à ne pas se laisser envahir par eux) confèrent au passage une dynamique qui évite au spectateur toute lassitude. Quant au songe d'Osman, il tire son origine du récit de Baudier (voir *supra* « Sources et modèles ») et, à la différence du précédent, il se comprend sur le mode métaphorique : le « chameau débridé » (v. 263) signifie que l'empereur sera « dépossédé » (v. 264) de son pouvoir, comme il l'énonce lui-même en référence aux pessimistes « pronostics » (v. 265) auxquels il refuse pourtant de croire. Il n'en rappelle pas moins la représentation topique du pasteur conduisant d'une main ferme son troupeau auquel sont volontiers comparés le souverain et Dieu lui-même dans l'imaginaire biblique.

5. Réflexions sur le pouvoir

5.1. Passion du pouvoir et passion amoureuse

La tragédie tristanienne développe justement une réflexion sur le pouvoir, ses conditions d'exercice et les principes, effectifs ou théoriques, sur lesquels il repose. Même s'il s'agit là d'un lieu commun du genre tragique, notamment lorsque celui-ci porte à la scène des épisodes historiques impliquant rois ou empereurs, il apparaît que Tristan lui confère une importance particulière et une remarquable complexité. L'histoire antique ou récente vers laquelle se tourne le dramaturge donne indirectement à réfléchir sur la monarchie française du XVIIe siècle : malgré les sources anciennes auxquelles elle puise, la tragédie de ce temps fonctionne comme un miroir, exact ou déformé, de réalités politiques contemporaines. Richelieu et Louis XIII eurent à faire face à plusieurs conjurations comme celle dont le marquis de Cinq-Mars prit la tête et qui se termina en 1642 par l'arrestation des coupables. Pour déployer sa pensée, l'auteur dispose de deux outils, qui se combinent parfaitement : les vérités générales ou sentences que prononcent sur le sujet les personnages, suivant une pratique héritée du théâtre humaniste, et le sens allégorique volontiers assigné à l'intrigue, à l'instar de la fable dont elle est issue. La lecture des trois pièces montre que le poète préfère en général le second au premier, quoique les vers par lesquels se termine *La Mariane* (« Mais les meilleurs esprits font des fautes extrêmes,/Et les Rois bien souvent sont esclaves d'eux-mêmes », v. 1811-1812) résument l'enseignement moral à tirer de l'ensemble du corpus. Selon l'idéal stoïcien dont résonne plus qu'aucune autre *La Mort de Sénèque* en raison de l'identité du héros éponyme, celui qui gouverne est censé rester maître de soi et de ses émotions (« Je suis maître de moi comme de l'Univers », proclame Auguste à l'heure du pardon dans le *Cinna* de Corneille, v. 1696) – ce qui n'est évidemment le cas ni d'Hérode ni de Néron ni même d'Osman, soumis à une *libido dominandi* à laquelle n'échappe pas la sphère domestique avec une Mariane aux prises avec la jalousie maladive d'un époux tyrannique ou une Fille du mufti subissant l'autoritarisme d'un homme auquel elle est pourtant prête à se vouer corps et âme. Osman demeure également sourd aux protestations de ses courtisans et soldats, qui lui reprochent à juste titre de fuir ses responsabilités. Les exploits et les victoires militaires dont il se vante en une rhétorique ronflante (v. 111-136), comme l'avait fait avant lui le présomptueux Hérode (*La Mariane*, v. 187-198), et les batailles qu'en une nouvelle d'*hybris* il rêve encore de conduire (*Osman*, v. 77-100), ne sauraient donc cacher au fond la faiblesse de son caractère : c'est son *ego* plutôt que l'intérêt de son pays qu'il entend flatter.

Mais l'adage cité (« Mais les meilleurs esprits font des fautes extrêmes,/Et les Rois bien souvent sont esclaves d'eux-mêmes ») correspond plus largement à une philosophie de l'existence, qui sous-tend les trois pièces : le risque de s'abandonner aux passions viles et aux pulsions mortifères, dont la puissance s'avère être considérable, guette tout un chacun, y compris les âmes les mieux disposées. Ce n'est pas tant un constat pessimiste sur la nature humaine qu'un conseil de prudence prodigué à tous ceux qui y prêteraient une oreille attentive. *Osman* attribue à la Fille du mufti une phrase qui résonne comme un avertissement adressé à un empereur trop sûr de lui ainsi qu'à ses semblables, et quel que soit le domaine dans lequel s'exerce leur pouvoir :

Le bonheur des plus grands dont on craint le pouvoir,
Peut être traversé par les plus misérables,
S'ils sont armés du désespoir (III, 1, v. 628-630)

Ce faisant, le dramaturge explicite la leçon à tirer de la succession des faits, notamment de celle qui intéresse *La Mariane* : en choisissant de mourir, la reine échappe définitivement à l'autoritarisme d'un mari qui se croyait invincible. Hérode, Néron, Osman et la Fille du mufti, qu'un désir de possession anime également et qui par l'intermédiaire de son père (le mufti est un chef religieux) dispose d'un réel pouvoir (*Osman*, v. 1318-1331), se trouvent *in fine* punis par la mort ou la folie pour s'être attaqués à de plus faibles en apparence, comme si une force transcendante s'employait à rétablir l'ordre des choses. Précédée de paroles prophétiques, la défaite des méchants constitue dès lors une juste réponse aux déclarations générales empreintes de machiavélisme ou d'hypocrisie que Tristan leur attribue. « Il faut à tout le monde imposer le respect/Et perdre promptement ce qui paraît suspect » (*La Mort de Sénèque*, v. 35-36), conseille Sabine à Néron, avant que celui-ci n'ose dire à son ancien professeur, dont les leçons de rhétorique sont cette fois mises à profit à des fins détestables : « Tu sais qu'aux voluptés la pente est fort glissante/À ceux dont la jeunesse est forte et florissante » (*La Mort de Sénèque*, v. 293-294). Sans taire les voix hétérodoxes, la tragédie satisfait à l'exigence d'édification morale que la tradition lui assigne avec une doctrine qui s'exprime comme telle ou qui se laisse déduire de la marche des événements.

La passion amoureuse obéissant elle-même à des enjeux de pouvoir (aimer sans être aimé en retour par exemple met de fait dans une position de faiblesse), *La Mariane* et *Osman* méritent d'être rapprochés puisque l'amour et la politique y sont également réunis, avec néanmoins une différence majeure : l'ultime tragédie de Tristan dissocie à travers deux personnages distincts (Osman et la Fille du mufti) ce que la première en revanche attribuait à un personnage unique (Hérode). Plus encore que *La Mariane*, dans laquelle l'insatisfaction de l'époux occupe le premier rang, *Osman* noue entre les deux fils des liens étroits, qui concernent d'abord la progression dramatique puisque, rejetée par celui qu'elle aime, la Fille du mufti précipite la chute de l'empereur en s'alliant à Sélim, le chef de la conjuration, ensuite l'esthétique de la pièce dans la mesure où les deux protagonistes laissent libre cours aux sentiments qui les animent. L'enjeu commun en est une nouvelle fois la volonté de puissance, avec laquelle chacun tend à se confondre et qui cristallise leur antagonisme. À l'ample monologue de la jeune femme par lequel s'ouvre le troisième acte et qui témoigne des contradictions de son cœur, fait écho celui d'Osman, qui inaugure le cinquième et dans lequel se manifeste un pessimisme clairvoyant. Aussi la confrontation entre les deux héros qui vient juste après (V, 2) fait-elle éclater leurs aspirations respectives et révèle-t-elle l'impossibilité d'une compréhension mutuelle : « Un si tendre propos amollit mon courage ;/J'ai besoin qu'il soit ferme en l'état où je suis » (v. 1387-1388), répond l'empereur aux paroles pleines de sollicitude de la Fille du mufti. La passion du pouvoir est décidément inconciliable avec la passion amoureuse.

Une telle physionomie suppose un personnel dramatique spécifique : outre le bourreau et sa victime, dont les rôles parfois s'inversent (la Fille du mufti persécute Osman, qui l'a maltraitée) et dont le conflit est d'autant plus pathétique qu'ils sont dans un rapport de proximité étroite[1] (Mariane est l'épouse d'Hérode, Sénèque un père de substitution pour Néron, la Fille du mufti l'épouse pressentie d'Osman), le personnage du bon (la Sultane sœur) ou du mauvais conseiller (Salomé et Phérore, Sabine) distingue la tragédie politique que sont, chacune à sa manière, les trois tragédies au programme avec les conséquences sur la vie domestique qui en découlent.

Au-dessus du pouvoir terrestre, s'en trouve un autre, de nature céleste, qui lui-même pèse sur la destinée des héros et que le poète peint de couleurs variées.

5.2. Le tragique et le divin

Comme dans la tragédie antique, la vie des personnages tristaniens est régie par des forces supérieures, dont le profil ou la désignation fluctue en fonction du contexte dramatique, mais qui le plus souvent sont le produit d'un syncrétisme religieux entre paganisme et christianisme. Si la tragédie orientale d'*Osman* mentionne logiquement le « Prophète » (v. 481) et rapporte les paroles du « dervis » (v. 373) consulté par la Sultane sœur, elle est toutefois perméable à des représentations issues de l'Antiquité païenne telle la « fortune inconstante » (v. 333-334, 1242), véritable *topos* du genre tragique. Aristote résume ainsi la trajectoire du héros de tragédie en expliquant qu'elle le fait passer du bonheur au malheur (*Poétique*, VI, 1451a). En une dénomination plus universelle, le « Ciel » (v. 327, 621), les « Astres » (v. 343) et leurs « saints messagers » (v. 347) ou « anges immortels » (v. 386) sont également invoqués soit par la Sultane sœur, caressant l'espoir de voir son frère échapper au funeste sort que le songe semble lui avoir prédit, soit par la Fille du mufti, qui entend au contraire le punir de son orgueil. Conscient de l'imminence de sa mort, l'empereur enfin exprime la fragilité des choses humaines, y compris de celles qui reposent sur un pouvoir en apparence solide. Il s'adresse à son tour à la « nymphe inconstante » qu'est la déesse « fortune » (v. 1242), mais son monologue (V, 1) constitue plus largement une méditation philosophique sur les « misères » (v. 1270) de l'homme d'État.

1. Aristote, *Poétique* : « les cas où l'événement pathétique survient au sein d'une alliance, par exemple l'assassinat, l'intention d'assassiner ou toute autre action de ce genre entreprise par un frère contre son frère, par un fils contre son père, par une mère contre son fils ou par un fils contre sa mère, ce sont ces cas qu'il faut rechercher » (XIV, 1453b, éd. M. Magnien, Paris, Librairie Générale Française, « Le Livre de poche », 1990, p. 105).

À cette vision du monde et de la condition humaine mérite d'être associé un imaginaire du clair-obscur, qui se déploie dans chacune des trois pièces en nouant entre elles un lien étroit. De manière topique, la lumière symbolise la vie céleste, dont la vertu ouvre le chemin (« Il faut chercher du Ciel les belles avenues,/Et voir le Soleil de plus près », déclare Sénèque à l'approche de la mort, *La Mort de Sénèque*, v. 1433-1434), et les ténèbres une existence terrestre promise à la souffrance et aux tourments d'une âme qui n'a pas su résister au vice (« Quel fleuve ou quelle mer sera jamais capable/D'effacer la noirceur de ce crime exécrable ? », s'exclame Hérode après l'annonce du meurtre de Mariane, *La Mariane*, v. 1563-1564). Se dessine ainsi un contraste saisissant entre les forces du mal et celles du bien, comme le montre en particulier le long développement que le roi de Jérusalem consacre à la mort de sa femme : « Ce qui fut mon Soleil n'est donc plus rien qu'une ombre ? » (v. 1448). Mais le rapport de la vie à la mort se trouve finalement inversé puisque celui ou celle qui disparaît -- et rejoint le royaume souterrain de Pluton selon la mythologie grecque -- irradie de l'éclat que lui confère sa proximité avec Dieu, tandis que le coupable survivant sombre dans les profondeurs insondables d'une douleur psychique infinie. *La Mort de Sénèque* repose à son tour sur cette dialectique : le philosophe récemment converti s'apprête à renaître aux côtés d'un « Dieu qui n'est rien qu'amour, esprit, lumière et vie » (v. 1836), tandis que Néron fait déjà partie des suppliciés de l'Enfer (« Ne vois-je pas venir des bourreaux inhumains/Qui tiennent des serpents et des fouets en leurs mains » (v. 1853-1854). Des représentations similaires figurent enfin dans *Osman*, toutefois adaptées au contexte oriental : « Mon turban n'a plus sa couronne ;/Son éclat pompeux environne/Le front d'un dervis hébété » (v. 1272-1274), constate lucide un empereur qui sent la mort proche, même si par la suite la Fille du mufti le ressuscite symboliquement : « Je vois son port auguste et plein de majesté,/Qui relève l'éclat d'une mâle beauté » (v. 1594-1595). La dimension picturale dont témoigne ainsi la dramaturgie tristanienne correspond donc à une conception de l'expérience humaine indissolublement liée à la croyance en une divinité salvatrice, qui n'est autre que le dieu chrétien dans *La Mort de Sénèque* comme dans *La Mariane*.

Aussi cette dernière a-t-elle été lue par la critique comme une comédie de dévotion, c'est-à-dire comme une pièce qui, en déroulant le fil d'une vie jugée moralement et spirituellement exemplaire, promeut les valeurs du christianisme. Le contraste y est en effet prégnant entre la fermeté inébranlable de la figure éponyme et les errements de celui qui se laisse dominer par ses pulsions. Le combat qui les oppose revêt ainsi un sens allégorique, que confirme le dénouement : la violence des passions s'y trouve châtiée par une puissance transcendante qui entraîne l'âme du pécheur dans une spirale de tourments interminable, et la pureté du cœur à l'inverse récompensée par l'accès à la félicite céleste. L'issue de l'intrigue se signale donc par une inversion qui, sur un plan supérieur, accorde la victoire à Mariane et la défaite et le malheur à Hérode : l'héroïne vertueuse atteint la paix éternelle, cependant que son assassin est condamné à une souffrance perpétuelle. Le visage de la divinité ordonnatrice du monde n'est toutefois pas clairement établi en dépit des connotations chrétiennes précédemment relevées. Sans doute cette incertitude est-elle liée aux sources juives de l'histoire que le dramaturge porte à la scène ainsi qu'à son ancienneté, le motif du songe prémonitoire se référant au paganisme, qui lui-même imprègne l'imaginaire de la pièce.

Conclusion

Les analyses qui précèdent ont montré les particularismes inhérents à chacune des pièces du programme ainsi que les traits qu'elles partagent et qui composent une dramaturgie spécifique, relevant plus largement de l'esthétique baroque. Des motifs récurrents tels que le songe et la mort sanglante offrent en effet la vision d'un monde incertain et cruel caractéristique de ce que l'histoire littéraire qualifie ainsi. Les régularités du classicisme n'en commencent pas moins à s'imposer durant la période charnière des années 1630-1640, à laquelle appartient le théâtre tragique de Tristan. Les unités de lieu, de temps et d'action y sont de plus en plus suivies, de même que la liaison des scènes, qui contribue à son tour à la rigueur de la construction. Enfin les trois tragédies méritent d'être lues à la lumière du reste de l'œuvre d'un polygraphe qui poursuivit sa carrière de poète lyrique et de prosateur cependant qu'il continuait d'écrire pour la scène. La mélancolie par exemple détermine l'*ethos* d'un grand nombre des personnages que nous avons découverts, suivant ce qui constitue un thème majeur de la poétique tristanienne en général. Relative à la passion amoureuse et/ou à l'exercice du pouvoir politique, elle se déploie dans notre corpus sur le mode tragique et se traduit par une fureur spectaculaire, qui mêle volonté de puissance et pulsions mortifères. En résulte un contraste saisissant entre le bourreau et sa victime, non parfois sans quelque ambivalence : est-ce par idéal ou par lâcheté, comme l'Alexandra de *La Mariane*, que Sénèque refuse de s'associer au combat contre la tyrannie ? Indirectement coupable du meurtre d'Osman, la Fille du mufti bénéficie de circonstances atténuantes dans la mesure où l'empereur s'est conduit envers elle de façon détestable. S'y ajoute une dimension métaphysique voire théologique, présente jusque dans *La Mort de Chrispe* : le martyr finit par jouir de la félicité céleste, à laquelle Tristan confère volontiers une coloration chrétienne -- un aspect d'autant plus notable qu'il n'était pas toujours dans les sources. Le dramaturge parvient ainsi à concilier les deux impératifs que la tradition assigne au genre tragique : édifier le spectateur en lui donnant à voir des héros qu'il est invité à louer ou à réprouver ; susciter en lui de vives émotions, celles que fait naître l'expression d'émotions violentes mais aussi les qualités proprement poétiques du discours théâtral.

De fait, le poète a su adapter aux exigences de la scène des procédés ou des motifs qui caractérisaient déjà son œuvre lyrique. L'élégie trouve désormais à s'épanouir sous les traits d'un roi furieux qui souffre d'avoir causé la mort de son épouse (Hérode), par la bouche d'une ancienne esclave éprise de justice et de liberté (Épicaris), ou encore au travers d'une jeune femme qui se suicide après avoir appris le meurtre de son amant dont elle se sait en partie responsable (la Fille du mufti). Le tragique et le pathétique se déploient grâce à la dramatisation et à l'amplification d'un type de discours qui chez Tristan poète revêt davantage la forme d'une longue plainte amoureuse, attendrie par les douceurs de la pastorale. À la lecture croisée des trois pièces, nous avons de même observé l'importance du songe qui, chargé de funestes prémonitions, reflète les principaux enjeux d'une tragédie obscurcie par un pessimisme constant. Or il s'agit là aussi d'un thème qui se rencontre dans les recueils de vers du poète et auquel ensuite ses pièces confèrent une pleine théâtralité en permettant l'accès à un spectacle intérieur qui nourrit l'angoisse du songeur ou de ses interlocuteurs.

S'il est donc possible de définir la tragédie tristanienne telle que l'illustre notre corpus -- une tragédie qui allie les ressources du lyrisme et la force de la représentation -- il importe toutefois de prendre en considération les différences de taille qui existent entre nos trois pièces et l'évolution dont elles témoignent. Outre la disparité de leurs origines (l'histoire juive pour *La Mariane*, l'histoire romaine pour *La Mort de Sénèque*, l'histoire orientale pour *Osman*), elles attestent une attention croissante accordée à l'action dramatique, au point que la dernière se termine par le suicide de la Fille du mufti. Non que Tristan renonce aux longs discours ou à l'insertion de passages lyriques tels les monologues en stances, mais dans *La Mort de Sénèque* puis dans *Osman* il vise à un meilleur équilibre entre les deux versants majeurs de sa dramaturgie que sont la poéticité et la théâtralité. Les méditations du philosophe constituent un excellent contrepoint aux dialogues agonistiques qui émaillent par ailleurs la pièce, de même que les douleurs de la Fille du mufti sont dans l'économie de l'œuvre une juste réponse aux prises de parole autoritaires de l'empereur. *La Mariane* en revanche est encore largement empreinte de la rhétorique déploratoire de la tragédie humaniste, ce qui ne l'empêche pas de constituer un événement majeur dans l'histoire du théâtre français au XVIIe siècle.

Tristan est donc parvenu à se renouveler à chaque fois qu'il s'est emparé du genre tragique tout en construisant un imaginaire personnel, qui le distingue immédiatement des dramaturges de sa génération.

Sujets de dissertation

1. Dominique Moncond'huy écrit à propos du théâtre de Tristan : « La part du discours proprement politique, sous une forme doctrinale en tout cas, est fort réduite. *La Mariane* et surtout *La Mort de Sénèque* le manifestent d'autant mieux que de telles tragédies, notamment une tragédie de la conjuration, offrent plus que d'autres l'occasion d'énoncés, de débats de doctrine politique. Du point de vue politique, le théâtre de Tristan est quasiment creux, vide -- ou plutôt *vidé* de toute substance théorique. De cette absence délibérée, on ne saurait rendre compte en termes de manque ou d'incapacité du poète. Tenons-la plutôt pour idéologiquement signifiante : le vide, ici, fait sens. Il signale comme un retrait volontaire, une volonté manifeste de donner l'image d'un monde -- qu'il s'agisse de Rome, de Constantinople ou de Jérusalem importe finalement fort peu -- d'où la théorie s'est absentée, où ne reste plus qu'une pratique par ailleurs fortement dévaluée » (« Éblouissement et désillusion : représentation du politique dans le théâtre de Tristan », 1994). Vous analyserez et discuterez ces propos à partir des trois pièces au programme.
2. « La tragédie de Tristan est une tragédie de l'échec et de l'absurde. Ses personnages vont à la mort certaine, plus stupidement imposée que glorieusement choisie (Mariane, Sénèque), voire ignominieuse (Fauste [personnage de *La Mort de Chrispe*], Osman) ; ici ou là, le rideau tombe sur la consommation du tragique et de l'horreur » (Amédée Carriat, *Tristan L'Hermite. Choix de pages présentées et annotées*, 1960). Vous analyserez et discuterez ces propos à partir des trois pièces au programme.

Bibliographie sélective

[N.B. : Le lieu d'édition n'est pas précisé quand il est à Paris.]

La plupart des articles consacrés aux pièces du programme parus dans les *Cahiers Tristan L'Hermite* (*CTLH*) sont disponibles sur le site de l'Association des amis de Tristan L'Hermite : https://www.lesamisdetristan.org/bibliographie-speciale-agregation.

Abraham, Claude, « L'Antiquité de Tristan », *CTLH*, n° 12, 1990, p. 7-20.

Adam, Véronique, « Formes et reflets du songe chez Tristan L'Hermite », *CTLH*, n° 22, 2000, p. 47-61.

–, « 'Mon turban n'a plus sa couronne' : la désorientation du monde ottoman », *Orient baroque/Orient classique. Variations esthétiques du motif oriental (xvie-xviie siècles)*, dir. A. Duprat, Bouchène, 2010 p. 129-148.

Bernardin, Napoléon-Maurice, *Un précurseur de Racine. Tristan L'Hermite, Sieur du Solier (1601-1655), sa famille, sa vie, ses œuvres*, Alphonse Picard, 1895.

Berrégard, Sandrine, dir., *Tristan et le théâtre de son temps*, *CTLH*, n° 30, 2008.

–, dir., *Tristan et le théâtre du xvie siècle*, *CTLH*, n° 42, 2020.

–, *Tristan L'Hermite, « héritier » et « précurseur ». Imitation et innovation dans la carrière de Tristan L'Hermite*, Tübingen, Narr, « Biblio 17 », 2006.

Bonvalet, Nicole, « Tristan L'Hermite et John Webster : essai de rapprochement », *CTLH*, n° 4, 1982, p. 30-36.

Brissaud, Alain, « L'ambiguïté de la sultane sœur », *CTLH*, n° 18, 1996, p. 50-54.

Clarke, Jan, « Tristan dans les registres », *CTLH*, n° 37, 2015, p. 23-45.

Dalla Valle, Daniela, « Les songes tragiques de Tristan », *CTLH*, n° 22, 2000, p. 62-78.

–, « "Son nom seul est resté" (*La Mariane*, v. 1751) », *CTLH*, n° 4, 1982, p. 15-23.

–, « Une relecture d'*Osman* », *Car demeure l'amitié. Mélanges offerts à Cl. Abraham*, dir. F. Assaf, Tübingen, Narr, « Biblio 17 », 1997, p. 155-170.

Guichemerre, Roger, « à propos de *La Mort de Sénèque* : les tragédies de la conjuration », *CTLH*, n° 4, 1982, p. 5-14.

Guillot, Catherine, « Illustrations des pièces de théâtre de Tristan L'Hermite et espace liminaire du livre », *CTLH*, n° 29, 2007, p. 60-78.

La Mort de Sénèque, *CTLH*, n° 7, 1985.

Laubner, Jérôme, « "Tant de chimères et de monstres fantasques". Les visions intérieures dans les tragédies de Tristan L'Hermite », *CTLH*, n° 39, 2017, p. 41-55.

Mallet, Nicole, « Les plaintes de la mal-aimée : passion et scénographie dans la tragédie d'*Osman* », *CTLH*, n° 20, 1988, p. 17-27.

Mazouer, Charles, « La vision tragique dans *La Mariane*, *La Mort de Sénèque* et *La Mort de Chrispe* de Tristan », *CTLH*, n° 22, 2000, p. 5-16.

Nancy, Sarah, « Violence et voix : les accents du conflit dans *La Mariane* de Tristan » *Le Théâtre, la violence et les arts en Europe (XVIe-XVIIe siècles)*, dir. C. Biet et M.-M. Fragonard, *Littératures classiques*, n° 73, automne 2010, p. 403-413.

Tristan et la politique, *CTLH*, n° 16, 1994.

Denis Diderot
La Religieuse

par Florence Dujour

L'édition de référence du concours est :

Denis Diderot, *La Religieuse*, édition de Florence Lotterie, Paris, Flammarion, GF, n° 1394, 2009.

I

Diderot et *La Religieuse*

1. L'année 1760

En 1760, alors que Rousseau a déjà écrit plusieurs parties de *La Nouvelle Héloïse* (commencée en 1757) que Diderot a lues, ce dernier rédige les lettres fictives d'une religieuse malgré elle, qui, après maints remaniements, deviendront en 1796 le roman au programme de l'agrégation cette année, *La Religieuse.* Rousseau, philosophe peu enclin à l'optimisme, publie ainsi un roman sans méchants dans les clartés des montagnes suisses. Pendant ce temps, Diderot, le philosophe encyclopédiste qui croit au progrès et aux lumières de la raison, produit une fable noire qui se déroule dans l'obscurité des cellules et des cachots conventuels. Comment le directeur de *l'Encyclopédie* s'est-il ainsi trouvé à imaginer un roman si sombre, lui qui, au reste tout comme « son frère ennemi » (Rousseau), n'avait que peu de considérations pour le roman ? De fait, la postérité a retenu essentiellement *l'Encyclopédie* et Diderot n'a de toute façon que peu publié de son vivant. Concernant l'œuvre romanesque, elle n'est d'ailleurs produite que tardivement dans sa vie et elle a été publiée essentiellement à titre posthume au moins pour les trois principaux romans : *La Religieuse* et *Jacques le fataliste* en 1796 puis *le Neveu de Rameau* en 1823. Quant au seul roman paru de son vivant, *Les Bijoux indiscrets* (1748), roman libertin, Diderot n'en tirait aucune fierté et même aurait voulu le faire oublier. L'essentiel de la carrière de Diderot se situe sur le plan de la philosophie, *La Lettre sur les aveugles à l'usage de ceux qui voient* (1749), qui lui a valu la prison, et l'*Encyclopédie*, qui l'a occupé entre 1750 et 1772. Diderot a également manifesté un vif intérêt pour la peinture et la critique d'art, il est l'auteur des *Salons* rédigés entre 1759 et 1781 (publiés de manière posthume). Cet intérêt pour la peinture est manifeste dans *La Religieuse,* on le verra.

L'année 1760, année de la rédaction des lettres de Suzanne Simonin, correspond à une période sombre pour Diderot ainsi que le souligne Jacques Proust qui évoque une crise « infiniment plus grave qu'il n'y paraît[1] ». Thierry Belleguic, quant à lui, parle de « défaites de la sympathie » : « il ne serait pas faux d'affirmer que Diderot traverse depuis 1757 l'une des périodes les plus sombres de sa vie et de sa carrière d'homme de lettres[2] ». En effet, depuis une quinzaine d'années, Diderot dirige *l'Encyclopédie*; c'est un travail de forçat, surtout depuis que d'Alembert, suite aux remous provoqués par l'article « Genève », s'est retiré de l'entreprise, ne conservant que la rédaction des articles portant sur les mathématiques. De cette œuvre monumentale du savoir, Diderot écrit : « j'[y] aurai sacrifié 25 ans de ma vie ». Le directeur de *l'Encyclopédie* s'est de plus aperçu avec fureur que certains des articles avaient été censurés. En outre, en 1757, il s'est brouillé avec l'ami si cher, Rousseau. Cette même année, Diderot a perdu son père, le coutelier de Langres avec qui il entretenait des relations complexes. Enfin, Diderot s'inquiète de l'amitié très tendre qui unit sa maîtresse Sophie Volland avec la sœur de cette dernière, Mme Le Gendre[3]. Thierry Belleguic écrit ainsi de *La Religieuse* que le roman « cristallise, dès ses commencements, l'effondrement d'un certain monde, celui des amitiés fidèles, des solidarités indéfectibles, celui d'un ordre familial dont il a semblé pendant si longtemps à son auteur que rien ne pouvait l'abolir, celui en d'autres mots encore, d'une certaine *innocence* ». Ce terme d'innocence est fondamental dans le roman de Diderot, nous y reviendrons.

2. Diderot et la fiction

2.1. Le théâtre

Diderot, avant de se tourner vers le roman, s'est d'abord intéressé au théâtre, genre qui lui semblait le plus à même de produire une réflexion sur les pouvoirs de l'illusion et sur la possible conciliation de la morale, de la fiction et de l'esthétique. Le philosophe des Lumières a inventé une nouvelle forme de théâtre, un drame social et militant : le drame bourgeois. Ce genre naît en 1756 avec *Le Fils naturel*

1. Et Jacques Proust de poursuivre : « En réalité tout se tient : l'interdiction de *l'Encyclopédie* et la mort du Père, l'éclat produit par les Philosophes et les craintes provoquées par l'amitié de Sophie et Mme Le Gendre » in « Cantate de l'innocent. Sur *La Religieuse* », in *L'Objet et le texte. Pour une poétique de la prose française au XVIIIe siècle*, Droz, 1980, p. 153.

2. Thierry Belleguic, in *Les Discours de la sympathie. Enquête sur une notion de l'âge classique à la modernité*, Québec, Presses de l'Université, Laval, coll. La République des Lettres, 2007, p. 260.

3. Diderot revient souvent dans sa correspondance sur l'éventuel saphisme d'Uranie (le surnom de sa belle-sœur) et se montre extrêmement jaloux de l'amitié des deux sœurs : « Madame votre mère prétend que votre sœur aime les femmes, et il est sûr qu'elle vous aime beaucoup ». (Lettre à Sophie, 17 septembre 1760)

et il est théorisé dans les *Entretiens sur le Fils naturel* puis dans *le Paradoxe sur le comédien*, rédigé entre 1773 et 1777 et publié à titre posthume en 1830.

Avant même l'écriture romanesque, le théâtre permet à Diderot de moraliser la fiction : Quel est le but de la composition dramatique demande Dorval dans *Le Fils naturel*? « C'est, je crois, d'inspirer aux hommes, l'amour de la vertu, l'horreur du vice[1] ». Cela non seulement grâce au drame représenté sur scène mais par l'action du spectacle sur la sensibilité du spectateur. Ce goût et cet intérêt pour le théâtre et ses enjeux se retrouvent largement dans *La Religieuse*.

2.2. Le roman

La génération des philosophes n'a guère goûté le roman en général, alors que, paradoxalement, c'est à deux d'entre eux (Rousseau et Diderot), que l'on doit deux des romans considérés comme les plus importants de la période. Il a fallu pour cela que Rousseau redonne au roman une dimension morale afin de réconcilier athées et dévots (*La Nouvelle Héloïse*) et que Diderot lui donne une dimension militante (*La Religieuse*).

Dans cette deuxième moitié du XVIIIe siècle, le roman a mauvaise presse. On peut se reporter à ce sujet à l'ouvrage majeur de Georges May, *Le dilemme du roman*[2]. On l'accuse de n'être qu'un divertissement, voire, comme le déclare ironiquement Diderot, un remède médical : « J'avais toujours traité les romans comme des productions assez frivoles; j'ai enfin découvert qu'ils étaient bons pour les vapeurs. J'en indiquerai la recette à Tronchin la première fois que je le verrai[3] ». Si le roman n'est que divertissement, alors il n'a aucune valeur puisque Diderot exige de la littérature qu'elle soit engagée sur le plan moral ou social[4]

Diderot s'est réconcilié avec le roman grâce à la découverte des ouvrages de Richardson : *Clarissa Harlowe* (1748) et *Pamela* (1748), tous deux traduits par Prévost mais lus par Diderot en anglais. En 1760, dans une lettre adressée à Sophie Volland, il rend compte de vives discussions à propos de *Clarissa Harlowe*. Même si la découverte de cet auteur par Diderot est tardive, selon Shirley Charles, Richardson aurait influencé Diderot beaucoup plus profondément qu'on ne le suppose[5],

1. Cité par Arthur Wilson, *Diderot, sa vie, son œuvre*, Robert Laffont, 1985, p. 227.

2. Selon May, au XVIIIe siècle, le roman se trouve pris entre deux injonctions contradictoires : soit le roman est vraisemblable et réaliste et dans ce cas il est immoral, soit il est dans l'idéalisation et dans ce cas, il est mensonger. Voir Georges May, *Le Dilemme du roman au XVIIIe siècle*, PUF/Yale University Press, 1963, Paris.

3. Correspondance inédite, cité par Roger Kempf, *Diderot et le roman ou le Démon de la présence*, Le Seuil, 1964, p. 15.

4. Voir Georges May, *Diderot et La Religieuse, étude historique et littéraire*, PUF/Yale University Press, 1954 p. 11.

5. Voir Shelly Charles : « Les mystères d'une lecture : quand et comment Diderot a-t-il lu Richardson ? », dans *Recherches sur Diderot et sur l'Encyclopédie*, n° 45, 2010.

L'Éloge de Richardson est rédigé en 1761 et paraîtra en janvier 1762 dans le *Journal étranger.* Ce texte qui rend hommage au grand auteur anglais qui venait de mourir peut être considéré comme un manifeste romanesque. Diderot semble découvrir la compatibilité possible du roman et de la morale ainsi que la porosité entre l'essai et le roman, genres qu'il considérait comme opposés. En outre, les récits de Richardson récuseraient l'accusation d'invraisemblance qui pesait sur le roman jusqu'alors ; raison pour laquelle, dans son *Éloge*, Diderot exprime le vœu d'un autre terme que celui de « roman » pour désigner les ouvrages de l'auteur anglais. En effet ces ouvrages ne pêchent pas contre la vraisemblance et sont empreints de morale, au point que, selon le philosophe, ils agissent véritablement sur le lecteur.

Diderot loue également la capacité du romancier anglais à développer une intrigue et des caractères, un style propre à chaque personnage, et surtout il insiste sur les effets produits par la fiction : compassion, pitié du lecteur, élévation de l'esprit… : « Par un roman, on a entendu jusqu'à ce jour un tissu d'événements chimériques et frivoles […]. Je voudrais bien qu'on trouvât un autre nom pour les ouvrages de Richardson, qui élèvent l'esprit, qui touchent l'âme, qui respirent partout l'amour du bien, et qu'on appelle aussi des romans[1] ».

Ces romans sont d'un nouveau type, ou plutôt ils représentent un nouveau type d'écriture qui reposerait sur l'illusion ; ils permettent de penser la fiction et d'en envisager les pouvoirs autrement qu'au théâtre.

Diderot découvre la supériorité de la fiction sur la morale, qui est abstraite et ne nous touche pas, tandis que la fiction a un pouvoir rhétorique que l'essai n'a pas, dans la mesure où elle nous donne à voir et apprécier des personnages en action et permet au lecteur de ressentir des émotions. La fiction a une puissance d'illusion qui assure la participation du lecteur. Elle nous prend au piège d'une illusion qui vaut comme expérience. On se trouve impliqué comme on le serait dans une expérience réelle : « Le roman sert à compléter l'expérience morale que nous donne la vie, par une multiplicité illimitée d'expériences imaginaires[2] ». La fiction élargit donc la sphère de notre expérience car elle en est un substitut et s'appuie sur notre participation, grâce à l'illusion.

2.3. Le roman en première personne

Le roman-mémoires[3] est la forme dominante du roman durant la première moitié du XVIIIe siècle, c'est la formule choisie par Marivaux en 1728 avec *La Vie de Marianne* et par Prévost, la même année, avec *Les Mémoires et aventures d'un*

1. Diderot, *Éloge de Richardson, op. Cit.*
2. Georges May, *La Religieuse, op. cit.*, p. 13.
3. Sur le roman-mémoires, il faut lire l'ouvrage décisif de René Démoris : *Le roman à la première personne. Du classicisme aux Lumières*, Paris, Armand Colin, 1975 (rééd. Genève, Droz, 2002).

homme de qualité ; un personnage retiré du monde devient le narrateur de sa propre histoire. Dans ces romans-mémoires, on constate une récurrence « anormale » de la première personne féminine, à la suite du roman de Marivaux, lui-même inspiré des *Mémoires d'Henriette-Sylvie de Molière* de Madame de Villedieu (1672). Mais dès 1760, c'est le roman épistolaire qui triomphe lors de la parution de *La Nouvelle Héloïse*, renouant avec une forme qui avait connu un grand succès à la fin du XVIIe siècle grâce aux *Lettres portugaises* (1669). Ces lettres parues anonymement avaient été prises pour véridiques et déjà laissaient entendre la plainte d'une religieuse cloîtrée. Mais le roman attribué finalement et tardivement à Guilleragues, très épuré, n'était pas polyphonique, contrairement à ceux de Richardson qui avaient eux-mêmes adopté la formule du roman épistolaire et donné la voix à des personnages de femmes : Clarissa et Pamela. Toutefois, *Pamela* ressemble davantage à un journal intime qu'à un roman épistolaire et on pourrait écrire la même chose à maints égards de *La Religieuse*. Quoi qu'il en soit, ces formes en première personne justifient ce que dit Diderot de *La Religieuse* à Meister en 1780 : « tout l'intérêt est rassemblé sur le personnage qui parle ».

3. *La Religieuse* : mystification et illusion

3.1. Un complot

Au moment où Diderot découvre Richardson et le talent du romancier anglais à faire illusion, il jette les bases de son propre roman qui deviendra *La Religieuse* et qui est également le premier dans sa production romanesque si l'on excepte *Les Bijoux indiscrets*. *La Religieuse* est le terme d'une aventure bien connue désormais mais qui mérite d'être rappelée car, loin de relever seulement de l'anecdote, elle nous donne de précieux renseignements sur la conception que Diderot se faisait du roman. Il est impossible en effet d'aborder cette œuvre sans avoir en tête les circonstances très singulières dans lesquelles elle a été écrite et sur laquelle nous possédons plusieurs témoignages. Georges May a retracé précisément les étapes de cette rédaction que nous rappelons ici.

En 1760 a lieu une mystification imaginée par Diderot et un groupe d'amis (dont Grimm et Mme d'Epinay). L'affaire est connue par quelques témoignages et lettres de Diderot, mais aussi grâce à ce qu'on appelle la « Préface-Annexe », rédigée par Grimm et révisée par Diderot au moment de la publication de la *Religieuse* en feuilletons dans la *Correspondance littéraire* (en 1780). Il faut lire ce texte attentivement mais également considérer qu'il fait partie du roman lui-même.

Réunis autour de Mme d'Épinay, un groupe d'amis dont bien sûr Diderot, regrettent le départ pour la Normandie de l'un des leurs, le marquis de Croismare, décrit comme charmant et de très bonne compagnie par son entourage : « On peut dire qu'il est un de ces hommes aimables dont la tournure et le moule ne se trouvent qu'en France [...] voilà une partie des éléments qui constituent l'être de M. de Croismare, appelé par ses amis le charmant marquis par excellence[1] ». Le groupe cherche alors un stratagème pour le faire revenir à Paris. Or ils se souviennent que leur ami, en 1758, avait pris fait et cause pour une religieuse (Marguerite Delamarre) qui demandait en justice la résiliation de ses vœux (procédure qui a duré plusieurs années, et a causé un débat quasi public sur le rôle des couvents, dont les portes seront ouvertes pendant la Révolution). Cette jeune femme dont le Marquis de Croismare ignorait le nom à l'état civil avait été envoyée au couvent dès l'âge de trois ans. À quinze ans, il avait été question de la marier et pour cela, il fallait la doter. Ses parents avaient alors machiné sombrement pour faire échouer le mariage, au prétexte qu'elle se serait déshonorée, afin de l'obliger à retourner au couvent, solution beaucoup plus économique que le mariage pour lequel il aurait fallu une dot plus élevée. Plus tard, après la mort de son père, la jeune femme aurait demandé à dénoncer ses vœux, ce contre quoi sa mère et les héritiers de son père, pour des raisons financières se seraient vivement élevés. Malgré de nombreuses interventions, et notamment celle du marquis de Croismare, la religieuse perdit son procès en mars 1758 et se vit condamnée à un enfermement perpétuel dans son couvent.

Pour faire revenir le marquis à Paris, les amis s'appuient sur l'histoire de Marguerite, devenue Suzanne, et imaginent qu'à la suite de son procès perdu, elle s'est évadée de son couvent et appelle à l'aide son protecteur. Réfugiée à Versailles chez Madame Madin, qui, elle, existait bel et bien mais ne servait que de boîte aux lettres, la religieuse évadée (c'est-à-dire Diderot) écrit au marquis bien réel qui finalement ne revient pas à Paris mais propose à Suzanne Simonin de le rejoindre dans son château à Caen afin qu'elle soit au service de sa propre fille, Angélique. Diderot et ses comparses n'ont alors d'autre choix que de faire mourir leur personnage fictif, faute de pouvoir l'envoyer en Normandie. De fait, on ne voit pas bien en quoi ce stratagème aurait permis le retour du marquis à Paris mais l'important est que ce dernier ait cru à cette histoire et ait répondu aux lettres jusqu'à proposer de faire venir Suzanne chez lui.

C'est de ce mensonge que serait né le roman. Mais il faut noter aussi qu'outre les lettres, Diderot aurait entrepris dès ce moment de rédiger un récit de la vie de Suzanne, sous la plume même du personnage ; le texte serait resté à l'état ébauche pour devenir vingt ans plus tard *La Religieuse*.

1. Voir le texte de Grimm dans *La Correspondance littéraire* de l'édition inscrite au programme, p. 227.

On retiendra donc que l'invention d'une vraie fausse religieuse a fourni la base du roman, finalement constitué de deux écrits au statut très différent : une correspondance et des mémoires. Les deux écrits juxtaposés par Diderot se complètent.

3.2. Étapes de la rédaction de *La Religieuse* (1760-1782)

Un certain nombre de témoignages et le récit de Grimm en 1770 qu'on trouve en partie dans la Préface-Annexe permettent donc de retracer l'histoire du roman mais des zones d'ombres demeurent.

Il faut distinguer trois périodes dans l'élaboration de l'écriture du roman.

La première étape de la rédaction a lieu en 1760 autour du complot destiné à faire revenir le marquis de Croismare. Diderot mentionne « sa » religieuse dans plusieurs lettres, notamment dans l'une adressée à Madame d'Epinay. Diderot se demande s'il n'est pas trompé lui-même et si Croismare n'est pas le complice des autres dans le but de l'amener à écrire un roman. Dans l'autre lettre, plus tardive et destinée à son ami, le comédien Damilaville, Diderot en revanche n'évoque pas le complot, au reste déjà terminé et raconté dix ans plus tard par Grimm, mais évoque un récit en cours : « Je suis après ma Religieuse ». « Le déterminant possessif « ma religieuse », indique déjà le rapport très particulier que Diderot noue avec sa propre œuvre. Pendant dix années, Diderot garde ce texte dans un tiroir.

Il faut attendre 1770 pour qu'il soit à nouveau question de ce texte, à l'occasion de la publication de *Mélanie ou la Religieuse*, drame de La Harpe qui raconte l'histoire d'une religieuse malgré elle ; la pièce ne fut pas jouée mais La Harpe la fit imprimer et la lut dans plusieurs cercles[1]. : Dans *La Correspondance littéraire,* destinée à un lectorat aristocratique, Grimm raconte alors la mystification autour du marquis de Croismare, s'y donne un rôle essentiel, bien qu'il parle d'œuvre collective, et publie dix-neuf lettres de la correspondance fictive de Suzanne Simonin, du marquis de Croismare et de Madame Madin, lettres sans doute retouchées : « La Religieuse de M. de La Harpe a réveillé ma conscience endormie depuis dix ans, en me rappelant un horrible complot dont j'ai été l'âme, de concert avec M. Diderot, et deux ou trois autres bandits de cette trempe de nos amis intimes (*La Rel.* p. 226). Diderot utilisera ce texte de Grimm dans sa préface, de manière assez allusive, avec notamment le démonstratif « ce charmant marquis » qui fait référence au portrait donné par Grimm. Ce dernier ne parle aucunement du roman lui-même dont tout montre qu'il ignorait l'existence puisqu'il n'en parle que dans un passé hypothétique : 'Il est certain que si Diderot eût achevé… » (p. 198), « Ce roman n'a jamais existé que par lambeaux et en est resté là » (p. 198) et regrette que le roman n'ait pas été écrit : « Il est bien triste que les mémoires de sa vie n'aient pas été mis

1. Voir le texte de *la Correspondance littéraire* de 1770 reproduit dans l'édition au programme, p. 225.

au net […] » (p. 222). Diderot en réécrivant le texte qui servira de préface et en donnant le récit de Suzanne va démentir les propos de Grimm sur l'inexistence du roman. En outre, Madame Madin alias Diderot mentionne bien le roman de Suzanne : « c'est un gros volume » (p. 217) et « c'est l'histoire de sa vie » (p. 220).

Ensuite, il faut encore attendre dix années pour qu'il soit de nouveau question du roman.

Entre octobre 1780 et mars 1782, soit deux ans avant sa mort, Diderot fait paraître en neuf livraisons, de manière quasi confidentielle, *La Religieuse*, dans *la Correspondance littéraire* dirigée par Henri Meister, en même temps que *Jacques le Fataliste*. Ces deux romans sont présentés par Diderot comme complémentaires et opposés : « C'est la contrepartie de *Jacques le Fataliste*. Il est rempli de tableaux pathétiques. Il est très intéressant et tout l'intérêt est rassemblé sur le personnage qui parle. Je suis sûr qu'il affligera plus vos lecteurs que *Jacques le Fataliste* les a fait rire[1] ».

Le texte de *La Religieuse* publié en plusieurs parties fait partie de fonds Vandeul (du nom du mari de la fille de Diderot). On y trouve un manuscrit autographe datant probablement de 1760, révisé et complété par Diderot lui-même en 1780 pour la *Correspondance littéraire* et mis au propre par un des secrétaires de Diderot, Girbal. Sur cette version, Diderot a procédé à de nouvelles corrections en 1781 et a ajouté la « Préface-Annexe », inspirée du texte de Grimm. Puis il a procédé à une troisième révision en vue d'une édition séparée qui n'a pas vu le jour. Le roman paraît finalement en 1796 (soit 14 ans après la mort de Diderot) chez l'éditeur Buisson, qui reprend le texte de la *Correspondance littéraire*, mais avec la Préface-Annexe. Enfin, en 1798 paraissent les *Œuvres complètes* de Diderot par Naigeon, qui donne la troisième et dernière version, fondée sur la copie de Girbal.

4. La religion dans la vie de Diderot

Au-delà de la mystification ourdie à l'encontre du marquis de Croismare et de l'aspect circonstanciel du roman, on ne peut pas ne pas évoquer la place de la religion dans la vie de Diderot car elle permet d'éclairer les enjeux du roman qui vont bien au-delà de la plaisanterie, et qui même sont assez dramatiques. Diderot, contrairement à Voltaire ou à Rousseau était athée. Son matérialisme philosophique, exposé dans *La Lettre sur les aveugles à l'usage de ceux qui voient*, lui a d'ailleurs valu de tâter du cachot, plus exactement à la prison de Vincennes, et il n'a évidemment guère goûté l'expérience. Cependant, de nombreux membres de sa famille étaient religieux, et on avait prévu pour lui qu'il prenne la succession

1. Diderot, Lettre du 27 septembre 1780, *op. cit.*

de son oncle chanoine. Elève chez les jésuites dans sa ville natale de Langres, il reçoit la tonsure à l'âge de 13 ans. En 1728, il quitte Langres pour Paris où il doit devenir jésuite. Mais il y renonce et s'oppose à son père qui le voyait médecin ou avocat. Son père le fait enfermer au monastère en 1743 pour contrer ses projets de mariage avec la jeune Antoinette Champion rencontrée peu de temps auparavant. Mais le jeune homme s'enfuit et gagne Paris. Outre cette expérience de l'enfermement vécu dans sa chair, Diderot a été très frappé par le sort de sa sœur Angélique, née en 1720 et qui mourut folle au couvent des Ursulines de Langres en 1748. Contrairement à Marguerite Delamarre qui servit de modèle à la religieuse du roman de Diderot, Angélique Diderot choisit de son plein gré d'entrer au couvent, et malgré l'avis de ses parents. Le sort de cette enfermée vive qui y perdit la raison hantera suffisamment Diderot pour que des figures de religieuses égarées peuplent son roman. Georges May l'évoque et Roger Lewinter insiste sur le fait que la fille de Diderot, Madame de Vandeul, ne mentionne absolument pas la mystification qui aurait motivé l'écriture des lettres de la religieuse pour n'évoquer que le sort tragique d'Angélique Diderot. Dans une lettre à Meister datée de 1816, Madame de Vandeul, la fille de Diderot retrace l'histoire d'Angélique et insiste sur son rapport avec le roman : « Une sœur de mon père voulut, en dépit du vœu, de la tendresse et de la volonté de ses parents se consacrer à l'état religieux. Jeune, douce, soumise aux devoirs d'un état qu'elle avait choisi, on abusa de sa force physique, le moral s'altéra, sa tête s'exalta, elle mourut folle à vingt-sept ou vingt-huit ans. C'est le destin de cette sœur qui a donné à mon père l'idée de *La Religieuse* ». Roger Lewinter souligne dès lors que la mystification du marquis de Croismare est l'occasion d'une « identification à une personne réelle, Angélique Diderot[1]. » Le critique fait remarquer en outre que dans certaines ébauches du roman, le prénom de l'héroïne n'est pas Suzanne (également le nom de la femme du marquis de Croismare), mais Angélique. Enfin, on retiendra que le frère de Diderot était abbé et que Diderot le trouvait fort intransigeant et entretenait avec lui des relations difficiles.

On le voit, Diderot avait donc un compte à régler avec les institutions religieuses et on ne peut que difficilement suivre Georges May qui ne voit pas d'anticléricalisme dans le roman[2]. Au reste, Diderot lui-même indiquait qu'il fallait se méfier du récit de Suzanne : la satire des couvents était d'autant plus dangereuse que « la première partie n'en renfermait que des éloges ». (p. 199).

1. Roger Lewinter, *Diderot ou les mots de l'absence*, Paris, Champ Libre, 1976, p. 73.

2. Si le lecteur faisait ce difficile effort d'abstraction [...] il s'apercevrait pensons-nous [...] que *la Religieuse* ne prêche ni l'antireligion, ni l'antichristianisme, ni même [...] l'anticléricalisme », *op. cit.*, p. 165.

5. La femme selon Diderot

Diderot s'est beaucoup intéressé à la question féminine. Il est l'auteur en 1772 d'un petit essai intitulé « Sur les femmes ». Selon lui, la femme est un être dépendant de la nature, aliéné par sa condition physiologique. Sa psychologie dépend de son utérus : « La femme porte au-dedans d'elle-même un organe susceptible de spasmes terribles, disposant d'elle, et suscitant dans son imagination des fantômes de toute espèce. C'est dans le délire hystérique qu'elle revient sur le passé, qu'elle s'élance dans l'avenir, que tous les temps lui sont présents. C'est de l'organe propre à son sexe que partent toutes ses idées extraordinaires[1] ».

Cette nature de l'être féminin est au cœur du roman. Diderot voit la femme comme un être entièrement naturel, contrairement à l'homme fait de deux moitiés : « On ne leur [les femmes] a rien appris ; elles n'ont pas une âme moitié naturelle, moitié d'emprunt comme nous[2] ». Le philosophe croit à une essence féminine et à une étroite dépendance du corps et de l'esprit. L'esprit de la femme se dérègle à cause de cette matrice utérine. On verra ainsi que Diderot propose dans le récit de Suzanne toute une galerie de personnages de femmes hystériques, dominées, aliénées par leur corps. Dans le milieu claustral, cette aliénation est paroxystique. Diderot condamne en même temps la domination de la femme par l'homme et souhaite que davantage de droits lui soient accordés.

6. Réception du roman

Diderot qui avait connu la prison de Vincennes pour la *Lettre sur les aveugles* n'aurait pu publier ce roman dont on aura du mal à soutenir qu'il n'est pas au moins anticlérical puisque Diderot lui-même le présentait comme « la plus effroyable satire des couvents[3] » jamais écrite. Les circonstances très particulières de rédaction et que nous avons évoquées plus haut n'expliquent pas à elle seules que le manuscrit de *La Religieuse* soit resté si longtemps dans les papiers de Diderot et qu'il ait fallu attendre 1796 pour que le roman soit publié tel que nous le connaissons aujourd'hui. Les critiques furent nettement plus favorables à *La Religieuse* (envisagé comme témoin de l'anticléricalisme du philosophe) qu'à *Jacques le Fataliste* (qui témoigne du matérialisme de Diderot). Le roman était envisagé comme une arme contre l'Ancien Régime dans la tradition de la Convention : « Ce singulier et attachant ouvrage restera comme un monument de ce qu'étaient autrefois les couvents, fléau

---

1. *Sur les femmes*, in *Œuvres complètes*, Paris, Gallimard, coll. La Pléiade, p. 952.
2. Diderot, lettre à Guéneau de Montbeillard, 29 décembre 1766, *Correspondance*.
3. Lettre à Meister, 1780. Ce propos est repris dans la Préface-annexe : « ouvrage d'une utilité publique et générale, car c'était la plus cruelle satire qu'on eût jamais fait des cloîtres » (p. 198).

né de l'ignorance et du fanatisme en délire contre lequel les philosophes avaient si longtemps et si vainement réclamé[1]… » C'est donc, comme le souligne Georges May, avant tout sur le fond, et non la forme que le roman fut d'abord jugé. Le succès du roman donna lieu à trois rééditions et étendit sa réputation au-delà des frontières. Plus tard, le roman fut loué pour sa simplicité (voir le dossier de Florence Lotterie, p. 267 de notre édition). On retiendra que la réception s'est alors partagée entre la presse de droite et celle de gauche, la première condamnant « le fanatisme philosophique » de Diderot, la seconde louant la puissance anticléricale du roman (p 267) et que le roman a été accusé à la fois d'obscénité et d'anticléricalisme. Il est à noter enfin que l'adaptation cinématographique du roman par Rivette en 1966 fit scandale : le film fut censuré au motif qu'il pouvait *« heurter gravement les sentiments et les consciences d'une très large partie de la population »*. Une autre adaptation (moins fidèle) a été réalisée par Guillaume Nicloux en 2013.

1. *L'Esprit des journaux français et étrangers*, Paris, Valade, 1796, cité par G. May, *op. cit.*, p. 22.

II

La Religieuse : l'histoire d'une vie et la critique des couvents

1. Synopsis

Synopsis[1] de *La Religieuse* avec découpage des séquences, établi par Erik Leborgne (pages de l'éd. établie par Florence Lotterie, GF-Flammarion, 2009)

Épisode 1 : le couvent de Sainte-Marie, à Paris (13-37)

Adresse au marquis de C*** [Croismare], 11 ; la famille Simonin, Suzanne et ses deux sœurs, 12-13 ; Suzanne envoyée au couvent de Ste-Marie « à seize ans et demi », pressions du père Séraphin et de la supérieure pour qu'elle prononce ses vœux, désespoir de Suzanne, noviciat de deux ans, 13-18 ; la religieuse folle échappée, 19-20 ; lettre de la mère de Suzanne et réponse, 20-22.

Résistance de Suzanne, son projet de protestation publique, 22-25 ; cérémonie des vœux, refus de Suzanne et scandale, 25-26 ; Suzanne ramenée en carrosse, dureté de sa mère, enfermée chez elle « nouvelle prison », 27-28 ; révélations du père Séraphin sur sa bâtardise, 29-32 ; entretien de Suzanne avec sa mère qui expose ses scrupules et toute sa haine, 33-35, billet de Suzanne résignée à être religieuse (« je pensais que je venais de signer mon arrêt de mort »), 36-37.

Épisode 2 : le Monastère de Longchamp, près du bois de Boulogne (38-120)

Suzanne accueillie « avec toutes les apparences de postuler de mon plein gré », louée pour ses talents de musicienne, 38-39. Adresse au marquis, réflexion sur les talents mondains qui la feraient reconnaître, 39-40. Protégée par la mère de

1. Un grand merci à Erik Leborgne pour m'avoir fourni ce synopsis.

Moni, Suzanne fait deux années de noviciat ; portrait moral de la supérieure, « née pour être prophétesse » (45) : sa faculté d'enthousiasme, son onction, 41-42 ; ses scrupules et ses doutes avant les vœux de Suzanne, 42-45 ; Suzanne est « réduite à l'état d'automate », « physiquement aliénée » au moment de ses vœux qu'elle a totalement oubliés, 44-47. Mort de M. Simonin, derniers moments de la mère de Moni, 47-48 ; lettre posthume de Mme Simonin, 48-50.

Début du règne despotique de la supérieure Christine, « tête étroite » et superstitieuse, 50 ; les cinq imprudences de Suzanne : « je n'omis rien de ce qui pouvait me faire craindre, haïr, me perdre », 51-53. Première série de persécutions : Suzanne traitée comme une factieuse : punitions dégradantes, isolement, tentée de se précipiter dans le puits du jardin, Suzanne fait des réflexions sur le suicide, 53-56 ; projet de résiliation des vœux, rédaction d'un mémoire confié à sœur Ursule, 56-58 ; interrogatoire de Christine sur cet écrit, perquisition, Suzanne est livrée aux 4 favorites de la supérieure, dépouillée et jetée au cachot, 59-62.

Suzanne en sort 3 jours après car c'est le temps des concerts du carême : le couvent a besoin de ses talents, 64-65 ; entretiens avec sœur Ursule pendant les répétitions et durant les Ténèbres, 64-67 ; scène du reposoir : Suzanne en prière, « spectacle touchant » pour les autres religieuses, 68-69 ; réconciliation tactique avec la communauté, Suzanne réintègre sa cellule, entretien et correspondance avec l'avocat Manouri, 69-71 ; opposition de sa famille, 71 ; interrogatoire et pressions de la supérieure Christine, Suzanne expose son dégoût de la vie conventuelle et propose en vain de la laisser s'enfuir, 72-76.

Nouvelle série de persécutions : la supérieure la dénonce à la communauté comme une réprouvée et une sacrilège, 77 ; « momerie » funèbre de sa mise en bière, Suzanne traitée de « cadavre », accusée d'être possédée par « le démon de l'impureté », devient un objet d'horreur 78-83 ; adresse au marquis, « Combien j'ai désiré de fois d'avoir été étouffée par ma mère en naissant ! », 84 ; visite annoncée du grand vicaire Hébert, redoublement des mortifications, cruauté des satellites de la supérieure, « les méchantes créatures que des femmes recluses qui croient servir Dieu en vous désespérant ! », 85-87 ; parodie d'exécution de Suzanne, consolée par l'image du Christ, 88-91 ; comparution devant Hébert et ses acolytes : on tente de la faire passer pour une possédée, Hébert l'interroge et découvre les sévices qu'elle a subis, 91-96. Adresse au marquis, menace de suicide, 97-98. Hébert visite la cellule de Suzanne et blâme la supérieure, 98-99.

Premier mémoire de M. Manouri : réquisitoire contre la vie conventuelle, dénonciation de l'avarice des cloîtres qui couvrent les crimes secrets des familles, 99-103 ; second mémoire, Suzanne perd son procès, entretien avec Manouri, Suzanne résignée à son sort, 103-108. Elle est condamnée par la supérieure à faire « amende honorable » devant la communauté pour réparer le « scandale », à porter un cilice et à prononcer à nouveau ses vœux, 109-110 ; elle tombe malade, fièvre, crise, pronostic de guérison du médecin B…, 111-114; agonie de la sœur Ursule, son secret est brûlé par Suzanne, 114-117. Hébert et ses deux acolytes annoncent à Suzanne son transfert à Sainte-Eutrope, grâce à Manouri qui a avancé sa dot : « je changeais de prison », 117-120.

Épisode 3 : le Couvent de Sainte-Eutrope, près d'Arpajon (121-188)

Portrait de la supérieure Madame ***, son esprit « décousu » ; religieuse flagellée puis cajolée par elle, 121-123 ; Suzanne remercie son avocat tout aussi troublé qu'elle, 124; accueil de la supérieure, « Ô la folle créature », discrétion de Suzanne mise à l'épreuve, son surnom de « Ste-Suzanne la réservée », 125-127; le concert chez la supérieure : Suzanne s'accompagne au clavecin, flatteries des autres religieuses, interrompues par sœur Thérèse, favorite déchue, 128-131 ; jalousie de Thérèse, Suzanne s'explique avec elle, 131-134 ; leçons de clavecin, caresses de la supérieure, sa « sensibilité incroyable » pour la musique, 135-136. Condamnation de la retraite religieuse, 137.

Tendresse croissante de la supérieure, jouissance dans les bras de Suzanne qui croit à une maladie « contagieuse », innocence de Suzanne interrogée par la supérieure et par Thérèse, 138-142. Le lendemain, Suzanne raconte son martyre à la supérieure qui la questionne sur ses désirs, 142-148. Le couvent en récréation, visite nocturne de la supérieure dans la cellule de Suzanne, interrompue par Thérèse, 148-154 ; tableau : assemblée de religieuses chez la supérieure, son portrait physique ; elle accorde son pardon à Thérèse, Suzanne chante au clavecin, « soirée délicieuse », 155-158.

Entretien avec le conseil des « mères discrètes », la supérieure intente une action contre le couvent de Longchamp pour récupérer la dot de Suzanne, Manouri est chargé du dossier, Suzanne s'attend à des calomnies, 158-160. Portrait du Père Le Moine, ses avertissements contre les caresses de la supérieure, laquelle tente d'empêcher Suzanne de se confesser à lui, 161-163 ; confession de Suzanne, interrogatoire poussé, colère de Le Moine contre sa supérieure, pénitence imposée, ordre de fuir la supérieure, 164-167 ; apologie de la supérieure devant Suzanne, ses plaintes, réflexion de Suzanne sur « l'indécence » de son amitié, 168-171.

Suzanne gagne son procès et récupère sa dot, 171 ; désespoir de la supérieure : tristesse, piété, délire, macérations, billets, 172-176 ; entretiens de Suzanne avec le nouveau directeur dom Morel, une autre victime des couvents : « l'histoire de son âme, c'était l'histoire de la mienne », 177-178 ; il lui apprend « l'espèce de folie » dont souffre la supérieure et condamne avec virulence le monachisme, 179-182. Adresse au marquis : la manière d'écrire de Suzanne, 182-183 ; Suzanne cachée entend la confession de la supérieure : « quelle abominable femme ! », 183.

Fin des mémoires de Suzanne sous forme de « réclames » (aide-mémoire), 184-195.

Folie de la supérieure, ses mortifications, ses obsessions funèbres, sa mort, suivie de celle de sœur Thérèse, 184-189. Nouvelle supérieure superstitieuse, Suzanne accusée d'avoir « ensorcelé » la précédente ; Morel, persécuté lui aussi, conseille à Suzanne de s'enfuir, 189.

Suzanne s'évade du couvent avec un « jeune bénédictin » qui tente de la violer dans le fiacre, il se querelle avec le cocher, elle passe 15 jours dans un « lieu suspect » à Paris, 189-190 ; elle s'enfuit, est menacée d'aller à l'Hôpital, subit les « séductions grossières » des libertins et des maquerelles à Ste-Catherine, 190-191.

Elle entre au service d'une blanchisseuse, « chez laquelle je suis actuellement », 191 ; vit dans la crainte d'être découverte depuis la publication de son évasion, notamment à cause de ses réflexes conditionnés d'ex-religieuse, 192-193 ; ultime adresse au marquis, menace de suicide : « il y a des puits partout », 194. *Post-scriptum* de Suzanne sur ses mémoires : elle s'y est peinte aimable et malheureuse, « coquette » mais « sans artifice », 194-195.

« Préface-annexe » publiée par Grimm dans la *Correspondance littéraire* de 1770, 196-223.

Correspondance entre « Suzanne » [Diderot et Cie] et le marquis de Croismare, 199-222 ; question aux gens de lettres sur le beau et le vrai, l'admiration et l'illusion, 223.

2. Préface-annexe et récit-mémoires

Nous avons vu que deux textes au statut très différent constituent cet unique roman et ce roman unique qu'est *La Religieuse*. Le premier texte est monodique (Suzanne raconte au marquis l'histoire de sa vie sans obtenir de réponse) et le second est polyphonique (trois plumes ; celles de Suzanne, de Madame Madin et du Marquis de Croismare). Ces deux « morceaux » présentent eux-mêmes un caractère hybride. Le deuxième texte, intitulé « préface », aurait dû logiquement figurer au début du livre et pourtant Diderot a choisi de le postposer au récit-mémoires. On peut se demander pourquoi, tout comme on peut se demander pourquoi même Diderot a tenu à le faire paraître alors que le genre, la tonalité, les enjeux sont bien différents de ceux du récit-mémoires.

2.1. La préface-annexe ou le laboratoire de la fiction

La préface reprend la présentation de Grimm de 1770 parue dans la *Correspondance littéraire*, mais elle a été conçue par Diderot en 1781 pour une édition séparée de l'œuvre. Diderot lui conserve le terme de préface alors qu'il la fait figurer à la fin de l'ouvrage : « Préface du précédent ouvrage, tirée de la Correspondance littéraire de M. Grimm » (p. 196). Diderot insiste sur l'utilité de la préface et la raison pour laquelle il l'a placée à la fin : « l'on conviendra que s'il y eut jamais une préface utile, c'est celle qu'on vient de lire, et que c'est peut-être la seule dont il fallait renvoyer la lecture à la fin de l'ouvrage » (p. 223). De fait, on peut la voir comme un manifeste romanesque et également comme un contrepoint au roman pathétique : « Nous passions alors nos soupers à lire, au milieu des éclats de rire, des lettres qui devaient faire pleurer notre bon marquis » (p. 197). Le texte comprend un certain nombre de contradictions qu'on peut mettre sur le compte d'une rédaction échelonnée et sur le fait qu'elle ait été rédigée à quatre mains. Il souligne également toutes les ambiguïtés du projet diderotien. Ce texte comporte le récit fait par Grimm du complot destiné à faire revenir le marquis puis les dix-huit lettres échangées entre la fausse Suzanne, le vrai marquis de Croismare et la vraie fausse Madame Madin. La préface-annexe s'achève par la « Question aux gens de lettres » rédigée par Grimm à moins que ce ne soit Diderot.

On comprend aisément que Diderot ait souhaité que le lecteur ne découvre les coulisses du roman qu'après la lecture; il en va de l'illusion romanesque. Diderot veut que le lecteur lise après coup les matériaux d'après lesquels il a rédigé le roman. Il veut que le lecteur entame la lecture sans rien savoir de la mystification. Au cours de la lecture du roman, le lecteur doit oublier progressivement qu'il a affaire à une fiction tant l'illusion est forte. C'est ensuite seulement qu'on apprend que c'est une fiction qui a été forgée dans les marges d'un mensonge, et qui lui-même peut être considéré comme une fiction. On découvre ainsi les jeux vertigineux de faux semblants. Les lettres échangées sont plus vraies que le récit de vie. On est donc invité à réfléchir à la « fiction » : le récit de la religieuse est plus faux que la correspondance, qui contient des lettres réelles forgées sur un mensonge, et pourtant il est plus vrai, car il contient une illusion de vérité plus forte. Pourtant le lecteur croit très vite à la vérité du récit de Suzanne. Ainsi le lecteur peut-il comparer le roman fictif et les lettres semi-fictives qui ne semblent pas plus vraies que le roman.

Lorsque Diderot prend la décision en 1780 de faire paraître les lettres, il transforme le texte réel en texte fictif. Diderot conserve néanmoins le nom de Grimm dans la Préface-annexe mais il lui superpose sa propre voix.

Ainsi, Grimm regrette que le roman n'ait jamais été achevé et que même le roman n'ait jamais existé : « Mais ce roman n'a jamais existé que par lambeaux et en resté là; il est perdu ainsi qu'une infinité d'autres productions… » (p. 199). Or Diderot intervient à ce moment-là pour contredire Grimm, à l'intérieur d'une parenthèse : « Et j'ajouterai, moi qui connais un peu M. Diderot, que ce roman, il l'a achevé, et que ce sont les mémoires mêmes que l'on vient de lire… » (p. 199) Grimm renvoie à un passé hypothétique cette histoire « qui serait devenue un des romans les plus vrais, les plus intéressants, et les plus pathétiques que nous ayons » (p. 198). Grimm affirme que son ami ne finissait jamais ses ouvrages tant il donnait de son temps à autrui (p. 199), et là encore l'existence du roman dément cette affirmation. Au passage, Diderot ne manque pas de s'adresser quelques louanges (le roman est censé être « pathétique », « intéressant », « vrai »). Alors que Grimm se disait l'âme du roman et employait le pronom du pluriel, Diderot écrit son seul nom : « M. Diderot résolut de faire revivre cette aventure à notre profit » (p. 197).

La préface s'achète par la « Question aux gens de lettres : faut-il privilégier l'illusion du vrai ou le beau style ? Diderot (Grimm) répond en se désignant à la troisième personne et dévoile là encore les coulisses du roman ; il indique au passage la collaboration de sa femme et souligne l'aspect collectif de l'œuvre : « M. Diderot, après avoir passé des matinées à composer des lettres bien écrites, bien pensées, bien pathétiques, bien romanesques, employait des journées à les gâter, en supprimant sur les conseils de sa femme et de ses associées en scélératesse, tout de ce qu'elle avaient de saillant, d'exagéré, de contraire à l'extrême simplicité et à la dernière vraisemblance » (p. 222). Il conclut en se demandant si les bonnes lettres sont celles qui suscitent l'illusion ou celles qui produisent l'admiration.

2.2. Récit de vie et écriture en première personne

Contrairement à la plupart des romans-mémoires (*Mémoires et aventures d'un homme de qualité, Le Paysan parvenu ou les mémoires de…*) le titre « La Religieuse » ne comporte aucune mention d'une narration en première personne mais en revanche met l'accent sur un personnage ou plutôt sur un type de personnage : une religieuse, et engage le lecteur sur la piste d'un récit de vie. Le sujet du roman paraît clair et simple : il s'agit de l'histoire d'une religieuse malgré elle qui a cherché à rompre ses vœux ; sujet résumé très vite par Suzanne Simonin : « Je ne voyais rien de pis que d'être religieuse malgré soi » (p. 26). L'article défini cependant nous met sur la voie d'un personnage-type, une allégorie, la religieuse au superlatif plutôt que sur un personnage construit par le roman.

Ce récit en première personne a été imaginé très tôt par Diderot alors même que les protagonistes vrais et faux de la mystification continuaient de correspondre. En effet, dans une des dernières lettres adressées au marquis, la fausse Madame Madin écrit ceci à l'ami de Diderot et à ses comparses : « Je lui demandais si elle ne voulait pas vous écrire, elle me dit qu'elle vous avait commencé une longue lettre qui contiendrait tout ce qu'elle ne pourrait guère se dispenser de vous dire, si Dieu lui faisait la grâce de guérir et de vous voir […] Je la priai de me montrer ce qu'elle avait écrit ; j'en fus effrayée, c'est un volume, c'est un gros volume. » Voilà, lui dis-je, en colère ce qui vous tue. Elle me répondit : « Que voulez-vous que je fasse ? Ou je m'afflige, ou je m'ennuie. » - Et quand avez-vous pu griffonner tout cela ? – « Un peu dans un temps, un peu dans un autre. Que je vive ou que je meure, je veux qu'on sache tout ce que j'ai souffert » (p. 217).

Le roman que nous avons finalement entre les mains serait ce récit écrit pour distraire de l'affliction et de l'ennui, et centré sur la propre vie de la narratrice, vie faite uniquement de souffrances : « Je veux qu'on sache tout ce que j'ai souffert ». Cette vie de souffrance est résumée à l'intérieur du roman par cette phrase lapidaire : « Peines chez mes parents, peines au couvent de Sainte-Marie, peines au couvent de Longchamp, peines partout » (p. 142). On y voit un résumé complet des malheurs de Suzanne jusqu'au deuxième couvent, Suzanne ne parle pas encore du couvent de Sainte-Eutrope, ni de son évasion.

La trame du récit a donc été également conçue très tôt par Diderot. On suivra le personnage depuis le départ de la maison familiale jusqu'au troisième et dernier couvent dont Suzanne s'enfuira.

Ce plan très simple a été conçu par Diderot dès l'été qui a suivi la mort de la religieuse fictive, mort imaginée pour mettre fin à la mystification en mai 1760. Diderot avait alors repris « sa religieuse », ainsi qu'il s'en ouvre à Madame d'Epinay et à son ami Damilaville : « Mais cela s'étend sous ma plume, et je ne sais plus quand je toucherai la rive » (1er août 1760), « Je me suis mis à faire *La Religieuse*, et j'y étais encore à trois heures du matin, je vais à tire-d'aile », « Ce n'est plus une lettre, c'est un livre » (novembre 1760).

Mais à l'intérieur même de la correspondance entre le vrai Marquis de Croismare et la fausse Madame Madin, cette dernière (alias Diderot) avait déjà évoqué dans une de ses lettres un livre, avec ce qui ressemble fort au plan du récit : « Voilà toutes les lettres dont vous nous avez honorées ; j'avais gardé les unes et j'ai trouvé les autres parmi des papiers qu'elle m'a remis quelques jours avant sa mort ; c'est, à ce qu'elle m'a dit, l'histoire de sa vie chez ses parents et dans les trois maisons religieuses où elle a demeuré, et c'est ce qui s'est passé après sa sortie ». (p. 220)

Cependant, ainsi que le souligne Mauzi, même si les différents massifs étaient déjà là, leurs proportions n'étaient pas encore conçues : « Cette phrase est l'exact abrégé du roman, qui se compose bien de ces quatre épisodes et d'un épilogue d'ailleurs inachevé. Mais ce n'est là qu'un plan très schématique, ou rien n'apparaît encore des proportions de l'œuvre définitive, dominée par l'immense effet de contraste entre les deux derniers épisodes[1]. »

Comme la plupart des récits de mémoires, le récit s'ouvre sur l'évocation des origines du personnage-narrateur et de sa famille. Ce sont ensuite les différents couvents où Suzanne a vécu qui vont donner la structure narrative du roman, chaque roman marquant une étape supplémentaire dans l'horreur et les souffrances infligées à la jeune fille. Contrairement à la plupart des romans-mémoires,

1. *La Religieuse*, préface de Robert Mauzi, éd. Folio, p. 13.

de Marivaux, de Prévost, de Mouhy, la narration n'est jamais interrompue par des narrations déléguées et des récits enchâssés : « tout l'intérêt est rassemblé sur le personnage qui parle[1] », « Suzanne est le foyer unique où se sont rassemblées pour frapper une seule victime toutes les cruautés des couvents[2] ». Le récit est épuré d'un point de vue narratif, grâce à l'unité du point de vue.

La structure du roman met en relief la progression des malheurs de Suzanne qui en chaque couvent fait l'expérience de la souffrance avec ses variations et raffinements, jusqu'à son évasion finale. Bien que le récit soit rétrospectif, Suzanne se place dans l'ignorance du personnage et raconte les événements à mesure qu'ils se déroulent, sans pratiquement aucune prolepse. La relative proximité entre les événements racontés et leur narration en garantit selon Suzanne l'exactitude : « Comme mon protecteur pourrait exiger, ou que peut-être la fantaisie me prendrait de les achever dans un temps où des faits éloignés auraient cessé d'être présents à ma mémoire, j'ai pensé que l'abrégé qui les termine et la profonde impression qui m'en restera tant que je vivrai suffiraient pour me les rappeler avec exactitude » (p. 12). Deux motivations sont ainsi données au récit : une éventuelle demande de la part du marquis pour savoir à qui il a affaire, et un désir personnel, une fantaisie (dans la correspondance, Suzanne parlait de palliatif de l'ennui et de l'affliction). Ce sont là les deux motivations que l'on retrouve souvent assignées au récit de vie en particulier dans les romans-mémoires au féminin (*La Vie de Marianne*, les romans de Mouhy) : on écrit à ses heures perdues, au gré de sa « fantaisie » et pour satisfaire une demande amicale. Cette dernière motivation permet au récit de se relancer et de donner l'illusion d'un dialogue et, dans le cas de *La Vie de Marianne*, autoriser un ton badin. Très exceptionnellement, on retrouve cette fonction dans *La Religieuse*, mais le plus souvent la narration n'est pas « gratuite » ; elle se fait en échange d'aide et protection de la part du Marquis, et n'oublions pas que Suzanne écrit aux portes de la mort ; ce qui confère un caractère pathétique et apologétique au récit.

3. Les aventures d'une religieuse : « Qu'on sache tout ce que j'ai souffert »

3.1. Une fiction de dialogue : « Monsieur »

Le roman s'ouvre sur une lettre écrite en première personne féminine et adressée au Marquis de Croismare dont le nom est crypté par ces astérisques qu'on trouve fréquemment dans les romans de la période quand il s'agit de feindre de dissimuler

1. Diderot, lettre à Meister, *op. cit.*

2. Robert Mauzi, *op. cit.*

un nom connu. Le marquis est donc le destinataire du récit de Suzanne, le même que celui des lettres de la fausse Suzanne, alias Diderot de la mystification. Mais entre les vraies fausses lettres de la Préface-annexe et le roman-mémoires, le marquis a changé de statut ontologique. Dans le récit de vie annoncé dans une des lettres de Suzanne et qui constitue finalement l'essentiel du roman, le marquis est devenu un personnage romanesque mais surtout une figure fictive de lecteur, une sorte de lecteur idéal dont Suzanne fait l'éloge au seuil de son récit. Il est l'honnête homme tel que l'a connu Diderot : un homme du monde, veuf, père de deux fils et d'une fille ; c'est également un homme de goût, sensible, probe et de bonne compagnie : « il a de la naissance, des lumières, de l'esprit, de la gaieté, du goût pour les beaux-arts, et surtout de l'originalité. On m'a fait l'éloge de sa sensibilité, de son honneur et de sa probité [...] » (p. 11). Ces qualités qui sont celles que vantait Grimm et que prisait Diderot ne seront jamais oubliées par Suzanne qui saura s'adresser à l'homme éclairé et amateur d'art.

Toutefois ce Marquis est désigné en troisième personne : « La réponse de M. le Marquis de C***, s'il m'en fait une... » (p. 12). Ainsi la formule du roman épistolaire est aussitôt remplacée par celle des mémoires. Curieusement dans le *post-scriptum*, le destinataire de Suzanne est de nouveau désigné à la troisième personne « Cependant, si le marquis à qui on accorde le tact le plus délicat [...] » (p. 194). L'instance narrative est brouillée. Le récit-mémoires s'insère dans une lettre extraordinairement longue, écrite après coup. Le lecteur retrouve une formule connue puisque la plupart des romans-mémoires trouvent leur justification dans une adresse à un destinataire, mêlant le genre épistolaire et celui des mémoires. On se souvient ainsi que la Comtesse dans *La Vie de Marianne* prétend adresser le récit de sa vie à une amie et que les narratrices de la plupart des romans-mémoires de Mouhy obéissent également à une demande. Ainsi, le récit va mêler les temps du passé : il s'agit de raconter rétrospectivement l'histoire de sa vie, et le présent d'une narration « à chaud ». En cela, Diderot retrouve de nouveau Richardson qui, dans *Pamela*, a greffé le journal intime sur les mémoires, le tout dans un ensemble présenté comme une série de lettres familières.

La narratrice multiplie les adresses à l'homme sensible qui vont permettre de dynamiser le récit qui prend à maintes reprises une allure dialogique « Il me semble que vous êtes présent, que je vous vois et que vous m'écoutez » (254).

Il arrive qu'elles n'aient d'autres fonctions que d'alléger le récit Elles donnent par ailleurs un ton naturel, le ton de la conversation avec le lecteur : « Mais vous, Monsieur [...] qu'en pensez-vous ? » (p. 39), « Imaginez, Monsieur, qu'il y avait des jours où je soupirais après l'instant de me sacrifier » (p. 18), elles placent sous les yeux du lecteur la scène représentée par des effets d'hypotypose. On verra donc de multiples variations dans ce « Monsieur ».

Comme une trace du badinage de la Marianne de Marivaux, dans la dernière partie de son récit, Suzanne s'adresse au marquis pour souligner l'agrément du tableau qu'elle lui met sous les yeux : la mère supérieure du couvent d'Arpajon, entourée de jolies religieuses : « L'après-midi je me rendis chez la supérieure où je trouvais une assemblée assez nombreuse des religieuses les plus jeunes et les plus jolies de la maison ; les autres avaient fait leur visite et s'étaient retirées. Vous qui vous connaissez en peinture, je vous assure, Monsieur le Marquis, que c'était un assez agréable tableau à voir. Imaginez un atelier de dix à douze personnes [...] » (p. 155).

Mais ce passage, par sa légèreté, son absence de nécessité, est exceptionnel dans le roman à tous égards. Le plus souvent, les adresses donnent un caractère de nécessité au récit, le dramatisent intensément et lui donnent un ton pathétique. Et le fait que le marquis ne réponde pas rappelle le caractère monodique des *Lettres portugaises* de Guilleragues, aux accents tragiques. Suzanne, tout comme Mariana semble parler dans le désert. Il est probable d'ailleurs que Diderot ait pensé à ce personnage de femme dont on a longtemps cru en l'existence, et qui, tout comme Suzanne, écrit alors qu'elle est enfermée dans un couvent.

Le caractère dramatique de l'écrit est redoublé parce qu'il se présente sous le signe de la dangerosité. Par des effets d'échos aux lettres de la préface-annexe, Suzanne affirme vouloir brûler les pages qu'elle écrit au marquis et elle affirme qu'il fera de même : « Vous brûlerez cet écrit, et je vous promets de brûler vos réponses » (p. 13). Diderot connaît d'expérience la dangerosité des écrits et cette notation qui est récurrente peut être entendue comme un écho aux écrits de Diderot lui-même : « Brûlez donc ces lettres, Monsieur ». (p. 65). Il en est de même pour la lettre que la mère de Suzanne envoie à sa fille depuis son lit de mort : « Brûlez la lettre » (p. 50).

3.2. L'apologie, une narration intéressée : stratégies de séduction

Les adresses au marquis s'inscrivent également dans l'entreprise apologétique de Suzanne et peuvent être des appels à son jugement : « Au milieu de ces incertitudes, je pris un parti dont vous jugerez, Monsieur, comme il vous plaira. » (p. 22). Et l'on se souvient que cette demande d'aide est insistante dans les lettres de la fausse religieuse au vrai Croismare, lettres qui figurent dans la préface annexe. Pour que Suzanne soit aidée, il faut qu'elle soit aimable et vertueuse. Madame Madin, dans la fausse vraie correspondance se charge ainsi de chanter les louanges de sa protégée (voir p. 206).

Pour que le marquis soit enclin à apporter une aide concrète à la religieuse évadée, Suzanne doit lui fournir quelques explications et justifications : « il n'est pas à présumer qu'il se détermine à changer mon sort sans savoir qui je suis » (p. 11). Impossible de ne pas voir ici le caractère intéressé de la narration. Suzanne a en effet tout intérêt à donner l'image la plus favorable d'elle-même. C'est le propre de toute narration en première personne que d'être « intéressée », mais redoublé dans le cas du roman de Diderot ; Suzanne attend en effet une aide très concrète de la part du marquis : qu'il lui trouve un emploi et une condition alors qu'elle s'est enfuie du couvent ; reportons-nous à la fin de la lettre-récit de Suzanne : « Monsieur, hâtez-vous de me secourir. Vous me direz sans-doute, enseignez-moi ce que je puis faire pour vous. Le voici ; mon ambition n'est pas grande. Il me faudrait une place de chambre ou de femme de charge, ou même de simple domestique […] » (p. 193).

Au contraire d'une narration sous le signe du loisir et du babil comme celle de Marianne dans le roman de Marivaux, qui, elle, n'a rien à attendre de sa destinataire, Suzanne a tout intérêt à séduire le marquis. Mais même si la Marianne de Marivaux n'attend rien de concret de la destinataire de son récit, comme tout personnage qui raconte sa vie, et comme Suzanne elle-même, elle est intéressée à donner la meilleure image d'elle-même. Le roman en première personne a donc une dimension apologétique, au prix souvent de la mauvaise foi comme l'a montré René Démoris dans son étude du roman à la première personne. Suzanne en a conscience, et dans un rare passage où elle évoque sa posture d'écrivaine, elle souligne la difficulté autobiographique et les ambivalences entre le tout dire et l'apologie : « Lorsque les choses peuvent exciter votre estime ou accroître votre commisération, j'écris bien ou mal, mais avec une vitesse et une facilité incroyables […] Si je suis forcée au contraire de me montrer à vos yeux sous un aspect défavorable, je pense avec difficulté, l'expression se refuse, la plume va mal […] » (p. 183).

3.3. D'autres auditeurs

Mais Suzanne ne raconte pas sa vie uniquement au Marquis de Croismare ; en effet, les auditeurs sont nombreux, comme autant de lecteurs. Il arrive même que la religieuse envisage des lecteurs au-delà du destinataire de ses mémoires : « Je vous entends vous, Monsieur le marquis et la plupart de ceux qui liront ces mémoires… » (p. 97). Suzanne est donc la narratrice de sa propre vie et écrivaine également. Les écrits de Suzanne circulent : le gros livre dont parle Madame Madin, le mémoire caché et que cherche Sœur Christine, ce même mémoire que Suzanne confie finalement à son amie Ursule qui est comme un alter ego et qui écrit elle aussi des textes dangereux qu'elle demande à Suzanne de brûler. De ce manuscrit, nous ne saurons rien, mais tout nous donne à penser qu'il s'agit d'un texte identique à celui de Suzanne, les plaintes d'une religieuse malgré elle[1].

1. Il est question d'un autre type d'écrit dans le roman, les méditations de Madame de Moni qui ont une valeur esthétique selon Suzanne ; mais il ne s'agit pas ici d'un récit de vie. Voir p. 47.

Pourtant faire le récit de sa propre vie, cela a été maintes fois souligné, suppose une mémoire prodigieuse[1] tandis que le récit épistolaire et le journal supposent des réactions sur le vif. Diderot a joué des effets de l'un et des autres genres mais n'a guère développé les potentialités du roman-mémoires si bien qu'on a souvent l'impression de retrouver une narration classique en troisième personne, non accompagnée des commentaires d'une narratrice expérimentée.

3.4. Instant et suppression du double registre

Suzanne emploie le terme de « mémoires » à propos du récit : « en entreprenant ces mémoires » (p. 12) mais sa posture est pourtant fort éloignée de celle des mémorialistes ou pseudo-mémorialistes. En effet, contrairement aux mémorialistes qui écrivent d'une retraite et pour qui l'écriture est un loisir tout aristocratique, Suzanne écrit ses mémoires à la hâte, malade, mais prend le temps de les relire : « Ces mémoires que j'écrivais à la hâte, je viens de les relire à tête reposée », indique-t-elle dans le *Post-scriptum* (p. 194). L'écriture dans l'urgence imprime au récit un ton notablement différent de de celui des écritures mémorialistes, mais le roman n'est pas à un paradoxe près, et on retrouve cette allure de loisir quand Suzanne en indique une relecture à tête reposée. De fait, la temporalité est brouillée entre une écriture mémorialiste rétrospective, au passé donc, et une écriture diariste ou épistolaire qui gomme la distance entre le « je » narré et le « je » narrant. Tout nous renvoie aux conditions complexes d'une rédaction de la part de Diderot qui a mené deux projets différents et a repris son texte à des années d'intervalle ; tout nous renvoie au caractère expérimental du roman.

La formule du roman-mémoires implique le double registre et une disjonction entre mémorialiste et personnage. Le « je » se dédouble en personnage et en narrateur. Le narrateur produit des commentaires qui encadrent les événements racontés. C'est Marivaux qui avec ses deux romans-mémoires, *La Vie de Marianne* et *Le Paysan parvenu* a développé de la manière la plus aboutie les possibilités de cette double instance du je : chaque événement de la vie du personnage est doublé d'un commentaire produit par le narrateur ou la narratrice ; au point que les deux narrateurs de Marivaux ont été taxés de babillards. Une telle accusation serait impossible concernant Suzanne qui ne bavarde certes pas, ni même ne commente mais se contente de rapporter les événements sans le filtre du savoir, alors justement que le récit-mémoires permet de développer des commentaires nés de l'expérience et non pas un savoir dogmatique détaché de l'expérience du personnage. C'est pourquoi les discours anti-monastiques que tient Suzanne dans

1. La mémoire pose rarement problème cependant et dans le récit de Suzanne on ne trouve que peu de mentions de la difficulté à se souvenir : des phrases du type : « en me la rappelant » (p. 77), « Je ne me rappelle que très imparfaitement » (p. 167) sont très rares.

sa lettre au marquis semblent émaner de Diderot et non du personnage. Un passage fait toutefois exception et est en ce sens marivaudien ; il s'agit des considérations de Suzanne sur le suicide. Suzanne débusque les manœuvres de ses compagnes pour la pousser à bout et interrompt la narration pour dévoiler les coulisses de sa pensée *in progress* et non pas détachée du récit : « Il y avait au fond du jardin un puits profond ; combien de fois j'y suis allée ! combien j'y ai regardé de fois ! [...] Je vais vous dire une chose qui va vous paraître fort étrange peut-être et qui n'en est pas moins vraie, c'est que je ne doute pas que mes visites fréquentes vers ce puits n'aient été remarquées et que mes cruelles ennemies ne se soient flattées qu'un jour j'accomplirais un dessein qui bouillait au fond de mon cœur. Quand j'allais de ce côté, on affectait de s'en éloigner et de regarder ailleurs ». C'est surtout le long commentaire suivant qui par son aspect paradoxal semble emprunté à la Marianne de Marivaux : « Que vous dirai-je ? on me dégoûta de presque tous les moyens de m'ôter la vie, parce qu'il me semblait que loin de s'y opposer, on me les présentait. Nous ne voulons pas apparemment qu'on nous pousse hors de ce monde et peut-être n'y serais-je plus, si elles avaient fait semblant de m'y retenir [...] » (p. 55). De même, Suzanne semble imiter Marianne dans la suite de la lettre avec les subtilités d'un propos dont la syntaxe épouse la pensée. Et comme chez Marivaux, le personnage dialogue avec lui-même, faisant les questions et les réponses ; après s'être demandé pourquoi les religieuses désespérées ne mettent pas le feu aux couvents, elle répond : « Ne serait-ce pas qu'on craint le péril pour soi et pour celles qu'on aime et qu'on dédaigne un secours qui nous est commun avec celles qu'on hait ? Cette dernière idée est bien subtile pour être vraie. » (p. 56).

Ce passage est encore une fois suffisamment singulier dans le roman pour qu'on s'y attarde mais on retiendra que dans l'ensemble du récit, Suzanne est essentiellement la conteuse de sa propre histoire et marque un retour à une narration classique : elle raconte ce qui lui est arrivé sans effet de rétrospection ou bien elle est la philosophe perspicace qui disserte sur la nocivité des couvents mais elle n'est que très rarement les deux à la fois, c'est-à-dire une narratrice dissertant à partir de sa propre expérience. Selon Roger Mauzi, « la lourdeur et l'opacité du présent occultent toute lueur qu'on attendrait d'un avenir déjà vécu[1] ». Ce roman serait même un journal selon Georges May : « les événements se déroulent les uns après les autres sans s'éclairer les uns les autres ». Les séquences narratives se succèdent sans digressions.

Dans le roman-mémoires, le narrateur est censé en savoir beaucoup plus que le personnage et le narrateur lit le passé à la lumière de l'avenir du personnage qu'il connaît. Suzanne narratrice en sait évidemment plus que Suzanne personnage. Suzanne narratrice a la connaissance du dénouement des aventures de Suzanne

1. Voir la préface de Robert Mauzi, *op. cit.*, p. 19.

personnage. Pourtant, elle manifeste systématiquement l'ignorance qui était la sienne en rencontrant les autres personnages de son histoire. Certes, la distance entre le début des aventures de Suzanne et le moment de l'écriture ne correspond pas à celle qui sépare d'habitude mémorialistes et personnages, mais elle n'en existe pas moins. Les événements racontés sont censés se dérouler sur une dizaine d'années : Suzanne a une quinzaine d'années chez ses parents et lorsqu'elle s'enfuit d'Arpajon, elle est censée avoir environ vingt-cinq ans. Elle avoue avoir à ce moment vingt ans seulement. Tout se passe comme si Suzanne n'avait pas grandi, pas muri, pas vieilli. C'est flagrant dans les lettres de Madame Madin qui signale que Suzanne n'a que dix-sept ans ! Ces multiples incohérences sont signalées en note par Florence Lotterie dans l'édition au programme ; on peut ainsi se reporter à l'épisode de Sainte-Eutrope où Suzanne répond à la supérieure qui lui demande son âge qu'elle a vingt ans alors que « la durée diégétique lui en donnerait au moins vingt-cinq ». (p. 91)

Ces incohérences peuvent s'expliquer par la rédaction du roman qui s'est étalée sur des années ou par la prégnance du récit à chaud. C'est du moins ce que suppose Georges May qui met les négligences ou incohérences sur le compte de l'enthousiasme avec lequel Diderot écrit l'histoire de Suzanne au point de s'identifier totalement à elle[1]. On en revient toujours aux pouvoirs de la fiction.

La situation d'écriture n'a rien à voir non plus avec celle habituelle des mémorialistes : Suzanne est pourchassée, elle se cache, elle est l'évadée du couvent elle est malade. Rien à voir avec la situation de retraite qui permet de porter un regard surplombant et mûr sur les événements passés. On regardera ainsi les dernières pages : « Je vis dans des alarmes continuelles. Au moindre bruit que j'entends dans la maison, sur l'escalier, dans la rue, la frayeur me saisit, je tremble comme la feuille ; mes genoux me refusent le soutien, et l'ouvrage me tombe des mains » (p. 192), « Monsieur ; hâtez-vous de me secourir » (p. 193). Il n'est dès lors pas étonnant de trouver un usage fréquent de présents historiques qui participent de la dramatisation.

Dans le même ordre d'idées, on remarque l'absence de prolepses, ce qui permet également de dramatiser le récit et de lui donner un rythme haletant ; d'où l'importance de ne pas avoir faire figurer la préface-annexe qui raconte la mort de Suzanne par une lettre de Madame Madin, au début du roman.

Deux épisodes sont à cet égard assez frappants : le premier concerne la révélation de l'illégitimité de Suzanne et le second la révélation de l'homosexualité de la mère supérieure.

1. Voir Georges May, *La Religieuse* : « Suzanne est constamment présente en Diderot alors qu'il raconte sa vie. C'est cette présence qui l'empêche de faire l'effort intellectuel d'anticipation puis de rétrospection qu'exige la rédaction d'un roman-mémoires », *op. cit.*, p. 206.

Au moment où Suzanne écrit ses mémoires, elle sait bien sûr que Monsieur Simonin n'est pas son père; c'est une donnée fondamentale puisque c'est là l'origine de l'acharnement de ses parents à l'enterrer vivante dans un cloître. Or, pendant toutes les premières pages, Suzanne se place dans la situation du personnage ignorant et non de la narratrice informée : « Tant d'inhumanité, tant d'opiniâtreté de la part de mes parents ont achevé de me confirmer ce que je soupçonnais de ma naissance » (p. 29) et surtout « Je n'ai jamais trouvé d'autre moyens de les excuser. Ma mère craignait apparemment que je ne revinsse un jour sur le partage des biens, que je ne redemandasse ma légitime et que je n'associasse un enfant naturel à ses enfants légitimes; mais ce qui n'était qu'une conjecture va se tourner en certitude » (p. 28). Suzanne sait bien qu'il n'y a pas d'autre explication à l'acharnement de ses parents (quoique les religieuses malgré elles, et à commencer par le modèle de Suzanne, Marguerite Delamarre n'étaient pas toutes des filles adultérines), pourquoi dans ce cas ce doute « je n'ai jamais trouvé d'autres moyens de les excuser » ? Pourquoi ce modalisateur « apparemment » ? Ici le lecteur découvre en même temps que Suzanne son statut de bâtarde et on peut imaginer qu'il s'agit de dramatiser le récit, de piquer la curiosité du lecteur. Ce qui n'est que supposé fait l'objet quelques pages plus loin d'une révélation, « un trait de lumière » (p. 29) qui a un effet dramatique.

Même dramatisation mais pour des motivations différentes concernant l'homosexualité de la mère supérieure de Sainte Eutrope. Et cette fois ci nous sommes dans la dernière partie du roman. Tout se passe comme si Suzanne évoluait ou plutôt régressait au cours de son histoire mais il s'agit non de Suzanne personnage mais de Suzanne narratrice, ce qui pose problème. Que la narratrice raconte son évolution entre l'adolescente qu'elle était chez ses parents et la jeune femme qu'elle est devenue lors de son évasion finale, cela est bien normal; mais comment comprendre que la narratrice Suzanne qui raconte dans l'urgence son histoire, d'un seul trait, évolue au cours de sa narration au point de devenir complètement aveugle, « stupide » selon Coulet[1]. Nous reviendrons sur ce point.

Suzanne en tout cas, au moment où elle raconte son histoire sait que la mère supérieure l'a désirée physiquement et les signes de la supposée maladie qu'elle a ressentis à son contact sont la conséquence du plaisir, de la jouissance même, et non de la souffrance. Elle sait que la mère supérieure est lesbienne et pourtant elle multiplie les aveux d'ignorance.

On voit bien ici que la suppression du double registre s'explique par d'autres raisons que les circonstances complexes de rédaction et l'étalement sur des années. Nous reviendrons sur l'ignorance ostensible de Suzanne narratrice et de son innocence qu'il importe de préserver à tout prix. Mais la suppression du double registre a également pour conséquence de transformer la narration en première

1. Henri Coulet, *Le Roman jusqu'à la Révolution*, Paris, Armand Colin, 1967.

personne en une narration en troisième personne. Il arrive en effet que Suzanne « oublie » le point de vue limité qui devrait être le sien et se fasse omnisciente, au risque d'aberrations narratives qu'elle peine à justifier. Ainsi est-elle dans un état second lors de ses vœux et s'évanouit ; pourtant elle décrit l'état d'inconscience dans lequel elle se trouve, le justifiant par un savoir acquis a posteriori : « On me trouva [...] étendue par terre [...] sans mouvement et presque sans vie. J'ai appris ces choses depuis » (p. 25) ou encore « Le lendemain elle entra de bonne heure ans ma cellule. Je ne l'entendis point, je n'étais pas encore éveillée » (p. 44). On peut cependant mettre ces aberrations narratives sur le compte de l'aliénation qui est celle de Suzanne, une dissociation entre le corps et l'esprit.

4. La famille et les couvents : la critique par l'exemple

Diderot a donc conçu très tôt le plan du roman ; les trois couvents dans lesquels Suzanne va séjourner vont structurer le récit et constituer trois épisodes : Le couvent de Sainte-Marie, le couvent de Longchamp et le couvent de Sainte-Eutrope. L'histoire de la vie de Suzanne chez ses parents, brièvement racontée est marquée par des allers et retours au couvent de Sainte-Marie si bien qu'on peut l'inclure dans le premier épisode.

4.1. La maison familiale, premier lieu des malheurs de Suzanne

On a vu que l'écriture de *La Religieuse* avait été motivée à l'origine par des raisons très singulières et circonstancielles (faire revenir le marquis de Croismare à Paris) mais qu'à ce projet initial s'était superposé un autre, quand vingt ans plus tard, Diderot avait repris ses papiers pour finalement écrire le roman que nous lisons aujourd'hui. Cette seconde motivation, selon la fille de Diderot, Madame de Vandeul, était liée au sort d'Angélique Diderot, la sœur du philosophe, morte folle au couvent. Angélique Diderot, contrairement à Marguerite Delamarre avait choisi de se faire religieuse, et malgré la désapprobation de ses parents. Mais dans la majorité des cas, les filles de la bourgeoisie et de l'aristocratie ne faisaient que subir le choix de leurs parents et ce choix était motivé essentiellement par des raisons financières. C'était le cas notamment de celle qui a servi de modèle à Suzanne Simonin et dont l'histoire, racontée par Georges May, est assez tragique quoiqu'elle ait moins ému que son modèle fictif. Les filles passaient leur enfance au couvent et n'en sortaient souvent que pour y retourner ou pour se marier. Le mariage ou le couvent coutaient cher puisque dans les deux cas, il fallait une dot mais la solution du couvent restait souvent malgré tout moins onéreuse. C'est ainsi que les cadets des familles étaient souvent sacrifiés au profit de leurs aînés

Au début de son récit, Suzanne insiste sur sa place de benjamine de la famille : ses sœurs sont dotées et se marient bourgeoisement. Suzanne, elle, est sacrifiée pour ses sœurs qui ignorent que la raison de ce sacrifice tient à sa naissance illégitime mais qui, pour autant, laissent leurs parents dépouiller sans scrupules celle qu'elles croient leur sœur. Les beaux-frères de Suzanne voient ainsi d'un très mauvais œil l'éventualité que leur sœur dénonce ses vœux car ils craignent de devoir lui restituer une partie de l'héritage des Simonin. La situation de Suzanne se fait l'écho de situations tristement banales, on peut le déplorer ainsi que le fait Robert Mauzi : « Que de patrimoines furent sauvés par une vocation opportune ; et que d'enfants naturels refoulés dans le néant des cloîtres[1] ! »

Mais avant même d'être recluse au couvent parce que bâtarde, Suzanne est maltraitée par sa propre famille.

La première page de ses mémoires emprunte au conte de *Cendrillon*. Suzanne est la dernière d'une famille de trois sœurs, et, bien que la plus douée et la plus jolie, elle est la moins aimée et injustement maltraitée par ses parents. La bourgeoisie à laquelle appartient Suzanne Simonin (père avocat, beaux-frères marchand et notaire), et indiquée par son patronyme, est d'emblée une cible du roman en particulier parce que c'est le lieu de la cupidité. Rappelons que c'est au nom de l'argent que Marguerite Delamarre qui a inspiré le personnage de Suzanne a passé toute sa vie au cloître. C'est également au nom de l'argent que le personnage de Clémence de Bernay (noble cependant) dans les *Illustres Françaises* de Robert Challe (1713) est envoyée au couvent par son père avare car la dot y est moins élevée que celle du mariage. C'est toujours pour des raisons pécuniaires que Tervire, l'amie religieuse de Marianne dans le roman de Marivaux, qui a pu servir de modèle à Suzanne, est victime de sombres machinations. La famille est également le lieu des secrets, des non-dits, de l'hypocrisie puisque les raisons pour lesquelles Suzanne doit finir ses jours au couvent sont d'abord dissimulées à la jeune fille, comme si les motifs financiers étaient moins honteux que le sentiment de la faute. C'est ainsi que le père Séraphin est envoyé auprès de Suzanne pour la convaincre de se faire religieuse : « Il s'agissait de m'engager à prendre l'habit [...] », et qu'il lui confie : « vos parents se sont dépouillés pour vos sœurs et je ne vois plus ce qu'ils pourraient pour vous dans la situation étroite où ils se sont réduits » (p. 14). Mais c'est surtout l'hypocrisie qui est fustigée. On comprend très vite que la jeune fille est illégitime : « Peut-être mon père avait-il quelque incertitude sur ma naissance ; peut-être rappelais-je à ma mère une faute qu'elle avait commise [...] » (p. 13) et il ne s'agit rien moins de la part de ses parents que de l'enterrer vive au couvent. C'est pourquoi la famille apparaît comme un lieu d'oppression, bientôt relayé par l'institution conventuelle : « La culpabilité de la mère et la sourde haine du père

1. Voir la préface de Robert Mauzi, *op. cit.*

pour l'enfant illégitime enclenchent un mécanisme implacable où Suzanne se voit confrontée à une coalition de forces (la famille, l'entourage, l'Eglise, puis même des dévotes inconnues...) qui se liguent pour l'obliger à prononcer ses vœux. Diderot ne manque pas de suggérer l'absurdité du principe au nom duquel la mère de Suzanne veut contraindre sa fille au couvent puisqu'il s'agit de dissimuler au père une vérité qu'il n'ignore nullement : la bâtardise de Suzanne. Dans cette famille de la bourgeoisie judiciaire, triomphe la règle du non-dit, du conformisme et de la réputation [...] c'est bien tout un ordre familial et social dénaturé qui est mis en évidence[1] ».

La cupidité et leur sordide atteignent des sommets dans le récit que la mère de Suzanne mourante fait de ses derniers instants : « Vos sœurs sont arrivées, je ne suis pas contente d'elles ; elles prennent, elles emportent ; elles ont sous les yeux d'une mère des querelles d'intérêt qui m'affligent [...] deux créatures en qui l'indigence a éteint le sentiment de la nature [...] elles ont soupçonné, je ne sais comment que je pouvais avoir quelque argent entre mes matelas ; il n'a rien qu'elles n'aient mis en œuvre pour me faire lever » (p. 49).

Les intérêts financiers lient famille et couvents et dénaturent les êtres. Le père Séraphin, le confesseur de la mère de Suzanne déplore ainsi le triomphe de l'intérêt dans les familles : « [...] l'intérêt ! l'intérêt ! [...] Chacun songe à soi dans ce monde, et je ne vous conseille pas de compter sur elles si vous venez à perdre vos parents ; soyez sûre qu'on vous disputera jusqu'à une obole la petite portion que vous aurez à partager avec elles » (p. 31). Au passage, le père Séraphin, alias Diderot, dénonce une société dans laquelle les femmes sont entièrement sous la tutelle de leurs maris : « ce sont les maris qui font tout » (p. 31).

Le comportement des sœurs de Suzanne est d'autant plus choquant qu'il n'obéit à aucune autre motivation que la cupidité et l'avarice ; elles ignorent en effet que Suzanne n'est pas leur sœur légitime : « vos sœurs ont obtenu des lois un nom que vous tenez du crime » (p. 35). Cette situation d'enfant illégitime était très fréquente au XVIIIe siècle. Ce n'était cependant pas le cas du modèle de Suzanne, Marguerite Delamarre ; mais en ajoutant cette donnée à la situation de Suzanne, Diderot dénonce l'hypocrisie qui règne dans les familles, et l'injustice de rendre responsable l'enfant adultérin d'une faute qu'il n'a pas commise. La mère de Suzanne est hantée par la faute et la peur de la damnation ; elle ne compte sur rien d'autre que la mise à mort de sa fille (dans le secret des couvents) pour la sauver du châtiment divin. Suzanne est objet de troc : sa vie contre la vie éternelle de Madame Simonin. Elle est sacrifiée telle une nouvelle Iphigénie au nom de la superstition Au reste la cérémonie de prise de vœux ressemble à un sacrifice : « Lorsqu'il fallut entrer dans le lieu où je devais prononcer le vœu de mon engagement, je ne trouvais plus de jambes ;

---

1. Christophe Martin, *La Religieuse*, éd. Folio, p. 53.

deux de mes compagnes me prirent sous le bras, j'avais la tête renversée sur une d'elles et je me traînais. Je ne sais ce qui se passait dans l'âme des assistants, mais ils voyaient une jeune victime mourante qu'on portait à l'autel » (p. 26).

4.2. « Prisons perpétuelles[1] »

> « Leur couvent est une prison, et le couvent en est une pour moi mille fois plus affreuse que celles qui renferment les malfaiteurs » (p. 76).

Dès lors que Suzanne rentre au couvent de Sainte-Marie, elle ne sortira plus jamais excepté pour retourner chez ses parents où elle est enfermée, et à la fin du récit, lorsqu'elle s'enfuit. On remarque pour le reste une très grande unité de lieu or tous les lieux sont clos. C'est ainsi que Suzanne, « l'évadée du couvent » peut écrire au marquis : « c'est que j'ai toujours vécu renfermée » (p. 40), avouant par là même sa totale inadaptation au monde.

Malheureuse chez ses parents, Suzanne commence par affirmer son soulagement de partir dans une maison religieuse : « [...] on me dit qu'on avait arrêté ma place dans un couvent, et dès le lendemain j'y fus conduite. J'étais si mal à la maison, que cet événement ne m'affligea point; et j'allais à Sainte-Marie, c'est mon premier couvent, avec beaucoup de gaieté » (p. 13). Mais très vite, le couvent apparaît comme un lieu d'enfermement. Dès lors que Suzanne refuse de consentir à sa profession, on l'isole : « De ce moment, je fus renfermée dans ma cellule; on m'imposa le silence; je fus séparée de tout le monde, abandonnée à moi-même, et je vis clairement qu'on était résolu à disposer de moi sans moi » (p. 22). Lors de la profession et alors que Suzanne a répondu « non » à la question du prêtre : « Marie-Suzanne Simonin, promettez-vous à Dieu chasteté, pauvreté et obéissance? », la jeune religieuse prend à témoin l'assistance mais la grille se referme : « A ces mots un des sœurs laissa tomber le voile de la grille » (p. 27). Suzanne est ensuite isolée au couvent, enfermée dans sa cellule, elle y est nourrie par des ombres silencieuses : « Je demeurai assez longtemps sans entendre parler de qui que ce fût. Celles qui m'apportaient à manger entraient, mettaient mon dîner à terre et s'en allaient en silence » (p. 27).

Le séjour au couvent de Sainte-Marie est suivi d'un court retour chez ses parents; sur le chemin, l'enfermement apparaît de manière superlative. Après avoir refusé de prononcer ses vœux à Sainte-Marie, Suzanne se retrouve en effet dans un carrosse avec sa mère, lieu de huis-clos, de confrontation hautement symbolique : « je montai dans une voiture où je trouvais ma mère seule qui m'attendait ». Cet épisode a donné lieu à des interprétations symboliques : s'y rejouerait un accouchement à l'envers. Suzanne pleure sur la robe de sa mère qui la repousse brutalement : « Je ne sais ce

1. C'est par cette expression que Suzanne désigne les couvents, p. 201.

qui se passa dans mon âme, mais tout à coup je me jetai à ses pieds et je penchai ma tête sur ses genoux; je ne lui parlais pas, mais je sanglotais, et j'étouffais. Elle me repoussa durement. Je ne me relevai pas; le sang me vint au nez, je saisis une de ses mains, malgré qu'elle en eût, et l'arrosant de mes larmes et de mon sang qui coulait, appuyant ma bouche sur cette main je la baisais et je lui disais : Vous êtes toujours ma mère, je suis toujours votre enfant » (p. 27). Chez ses parents, Suzanne connaît de nouveau l'enfermement; personne ne lui parle et elle ne peut communiquer que par l'intermédiaire de billets : « J'entrais dans ma nouvelle prison où je passais six mois [...] On m'apportait à manger, on me servait [...] une domestique m'accompagnait à la messe les jours de fête et on me renfermait » (p. 28), « Je me renfermai dans ma petite prison » (p. 36).

Suzanne est ensuite envoyée au couvent de Longchamp où elle fait profession malgré elle, dans un état second. Après la mort de Madame de Moni et de ses parents, elle connaît de nouveau isolement et enfermement par ordre de la nouvelle mère supérieure, Sœur Christine. La cellule devient cachot : « Cependant l'on ouvrit avec de grosses clefs la porte d'un petit lieu souterrain obscur, où l'on me jeta sur une natte que l'humidité avait à demi pourrie » (p. 62), « ce cachot où j'avais été trainée une fois se représentait à mon imagination dans toute son horreur », puis lieu de torture physique et morale : « Je vivais donc entre quatre murailles nues, dans une chambre sans porte, sans chaise, debout ou sur une paillasse, sans aucun des vaisseaux les plus nécessaires, forcée de sortir la nuit pour satisfaire aux besoins de la nature [...] Comme la porte ne fermait plus, on entrait pendant la nuit en tumulte, on criait, on tirait mon lit, on cassait mes fenêtres, on me faisait toutes sortes de terreurs » (p. 82). Après la venue du vicaire au couvent qui tente de remettre un peu d'ordre, Suzanne connaît un court répit mais c'est pour être persécutée de nouveau et isolée, jusqu'à ce que, grâce à l'aide de l'avocat Monsieur Manouri, elle soit transférée au couvent de Sainte-Eutrope à Arpajon. Dans ce dernier couvent, Suzanne n'est pas traitée comme une prisonnière mais la clôture n'en est pas moins vécue fort douloureusement et, comme dans les autres couvents, l'image du puits revient de manière obsessionnelle. En effet, à l'image de la cellule cachot ou prison souvent littérale s'associe celle du puits, qui peut être métaphorique quand elle est utilisée avec celle du gouffre, obsédante dans tout le roman. Le puits apparaît dès le début du roman comme la possibilité de mettre fin aux souffrances et aux persécutions.

4.3. Des cellules et des puits

Le puits, étroit et obscur, est une sorte de cachot au superlatif; il hante l'imagination de Suzanne et renvoie à la fois au gouffre et à la mort mais d'une certaine manière également, à la délivrance. Le puits, symbole de la tentation, du danger et du désespoir, ce puits si accessible, revient de manière insistante tout au long du récit : « je crus avoir deviné que ce moyen de sortir de la vie était pour ainsi dire offert à mon désespoir, qu'on me conduisait à ce puits par la main » (p. 55). Le puits laisse envisager une mort horrible dans un mouvement inverse à celui de la naissance. Il évoque un passage étroit et obscur et est propre à frapper l'imagination et à émouvoir

On le voit, tous les lieux du récit sont liés à la mort, littéralement ou métaphoriquement.

C'est d'ailleurs à une mise à mort littérale et symbolique qu'est soumise Suzanne au couvent de Longchamp : « on me fit coucher dans une bière au milieu du chœur ; on plaça des chandeliers à mes côtés avec un bénitier ; on me couvrit d'un suaire, et l'on récita l'office des morts, après lequel chaque religieuse, en sortant, me jeta de l'eau bénite en disant : *Requiescat in pace.* » (p. 79). Devant le vicaire, Suzanne est recouverte d'un voile cousu autour de son visage. Par la claustration, il s'agit à chaque fois d'étouffer Suzanne, de la mettre à mort, de l'enterrer vivante.

5. De cellules en cachots, de perversions en perversions

Les lieux sont déterminants puisque ce sont eux qui structurent le récit. Chaque maison religieuse illustre une perversion engendrée par la clôture. À Sainte-Marie, Suzanne découvre l'hypocrisie et la vénalité, à Longchamp, Suzanne découvre le mysticisme puis le sadisme, à Sainte Eutrope, Suzanne découvre le lesbianisme et les passions déréglées.

La collusion entre l'argent et la religion est dénoncée à maintes reprises par la bouche de Suzanne. Suzanne, ignorante de ce qui concerne l'amour et le désir est étonnamment perspicace en ce qui concerne la vénalité des couvents. Cette vénalité, jointe à l'hypocrisie, est également dénoncée par l'avocat Manouri, et par Dom Morel, alter ego de Suzanne.

Un autre travers des couvents est l'organisation de privilèges autour de la mère supérieure qui engendrent rivalités et jalousies : au couvent de Longchamp, la bonne Madame de Moni a des favorites : « le nom de favorites est celui que les autres par envie donnent aux bien-aimées de la supérieure » (p. 40). La nouvelle supérieure prend en grippe les protégées de l'ancienne supérieure, dont Suzanne : « Elle prit en aversion toutes les favorites [...] la maison fut pleine de troubles, de haines, de médisances, d'accusations, de calomnies, de médisances » (p. 50). Ce système trouve son achèvement au couvent de Sainte-Eutrope à Arpajon. C'est une véritable cour en miniature que décrit Suzanne, cour exclusivement féminine et dans laquelle les favorites se succèdent ; ainsi, à propos de Thérèse qui elle-même a remplacé Agathe, Suzanne écrit : « Il me vint en idée que cette jeune fille était jalouse de moi et qu'elle craignait que je lui ravisse la place qu'elle occupait dans les bonnes grâces et l'intimité de la supérieure » (p. 131). La cour se transforme en harem dans la description d'une après-midi chez la supérieure d'Arpajon : « L'après-midi, je me rendis chez la supérieure où je trouvais une assemblée assez nombreuse des religieuses les plus jolies de la maison ; les autres avaient fait leur visite et s'étaient retirées. » (p. 155)

Hypocrisie, vénalité, mercantilisme, favoritisme, si tous ces travers se retrouvent dans chaque maison où séjourne Suzanne, les trois couvents de Sainte Marie, Longchamp, Sainte-Eutrope, illustrent plus spécifiquement une déviance qui tient à l'organisation et au mode de vie conventuel et chacun d'entre eux apparaît comme un lieu expérimental, une sorte de concentré de vices et corruptions.

5.1. Sainte-Marie ou la vénalité

Dès le premier couvent, celui de Sainte-Marie, alors que Suzanne est encore novice, elle débusque la manière dont on endort la conscience des jeunes religieuses pour les pousser à s'enfermer éternellement. Puisque les jeunes filles entrent au couvent avec une dot, il est indispensable de les convaincre d'y rester, afin d'accroître la fortune de la maison. Jusqu'aux vœux qui succèdent au noviciat, il faut donc les séduire pour leur donner envie de rester, en leur offrant une vision embellie de la vie monastique.

Il faut relire la description du noviciat qui s'appuie sur l'expérience personnelle de Suzanne : « Je ne vous ferai pas le détail de mon noviciat. Si l'on observait toute son austérité, on n'y résisterait pas, mais c'est le temps le plus doux de la vie monastique. Une mère des novices est la sœur la plus indulgente qu'on a pu trouver. Son étude est de vous dérober toutes les épines de l'état ; c'est un cours de séduction la plus subtile et la mieux apprêtée. C'est elle qui vous épaissit les ténèbres qui vous environnent, qui vous berce, qui vous endort, qui vous en impose, qui vous fascine [...] Je ne pense pas qu'il y ait aucune âme jeune et sans expérience à l'épreuve de cet art funeste. Le monde a ses précipites, mais je n'imagine pas qu'on y arrive par une pente aussi facile » (p. 17-18). La mère des novices joue un rôle prépondérant. Elle cherche à infantiliser les jeunes religieuses et l'entreprise de séduction n'a pas d'autre motif que l'argent ainsi que le souligne la narratrice quelques lignes plus loin : « Ces femmes se vengent bien de l'ennui que vous leur portez ; car il ne faut pas croire qu'elles s'amusent du rôle hypocrite qu'elles jouent et des sottises qu'elles sont forcées de vous répéter ; cela devient à la fin si usé et si maussade pour elles, mais elles s'y déterminent, et cela pour un millier d'écus qu'il en revient à leur maison. Voilà l'objet important pour lequel elles mentent toute leur vie et préparent à de jeunes innocentes un désespoir de quarante, de cinquante années et peut-être un malheur éternel [...] » (p. 19).

C'est bien sûr Diderot qu'on entend dans ce réquisitoire contre les couvents dans lesquels le vœu de pauvreté semble avoir été escamoté au profit d'un mercantilisme qui justifie tout, y compris les plus odieux mensonges et la négation de plusieurs vies. Mais le discours général s'appuie sur l'expérience personnelle de Suzanne, ce qui lui donne davantage d'éloquence.

La vénalité des couvents est encore dénoncée plus loin dans le récit; Suzanne étant constamment vue comme une marchandise, « une acquisition ». Chaque entrée au couvent obéit à des raisons financières : « Les trois couvents du roman obéissent de ce point de vue à la même logique : ils ne s'ouvrent aux individus dont l'ordre familial et social veut se débarrasser qu'en échange d'espèces sonnantes et trébuchantes[1] ». Au couvent de Sainte-Eutrope, la supérieure intente ainsi un procès au nom de Suzanne pour récupérer la dot de la jeune religieuse conservée par le couvent de Longchamp, afin d'en partager le profit : « si nous gagnons, la maison partagera avec vous moitié par moitié le fonds ou la rente » (p. 158-159).

Si Suzanne dénonce avec une telle vigueur le noviciat et, d'une manière plus générale, la collusion entre les couvents et l'argent, c'est qu'il semble insupportable qu'au nom de l'argent, de très nombreuses jeunes filles sans vocation religieuse soient condamnées à la folie et au malheur éternel.

5.2. Longchamp ou le mysticisme et le sadisme

Longchamp est le couvent où le modèle réel de la religieuse fictive, Marguerite Delamarre a vécu cinquante-cinq ans de sa vie. C'était un couvent mondain nous rappelle Robert Mauzi : « On y venait en carrosse assister aux Ténèbres, et l'on y écoutait les plus belles voix de Paris[2] ». De fait plusieurs scènes évoquent des mondanités; les religieuses jouent et chantent pour un public choisi et Suzanne par ses talents de musicienne est une « acquisition » intéressante : « J'étais annoncée par mon histoire et par mes talents; on ne me dit rien de l'une, mais on fut très pressé de voir si l'acquisition qu'on en faisait en valait la peine » (p. 38). Diderot fait de ce couvent le lieu des souffrances extrêmes de Suzanne Simonin. La jeune fille y est acceptée après le scandale provoqué par son éclat à Sainte-Marie. Toutefois le début de son séjour est marqué par une relative douceur puisque Madame de Moni, supérieure du couvent sert à Suzanne de substitut de mère. Cependant la souffrance de Suzanne, enfermée contre sa volonté ne tarde pas à produire des effets spectaculaires sur Madame de Moni qui présente tous les traits de la mystique,

1. Christophe Martin, *op. cit.*, p. 54.

2. Robert Mauzi, Préface, *op. cit.*, p. 24.

notamment lors de son agonie. Dans des visions inspirées de l'esthétique baroque, Madame de Moni semble communiquer directement avec Dieu : « Alors elle se prosternait, elle priait haut, mais avec tant d'onction, d'éloquence, de douceur, d'élévation et de force qu'on eût dit que l'esprit de Dieu l'inspirait. Ses pensées, ses expressions, ses images pénétraient jusqu'au fond du cœur ; d'abord on l'écoutait, peu à peu on était entraîné, on s'unissait à elle, l'âme tressaillait et l'on partageait ses transports. Son dessein n'était pas de séduire mais, mais certainement c'est ce qu'elle faisait » (p. 41-42). « Séduire »… quand on connait la valeur de ce terme dans *La Religieuse* il est difficile de ne pas lire une critique voilée derrière ce portrait de la bonne Madame de Moni par sa disciple fascinée. La séduction est en effet définie dans *l'Encyclopédie* comme une « tromperie artificieuse ». Par des moyens tout autres qu'au couvent de Sainte-Marie, Suzanne est donc trompée et se laisse séduire par les beautés de la religion catholique à l'égard de laquelle le philosophe matérialiste athée qu'est Diderot ne résiste pas non plus. Au reste, Suzanne cherche à imiter sa supérieure : « Je l'imitai ». Comme les mystiques, l'enthousiasme la saisit : elle s'échauffe. Plus tard, Suzanne s'identifiant à son ancienne supérieure morte quelque temps auparavant, affirme qu'elle aurait pu jouer « le rôle » de la mystique, et d'ailleurs, ses compagnes croient voir en elle Madame de Moni : « Quand je me retournai de leur côté mon visage avait sans doute un caractère bien imposant si j'en juge par l'effet qu'il produisit sur elles et par ce qu'elles ajoutèrent ; que je ressemblais alors à notre ancienne supérieure lorsqu'elle nous consolait […] Si j'avais eu quelque penchant à l'hypocrisie ou au fanatisme et que j'eusse voulu jouer un rôle dans la maison, je ne doute point qu'il n'eût réussi ; mon âme s'allume facilement, s'exalte, se touche […] Il est certain que j'éprouvais une facilité extrême à partager son extase […] » (p. 68). À plusieurs reprises également, Suzanne s'identifie au Christ. Ses séjours dans les différents couvents s'apparentent d'ailleurs à un chemin de croix.

5.3. Longchamp ou le sadisme

Avec la mort de Madame de Moni et l'arrivée de Sœur Christine au couvent de Longchamp s'ouvre le roman noir de Suzanne qui se trouve confrontée à une autre perversion engendrée par la claustration : le sadisme. Le couvent n'y est plus seulement lieu d'enfermement et de souffrance morale mais lieu de tortures physiques dont le raffinement va croissant : « On en vint jusqu'à me voler, me dépouiller, m'ôter mes chaises, mes couvertures, mes matelas […] mes vêtements se déchiraient […] j'avais peine à obtenir de l'eau […] Si je passais sous des fenêtres, j'étais obligée de fuir ou de m'exposer à recevoir les immondices des cellules. Quelques sœurs m'ont craché au visage » (p. 81). Plus loin, on la piétine : « Marchez sur elle, ce n'est qu'un cadavre » (82). La cruauté atteint son comble quand M. Hébert, le grand vicaire annonce sa visite à Longchamp, afin de vérifier les bruits qui ont commencé à se répandre sur le désordre du couvent. Il s'agit en effet alors persuader le vicaire que Suzanne est possédée et pour cela on la réduit à l'état d'animal sauvage et on la torture : « on redoubla de méchancetés : on ne me donna d'aliments que ce qu'il en fallait pour m'empêcher de mourir de faim, on m'excéda de mortifications, on multiplia autour de moi les épouvantes; on m'ôta tout à fait le repos de la nuit; tout ce qui peut abattre la santé et troubler l'esprit, on le mit en œuvre : ce fut un raffinement de cruauté dont vous n'avez pas idée. Jugez du reste par ce trait. Un jour que je sortais de ma cellule pour aller à l'église ou ailleurs, je vis une pincette à terre en travers dans le corridor; je me baissai pour la ramasser et la placer de manière que celle qui l'avait égarée la retrouvât facilement. La lumière m'empêcha de voir qu'elle était presque rouge; je la saisis, mais en laissant retomber elle emporta avec elle toute la peau du dedans de ma main dépouillée » (p. 87). Et encore : « On semait des verres cassés sous mes pieds ». Pendant la visite du vicaire, lors d'une scène d'exorcisme où on veut la faire passer pour possédée, on lui ligote les mains et on la pique avec des épingles pour qu'elle crie au moment où on lui demande si elle renonce à Satan et à ses œuvres. « la corde dont on me les avait garrottés m'était entrée presque entièrement dans les chairs, et ils étaient tout violets du sang qui ne circulait plus et qui s'était extravasé » (p. 92).

Ce raffinement de tortures et de cruautés est ordonné par Sœur Christine qui incarne la névrose sadique : « Ah ! Monsieur, les méchantes créatures que des femmes recluses qui sont bien sûres de seconder la haine de leur supérieure [...] » (p. 87). Les autres religieuses sont des satellites de leur mère supérieure, et totalement déshumanisées, elles ne sont désignées que par le pronom indéfini « on », qui prend une valeur menaçante. Ce pronom est au reste employé dans chaque couvent où peu de religieuses sont distinguées mais renvoyées à une communauté anonyme et inquiétante.

5.4. Sainte-Eutrope ou le lesbianisme

L'arrivée au couvent de Sainte-Eutrope à Arpajon marque un répit dans les malheurs de Suzanne. Après l'austérité janséniste qui régnait à Longchamp, après les tortures qu'y a connues Suzanne, le couvent de Sainte-Eutrope apparaît comme un lieu beaucoup plus doux et où les privations des libertés sont bien moindres. On précise au passage que ce couvent qui s'appelait en réalité Saint-Eutrope était bien loin de celui que Diderot a imaginé dans *La Religieuse*. Il recevait des malades hydropiques et n'était pas le lieu de licence qu'on trouve dans le roman. À son arrivée, Suzanne est accueillie par la mère supérieure, Madame de ***, seule parmi les supérieures du roman dont le nom est crypté. Suzanne en fait un portrait sous le signe du désordre : « sa tête n'est jamais sise sur ses épaules; il y a toujours quelque chose qui cloche dans son vêtement [...] Sa figure décomposée marque tout le décousu de son esprit » (p. 122). Puis, après les privations des couvents précédents, Suzanne se voit servir une « collation de fruits, de massepains, de confitures... » (p. 123). Cette arrivée donne lieu à un rare trait d'humour de la part de la narratrice soulignant le contraste entre le sérieux du prêtre et le désordre de Madame de *** : « [...] Il me prit une envie de rire [...] Elle s'assit, mais elle n'était pas à son aise ; elle se tourmentait à sa place ; elle se grattait la tête, elle rajustait son vêtement où il n'était pas dérangé ; elle bâillait ; et cependant l'archidiacre pérorait sensément sur la maison que j'avais quittée. » (p. 124). Cependant cette envie de rire ne dure pas longtemps et le portrait physique de la supérieure n'a pas pour fonction de satisfaire au goût pour la peinture de la part de Monsieur de Croismare mais annonce, et malgré l'absence de prolepses explicites, le désordre des mœurs du couvent marqué par des relations saphiques entre la supérieure et ses religieuses. La suite du roman produit de longs passages érotiques mêlant religion et sexualité, sans que pour autant le récit ne verse dans le libertinage. Au contraire les désirs homosexuels, vécus comme contraires à la nature, sont source d'une intense culpabilité et ils sont liés à une souffrance extrême ; ce qui vaut à Madame de *** de prononcer ce cri de désespoir à la fin : « mon Père, je suis damnée... » (p. 183). Christophe Martin souligne qu'au couvent précédent, c'est Suzanne qui est vue comme possédée, ce qui montre « la réversibilité des bourreaux et des victimes[1] ». Mais la supérieure de Sainte-Eutrope permet de toucher « au noyau le plus secret de l'œuvre en nous laissant percevoir que les trois supérieures sont au fond semblables ». Or cette ressemblance profonde échappe à Suzanne ainsi que le souligne Christophe Martin, citant la religieuse : « Ce fut la sœur sainte Christine qui succéda à la mère de Moni. Ah ! Monsieur, quelle différence entre l'une et l'autre ! (p. 89), « Je ne pouvais m'empêcher de comparer [Mme de***] à ma première supérieure ; quelle différence ! (p. 240) : « Mais ces exclamations répétées sont sans doute le moyen ironique que Diderot se donne pour suggérer, à l'inverse, de troublantes ressemblances. Car les persécutions sadiques de la mère Sainte-Christine ne font en un sens que se muer en entreprises séductrices chez la supérieure de Sainte-Eutrope, suscitant des tourments infernaux qui rappellent à l'évidence les supplices que vient de subir Suzanne. Quant à la description de Mme de ***, elle révèle *a posteriori* la véritable nature du mysticisme de Mme de Moni, au reste décrite dans un registre clairement matérialiste[2] ».

Suzanne ne manque pas elle-même de faire remarquer que toutes les horreurs dont elle est victime sont peu vraisemblables : « je vous entends, Monsieur le marquis et la plupart de ceux qui liront ces mémoires, « des horreurs si multipliées, si variées, si continues ! Une suite d'atrocités si recherchées dans des âmes religieuses. Cela

1. Christophe Martin, *op. cit.*, p. 66.

2. Christophe Martin, *op. cit.*, p. 67.

n'est pas vraisemblable », diront-ils, dites-vous ; et j'en conviens ; mais cela est vrai » (p. 97). De fait, Suzanne apparaît comme « un cobaye en laboratoire » selon l'expression d'Alice Laborde, citée par Christophe Martin[1].

Le roman possède en effet un caractère expérimental et démonstratif. Diderot crée les conditions romanesques qui lui permettent d'illustrer sa thèse : enfermer un homme, c'est le tuer. Aller contre la nature, c'est provoquer la folie. Chaque névrose en chaque supérieure est une conséquence de l'enfermement. Et les névroses sont contagieuses : Souvenons-nous des propos de Diderot sur les femmes dans son petit essai : « Les femmes sont sujettes à une férocité épidémique. L'exemple d'une seule en entraîne une multitude ». Cet effet contagieux est décuplé au couvent dans lequel les êtres se montrent particulièrement malléables. Robert Mauzi est ainsi fondé à décrire le récit de Suzanne comme « un répertoire des névroses ».

6. *La Religieuse* et *l'Encyclopédie* : Suzanne porte-parole de Diderot

6.1. Suzanne et les discours anti monastiques

À côté de ces incarnations des méfaits de la vie claustrale, à côté de ces exemples de pathologies et névroses, Suzanne produit régulièrement des discours anti monastiques. Elle apparaît alors comme un double du philosophe Diderot, son porte-parole, et cela au prix de la vraisemblance du personnage dont tous les commentateurs font remarquer l'étrange disjonction entre sa capacité à raisonner philosophiquement et son ignorance et naïveté en ce qui concerne le corps, le désir, la sexualité. C'est bien comme d'un double du philosophe militant que Suzanne apparaît, notamment, on l'a vu, quand elle décrit le noviciat, s'appuyant d'abord sur sa propre expérience ; mais très vite la description prend une valeur gnomique, fortement critique. C'est encore le cas à Longchamp où le désespoir inspire à Suzanne des réflexions générales sur le scandale des cloîtres fortement modalisées et adressées au marquis de Croismare. Se posant en exemple, Suzanne prend des accents pathétiques : « Ah ! Monsieur, si vous avez des enfants, apprenez par mon sort celui que vous leur préparez si vous souffrez qu'ils entrent en religion sans les marques de la vocation la plus forte et la plus décidée. Qu'on est injuste dans le monde, on permet à un enfant de disposer de sa liberté à un âge où il ne lui est pas permis de disposer d'un écu. Tuez plutôt votre fille que de l'emprisonner dans un cloître malgré elle, lui tuez-la. Combien j'ai désiré de fois d'avoir été étouffée par ma mère en naissant ! elle eût été moins cruelle » (p. 85).

1. *Ibid.*, p. 68.

Florence Lotterie précise qu'on retrouve ici un thème important de l'anticléricalisme des Lumières et qui concerne l'âge requis pour entrer en couvent, trop précoce (voir note p. 84).

Plus loin, Suzanne s'élève contre les couvents dans un texte impersonnel dont les arguments sont ceux de Diderot lui-même dans *l'Encyclopédie* et dans *Les Pensées philosophiques* et qu'on retrouvait dans la plaidoirie de Manouri. La religieuse se livre à une dissertation philosophique alors que sœur Thérèse vient de surprendre Suzanne et la supérieure dans une proximité équivoque et qu'elle en manifeste une forte jalousie : « Et nous nous séparâmes, elle pour aller se désoler dans sa cellule, moi pour aller rêver dans la mienne à la bizarrerie des têtes de femmes. Voilà l'effet de la retraite. L'homme est né pour la société. Séparez-le, isolez-le, ses idées se désuniront [...] Placez un homme dans une forêt, il deviendra féroce » (p. 137). Ces réflexions sur la nature sociable de l'homme et la claustration qui va à l'encontre de la société renvoient à une question qui fait alors débat : l'homme est-il naturellement sociable ? On connaît la thèse que défend Rousseau sur ce sujet dans *Le Discours sur les fondements et l'origine de l'inégalité parmi les hommes.* Diderot croit au contraire à une sociabilité naturelle et fustige par la voix de Suzanne et celle de l'avocat Manouri la claustration qui va à l'encontre de cette « nature » de l'homme : « Dieu qui a créé l'homme sociable approuve-t-il qu'il se renferme ? » (p. 100). « En quel endroit les chagrins et humeurs ont-ils anéanti toutes les qualités sociales ? » (p. 101-102)

6.2. Relais de Suzanne

Mais Diderot fait entendre sa voix militante par d'autres relais encore pour dénoncer la folie et les perversions engendrées par la vie claustrale. Ces relais sont masculins même si la mère supérieure de Sainte Eutrope condamne également l'inhumanité engendrée par les couvents : « Il n'y a que les couvents où l'inhumanité puisse s'éteindre à ce point. » (p. 144).

De même, le grand vicaire, M. Hébert, venu juger par lui-même du désordre du couvent de Longchamp s'exclame : « cela est horrible. Des chrétiennes ! des religieuses ! des créatures humaines ! cela est horrible » (p. 99). Mais il ne s'agit pas ici d'un discours philosophique construit, tel qu'on va le trouver chez les deux principaux porte-parole de Suzanne : son avocat, et son confesseur.

Les deux plaidoiries que Monsieur Manouri écrit sont reproduites par Suzanne, ajoutant aux effets de polyphonie. Le discours rapporté entre guillemets suit un propos que l'on peut attribuer à Suzanne employant le pronom « nous » qui renvoie à la communauté de religieuses malheureuses : « On sent secrètement que si l'on souffrait que les portes de ces prisons s'abattissent en faveur d'une malheureuse, la foule s'y porterait et chercherait à les forcer. On s'occupe à nous décourager et à nous résigner toutes à notre sort par le désespoir de le changer » (p. 100). Le discours qui suit, bien qu'il ne soit pas annoncé, est en revanche encadré de citations qui laissent penser que Suzanne cite textuellement l'avocat Manouri : « Il me semble pourtant que dans un État bien gouverné ce devrait être le contraire, entrer difficilement en religion et en sortir facilement [...] » Mais comme on le voit, ce propos s'entremêle aux paroles de Suzanne (« pourtant »). Ce n'est quelques lignes plus loin que sous une avalanche de questions rhétoriques, le discours se fait impersonnel et que s'effacent les marques de la subjectivité : « Les couvents sont-ils donc si essentiels à la constitution d'un État ? Jésus-Christ, a-t-il institué des moines et des religieuses ? » Le discours est alors clairement attribué à Manouri : « On ne sait pas l'histoire de ces asiles, disait ensuite M. Manouri dans son plaidoyer. » (p. 102).

En ces voix mêlées, en ce personnage « ventriloqué », c'est bien le philosophe Diderot qu'on lit dans cette attaque des couvents jugés contre-nature parce que l'homme serait sociable et également parce que les vœux prononcés vont à l'encontre de l'économie animale[1], c'est-à-dire la sexualité : « Ces vœux qui heurtent la pente générale de la nature » (p. 101). Les couvents sont des lieux stériles : « Toutes ces cérémonies lugubres qu'on observe à la prise d'habit et à la profession quand on consacre un homme ou une femme à la vie monastique et au malheur, suspendent-elles les fonctions animales ? », « Où est-ce qu'on voit [...] tous ces symptômes de la nature qui languit et se consume ? », « Où est-ce que la nature révoltée d'une contrainte pour laquelle elle n'est point faite, brise les obstacles qu'on lui oppose, devient furieuse, jette l'économie animale dans un désordre dans lequel il n'y a plus de remède ? » (p. 101). Le vœu de chasteté est contraire aux fonctions animales de l'homme.

L'autre-parole de Diderot mais dont le discours est beaucoup moins sentencieux parce que tenu de l'intérieur, c'est Dom Morel qui est un alter ego de Suzanne. Ce moine bénédictin arrive au couvent de Sainte-Eutrope pour remplacer le Père Lemoine dont les idées sont soupçonnées d'être jansénistes par la mère supérieure et qui surtout a mis en garde Suzanne contre les intentions de sa supérieure. Don Morel, tout comme Suzanne est devenu religieux sans vocation « A mesure que je m'ouvrais, sa confiance faisait les mêmes progrès ; si je me confessais à lui, il se confessait à moi ; ce qu'il me disait de ses peines avait la plus grande conformité avec les miennes : il était entré en religion malgré lui, il supportait son état avec mon dégoût » (p. 177). C'est donc d'expérience qu'il parle, contrairement à Manouri, et son discours possède une dimension pathétique que ne possède pas la plaidoirie de l'avocat, mais la critique est tout à fait similaire à celle de ce dernier : la clôture est contraire à la nature et la chasteté entraîne affections déréglées et folie : « Que

1. Le concept d'*économie animale*, élaboré par les physiologistes du XVIIIe siècle associe aspect physique et moral de l'homme et renvoie à une vision matérialiste du monde. Ce concept a été repris par les médecins. Un article de *l'Encyclopédie* est consacré à cette notion.

la condition d'un religieux, d'une religieuse qui n'est point appelée est fâcheuse ! c'est la nôtre pourtant, et nous ne pouvons pas la changer. On nous a chargés de chaînes que nous sommes condamnés à secouer sans cesse, sans aucun espoir de les rompre ». (p. 178) et surtout, à propos de la mère supérieure du couvent, passionnément amoureuse de Suzanne : « Elle n'était pas faite pour son état, et voilà ce qui en arrive tôt ou tard. Quand on s'oppose au penchant général de la nature, cette contrainte la détourne à des affections déréglées, qui sont d'autant plus violentes qu'elles sont moins fondées ; c'est une espèce de folie. » (p. 180)

Certains veulent voir en Dom Morel le bénédictin qui tente de violer Suzanne lors de son évasion, si bien que Robert Mauzi affirme qu'il est à la fois la victime des vocations forcées au même titre que Suzanne, et victime au même titre que les supérieures des frustrations imposées : « comme la supérieure et toutes les sœurs, il est aussi une victime dans la mesure où la mesure où la vie religieuse l'a dépravé en donnant à ses instincts, anormalement contenus, une extraordinaire violence souterraine[1] ». Dans l'adaptation du roman de Diderot, Jacques Rivette a choisi d'imposer cette idée en faisant jouer confesseur et moine par le même comédien, mais rien dans le texte ne permet d'affirmer avec certitude que ces deux personnages n'en sont qu'un sinon le fait qu'ils sont bénédictins.

Mysticisme, sadisme avant l'heure, lesbianisme[2], toutes ces affections déréglées sont des conséquences de l'enfermement contre-nature : « quand on s'oppose au penchant général de la nature »... Et Dom Morel n'appelle à rien moins que l'abolition des couvents qui sera réclamée quelque temps plus tard par les révolutionnaires. À la question de Suzanne : « Quelles espérances pour les religieuses ? », Don Morel répond : « Celle qu'on trouvera les portes ouvertes un jour ; que les hommes reviendront de l'extravagance d'enfermer dans des sépulcres de jeunes créatures toutes vivantes, et que les couvents seront abolis ; que le feu prendra à la maison ; que les murs de la clôture tomberont ; que quelqu'un les secourra » (p. 181).

Ainsi que l'explique Dominique Jullien[3] « la réclusion artificielle des religieux les apparente aux deux grandes catégories d'exclus de la société, les criminels et les fous », en ce qu'ils sont privés de droits civils. Dominique Jullien met ainsi en relation la critique des couvents par Diderot avec l'article « Célibat » de *l'Encyclopédie*, lequel renvoie lui-même à l'article « Mort civile ». Sur le plan légal en effet, l'enfermement est une mise à mort et paradoxalement, alors que les mineurs n'ont aucun droit, un être mineur peut décider d'aliéner sa liberté : « un mineur jouit de la seule et paradoxale liberté de sacrifier sa liberté ». Suzanne, porte-parole de

1. Préface, *op. cit.*, p. XXXIII

2. Diderot ne condamne pas l'homosexualité en soi mais elle n'est au couvent que la conséquence de l'enfermement de femmes entre elles et en cela pathologique.

3. Dominique Jullien, « *Locus hystericus* : l'image du couvent dans *La Religieuse* de Diderot », *French Forum*, 15, 1990, p. 133-148.

Diderot ne peut ainsi que regretter cette aberration juridique : « Qu'on est injuste dans le monde ! On permet à un enfant de disposer de sa liberté à un âge où il ne lui est pas permis de disposer d'un écu » (p. 84). Le couvent est un lieu de régression, un lieu où l'on ne peut jamais grandir : « Les vœux monastiques – et surtout celui d'obéissance concourent à faire du couvent un lieu de minorité artificielle et permanente, un lieu où la croissance est stoppée : sur le plan physique par le vœu d'obéissance et sur le plan social par le vœu de pauvreté[1]. ». Diderot ne peut donc que regretter qu'il ne soit pas plus difficile d'entrer au couvent et plus facile d'en sortir.

Si Diderot se montre aussi virulent contre les couvents, c'est donc non seulement parce que sont des lieux d'hypocrisie et d'argent mais surtout parce que, bien plus gravement, ce sont des lieux stériles et mortifères. L'enfermement, Suzanne, Dom Morel, Manouri ne cessent de le marteler, entraîne folie et mort lente. Catherine Cusset voit un lien métaphorique entre folie et enfermement : la folie est une forme d'enfermement moral[2]. On peut également suivre Dominique Jullien qui dresse une analogie entre enfermement spatial et enfermement dans le temps. Suzanne, en étant privée de liberté, se voit privée du droit de grandir. Enfermer un être c'est « tenter d'arrêter la marche du temps ». Et cet enfermement dans le temps est encore renforcé par le fait que Suzanne soit bâtarde, c'est-à-dire qu'elle ne puisse pas hériter de ses parents qui ne peuvent rien lui transmettre tandis qu'elle-même ne peut pas transmettre non plus.

Suzanne enfermée ne peut ni grandir ni vieillir. C'est ainsi que Dominique Jullien explique l'invraisemblable innocence de Suzanne, tout comme les incohérences du récit qui ne seraient pas dues à des négligences de Diderot mais qui seraient la conséquence de la claustration : « On peut donc dépasser l'interprétation narratologique des anachronismes du récit, et proposer une lecture qui voit à l'œuvre dans le récit une névrose touchant le temps : l'innocence idéale de la condition monastique que le père Lemoine révère en Suzanne est justement monstrueuse. Suzanne choisit l'innocence contre la vie [...] Elle met en place un dispositif hystérique [...] que la volonté maternelle sera respectée. Elle ne cesse de s'identifier à contre temps à une innocence passée, avec une Suzanne qui n'est plus, accomplissant par-là, ce retour dans le ventre auquel sa mère l'a condamnée ». Le récit est censé se dérouler sur une dizaine d'années (Suzanne entre à quinze ans au couvent et en sort à vingt-cinq) et pourtant de nombreux passages indiquent qu'elle restée bloquée dans le temps et qu'elle n'a aucunement évolué.

Cette impossibilité à grandir est liée à l'aliénation de Suzanne dès lors qu'elle entre au couvent.

1. *Ibid.*

2. Catherine Cusset, « Suzanne ou la liberté », *RDE*, 21, 1996. p. 23-39.

6.3. « Physiquement aliénée »

Il faut prendre très au sérieux ces affirmations réitérées de Suzanne sur son aliénation : « Depuis cet instant, j'ai été ce qu'on appelle physiquement aliénée » (p. 47) ou plus loin « Madame, ne vous êtes pas vous-même aperçue de mon aliénation » (p. 73). Suzanne est presque constamment dans un état de dissociation : « Il me sembla que j'avais deux cœurs, un cœur de chair et un cœur de pierre » (p. 37), « Je fus prêchée bien ou mal, je n'entendis rien. On disposa de moi pendant toute cette matinée qui a été nulle dans ma vie car je n'en ai jamais connu la durée ; je ne sais ni ce que j'ai fait, ni ce que j'ai dit. On m'a sans doute interrogée, j'ai sans doute répondu ; j'ai prononcé des vœux, mais je n'en ai nulle mémoire, et je me suis trouvée religieuse aussi innocemment que je fus faite chrétienne » (p. 85), « On était résolu à disposer de moi sans moi, j'ai appris ces choses-là depuis » (p. 25).

La religieuse est dépossédée d'elle-même et traverse sa propre histoire dans un état quasi somnambulique, au prix d'aberrations narratives : « Pendant que je dormais, on entra, on s'assit à côté de mon lit ; mes rideaux étaient entrouverts ; on tenait une petite bougie dont la lumière m'éclairait le visage, et celle qui le portait me regardait dormir » (p 214), « Je n'entendis rien de ce qu'on disait autour de moi, j'étais presque réduite à l'état d'automate, je ne m'aperçus de rien. J'avais seulement par intervalles comme de petits mouvements convulsifs ». (p. 45) C'est Diderot clinicien, Diderot philosophe matérialiste que nous lisons ici, et qui a écrit dans les *Eléments de physiologie* « Je défie qu'on explique rien sans le corps ». Le corps de Suzanne est très présent mais ce corps admirable (« bras ronds et les mieux tournés », « cou de la beauté la plus exquise et la plus rare ») échappe à la narratrice. L'aliénation est très visible par l'emploi du pronom indéfini omniprésent dans le roman d'un bout à l'autre, et particulièrement dans les scènes de tortures et les scènes de vœu : « On avait tout disposé », « On me conduisit » etc. Suzanne se contente de répéter ce qui lui a été dit, ayant été absente elle-même au moment clé. Les formules telles que « je ne sais », « je ne saurais dire » qui jalonnent le roman, traduisent également cette dépossession de soi-même.

Suzanne est l'objet de tortures, et peu de romanciers ont accordé autant d'importances au corps que Diderot. Maltraité, torturé, brimé, contraint, le corps[1] de Suzanne est promu comme un élément essentiel tandis que l'esprit s'absente : « J'avançais vers la supérieure des bras suppliants et mon corps défaillant se renversait en arrière [...] dans ces moments de transe où la force abandonne insensiblement, les membres se dérobent, s'affaissent pour ainsi dire, les uns sur les autres et la nature ne pouvant se défendre, semble chercher à défaillir mollement » (p. 89). Le corps échappe à tout contrôle et parle intensément : larmes, saignements, cris,

1. Sur la question du corps et notamment de celui de Suzanne, on peut se reporter la lecture du livre d'Anne Deneys-Tunney, *Ecritures du corps (de Descartes à Laclos)*, Paris, PUF, coll. Ecriture, 1992.

convulsions[1]. Suzanne semble même connaître la jouissance avec la supérieure de Sainte Eutrope mais ne comprend pas : « elle me fit signe d'approcher et de me replacer sur ses genoux. Je ne sais ce qui se passait en moi, je craignais, je tremblais, le cœur me palpitait […] cependant je ne saurais dire que ce fût de la peine que je ressentisse » (p. 140).

L'aliénation de Suzanne se manifeste par des éclipses de la conscience. La jeune fille prononce ses vœux dans un état second et le lendemain elle a oublié la cérémonie et son consentement arraché. Sur le plan narratif, on remarque quelques aberrations qu'on peut également mettre sur le compte de l'aliénation; ainsi Suzanne y est et n'y est pas : elle raconte des choses qu'elle ne peut raconter en première personne. L'aliénation, autre terme pour la folie, revient de manière récurrente et son image hante Suzanne

6.4. Malheur éternel et folie

« […] il est sûr, Monsieur, que sur cent religieuses qui meurent avant cinquante ans, il y en a tout cent tout juste de damnées, sans compter celles qui deviennent folles, stupides ou furieuses en attendant » (p. 19). Suzanne après son discours général sur le noviciat illustre ses propos par la vision traumatisante d'une religieuse folle échappée de sa cellule qui, pense-t-elle, préfigure ce qui l'attend : « Il arriva un jour qu'il s'en échappa une de ces dernières de la cellule où on la tenait renfermée. Je la vis […] Je n'ai jamais rien vu de si hideux. Elle était échevelée et ses yeux étaient égarés; elle s'arrachait les cheveux; elle se frappait la poitrine avec les poings; elle courait, elle hurlait; elle se chargeait elle-même et les autres des plus terribles imprécations; elle cherchait une fenêtre pour se précipiter. La frayeur me saisit, je tremblai de tous mes membres, je vis mon sort dans celui de cette infortunée […] » (p. 19).

De fait, au couvent de Longchamp, Suzanne erre dans les couloirs et terrifie une jeune religieuse qui la croit possédée : « Une des plus jeunes était au fond du corridor, j'allais à elle, et il n'y avait pas moyen de m'éviter. La frayeur la plus terrible la prit […], p. 83. Et la dernière vision que Suzanne a de la mère supérieure de Sainte-Eutrope est celle d'une démente, « pieds nus, en chemise, échevelée, hurlant, écumant et courant autour de sa cellule ». (p. 186).

Impossible ici de ne pas penser au sort de la sœur de Diderot, Angélique, morte folle au couvent. Au reste, l'avocat, Monsieur Manouri, tellement sensible aux malheurs de sa cliente avoue après avoir perdu son procès : « Madame, me dit-il en pleurant, vous auriez été ma propre sœur que je n'aurais pas mieux fait »

1. Le corps parle à la place de la bouche et ceci concerne tous les personnages. … Ainsi la mère de Suzanne évoquant son amant et père de Suzanne : « En cet endroit son visage s'altéra […] elle voulait parler mais elle n'articulait plus, le tremblement de ses lèvres l'en empêchait (p. 34)

(p. 107). Impossible de ne pas se souvenir que le philosophe des Lumières a vécu dans sa chair les conséquences de l'enfermement monacal ; dès lors la dénonciation de la clôture, loin d'être abstraite et théorique, trouve dans le roman une force saisissante. Jacques Proust peut ainsi écrire à propos de ce roman que c'est le plus autobiographique de tous, celui du moins qui est le plus proche de Diderot : « C'est qu'il s'agit de lui, dans ce roman, comme en aucun autre, sans excepter même *Le Neveu de Rameau*. De lui, je veux dire de ce simulacre de soi que l'écrivain ne cesse de projeter en avant de lui[1] ».

C'est sans doute pour cette raison que le roman échappe à la catégorie du roman à thèse même s'il en possède des caractéristiques.

7. Suzanne, porte-parole : un roman à thèse

7.1. Suzanne, un exemplum

On a vu en effet que le roman a beaucoup à voir avec *l'Encyclopédie*. L'histoire de Suzanne pourrait servir d'exemplum à plusieurs articles de *l'Encyclopédie*, et plusieurs personnages semblent être des porte-paroles de Diderot lui-même, au point qu'ils peinent parfois à exister. C'est particulièrement vrai de Suzanne dont la voix semble dérailler souvent, et notamment quand elle sort du cadre romanesque pour disserter dogmatiquement sur les méfaits de la claustration. Florence Lotterie va jusqu'à parler de « schizophrénie narrative » (p. XXVIII). Les discours derrière lesquels on entend le philosophe militant Diderot rendent le personnage de Suzanne peu romanesque et peu cohérent. C'est d'autant plus vrai que Diderot en a fait une héroïne à l'encontre des codes romanesques : elle n'est pas amoureuse.

7.2. « [E]t cependant il n'y avait point d'amour »

Grimm (Diderot) souligne dans la préface-annexe la singularité de Suzanne. De fait, elle échappe à la typologie des personnages féminins et le roman bien que pathétique ne repose pas sur la passion amoureuse : « On ne pouvait pas lire une page sans verser des pleurs ; et cependant il n'y avait point d'amour » (p. 198). Les supérieures des couvents, les confesseurs, son avocat, tous s'interrogent sur les motivations de Suzanne à sortir du couvent, sa répugnance pour l'état religieux et veulent croire à une passion secrète qui rendrait insupportable la clôture ; « on ne dira pas du moins, comme de la plupart des autres, que je sois entraînée hors de mon état par une passion déréglée. Je ne vois personne, je ne connais

1. Jacques Proust, « La cantate de l'innocent », *op. cit.*, p. 153.

personne », « je demande à être libre parce que le sacrifice de ma liberté n'a pas été volontaire » (p. 67). Affirmations réitérées au bon Monsieur Manouri dont le vicaire cherchera d'ailleurs à l'éloigner, craignant que l'avocat n'agisse auprès de Suzanne par amour : « Une douleur aussi violente n'aurait-elle pas quelque motif secret ? – Non, Monsieur, je hais la vie solitaire » (p. 109). À la mère supérieure de Sainte-Eutrope, Suzanne répète son ignorance des sentiments amoureux et même des désirs ; « Et votre cœur est resté tranquille ?_ Jusqu'à présent il est resté sans émotion [...] je ne sais point ce qu'est le langage des sens » (p. 146), « Je n'ai point de désirs, et je n'en veux point chercher que je ne pourrais satisfaire », « Les choses dont nous nous entretenons me sont si étrangères (p. 147). Ce qui constitue le sujet romanesque par excellence, l'amour contrarié, est donc récusé ici : Quoi ! ce n'est pas une passion ou secrète ou désapprouvée de vos parents qui vous a donné de l'aversion pour le couvent ? » (p. 146). Ainsi, c'est bien l'amour de la liberté pour elle-même et seulement pour elle-même qui explique l'énergie que met Suzanne à révoquer ses vœux : Diderot fait dire à Suzanne : « je ne veux être enfermée ni ici ni ailleurs » (p. 119). Cette affirmation renvoie très profondément à la pensée politique de Diderot lui-même et à son expérience personnelle. Nous pouvons nous reporter à l'article « Autorité politique » de l'*Encyclopédie* qui commence ainsi : « La liberté est un présent du ciel, et chaque individu de la même espèce a le droit d'en jouir aussitôt qu'il jouit de la raison. Si la nature a établi quelque *autorité*, c'est la puissance paternelle ; mais la puissance paternelle a ses bornes [...] Toute autre *autorité* vient d'une autre origine que la nature [...] ou la force et la violence de celui qui s'en est emparé ; ou le consentement de ceux qui s'y sont soumis par un contrat fait ou supposé entre eux et à qui ils ont déféré l'autorité ».

Non seulement Suzanne n'est pas amoureuse, mais elle est présentée par plusieurs personnages comme un être insensible et froid ; sa mère affirme : « Vous ne sentez rien, vous avez l'âme inflexible de votre père... » (p. 35). Madame de *** s'interroge sur son impassibilité : « vous me paraissez d'un caractère tranquille. – Assez – Froid même » (p. 147).

En cela, Diderot court le risque de faire de Suzanne un personnage désincarné, une allégorie, et non un personnage romanesque. Pourtant en observant les effets pathétiques et esthétiques, et si l'on envisage le roman comme la projection de soi, un simulacre de soi, comme nous y invite Diderot, on peut y voir au contraire un roman puissamment efficace qui échappe à la froideur d'un roman à thèse et au reproche que Suzanne prononce à l'égard du mémoire de son avocat, responsable de son échec : « Trop d'esprit et pas assez de pathétique » (p. 99).

III

Séduire, convaincre, toucher : *La Religieuse* ou les ambiguïtés romanesques

1. Spectacle de la vertu et vertus du spectacle

1.1. Suzanne par Suzanne : Séduire

Dans la préface annexe, Madame Madin se charge de faire l'éloge de Suzanne et d'en vanter les charmes. Mais dans le récit, c'est Suzanne elle-même qui se charge de susciter le désir, et notamment en faisant l'inventaire de ses charmes physiques. Pour éviter tout soupçon de vanité, elle se contente à de nombreuses reprises de rapporter les propos qui ont été prononcés à son sujet, les louanges sur son physique, dès le seuil de son récit : « Quand je fus seule dans ma cellule, je me ressouvins de leurs flatteries, je ne pus m'empêcher de les vérifier à mon petit miroir, et il me semble qu'elles n'étaient pas tout à fait déplacées ». Puis, plus loin : « Mes compagnes m'ont entourée, elles m'embrassent et se disent : "Mais voyez donc ma sœur ; comme elle est belle ! comme ce bandeau lui sied, comme il lui arrondit le visage, comme il étend ses joues. Comme cet habit fait valoir sa taille et ses bras" » (p 16). Au couvent de Sainte-Eutrope, le corps de Suzanne devient blason tandis que la mère supérieure l'embrasse : « elle trouvait que j'avais l'haleine pure, les dents blanches et les lèvres fraîches et vermeilles [...] si c'était mon front, il était blanc et uni et d'une forme charmante ; si c'étaient mes yeux, ils étaient brillants ; si c'étaient mes joues, elles étaient vermeilles et douces ; si c'étaient mes mains, elles étaient petites et potelées ; si c'était ma gorge, elle était d'une fermeté de pierre et d'une forme admirable » (p. 134).

Si Suzanne ne cesse de répéter qu'elle est belle, c'est toujours dans le miroir que lui tendent les autres. À la question que lui pose la mère supérieure de Sainte-

Eutrope : « Jamais vous n'avez été tentée de regarder avec complaisance combien vous êtes belle ? », Suzanne répond : « c'est pour les autres qu'on est belle » (p. 212). C'est pour les autres, les lecteurs et les auditeurs de son histoire, et principalement le marquis de Croismare.

Mais Suzanne cherche surtout à susciter la pitié de son interlocuteur, laquelle fait bon ménage avec le désir et pour ce faire, elle doit se présenter comme la victime idéale.

1.2. Suzanne l'innocente : une victime idéale

Pour activer l'émotion chez le lecteur et pour qu'il s'indigne contre les institutions religieuses, il était nécessaire que le personnage imaginé par Diderot soit une victime sans ambiguïté. Suzanne ne l'ignore pas : « S'il était de mon intérêt de paraître devant mon juge innocente et sage » (p. 87). De fait, Suzanne est d'abord l'incarnation de la vertu : « Je suis jeune et sans expérience, je crains la misère et le vice » (p. 40). Elle en est même l'allégorie : « Plus elle [la vertu] est rare parmi les hommes, plus elle doit y être considérée. – On la loue mais on ne fait rien pour elle. – C'est elle qui m'encourage dans mon projet » (p. 67). La question de l'innocence est obsédante chez Diderot et elle est pleinement réactivée dans La *Religieuse* avec l'invention de ce personnage proprement innocent.

Les principes de la corruption de la société sont exposés dès la première page du récit de Suzanne : hypocrisie, mensonges, préjugés, avarice, voici l'arrière-plan de la famille Simonin. Suzanne est vue comme enfant de la faute, enfant du péché, enfant de la souillure. Objet de haine (« la haine que je lui dois se répand sur vous », déclare Madame Simonin, p. 33) et de suspicion, elle n'est pourtant, coupable de rien et ne cesse de clamer son innocence : « Je suis innocente » (p. 94). De même, Madame Madin, décrivant les derniers instants de Suzanne, revient sur la vie innocente de sa protégée : « Comme sa vie avait été innocente, ses derniers moments ont été tranquilles » (p. 220). Innocence préservée jusqu'à ses derniers instants. Le Père Morel et la mère supérieure du couvent de Sainte-Eutrope croient à une innocence miraculeusement préservée « par une protection spéciale de la Providence » (p. 164). L'innocence est associée à l'ignorance, l'ignorance de la sexualité essentiellement. Tout se passe comme si Suzanne n'avait rien vu ou en tout cas rien compris. L'hybridité générique (journal, roman-mémoires, roman épistolaire) montre que Diderot n'a pas voulu renoncer à faire de son personnage une narratrice ignorante et innocente, ce qui est pourtant incompatible avec la posture de la mémorialiste. Jacques Proust souligne ainsi que la position de Diderot est en fait intenable : « Innocent ? le personnage qui parle l'est si nous lisons son récit comme un journal, écrit au fil de l'événement [...] Instruit du mal, par-là suspect, sinon coupable ? il l'est si nous lisons son histoire comme les mémoires d'un narrateur expérimenté[1].

En réalité, si Suzanne est narratrice expérimentée en plusieurs endroits du roman, quand notamment elle prononce des discours contre le monachisme ou quand elle débusque les manœuvres à son encontre pour l'obliger à prononcer ses vœux, elle reste, en ce qui concerne le désir et la sexualité, étonnamment ignorante. Les critiques ont ainsi pointé les nombreux moments de la narration, où Suzanne manifeste une innocence peu vraisemblable. On pense en particulier aux scènes de la dernière partie du roman quand Suzanne se montre obstinément sourde aux propos explicites de la mère supérieure tout en prodiguant les caresses demandées : « Elle m'invitait à lui baiser le front, les joues, les yeux et la bouche, et je lui obéissais. Je ne crois pas qu'il y eût du mal à cela. Cependant son plaisir s'accroissait, et comme je ne demandais pas mieux que d'ajouter à son plaisir d'une manière si innocente, je lui baisais encore le front, les joues et les yeux et la bouche [...] elle m'exhortait en bégayant, et d'une voix altérée et basse, à redoubler mes caresses ; je les redoublais (p. 139). Suzanne se montre également incapable d'interpréter la jouissance de la supérieure qu'elle prend pour une maladie. On pense également à la scène où musique et érotisme se mêlent : « Je fis d'abord des accords, ensuite je jouais quelques pièces de Scarlatti ; cependant elle avait levé un coin de mon linge de cou ; sa main était placée sur mon épaule nue [...] Elle soupirait, elle paraissait oppressée, son haleine s'embarrassait » (p. 136).

Ces scènes rappellent que cloître et roman libertin ont longtemps fait bon ménage[2], mais *La Religieuse* se veut un roman sérieux et Diderot le présente même comme le pendant de *Jacques le Fataliste* : « C'est la contrepartie de *Jacques le Fataliste.* Il est rempli de tableaux pathétiques » (voir supra). Toute obscénité est donc proscrite ; Suzanne refuse d'interpréter les « symptômes » de la mère supérieure et occulte la dimension érotique de la scène rapportée.

Les télescopages entre les actes racontés et les commentaires aveuglés ont pour effet de souligner la pureté de Suzanne : « Ah chère amie, voyez comme mes pieds se sont promptement réchauffés, parce qu'il n'y a rien qui les sépare des vôtres. – Mais lui dis-je, qui empêche que vous vous réchauffiez partout de la même manière » ? (p. 152) Les exemples de cette polyphonie : un fait raconté et un commentaire naïf voire aveugle qui s'ajoute sont très nombreux : « Elle soupirait, elle paraissait oppressée, son haleine s'embarrassait [...] En vérité, cette folle-là était d'une sensibilité incroyable et avait le goût le plus vif pour la musique » (p. 136). L'aveuglement est poussé très loin ; a posteriori, Suzanne narratrice continue d'affirmer son ignorance et son incompréhension : « Le premier soir, j'eus la visite

1. Jacques Proust, « La cantate de l'innocent », *L'Objet et le texte*, *op. cit.*, p. 155.

2. Voir le chapitre « Cloîtres galants et libertins » dans l'étude de Christophe Martin, *op. cit.*, p. 25-29.

de la supérieure ; elle vint à mon déshabiller. Ce fut elle qui m'ôta mon voile et ma guimpe et qui me coiffa de nuit, ce fut elle qui me déshabilla. Elle me tint cent propos doux et me fit mille caresses qui m'embarrassèrent un peu, je ne sais pas pourquoi, car je n'y entendais rien, ni elle non plus, et à présent même que j'y réfléchis, qu'aurions-nous pu y entendre ? Cependant j'en parlai à mon directeur qui traita cette familiarité, qui me paraissait innocente et qui me le paraît encore, d'un ton fort sérieux et me défendit gravement de m'y prêter davantage » (p. 127).

Suzanne affirme non seulement son ignorance mais encore celle de sa supérieure (« ni elle non plus ») et cet entretien avec son directeur, annoncé ici par un rare effet de prolepse, est rapporté quelques pages plus loin (voir p. 164). Suzanne réitère son ignorance : « il me fit mille demandes singulières auxquelles je ne comprends rien encore à présent que je me les rappelle » et insiste ingénument : « par exemple qu'est-ce qu'il trouvait de si étrange dans la scène du clavecin ? N'y a-t-il pas des personnes sur lesquelles la musique fait la plus violence impression ? [...] On m'a dit à moi-même que certains airs, certaines modulations changeaient entièrement ma physionomie, alors j'étais tout à fait hors de moi, je ne savais presque pas ce que je devenais. Je ne crois pas que j'en fusse moins innocente » (p. 167).

L'écriture diariste se mêle ici à l'écriture mémorialiste mais l'aveuglement du je narrant en ce qui concerne les intentions de la mère supérieure est incompatible avec l'écoute de la confession de la mère supérieure auprès de Dom Morel et racontée plus loin : « Le premier mot que j'entendis après un assez long silence me fit frémir, ce fut : Mon Père, je suis damnée... Je me rassurai. J'écoutais, le voile qui jusqu'alors m'avait dérobé le péril que j'avais couru se déchirait, lorsqu'on m'appela [...] Quelle femme, Monsieur le marquis ! quelle abominable femme ! » (p. 183)

Suzanne à ce moment est dessillée et pourtant elle continue de refuser tout accès au savoir, ce qui est tout à fait contraire à la posture du mémorialiste soucieux de lire le passé à la lumière du présent. Mais ce refus de savoir porte essentiellement sur la sexualité ; « Je ne sais rien et j'aime mieux ne rien savoir » déclare-t-elle à la mère supérieure qui menace de l'instruire sur le langage du désir : « Si tu voulais, chère enfant, je te deviendrais plus claire » (p. 147). Aussi, quand Dom Morel s'apprête à lui révéler ce qu'elle ignore (c'est-à-dire les intentions suspectes de la mère supérieure), elle s'estime perdue. De ce savoir finalement obtenu, elle ne fera rien, retrouvant sa toute innocence qui est synonyme d'ignorance sexuelle quand elle écrit ses mémoires : « Ah mon père, que je suis fâchée de vous avoir entendu ! _Et pourquoi ? _ Je ne me connaissais pas, mes illusions dureront moins » (p. 182). Impossible pourtant de dire qu'au moment où Suzanne écrit ses mémoires, elle se connaît davantage ; puisqu'elle est incapable d'entendre même son propre trouble ou désir. On peut s'interroger sur les raisons de cette ignorance obstinée alors même que sur d'autres sujets, Suzanne a bel et bien appris ; elle a notamment a appris à débusquer les manœuvres des religieuses. Et on ne peut qu'être frappé par l'opposition entre l'ignorance en ce qui la regarde, principalement son propre désir ou le désir qu'elle ne manque pas de susciter partout où elle séjourne, et un savoir gnomique, général, philosophique. Car sur de nombreux points, Suzanne montre une étonnante perspicacité, et une absence d'illusions justement. On est dès lors amené à se demander pourquoi il importait tant à Diderot de maintenir cette fiction d'innocence tout à fait invraisemblable et qu'Henri Coulet va jusqu'à qualifier de stupidité. Le critique la met sur le compte de deux projets contradictoires : « Il était impossible que le récit de Suzanne fût à la fois un plaidoyer (impliquant chez elle une idée claire et juste de son passé, de sa situation, de ses griefs, de ses droits) et un cri spontané de souffrance (excluant le retour sur soi et le jugement porté sur autrui) ; aussi ne l'est-il pas à la fois, il l'est successivement. D'abord active et assez perspicace, Suzanne devient de plus en plus passive et sotte[1]. » De fait, le Suzanne est à la fois porte-parole de Diderot et incarnation de la vertu persécutée, le roman est à la fois récit-mémoires, et lettre et journal. L'innocence de Suzanne est difficilement tenable, et en même temps, Diderot en maintient la fiction tout au long du roman. On rappellera plusieurs points 1) Suzanne s'adresse à un homme vertueux et pieux et il importe pour le persuader qu'elle garde son ignorance. 2) le but de la démonstration nécessitait que la victime restât innocente. 3) Diderot est littéralement obsédé par l'innocence. 4) L'innocence de Suzanne peut être interprétée comme la volonté de ne pas vieillir et de retourner dans le ventre maternel.

On rappelle que dans la mystification ourdie par Diderot et ses comparses, une jeune fille victime de l'avarice de ses parents et des couvents, écrit au vrai marquis de Croismare pour obtenir de l'aide alors qu'elle s'est enfuie. Le récit de ses malheurs est destiné à prouver au bienfaiteur que l'aide apportée ne serait pas infondée, que la victime est bel et bien complètement innocente, sans aucune réserve. Le marquis est censé être vertueux et pieux et Suzanne doit elle-même faire preuve de vertu et de piété. Suzanne est une victime de la monstruosité des couvents : plus le décalage entre les sévices subis et entre son innocence est grand, plus la démonstration de la nocivité des couvents paraît convaincante. Elle est l'incarnation de la vertu persécutée. Cette obsession de l'innocence renvoie très profondément à Diderot lui-même qui a rédigé l'article « Innocence » de l'Encyclopédie et qui débute par ce propos : « Il n'y a que les âmes pures qui puissent bien entendre la valeur de ce mot ». Marie Leca Tsiomis en commentant cet article de *l'Encyclopédie* souligne que contrairement à ce qu'on serait en droit d'attendre, Diderot sollicite une probité morale de la part de son lecteur. Marie Leca Tsiomis souligne également que l'article tourne très vite à l'article *pro domo*. L'innocence est définie par Diderot comme « l'assemblage de toutes les vertus, l'exclusion de tous les vices », tandis que le dictionnaire de Trévoux définit l'innocence comme « état d'une personne qui n'est point coupable de ce dont elle est accusée ou soup-

1. Henri Coulet, *Le Roman jusqu'à la Révolution*, *op. cit.*, p. 464.

çonnée ». Suzanne est donc innocente dans tous les sens du terme et tout son récit est l'illustration par l'exemple de cette notion. Injustement persécutée, on a pu voir en Suzanne la projection de Diderot lui-même qui, selon Jacques Proust, est hanté par la peur de perdre son innocence. De fait, Diderot se confie : « Qui est-ce qui parvenu à l'âge de quarante ans avec l'innocence qu'il apporta en naissant n'aimerait pas mieux mourir que de l'altérer par la faute la plus légère[1] ». On peut également suivre Dominique Jullien qui voit dans cette innocence que Suzanne veut obstinément conserver une volonté de retour in utero. De ce point de vue le huis-clos dans le fiacre où se trouve Suzanne et sa mère et dont nous avons parlé plus haut est très éclairant : Suzanne saigne sur la robe de sa mère dans le lieu exigu qu'est le carrosse, scène qui n'est pas sans rappeler *La Vie de Marianne* où l'héroïne manque d'étouffer sous le corps d'une femme supposée sa mère. Suzanne réclame l'affection de sa mère qui la repousse et veut l'enfermer vivante dans l'obscurité du cloître, comme s'il s'agissait d'annuler sa naissance.

Ce personnage innocent qu'est Suzanne ne peut que susciter la pitié de ses auditeurs et lecteurs. Il faut noter toutefois que cette innocence s'accompagne d'une mise en scène et d'une conscience des effets produits sur les autres.

2. Pathétique et esthétique

2.1. Suzanne comédienne et peintre

Suzanne n'est pas écrivaine de métier, et d'emblée, elle affirme écrire naturellement : « Je peins une partie de mes malheurs sans talent et sans art, avec la naïveté d'un enfant de mon âge et la franchise de mon caractère » (p. 12). Au reste, naïveté (au sens de simplicité) et naturel sont des qualités associées topiquement à la plume féminine. Suzanne en cela imite la Marianne de Marivaux qui prétend écrire comme elle parle alors même que cette écriture naturelle, pseudo orale, obéit à une rhétorique. Madame Madin à la fin des mémoires de Suzanne revient également sur le naturel avec lequel écrit sa protégée : « Elle parle peu, mais assez bien, elle écrit naturellement » (p. 206). De fait, son écriture est assez neutralisée : Suzanne n'est en rien lyrique, elle ne s'épanche pas, elle consigne ses peines mais n'est pas dans l'affect ; elle n'exprime ni colère, ni chagrin, ni surprise. Les affects sont réservés aux scènes qu'elle rapporte et qui, elles, empruntent au jeu dramatique. Dans *la Question aux gens de Lettres*, Grimm affirme d'ailleurs que Diderot est revenu sur les lettres écrites par la fausse Suzanne pour en gommer le beau style afin de privilégier la vraisemblance. M. Diderot, après avoir passé des matinées à

1. On trouve ces propos à la fois dans l'article « Innocence » de l'*Encyclopédie* et dans sa correspondance, *op. cit.* (9 janvier 1759).

composer des lettres bien écrites [...] employait des journées à les gâter, en supprimant [...] tout ce qu'elles avaient de contraire à l'extrême simplicité [...] » (p. 223).

Pour autant Diderot joue largement des effets esthétiques et, de même qu'on peut dire que dans l'économie interne du roman, les couvents sont des laboratoires qui permettent d'observer les névroses, l'écriture du roman permet à Diderot d'expérimenter ses théories esthétiques et de mettre en pratique le mélange des genres et des arts. *La Religieuse* nous renseigne autant sur la conception du théâtre de Diderot que sur celle de la peinture et bien sûr du roman. En réalité, il n'y a pas de frontières entre les arts et Diderot envisage le théâtre de manière picturale et la peinture de manière dramatique. D'ailleurs, deux des trois grands romans de Diderot (*Jacques le Fataliste* et *Le Neveu de Rameau*) sont dialogiques ; ce n'est pas le cas de *La Religieuse* qui cependant reproduit de très nombreux dialogues censés avoir été noués entre les protagonistes. *La Religieuse* emprunte autant à la peinture qu'au théâtre. À ces arts mêlés, théâtre, peinture, on pourrait ajouter la musique portée en spectacle à plusieurs reprises : Suzanne est une bonne musicienne, elle joue du clavecin, des pièces de Rameau ou de Scarlatti, provoquant les plus grands émois chez la supérieure d'Arpajon. La jeune fille se demande ingénument : « N'y a-t-il pas des personnes sur lesquelles la musique fait la plus violente impression ? Et la musicienne, comme la comédienne, change de visage : « On m'a dit à moi-même que certains airs, certaines modulation changeaient entièrement ma physionomie ; alors j'étais tout à fait hors de moi [...] » (p. 166.).

Ce rapport étroit entre les arts, en particulier art pictural et art dramatique, est fondamental et dépasse la question esthétique. Il renvoie également à la question du pouvoir émotionnel de l'art et la possibilité de moraliser le spectateur. En outre, en ce qui concerne un roman sur les couvents, il engage « une réflexion sur la religion comme institution dotée d'une redoutable efficacité dans la fabrication des simulacres[1] ».

2.2. *La Religieuse* et l'esthétique du tableau

Dès le début de sa longue lettre, Suzanne insiste sur le goût du Marquis de Croismare pour la peinture et les beaux-arts et, à plusieurs moments de son récit, elle offre au marquis des tableaux. Dans la galerie de tableaux que propose Suzanne, on peut mentionner Suzanne en Marie-Madeleine : la jeune fille a les épaules nues et les cheveux épars : « J'avais la tête nue, les pieds nus, mes longs cheveux tombaient sur mes épaules [...] (p. 109), « On prit mes cheveux qui étaient épars sur mes épaules, on les rejeta sur un des côtés de mon cou » (p. 110), « mes cheveux tombaient épars sur mes épaules découvertes » (p. 144). C'est d'ailleurs

1. Christophe Martin, *op. cit.*, p. 90.

ainsi que la supérieure de Sainte Eutrope, hantée par Suzanne, la voit en rêve : « je vois vos cheveux épars sur votre visage » (p. 150). Ailleurs, la religieuse prend la pose ; et dans cette écriture relativement économe qu'est celle de Suzanne, on ne peut qu'être frappé par la gratuité de ces notations : « j'étais assise, la tête penchée sur mon bras et appuyée contre les barreaux de la grille » (p. 105). Pose touchante à la manière d'un portrait de Greuze, qui est celle que prend ensuite son avocat, Manouri : « Je le trouvai en entrant au parloir, précisément comme j'étais quand je reçus son émissaire, la tête posée sur les bras, et les bras appuyés contre la grille » (p. 106). D'autres tableaux plus spectaculaires empruntent à l'esthétique baroque : ainsi la description de la mort édifiante de Madame de Moni dont les yeux brillent dans la pénombre, éclairée par les bougies. On croirait une peinture de Georges de La Tour : « elle était étendue sur son lit ; on lui administra les derniers sacrements, elle tenait un Christ entre ses bras. C'était la nuit, la lueur des flambeaux éclairait cette scène lugubre. » (p. 48). Diderot, athée, semble fasciné par la dimension esthétique de la religion catholique et par sa mythologie que Suzanne met largement en scène à destination du marquis, dans des compositions baroques : « Elle [la supérieure] voyait Dieu ; le ciel lui paraissait se sillonner d'éclairs, s'entrouvrir et gronder sur sa tête ; des anges en descendaient en courroux, les regards de la Divinité la faisaient trembler ; elle courait de tout côté, elle se renfonçait dans les angles obscurs de l'église [...] » (p. 185).

Pour satisfaire les goûts du marquis, Suzanne lui offre également une peinture beaucoup plus légère, à la manière d'un Boucher : la cour de religieuses autour de leur supérieure. Cette peinture n'obéit à aucune nécessité sinon qu'elle participe de la stratégie de Suzanne pour séduire le marquis et qu'elle place ce dernier dans la position d'un voyeur : « L'après-midi je me rendis chez la supérieure où je trouvai une assemblée assez nombreuse des religieuses les plus jeunes et les plus jolies de la maison [...] Vous qui vous connaissez en peinture, je vous assure Monsieur le marquis, que c'était un assez agréable tableau à voir. Imaginez un atelier[1] de dix à douze personnes, dont la plus jeune pouvait avoir quinze ans, et la plus âgée n'en avait pas vingt-trois » (p. 155). Les affinités entre peinture et roman sont telles que Diderot a pu écrire à Meister à propos de *La Religieuse* : « C'est un ouvrage à feuilleter sans cesse par les peintres ; et si la vanité ne s'y opposait, sa véritable épigraphe serait : *Son pittor'anch'io*[2]. »

Outre les références picturales directes, le récit de Suzanne multiplie les tableaux si l'on comprend ce terme dans ses liens avec le théâtre. Car la notion de tableau renvoie explicitement au domaine de la peinture, mais renvoie également au théâtre chez Diderot : « Le tableau chez Diderot est un procédé esthétique à la charnière

1. Le terme « atelier » ne manque pas de renvoyer à la peinture.

2. Correspondance, XV, *op. cit.*, p. 191.

de la peinture et du théâtre [...] Dans ce dernier art, le tableau fait référence à un procédé esthétique inventé par Diderot » et Jean-Marie Apostolidès précise que le tableau qui appartient aux deux domaines (peinture et théâtre) se rencontre dans la majorité des œuvres de l'auteur. Le terme de tableau est particulièrement approprié en ce qui concerne *La Religieuse*[1].

Dans ses écrits théoriques sur le théâtre, Diderot réclame en effet « le développement d'une nouvelle dramaturgie scénique et demande à cette dernière de s'inspirer de la peinture, et plus précisément de certains tableaux exemplaires[2] ». Michael Fried souligne que selon Diderot, « ces tableaux » bien distribués pouvaient toucher le public au plus profond de son être. Il soutenait qu'on doit s'imaginer que le spectateur de théâtre fait face à une toile sur laquelle se succéderaient, comme par magie une série de ces tableaux[3] ».

Jean-Marie Apostolidès, s'appuyant sur les propos de Dorval dans les *Entretiens sur le fils naturel* précise : « Le tableau est une représentation figée d'attitudes qui facilite la circulation des émotions. Il construit sa théâtralité sur des postures convenues [...] Le tableau est moins figé qu'il n'évoque par avance un procédé cher au cinéma, l'arrêt sur image[4] ».

Ces tableaux scandent le récit de Suzanne. On pense ainsi à la scène du reposoir. Au reste le terme « scène » est celui-là même qu'utilise la narratrice. On pense également à la scène avec le grand vicaire, qui obéit à une scénographie : « Après la bénédiction le grand vicaire se dépouilla de sa chasuble, se revêtit seulement de son aube et de son étole, et s'avança vers les marches de l'autel où j'étais à genoux ; il était entre les deux ecclésiastiques, le dos tourné à l'autel sur lequel le Saint-Sacrement était exposé, et le visage de mon côté [...] » (p. 92).

Cependant, souligne Christophe Martin, il ne s'agit pas tant de faire l'inventaire de ces nombreux « tableaux », « ce qui serait d'ailleurs une entreprise malaisée : car le tableau se situe au croisement de pratiques concurrentes : hypotyposes, rhétoriques, instants dramatiques, références picturales) que d'en saisir les enjeux ». Le critique insiste sur le fait qu'il existe « une adéquation profonde entre cette écriture picturale et son sujet » [...] surtout parce que« le tableau apparaît dans *La Religieuse*, comme le modèle même de la vie monacale, vie claustrale soustraite à toute action successive, éternellement rythmée par les mêmes cérémonies, vie communautaire façonnée en outre par chaque mère supérieure, où rien n'échappe au regard, où les religieuses doivent en permanence se « composer » (d'où la « leçon de Marcel » que reçoit Suzanne au moment de son noviciat) ». Christophe Martin ajoute que

1. Voir Jean-Marie Apostolidès, *La Religieuse et ses tableaux*, Poétique, 2004, I, p. 137.
2. Michael Fried, *La Place du spectateur*, Gallimard, 1990, p. 106.
3. *Ibid.*, p. 106
4. Jean-Marie Apostolidès, *op. cit.*, p. 137.

la religion chrétienne apparaît dès lors dans le roman de Diderot comme « dotée d'une redoutable efficacité dans la fabrication de simulacres. Le cloître est à la fois et indissociablement un lieu soustrait à toute temporalité chronologique et le lieu par excellence du rituel et du simulacre, où l'on ne cesse de fabriquer des *tableaux* édifiants, séduisants ou effrayants[1] ».

2.3. Suzanne comédienne

La question du jeu de l'acteur a beaucoup intéressé Diderot qui y a consacré plusieurs écrits, *Les Entretiens sur les fils naturel* et surtout *Le Paradoxe sur le comédien*. Cette question du jeu ne semble pas être au cœur de *La Religieuse* (contrairement au *Neveu de Rameau*) et pourtant, elle est essentielle. Diderot en a effet construit un personnage qui ne cesse de jouer et d'imiter. Suzanne est, rappelons-le, considérée comme une excellente religieuse par tous, et même par ses ennemis, Sœur Christine en premier lieu : « personne ne remplit mieux ses devoirs que vous » (p. 74) concède-t-elle à Suzanne. Or cette dernière est également une excellente comédienne si l'on se tient à la définition qu'en donne Diderot dans *Le Paradoxe sur le comédien* : « Tout son talent consiste non pas à sentir, comme vous le supposez, mais à rendre si scrupuleusement les signes extérieurs du sentiment que vous vous y trompiez[2] » On peut dès lors comprendre le paradoxe de ce personnage de femme qui à la fois lutte de toutes ses forces pour échapper à son destin de religieuse mais qui en même joue parfaitement son rôle. Suzanne joue le rôle qui lui a été attribué par sa famille parce qu'on l'y oblige, mais ce n'est qu'un rôle et elle le « performe » telle une comédienne. En outre, on a vu que l'entrée dans les ordres était pour Suzanne synonyme d'aliénation. Or l'aliénation est un terme qui concerne également le comédien qui doit jouer son rôle sans éprouver les sentiments du personnage[3], dans un état de dissociation.

Il est frappant de constater à cet égard la récurrence de termes appartenant au vocabulaire du théâtre et que l'on doit envisager dans leur signification littérale. La narratrice souligne elle-même ses talents physiques de comédienne : « J'ai la figure intéressante [...] j'ai un son de voix qui touche, on sent que mon expression est celle de la vérité » (p. 93). En outre, le terme de « rôle » que la narratrice emploie à maintes reprises renvoie bien au caractère factice de la religion : « je me représentais mon rôle au pied des autels, une jeune fille protestant à haute voix contre laquelle elle paraît avoir consenti. » (p. 24) [...] si j'eusse voulu jouer un rôle dans la maison [...] » (p. 68). Suzanne est surtout une excellente imitatrice et interprète

1. Christophe Martin, *op. cit.* p. 51.

2. Diderot, *Le Paradoxe sur le comédien*, éd. A. Billy, Paris, coll. Bibliothèque de la Pléiade, 1951, p. 1010.

3. Dans *Le Paradoxe sur le comédien*, Diderot caractérise le bon comédien comme celui qui joue son rôle avec la plus grande distance, sans en éprouver les passions, réservées, elles, au spectateur.

facilement des rôles qui impressionnent ses spectateurs. C'est ainsi qu'elle joue à la perfection le rôle de la mystique, celui en l'occurrence de la défunte Madame de Moni, dans un moment qui correspond à la définition du tableau pictural et dramatique vue plus haut, qu'elle appelle « scène du reposoir » (p. 69) et qui consiste à se donner en spectacle en train de prier. Ce rôle est marquant dans sa carrière de comédienne : « La scène du reposoir fit grand bruit dans maison ; ajoutez à cela le succès de nos Ténèbres du Vendredi saint, je chantai, je touchai de l'orgue, je fus applaudie » (p. 69). « Ma compagne priait droite, moi, je me prosternai, mon front était appuyé contre la dernière marche de l'autel et mes bras étaient étendus sur les marches supérieures [...] Quand je me relevai, je crus être seule, je me trompais, elles étaient toutes les trois placées derrière moi, debout et fondant en larmes, elles n'avaient osé m'interrompre, elles attendaient que je sortisse de moi-même et l'état de transport et d'effusion où elles me voyaient. Quand je me retournai de leur côté, mon visage avait sans doute un caractère bien imposant, si j'en juge par l'effet qu'il produisit sur elles et par ce qu'elles ajoutèrent ; que je ressemblais alors à notre ancienne supérieure » (p. 68).

La narratrice met en évidence le lien entre les religieux et les comédiens : « Si j'avais eu quelque penchant à l'hypocrisie ou au fanatisme et que j'eusse voulu jouer un rôle dans la maison, je ne doute pas qu'il ne m'ait réussi ; mon âme s'allume facilement, s'exalte, se touche... » Et même, Suzanne est capable de prendre le relais de Madame de Moni, d'improviser son rôle et de dépasser le maître : « Il est sûr que j'éprouvais une facilité extrême à partager son extase et que dans les prières qu'elle faisait à haute voix, quelquefois, il m'arrivait de prendre la parole, de suivre le fil de ses idées et de rencontrer, comme d'inspiration, une partie de ce qu'elle aurait dit elle-même. Les autres l'écoutaient en silence ou la suivaient ; moi, je l'interrompais, ou je la devançais, ou je parlais avec elle » (p. 68).

Mais il ne s'agit que d'un rôle ; Suzanne joue la ferveur religieuse mais ne l'éprouve pas : « Mais qu'est-ce que cela signifie quand la vocation n'y est pas » ? (p. 69) C'est bien pourquoi l'identification au Christ est également vue comme une posture (et un péché d'orgueil) par ses compagnes : « Je me mis à genoux et je dis : Mon Dieu, je vous demande pardon des fautes que j'ai faites, comme vous le demandâtes sur la croix pour moi. – Quel orgueil ! s'écrièrent-elles ; elle se compare à Jésus-Christ et elle nous compare aux Juifs qui l'ont crucifié » (p. 63).

Cette capacité à jouer des rôles renvoie également à l'inquiétante malléabilité des jeunes religieuses. C'est ainsi que Madame de Moni affirme pouvoir transformer les jeunes-filles et les diriger à leur guise : « Entre toutes ces créatures que vous voyez autour de moi si innocentes, si douces, eh bien ! mon enfant, il n'y en a presque pas une, non presque pas une, dont je ne puisse faire une bête féroce » (p. 125). Les rôles sont interchangeables et les religieuses peuvent tour à tour jouer tous les rôles. Christophe Martin montre bien que la religion catholique par ses rites a beaucoup à voir avec le jeu dramatique parce qu'elle ne cesse de fabriquer des « simulacres ».

Suzanne joue la parfaite religieuse mais en secret, elle œuvre pour sortir du couvent, elle est considérée comme « factieuse » par la communauté de Longchamp. Tout confirme l'aliénation du personnage qui est comme dédoublé entre spectatrice et personnage, ou plutôt comme si elle était spectatrice de sa propre histoire (cœur et corps) et l'analogie entre Suzanne et une comédienne ou une spectatrice étaye également la thèse de Diderot sur la nocivité des couvents qui apparaissent superlativement comme le lieu du simulacre. Suzanne est à de nombreuses reprises comme une automate. Après son évasion du couvent, elle continue d'accomplir machinalement les gestes religieux et ses compagnes blanchisseuses la prennent pour une mauvaise actrice : « Mes compagnes se mettent à rire, et croient que je m'amuse à contrefaire la religieuse » (p. 193). Bien entendu, si Suzanne est prise pour une religieuse c'est parce qu'elle l'est restée ; elle en a gardé les réflexes : « une cloche vient-elle à sonner ? ou je fais le signe de la croix, ou je m'agenouille ; frappe-t-on à la porte ? je dis : *Ave* [...] » (p. 193). On retrouve ici une des critiques décisives de Diderot à l'encontre des couvents qui entraînent une seconde nature, opposée à la nature originelle ; on se souvient que dès la prise de voile, Suzanne a pu noter « à partir de ce moment, j'étais ce qu'on appelle physiquement aliénée ».

3. Circulation des affects

3.1. L'effet Suzanne

Le prénom de Suzanne n'a pas été choisi par hasard. Outre le fait que c'était le prénom de la femme et de la fille du marquis de Croismare, il évoque l'épisode de la Bible, « Suzanne et les vieillards », devenu un topos pictural. Diderot a dans *Les Salons* consacré un commentaire au tableau *La Chaste Suzanne*, peint par Lagrenée ; on y voit l'innocente jeune femme au bain qui ignore qu'elle est observée par des vieillards concupiscents. Or la question du regard est décisive dans tout le roman. Suzanne est constamment regardée, observée comme le comédien sur la scène et, contrairement à la chaste Suzanne, mais comme le comédien, Suzanne sait qu'elle est regardée. En outre, si la comédienne n'éprouve pas les émotions qu'elle joue, le spectateur, lui, les éprouve, et les émotions circulent de la scène au spectateur dans ce lieu clos qui est celui du théâtre ou entre le cadre du tableau et le regardeur. À l'instar de la religieuse qui pleure en regardant Suzanne, le lecteur-spectateur pleure en lisant les malheurs de Suzanne : « J'étais assise à côté d'une jeune religieuse qui m'aimait. Quelquefois je l'avais vue me regarder en pitié et verser des larmes, elle ne me parlait point mais certainement elle souffrait » (p. 59).

Comme l'affirme Jean-Marie Apostolidès : « Dans l'économie du désir, Suzanne tient un rôle équivalent à celui du comédien dans l'économie émotionnelle. L'un et l'autre sont en représentation dans un espace clos; l'un et l'autre sont des producteurs de tableaux qui permettent la circulation et l'exacerbation des affects ». De même, Michael Fried, poursuivant l'analogie théorisée par Diderot entre peinture et drame, insiste sur la capacité que possède le tableau à attirer le spectateur : « C'est sa théâtralité même qui le doue d'un pouvoir d'absorption, c'est-à-dire de la capacité d'attirer, d'aimanter littéralement l'interprète, et, à sa suite, le spectateur » Le spectateur est lui-même absorbé, aliéné en quelque sorte par ce qui est représenté sur la toile. Ainsi, la supérieure de Sainte-Eutrope est littéralement aliénée par le tableau des malheurs de Suzanne et en perd la raison.

Cette circulation d'affects est au cœur du roman *La Religieuse* : Suzanne la comédienne qui joue la religieuse persécutée, est peintre, auteure de son récit, et metteur en scène. Et elle semble répondre à aux attentes de Diderot concernant la peinture : « Touche-moi, étonne-moi, déchire-moi; fais-moi tressaillir, pleurer, frémir, m'indigner d'abord[1] ».

Suzanne est l'incarnation et l'exemple même de la vertu persécutée et non pas une abstraction et, en ce sens, elle possède un fort pouvoir émotionnel : « la valeur de l'exemple, dans les représentations de l'art comme sur la place publique où l'on détruit le malfaisant, réside en son pouvoir émotionnel[2] » Le roman peut jouer le même rôle moral que le théâtre et ainsi trouve une légitimité. Comme dans les drames familiaux de Diderot, dans cette histoire de religieuse malgré elle, la moralisation ne passe pas par des maximes détachées, pas par un discours moral mais par les effets produits sur le lecteur, par l'expérience sensible : « l'art n'accomplira sa mission que si, nous attachant par une illusion du réel, il devient une expérience capable d'améliorer en nous le tact, le goût, l'instinct, le sentiment moral[3] ».

Ce sont bien des expériences que Diderot fait vivre au lecteur dans ce roman. Et pour cela, il a pleinement développé les effets pathétiques et joué sur la corde sensible du lecteur. Les effets du spectacle, du théâtre, de la peinture ou de la littérature sont communs en ce qu'ils suscitent des émotions chez le lecteur ou spectateur. Et précisément, ces effets produits par les récits de Suzanne sur les autres sont constamment mis en évidence et proposent une sorte de modèle de réaction du lecteur qui est également spectateur. Car Suzanne raconte et joue ses

1. Diderot, *Essais sur la peinture, Salons de 1759.*

2. Yvon Belaval, *L'Esthétique sans paradoxe de Diderot*, Gallimard, 1950, p. 136.

3. *Ibid.*

malheurs à de nombreuses reprises; on sait qu'elle a une belle voix, elle met son récit sous les yeux de son interlocuteur.

Dans cette perspective, la figure fictive du destinataire, en l'occurrence le marquis de Croismare joue lui-même dans le récit-mémoires de la religieuse un rôle bien plus important que dans la plupart des récits-mémoires, où elle ne fournit qu'un cadre. Ici au contraire, la figure du marquis, double fictif du vrai marquis des lettres de la préface annexe, fournit une sorte de modèle idéal du lecteur du récit. Suzanne met tout en œuvre pour l'intéresser à son histoire, c'est-à-dire le faire agir. Et dans les lettres de la préface annexe, même si on imagine les rires des conspirateurs se faisant passer pour Suzanne, l'émotion du marquis du Croismare ne paraît en rien factice.

Sa sensibilité en fait un double de Diderot. En outre, Croismare est relayé par d'autres lecteurs et auditeurs. C'est pourquoi Diderot, dans la Préface-annexe, présente son roman comme « un des romans les plus vrais, les plus intéressants, les plus pathétiques » (p. 198). Il faut comprendre le terme « intéressant » dans le sens fort qu'il avait au XVIIIe : « quand on est près d'agir pour quelqu'un par compassion »

Outre le marquis de Croismare, la fiction met en effet en scène les effets des malheurs de Suzanne sur le sensible avocat Manouri : « Cet homme a le cœur sensible » (p. 107). Il lit le mémoire de Suzanne mais également entend la religieuse et surtout la voit. Sa sensibilité et son émotion aux malheurs de Suzanne est exposée par Suzanne : « dit-il en pleurant »…

De même, les prêtres sont touchés, ainsi le Père Séraphin, confesseur de la mère de Suzanne : « Je me mis à pleurer; je vis qu'il était lui-même attendri » (p. 32); les acolytes du grand vicaire peinent également à cacher leur émotion. Suzanne se donne en spectacle et ce spectacle ne manque pas d'agir sur le spectateur. « Je ne me souviens point en quels termes ils [les actes de foi, d'amour et d'espérance] étaient conçus; mais je pense qu'apparemment ils étaient pathétiques; car j'arrachai des sanglots de quelques religieuses, les deux jeunes ecclésiastiques en versèrent des larmes » (p. 94). Le père Lemoine et Dom Morel sont également touchés par le récit de Suzanne. Pour ce dernier, la pitié semble mêlée au trouble amoureux : « Où est donc le mal de s'aimer, de se le dire, de se le témoigner ? Cela est si doux ! – Il est vrai, dit Dom Morel, en levant ses yeux sur moi qu'il avait toujours tenus baissés tandis que je parlais. » (p. 180). Ainsi, par le récit complaisant des extrêmes souffrances physiques et morales de Suzanne, Diderot veut bien sûr dénoncer les méfaits de la claustration, son caractère inhumain, mais Suzanne elle, à l'intérieur du récit, cherche à éveiller la pitié et sans doute le désir.

La mère supérieure du couvent de Sainte-Eutrope manifeste le plus spectaculairement les effets que produit le récit de Suzanne : « Je commençai donc mon récit comme je viens de vous l'écrire. Je ne saurais vous dire l'effet qu'il produisit sur elle, les soupirs qu'elle poussa, les pleurs qu'elle versa, les marques d'indignation qu'elle donna contre mes cruels parents, contre les filles affreuses de Sainte-Marie, contre celles de Longchamp » (p. 143).

Suzanne lui raconte son histoire en plusieurs temps, telle une nouvelle Shéhérazade, et chaque étape de la narration est l'occasion pour la mère supérieure de manifester son extrême sensibilité. Ses larmes se mêlent au désir. Madame de ***associe souffrances et amour et attend du terrifiant récit de sa protégée qu'il lui procure un état de communion amoureuse : « J'aime à pleurer, c'est un état délicieux pour une âme tendre que celui de verser des larmes. Tu dois aimer à pleurer aussi, tu essuieras mes larmes, j'essuierai les tiennes, et peut-être serons-nous heureuses au milieu du récit de tes souffrances; qui sait jusqu'où l'attendrissement peut nous mener ? … Et en prononçant ces mots, elle me regarda de bas en haut avec des yeux déjà humides, elle me prit les deux mains, elle s'approcha de moi plus près encore, en sorte qu'elle me touchait et que je la touchais » Et plus loin : « Raconte, mon enfant, dit-elle, j'attends, je me sens les dispositions les plus pressantes à m'attendrir; je ne pense pas avoir eu de ma vie un jour plus compatissant et affectueux » (p. 142-143).

Après cette communion matérialisée par les mains qui se touchent, grâce au pouvoir d'évocation du récit de Suzanne, le désir va croissant; la supérieure rejoue les scènes de persécution dont a été victime Suzanne en substituant des baisers aux tortures : « […] Les cruelles ! Serrer ces bras avec des cordes ! … » Et elle me prenait les bras et les baisait. « Noyer de larmes ces yeux ! … Et elle les baisait. Arracher la plainte et les gémissements de cette bouche !… » Et elle la baisait […] Oser entourer ce corde, et déchirer ces épaules avec des pointes aigües ! Et elle écartait mon linge de cou et de tête, elle entrouvrait le haut de ma robe, mes cheveux épars sur mes épaules découvertes, ma poitrine était à demi-nue, et ses baisers se répandaient sur mon cou, sur mes épaules découvertes, et sur ma poitrine à demi-nue » (p. 144).

On peut penser à Marianne chez Marivaux qui raconte son histoire à de nombreuses reprises, à chaque fois qu'elle fait une nouvelle rencontre (le récit de l'attaque du carrosse dans laquelle on l'a trouvée, manquant d'étouffer sous le corps d'une passagère, peut-être sa mère). Mais Marianne n'a pas de souvenirs et c'est un récit de seconde main qu'elle produit. De même Suzanne raconte sans cesse son histoire mais les effets produits par cette narration sont bien davantage mis en scène que chez Marivaux et jouent davantage sur les effets pathétiques : « Quoique je sois bien jeune, j'ai eu bien de la peine; il y aura bientôt vingt ans que je suis au monde et vingt ans que je souffre. Je ne sais si je vous pourrai vous dire tout et si vous aurez le cœur à l'entendre. Peines chez mes parents, peines au couvent de Sainte-Marie, peines au couvent de Longchamp […] cela sera bien long et bien triste et je ne voudrais pas vous attrister si longtemps ». Avant Sade, Diderot a envisagé le lien entre souffrance, érotisme et plaisir (« état délicieux que de verser des larmes[1] »), si bien que Robert Mauzi affirme que *La Religieuse* est « comme une idéale transition » entre Richardson et Sade « qu'il ne faut pas croire incompatibles[2] » (Mauzi, p. XIII)

Diderot nous livre dans ce roman un éloge de la sensibilité (vertu cardinale chez Diderot et Rousseau) et également met en scène les pouvoirs du récit en ce qu'il donne à imaginer. À l'intérieur du récit, le romancier met en scène ce pouvoir du spectacle et de la narration par le récit de Suzanne qui agit sur l'imagination et sur l'émotivité de ses auditeurs-spectateurs. Ainsi la mère supérieure de Sainte Eutrope voit ses nuits peuplées par la vision de Suzanne persécutée et n'en dort plus : « ce sont des songes fâcheux qui me tourmentent. À peine ai-je les yeux fermés que les peines que vous avez souffertes se retracent à mon imagination ; je vous vois entre les mains de ces inhumaines » (p. 150).

Cela n'est pas sans rappeler les effets produits par la rédaction du roman sur Diderot lui-même, et tels qu'il les rapporte dans sa correspondance. L'état délicieux dans lequel le récit pathétique de Suzanne plonge Madame de *** et qui donne un modèle au destinataire de la lettre, le marquis de Croismare, peut faire penser aux réactions de Diderot et d'un sien ami à la lecture du roman sentimental de Richardson, telle qu'il le rapporte dans l'éloge du romancier anglais : « J'étais avec un ami, lorsqu'on me remit l'enterrement et le testament de Clarisse [...] Cet ami est un des hommes les plus sensibles que je connaisse [...] le voilà qui s'empare des cahiers, qui se retire dans un coin et qui lit. Je l'examinais ; d'abord je vois couler des pleurs, il s'interrompt, il sanglote ; tout à coup il se lève, il marche sans savoir où il va, il pousse des cris comme un homme désolé et il adresse les reproches les plus amers à toute la famille des Harlowe[3]. On peut également penser à Diderot lui-même écrivant le récit de « sa » religieuse, épisode rapporté dans la Préface-annexe : « Un jour qu'il était tout entier à ce travail, M. d'Alainville, un de nos amis communs, lui rendit visite, et le trouva le visage inondé de larmes. Qu'avez-vous donc ? lui dit M. d'Alainville. Comme vous voilà ! – ce que j'ai ? lui répondit M. Diderot ; je me désole d'un conte que je me fais ». (p. 198).

3.2. L'expérience pathétique

La différence entre les douleurs exprimées par la supérieure de Sainte-Eutrope et celles du lecteur de Richardson, c'est que la première est elle-même un personnage de roman et croit bien entendu aux malheurs du personnage qu'est Suzanne, tandis que Diderot ou son ami sensible pleurent aux malheurs de personnages fictifs. Mais dans les deux cas, les malheurs sont l'objet d'une narration, ils sont représentés.

1. Sur les larmes, on se rapportera à l'ouvrage d'Anne Coudreuse : *Le Goût des larmes au XVIIIe siècle*, PUF, 1999.

2. Robert Mauzi, *op. cit.*, préface, p. XIII.

3. Diderot, *Éloge de Richardson, op. cit.*, p. 1071.

Yvon Belaval rappelle que Diderot distingue fort bien l'émotion provoquée par un événement représenté et l'événement réel. Dans le premier cas, l'émotion est sans conséquence « immédiate sur le comportement social[1] ». Mais l'impression demeure et perdant la marque de son origine de son lien à l'œuvre d'art, elle peut se réactiver dans le réel, plus tard, et ainsi modifier notre comportement. « L'idée force de Diderot est donc d'agir sur l'imagination et l'émotivité, au-dessous du langage[2] ».

Ainsi par toutes ces réactions sensibles, le roman interroge la manière dont on peut moraliser le lecteur et plus largement les vertus du spectacle, notamment de celui de la souffrance. Les pleurs de Diderot, les pleurs des lecteurs, les pleurs des auditeurs de Suzanne témoignent de leur moralité et de leur sensibilité. Selon Diderot le lecteur tire un profit moral de la lecture des romans de Richardson, grâce au processus de l'indentification, de la sympathie même, de la contagion. C'est en lecteur qu'il décrit les effets de la lecture des romans de Richardson sur lui-même : « Mon âme était tenue dans une agitation perpétuelle. Combien j'étais bon ! combien j'étais juste ! que j'étais satisfait de moi ! J'étais, au sortir de ta lecture, ce qu'est un homme à la fin d'une journée qu'il a employée à faire le bien. J'avais parcouru dans l'intervalle de quelques heures un grand nombre de situations, que la vie la plus longue offre à peine dans toute sa durée [...]. Je sentais que j'avais acquis de l'expérience. »

Dans le roman de Suzanne, Diderot imagine des personnages qui non seulement sont émus par le spectacle de la souffrance mais veulent aussi faire le bien ; car il ne suffit pas seulement de pleurer sur la destinée des malheurs de Suzanne « Vous useriez vos yeux à pleurer sur ma destinée (p. 179). C'est ainsi que Madame de*** non seulement aime à pleurer mais aime à se mettre en situation de réparer les peines : « Je veux savoir toute votre vie ; vous me la direz ? » (p. 140) Comment réparerai-je les peines qu'on lui a faites, si je les ignore ? Je veux qu'elle me les raconte sans rien omettre. Je suis sûre que j'en aurai le cœur déchiré et que j'en pleurerai, mais qu'importe ». (p. 130).

Mais le plus beau rôle revient au marquis de Croismare qui, dans la réalité s'est trouvé en situation de faire le bien pour une créature fictive qu'il croyait bien sûr vivante. Diderot le souligne dans la Préface-annexe : « Après tout, M. le marquis de Croismare doit savoir gré à la perfidie de ses amis de lui avoir fourni l'occasion de secourir l'infortunée avec une noblesse, un intérêt, une simplicité vraiment dignes de lui : le rôle qu'il joue dans cette correspondance n'est pas le moins touchant » (p. 223).

1. Yvon Belaval, *op. cit.*, p. 135.

2. *Ibid.*

Le roman ainsi, au-delà de la diégèse, interroge la moralisation par la fiction. La fiction nous pousse-t-elle à être meilleurs ? D'avoir vu des malheurs et d'avoir pleuré sur ces malheurs nous rend-il plus moraux ? Diderot qui se vante d'avoir tant pleuré, qui met en avant sa sensibilité est-il pour autant plus vertueux ? Quel est l'effet de la pitié ? Ces questions, Rousseau les soulève aussi et, dans *La Lettre à d'Alembert*, semble répondre à Diderot se vantant d'avoir pleuré après avoir lu Richardson : « Au fond, quand un homme est allé admirer de belles actions dans ses fables et pleurer des malheurs imaginaires, qu'a-t-on à exiger encore de lui ? N'est-il pas content de lui-même ? Ne s'applaudit-il pas de sa belle âme ? »

Sans développer davantage ces questions dans le cadre de cette étude, on retiendra que le roman de Diderot donne lieu en tout cas à des expériences morales et met en scène la circulation des affects. Enfin, le roman interroge également les ambiguïtés du spectacle pathétique.

3.3. Violences pathétiques

Il y a dans ces effets pathétiques une forme de violence faite au lecteur soumis à un trop plein de sentiments. Suzanne ne l'ignore pas : Après avoir détaillé les tortures qu'elle a subies, elle écrit : « monsieur, je vois tout le mal que je vous cause » (p. 90) De fait, elle cause bien de la souffrance chez ses auditeurs, lecteurs et spectateurs.

L'appel à la pitié du lecteur est en outre associé à des menaces et à une forme de chantage auprès du marquis de Croismare. La jeune religieuse menace en effet le marquis de se suicider s'il ne l'aide pas : « Monsieur le marquis, craignez qu'un fatal moment ne revienne. » Le puits dont on a vu plus haut qu'il était évoqué de manière récurrente est ainsi mentionné comme allié du suicide : « Ah Monsieur, tous les maux seraient finis et je n'aurais plus rien à craindre des hommes [...] J'ignore quel est le destin qui m'est réservé mais s'il faut que je rentre un jour dans un couvent quel qu'il soit, je ne réponds de rien, il y a des puits partout » (p. 194). Ainsi, Suzanne exerce-t-elle un chantage sur le marquis (une aide contre la vie). Mais plus généralement, tous les récits de ses malheurs sont une demande de pitié, quels que soient ses interlocuteurs : sœurs, confesseurs, marquis, lecteurs. Elle-même cependant ne ressent guère la pitié qu'elle sollicite chez les autres et semble ne pas voir la souffrance d'autrui. Suzanne en quelque sorte est la comédienne rêvée par Diderot : elle joue son rôle victimaire mais semble ne pas éprouver de sentiments. Ainsi, devant les tourments de la supérieure d'Arpajon, elle reste immobile, comme pétrifiée : « Toutes ces invitations où se peignaient les cruelles vicissitudes de cette âme en peine m'attristaient profondément. Il m'arriva une fois de demeurer comme un terme vis-à-vis de ces placards ». (p. 175). Plus loin, Suzanne est comme absorbée : « Je demeurai comme absorbée » (p. 176). Or ce terme peut évoquer l'idée d'absorbement (ou d'absorption) qu'a développée Michael Fried à propos des *Salons* de Diderot ; Suzanne est comme indifférente aux autres. Au reste la mère supérieure s'étonne de son impassibilité : « Que son pouls est tranquille [...] rien ne l'émeut » (p. 150). Suzanne est à la fois actrice et spectatrice, elle a conscience des effets provoqués sur les autres. « Je fus un spectacle bien touchant » mais semble elle-même passive face à la souffrance des autres, ce qui peut en faire un personnage inquiétant.

4. Portrait de Diderot en femme

Nous voudrions terminer cette étude sur un aspect majeur de l'œuvre et qui a beaucoup à voir encore avec la question du jeu du comédien et de l'aliénation, c'est celui du féminin. Diderot s'identifie à un personnage de femme pour écrire les lettres et le récit de Suzanne, Suzanne elle-même joue le rôle de la femme telle que l'imagine Diderot et cherche à séduire et toucher son lecteur.

À la fin de sa lettre, mue par un ultime scrupule, Suzanne se demande si elle n'a pas cherché à séduire le marquis davantage qu'à le toucher pour obtenir de l'aide : « Serait-ce ce que nous croyons les hommes plus sensibles à nos charmes qu'à la peinture de nos peines ? » (p. 194). Pourtant, tout montre en réalité, que la peinture des peines n'est pas dissociable de celle des charmes et tout semble avoir été concerté pour donner vie à cette créature fictive ; dans la correspondance, Madame Madin va jusqu'à détailler par le menu son linge de corps (et on devine derrière cet inventaire sensuel la jubilation des complices de la mystification, p. 216), semblant ainsi vouloir attiser le désir du marquis, tout en jouant sur l'émotion par la peinture des malheurs : « Nous aimons le plaisir en personne et la peine en peinture[1] ». Tout se passe comme si Suzanne avait fait sienne cette formule de Diderot, donnant de la peine par la peinture de ses malheurs, peine liée à la pitié dont a vu le caractère ambigu, et du plaisir par le personnage de femme auquel il s'agit de faire croire.

Suzanne joue à la perfection son rôle de religieuse, on peut se demander ce qu'il en est concernant son rôle de femme. Car c'est bien sur ce rôle que Suzanne, alias Diderot, achève sa lettre, jouant la femme, c'est-à-dire la coquette.

4.1. « En vérité, je ne suis pas un homme » (p. 83)

On a vu que la forme dominante du roman est, pendant toute la première moitié du XVIIIe siècle, le roman-mémoires et que d'une manière générale, les narrations en première personne ont le vent en poupe et on a pu également noter

1. Diderot, cité par Y. Belaval, *op. cit.*, p. 131.

que dans ces narrations en première personne, on constate une place étonnamment importante de la première personne féminine. En ce sens, *La Religieuse* s'inscrit dans une certaine tradition, celle d'un personnage féminin qui raconte sa propre histoire. Avant Diderot, Marivaux s'était mis dans la tête d'une femme. Diderot, d'une toute autre manière s'identifie avec un personnage de femme et on a rappelé que le philosophe est également l'auteur d'un petit essai sur les femmes. Suzanne incarne la femme telle que l'a pensée Diderot, c'est-à-dire un être faible, aliéné par sa condition physique. À plusieurs reprises, Suzanne réitère son identité de femme : « je suis une femme, j'ai l'esprit faible comme celles de mon sexe » (p. 98) par la négative également : « En vérité, je ne suis pas un homme » (p. 83) ; ici la féminité est liée à l'innocence, c'est-à-dire l'ignorance. Enfin, dans ses tout derniers mots, Suzanne revient sur son identité de femme et pour en indiquer un caractère essentiel : « je suis une femme, peut-être un peu coquette, que sais-je, mais c'est naturellement et sans artifice » (p. 195).

4.2. Coquetterie féminine

Par cette mention de la coquetterie, Diderot s'inscrit également dans une certaine tradition : à la suite de Marivaux avec *La Vie de Marianne*, être femme c'est être coquette. Ce *post-scriptum* est bien plus qu'un ajout en passant. Suzanne a avoué quelques lignes plus haut sa crainte d'avoir cherché à séduire le marquis, davantage que le toucher ; elle craint de s'être adressée à son vice plutôt qu'à sa bonté : « Cependant si le marquis, à qui l'on accorde le tact le plus délicat, venait à se persuader que ce n'est pas à sa bienfaisance mais à son vice que je m'adresse, que penserait-il de moi ? Cette réflexion m'inquiète. En vérité il aurait bien tort de m'imputer personnellement un instinct propre à tout mon sexe. Je suis une femme, peut-être un peu coquette, que sais-je ? mais c'est naturellement et sans artifice » (p. 195).

La jeune femme s'interroge sur la réception de la lettre, l'effet produit et le jugement porté : « Que penserait-il de moi ? ». Elle n'hésite pas à recourir à la flatterie vis-à-vis du destinataire : « le marquis à qui on accorde le tact le plus délicat » et a recours à l'opposition des deux catégories « hommes/femmes ». Suzanne, on le voit, aura joué sur les deux tableaux, activant pleinement le levier de la pitié et insistant sur sa vertu mais mettant en scène ses charmes à maintes reprises et feignant de découvrir le pouvoir de la séduction. Certes, Suzanne condamne la coquetterie qui est source de culpabilité car elle flatterait le vice des hommes : « Si le marquis, à qui l'on accorde le tact le plus délicat, venait à se persuader que ce n'est pas à sa bienfaisance, mais à *son vice* que je m'adresse, que penserait-il de moi ? ». Certes, Suzanne a maintes fois affirmé sa crainte de perdre son innocence. Mais dans cette ingénuité réitérée à propos des hommes (« je ne les connais pas bien »), celle qui nous a servi de longues dissertations sur les méfaits de la claustration n'est plus le porte-parole de Diderot mais bien un personnage de femme ou du moins un personnage de femme tel que l'imagine le philosophe des Lumières qui, pour n'avoir guère estimé Marivaux, a lu la *Vie de Marianne.* C'est Marianne que l'on entend dans ces propos sur la coquetterie naturelle à la femme. La coquetterie ne signifie cependant pas la même chose chez les deux auteurs : arme dont disposent les femmes pour lutter contre la domination masculine, la coquetterie est chez Marivaux une prise en compte de l'autre, elle est associée à une finesse d'esprit et à ce titre n'est pas condamnée. Au reste, des personnages masculins, Jacob, le paysan parvenu en premier lieu, peuvent également être coquets. Au contraire, chez Diderot, la coquetterie est un vice car elle est mensongère ; il suffit pour s'en convaincre de lire l'article de *l'Encyclopédie* rédigé par ses soins : « Coquetterie : c'est dans une femme le dessein de paraître aimable à plusieurs hommes ; l'art de les engager et leur faire espérer un bonheur qu'elle n'a pas résolu de leur accorder… » et dans l'article « Coquetterie/Galanterie » : « La coquetterie est un travail perpétuel de l'art de plaire pour tromper… c'est un des vices les plus méprisables dans une femme » (*Encyclopédie*). La coquetterie est associée à la séduction, c'est-à-dire au mensonge et elle fait espérer « un bonheur qu'elle n'a pas résolu d'accorder ». « Art de plaire pour tromper » : Diderot, avec la mystification qu'il a mise en place, se joue du marquis et joue des séductions de Suzanne. On peut se reporter ici aux analyses de Sarah Kofman qui envisage que la fausse Suzanne cherche à provoquer le désir véritable du marquis de Croismare et au-delà des autres lecteurs : « Sœur Suzanne (et Diderot qui, sous son nom, écrit le texte) espère bien produire pareil effet sur ses lecteurs et sur le marquis […] le toucher assez par son récit pour qu'il désire la voir et la toucher, elle, – désir qu'elle semble trouver plus compréhensible et plus « normal », plus naturel en tant que femme, de susciter[1]. » Et Sarah Kofman écrit plus loin : « l'astuce perverse de Diderot consiste à éveiller le désir du marquis pour le modèle et l'auteur supposés de la « fiction », séductrice en ceci qu'elle peut seulement allumer le désir sans jamais le satisfaire puisque « le modèle » précisément n'existe pas[2] ». Allumer un désir, promettre un bonheur sans jamais pouvoir le satisfaire, voilà précisément la définition de la coquetterie que propose Diderot dans *l'Encyclopédie.*

Cependant, on peut également voir dans les ultimes paroles de Suzanne, moins une condamnation de la coquetterie comme vice qu'une citation littéraire. La religieuse imite Marianne. Rappelons-nous que Suzanne a des talents d'imitatrice. Mais pourquoi imiter Marivaux ici ?

1. Sarah Kofman : *Séductions, de Sartre à Héraclite*, Galilée, 1990. p. 15.

2. *Ibid.*, p. 15

4.3. Suzanne femme donc saine d'esprit

Sans doute parce qu'en proclamant dans ses *ultima verba* sa coquetterie, Suzanne prouverait ainsi au marquis, et aux lecteurs qu'elle est restée femme, c'est-à-dire que son intégrité n'a pas été altérée par la claustration. Les couvents produisent des monstres, la démonstration aura été implacable : mères supérieures mystiques, sadiques, lesbiennes, folles croisées dans les couloirs du couvent qui se croient possédées ; mais dans cette voix marivaudienne que l'on entend finalement, Suzanne nous prouve qu'elle est restée inchangée puisqu'elle est coquette. Alors même que de coquetterie il n'a jamais été question auparavant, si l'on admet que la coquetterie suppose une complicité avec l'autre. Suzanne n'a rien d'une coquette. Mais pour que la démonstration sur la nocivité des institutions religieuses fonctionne, il faut en effet que la victime soit restée pieuse (et c'est la fin de la requête au Marquis dans laquelle Suzanne réitère sa foi) mais il faut aussi qu'elle soit restée saine d'esprit. Comment mieux le montrer qu'en faisant entendre au lecteur cette voix supposément féminine, par essence féminine. Suzanne telle qu'en elle-même, miraculeusement préservée de la corruption des couvents, c'est-à-dire femme, c'est-à-dire coquette[1]. Si je dis que je mens, je dis la vérité, si je dis que je suis coquette, je suis sincère, c'est-à-dire que je cherche à séduire tout en affirmant la sincérité, je dis la vérité également. C'est ici le paradoxe du menteur : en affirmant qu'elle ne cherche pas séduire, Suzanne séduit. C'est coquetterie que d'affirmer sa coquetterie.

Ainsi cette ultime affirmation marivaudienne : « Je suis une femme, peut-être un peu coquette, que sais-je ? mais c'est naturellement et sans artifices », outre qu'elle donne à la féminité de Suzanne un caractère factice et théâtral, renforcé paradoxalement par l'adverbe « naturellement » qui sonne trop comme une citation pour ne pas être suspect, a peut-être pour fonction de laisser croire à une intégrité sauvée de Suzanne dans cet univers marqué par la folie. En d'autres termes, il serait normal pour une femme d'être coquette et de chercher à plaire ; à la fin de son récit, Suzanne aurait conservé ce trait de nature, elle serait donc restée femme et n'aurait pas été gagnée par la folie du couvent ; elle n'aurait pas été contaminée.

On n'est pas obligé de la croire car en réalité, on l'a vu, Diderot nous fournit un certain nombre de preuves de la folie de Suzanne ; la réversibilité fait qu'à Longchamp Suzanne est prise pour une folle, possédée, mais à Saint-Eutrope, c'est elle qui prend la supérieure pour Satan, et semble prise d'hallucinations : « [...] à peine l'eus-je aperçue, que je poussai un grand cri et que je me mis à courir dans le chœur comme une insensée, en criant : "Loin de moi, Satan !..." » (p. 168). De fait, après avoir décrit les effets terribles de la claustration et l'inévitable folie engendrée, dès son arrivée au couvent, on ne voit pas par quel miracle elle aurait échappé, elle, au sort commun. Même si tout dit qu'elle n'est pas comme les autres : le père

1. Voir Sarah Kofman, *op. cit.*

Lemoine compare Suzanne à une fleur délicate bénéficiant d'une « protection spéciale de la Providence » qui l'aurait gardée « fraîche et sans tache » (p. 164).

En outre, une des affirmations de l'avocat de Suzanne mérite attention. On se souvient en effet que la jeune fille reste de bout en bout une religieuse exemplaire ; même ses ennemis et à commencer par Sœur Christine sont obligés de reconnaître que nulle autre n'accomplit aussi exemplairement ses devoirs de religieuses, or Monsieur Manouri affirme ceci : « Ces vœux qui heurtent la pente générale de la nature, peuvent-ils jamais être bien observés que par quelques créatures mal organisées, en qui les germes de passions sont flétris, et qu'on rangerait à bon droit parmi les monstres » (p. 101). Catherine Cusset se demande dès lors si Sœur Suzanne qui observe si bien les vœux ne peut être rangée parmi ces créatures mal organisées, ces monstres[1]. Et la critique insiste ainsi également sur le caractère terrifiant de l'innocence de Suzanne : Le Père Lemoine dit ainsi à Suzanne : « [votre supérieure] est enfoncée dans l'abîme du crime [...] vous y seriez avec elle si votre innocence même ne l'avait remplie de terreur » (p. 165). De fait, l'innocence de Suzanne possède un caractère mortifère et derrière une victime en apparence lisse et idéale, les ambiguïtés ne manquent pas. Plusieurs critiques ont ainsi souligné la réversibilité des bourreaux et des victimes et ont montré que ce personnage asexué et sans amour qu'est Suzanne pouvait être envisagé d'une manière fort inquiétante. Elle feint la normalité en clamant sa féminité mais cette féminité n'est que parole « ventriloquée ».

4.4. Suzanne, ange ou bourreau ?

Envisager Suzanne comme un monstre ou un agent pathogène[2] ne remet pas en question la critique des couvents mais la rend moins frontale et plus subversive qu'il n'y paraît de prime abord. Au reste, Diderot souligne lui-même le caractère subversif de la satire quand il écrit, dans la Préface-annexe : « elle [la satire] est d'autant plus dangereuse que la première partie n'en renfermait que des éloges » (p. 199, voir supra). C'est également une lecture qui met en exergue le retour du tragique dans le roman de cette période.

Au couvent de Longchamp et face à la haine que lui vouent les religieuses qui la torturent, Suzanne écrit : « j'aimerais mieux, j'aurais mieux aimé mourir que de quitter mon rôle, à la condition de prendre le leur » (p. 97). Le rôle de Suzanne, c'est celui de la victime des persécutions, le leur, c'est celui des bourreaux. À une première lecture en effet, Suzanne est une victime sans ambiguïtés, elle incarne la vertu persécutée ; pourtant, nul manichéisme dans ce roman et comme au théâtre,

1. Voir « Suzanne ou la liberté », *Recherches sur Diderot et sur l'Encyclopédie*, 1996, 21, p. 23-29

2. Voir Thierry Belleguic, *Les Discours de la sympathie*, *op. cit.*

les rôles sont échangeables ; en réalité, Suzanne est loin d'être seulement victime. La jeune religieuse est aussi celle qui fait souffrir par le désir qu'elle suscite chez autrui sans jamais pouvoir le satisfaire et qui elle-même n'en éprouve aucun. Suzanne est un ange qui amène la mort partout où elle passe. La mère de Suzanne et Madame de Moni évoquent le sort de la malheureuse Suzanne sans que cette dernière ne connaisse le contenu de leur conversation : « Je n'ai jamais su ce qui s'était passé dans cette entrevue qui dura longtemps ; on m'a dit seulement que, quand elles se séparèrent, ma mère était si troublée qu'elle ne pouvait retrouver la porte par laquelle elle était rentrée et que la supérieure était sortie les mains fermées et appuyées contre le front » (p. 46). Les deux femmes meurent peu de temps après ; Madame Simonin dans d'intenses tourments et dans la crainte du châtiment divin et Madame de Moni croit son dialogue avec Dieu rompu. Toutes deux s'inquiètent de l'avenir de Suzanne. Cet aspect inquiétant du personnage de Suzanne est formulé à plusieurs reprises : Madame Simonin désigne sa fille comme un poison. Madame de Moni constate l'effet cruel opéré par la présence de la jeune fille : « Je ne sais, dit-elle, ce qui se passe en moi ; il me semble, quand vous venez, que Dieu se retire, et que son esprit se taise » (p. 42) et plus loin : « Ah ! chère enfant, me dit-elle, quel effet cruel vous avez opéré sur moi ». (p. 43). La supérieure de Sainte-Eutrope déclare prophétiquement : « Vous me ferez mourir ». Elle affirme plus loin : « Je voudrais être morte, je voudrais n'être pas née ; je ne l'aurais point vue ». (p. 186).

C'est ensuite la malheureuse Ursule qui vit intensément les malheurs de Suzanne et qui meurt de la maladie dont Suzanne, elle, réchappe. Thérèse invective Suzanne et pressent son malheur : « Ah ! pourquoi êtes-vous venue ici ? Vous n'y serez pas heureuse pour longtemps j'en suis sûre ; et je serai malheureuse » (p. 137). Quant à la supérieure de Sainte-Eutrope, elle meurt dans d'affreuses souffrances morales. Quand Suzanne s'enfuit du couvent, elle cherche la protection de Manouri mais elle apprend qu'il est mort. Seule Madame Madin qui est aussi auditrice des malheurs de Suzanne, échappe à la mort, mais elle n'appartient pas au récit du couvent, elle appartient à un autre univers. Thierry Belleguic compare dès lors Suzanne à un agent pathogène, s'appuyant sur les théories matérialistes de la sympathie (au sens médical) et de la contagion[1].

Diderot n'a donc pas fait de Suzanne une victime lisse et idéale. Cela participe sans doute de la dénonciation conventuelle mais à l'insu du lecteur qui, dans un premier temps, se laisse bercer par les pouvoirs de la fiction pathétique et émouvoir par une victime douée de toutes les perfections et en apparence exemplaire. Dans un second niveau de lecture, force est de constater que les couvents fabriquent des monstres, et le romancier ne pouvait sans doute mieux le montrer qu'en créant un personnage si aliéné qu'il échappe à toute caractérisation et, en premier lieu, sexuelle.

1. La sympathie est à entendre dans un sens quasi physiologique, quasi médical, comme synonyme de contagion. Voir Thierry Belleguic, *Les Discours de la Sympathie*, *op. cit.*

Suzanne revendique sa coquetterie in extremis, elle affirme être faible, obéissante et douce mais ces qualités supposés féminines sont en même temps associées à leur contraire : Suzanne est ferme, résistante, elle agit, elle s'oppose, elle s'enfuit. Suzanne est à la fois une philosophe talentueuse qui semble être le porte-parole de Diderot, une victime des couvents « physiquement aliénée », un personnage, une comédienne qui joue la femme, une spectatrice. C'est un ange et c'est Satan, une sainte et une sorcière, une victime et un bourreau. Est-ce pour cette raison que le roman n'a pas été imité et que, contrairement à d'autres personnages romanesques de la littérature du XVIIIe siècle, Suzanne soit restée un hapax ?

Sujets de dissertation

1. Dans son analyse de *La Religieuse* (Foliothèque), Christophe Martin souligne l'ambiguïté de l'intérêt que suscite Suzanne chez le lecteur « Cet intérêt est particulièrement ambigu, selon qu'on lit le récit comme un journal écrit sur le vif, puissamment « intéressant », propre à susciter l'émotion du lecteur, ou comme les mémoires d'une narratrice intéressée à l'image qu'elle se donne d'elle-même, appelant donc à l'inverse à une lecture du soupçon. »
2. Touche-moi, étonne-moi, déchire-moi ; fais-moi tressaillir, pleurer, frémir, m'indigner d'abord » (Diderot, *Essais sur la peinture,* 1765). Pensez-vous que le roman de Diderot réponde à ces injonctions ?
3. *La Religieuse* est moins la lutte d'une victime contre une institution qu'une analyse de la subjectivité. À travers l'histoire de Suzanne Simonin, à travers sa lutte contre son destin et contre elle-même, Diderot examine les rapports entre le corps, la raison et l'imaginaire, et redéfinit la notion de liberté individuelle cruciale à sa pensée. (Catherine Cusset, « Suzanne ou la liberté », p. 24)
4. « Diderot n'est pas le premier à mettre au jour ce qu'il appelle « une satire des couvents ». Mais il est peut-être le premier à dramatiser de façon aussi différenciée les corruptions spécifiques de ce qu'on croit être les vertus de la vie claustrale, lieu de discipline aimée, de purification, de contemplation active ». Ce propos de Georges Benrekassa vous semble-il rendre compte de l'œuvre de Diderot ?
5. À la fin de la « Question aux gens de lettres », l'auteur s'interroge : Quelles sont les bonnes [lettres] ? Sont-ce celles qui auraient peut-être obtenu l'admiration ? ou celles qui devraient nécessairement produire l'illusion ? » Selon vous, le roman de Diderot répond-il à cette question ?
6. À propos d'un drame de Lessing, Madame de Staël écrivait : « on dirait que les personnages ne sont pas là pour leur compte, mais pour servir à l'avancement des lumières ». Ce propos pourrait-il être formulé à propos du roman de Diderot ?

Bibliographie sélective

[N.B. : Le lieu d'édition n'est pas précisé quand il est à Paris.]

1. Éditions

La Religieuse, éd. Florence Lotterie, GF-Flammarion, 2009.

La Religieuse, éd. Robert Mauzi, Gallimard, 1972.

2. Ouvrages généraux sur Diderot

Lewinter, Roger, *Diderot ou les Mots de l'absence,* Champ libre, 1976.

Mortier, Roland, et Trousson, Raymond, *Dictionnaire de Diderot*, Champion, 1999.

Wilson, Arthur, *Diderot, sa vie, son œuvre,* Robert Laffont, 1985 (trad. G. Chahine *et al.*).

3. Ouvrages sur La Religieuse

Martin, Christophe, « *Diderot. La Religieuse*, Paris, Gallimard, coll. « Foliothèque », 2010.

May, Georges, *Diderot et La Religieuse, étude historique et littéraire*, PUF/Yale University Press, 1954.

4. Articles ou chapitres sur *La Religieuse*

Abramovici, Jean-Christophe, « Des graphes et des voix. Les maléfices de l'écriture dans *La Religieuse* », *Cahiers philosophiques*, vol. 140, no. 1, 2015, p. 43-51.

Apostolidès, Jean-Marie, « *La Religieuse* et ses tableaux », *Poétique*, 137, 2004, p. 73-86.

Belleguic, Thierry, « Suzanne ou les avatars matérialistes de la sympathie : figures de la contagion dans *la Religieuse* », in *Les Discours de la sympathie. Enquête sur une notion, de l'âge classique à la modernité*, éd. T. Belleguic (*et al.*), Presses de l'Université Laval, 2008, p. 257-324.

Chouillet, Jacques, « La vertu malheureuse », dans *Diderot*, Sedes, 1977, p. 179-188.

Coudreuse, Anne, « Pour un nouveau lecteur. *La Religieuse* de Diderot et ses destinataires », *RDE*, 27, 1999, p. 43-57.

Cusset, Catherine, « Suzanne ou la liberté », *RDE*, 21, 1996. p. 23-39.

Dieckmann, Herbert, « The "Préface-Annexe" of *La Religieuse* », *Diderot Studies*, 2, 1952/3, p. 21-147.

Didier, Béatrice, « Images du sacré chez Diderot », *Travaux de Littérature*, 1993, n° 6, p. 193-209.

Duflo, Colas, « La nature pervertie : l'analyse des passions dans *La Religieuse* de Diderot », *De Rabelais à Sade : l'analyse des passions dans le roman de l'âge classique*, éd. C. Duflo et L. Ruiz, P.U. de Saint-Étienne, 2003, p 83-92.

Gepner, Corinna, « L'autoportrait de la narratrice dans *La Religieuse* », *RDE*, 17, 1994, p. 55-67.

Jullien, Dominique, « *Locus hystericus* : l'image du couvent dans *La Religieuse* de Diderot », *French Forum*, 15, 1990, p. 133-148.

Kempf, Roger, *Diderot et le roman, ou le Démon de la présence*, Seuil, 1964.

Kofman, Sarah, « Séduction : essai sur *La Religieuse* de Diderot », in *Séductions. De Sartre à Héraclite*, Galilée, 1990, p. 9-60.

Lewinter, Roger, « Introduction » à Diderot, *La Religieuse* (*Œuvres complètes*, t. IV), Club français du livre, 1970, p. 486-507.

Martin, Christophe, « Innocence et séduction. Les aventures de la voix féminine dans *La Religieuse* de Diderot », *Littérature*, 2013/3 (n° 171), p. 39-53.

–, « Suzanne à contretemps, ou l'hystérie de la simultanéité (au sujet de *La Religieuse* de Diderot) », dans *Diderot et le temps*, éd. Stéphane Lojkine, Adrien Paschoud et Barbara Selmeci Castioni, P. U d'Aix, 2016, p. 115-126.

Mauzi, Robert, « Humour et colère dans *La Religieuse* », introduction à Diderot, *Œuvres complètes*, t. IV, Club français du livre, 1970, p. I-XXII.

Menin, Marco, « Les larmes de Suzanne. La sensibilité entre moralité et pathologie dans *La Religieuse* de Diderot », *Recherches sur Diderot et sur l'Encyclopédie*, vol. 51, no. 1, 2016, p. 19-39.

Pérol, Lucette, « Les avatars du lecteur dans la genèse d'un roman : Diderot, *La Religieuse*, et le 'charmant marquis' », in *Le lecteur et la lecture dans l'œuvre*, éd. A. Montandon, PU Clermont-Ferrand, 1982, p. 102-114.

Pomeau, René, « Sur la religion de *La Religieuse* », *Travaux de linguistique et de littérature* (Strasbourg), 13 (2), 1975, p. 557-567.

Proust, Jacques, « Nouvelles recherches sur *La Religieuse* », *Diderot Studies*, 6, 1964, p. 197-214.

–, « Cantate de l'innocent. Sur *La Religieuse* », in *L'Objet et le texte. Pour une poétique de la prose française au XVIIIe siècle*, Droz, 1980, p. 147-156.

Rustin, Jacques, « *La Religieuse* de Diderot : Mémoires ou journal intime ? », in *Le Journal intime et ses formes littéraires*, éd. V. Del Litto, Droz, 1978, p. 27-46.

Saint-Amand, Pierre, « Séductions familiales [*La Religieuse*] », *Séduire ou la Passion des Lumières*, Klincksieck, 1987, p. 39-58.

Sgard, Jean, « La beauté convulsive de *La Religieuse* », in *L'Encyclopédie, Diderot, l'esthétique. Mélanges en hommage à Jacques Chouillet*, éd. S. Auroux (*et al.*), PUF, 1991, p. 209-215.

Spitzer, Léo, « The Style of Diderot », in *Linguistics and Literary History : Essays in Stylistics*, Princeton Press, 1948, p. 137-141.

Whatley, Janet, « Nuns' Stories : Marivaux and Diderot », *Diderot Studies*, 20, 1981, p. 299-319.

Marceline Desbordes-Valmore
Les Pleurs

par Wendy Prin-Conti

L'édition de référence du concours est :

Marceline Desbordes-Valmore, *Les Pleurs*, édition d'Esther Pinon, Paris, Flammarion, GF, n° 1613, 2019.

I

Contexte et histoire du texte

1. Une femme trois fois marginale[1]

Rien ne prédestine Marceline Desbordes-Valmore à la poésie. Elle naît à Douai, en 1786, dans un milieu modeste : son père est successivement peintre et doreur, puis cabaretier, et sa mère fileuse de lin. Bien vite, la famille fait l'expérience de difficultés de tous ordres. Matérielles, d'abord, puisque Antoine-Félix Desbordes fait faillite pendant la Révolution. Sa femme le quitte quelques années plus tard pour rejoindre son amant à Roubaix, puis à Lille, emmenant avec elle la petite Marceline, qui garde de son enfance douaisienne un souvenir ému, dont *Les Pleurs* portent la trace[2]. Pour subvenir aux besoins du foyer, elle débute en 1797 une carrière d'actrice, en tant que « petite utilité » au théâtre de Lille. Elle est alors âgée de onze ans. Cette situation la distingue des autres femmes poètes les plus connues de son temps. Amable Tastu[3] est la fille d'un administrateur aux vivres de l'armée ; son oncle est l'ancien ministre de la Guerre, Jean-Baptiste Bouchotte. Delphine Gay[4] est quant à elle la fille de Sophie Nichault de la Vallette, écrivaine et salonnière de renom, et d'un receveur-général. Contrairement à Marceline Desbordes-Valmore, toutes deux reçoivent le goût des Belles Lettres en héritage.

Marceline Desbordes-Valmore ne grandit pas dans les cercles qui comptent. Si elle est une provinciale, elle est aussi et surtout une errante, ainsi que *Les Pleurs*

1. Les informations synthétisées ici proviennent notamment du site très complet de la Société des études Marceline Desbordes-Valmore, auquel nous renvoyons pour plus de détails : https://www.societedesetudesmarcelinedesbordesvalmore.fr.

2. Voir par exemple les poèmes « Tristesse » et « Le Mal du pays ».

3. Amable Tastu (1795-1885).

4. Delphine Gay (1804-1855).

ne cessent de le thématiser. « Nacelle abandonnée[1] », « Libre jouet des vents[2] », « errant esquif[3] », elle a beaucoup voyagé, du fait de ses engagements en tant que comédienne, ou de ceux de son mari Prosper. Dans les seules années qui précèdent la publication du recueil, elle réside dans pas moins de trois villes différentes[4]. À Lyon, dès 1827, lorsque Prosper Valmore rejoint le Grand Théâtre. La capitale des Gaules lui fait une impression détestable, dont témoigne le poème « Louise Labé[5] ». La ville, avec son « étroite rue[6] », ses « murs étouffants[7] » et ses « cailloux aigus[8] » y est décrite de manière très péjorative. En 1832, la famille Valmore rejoint Rouen et son Théâtre des Arts. Marceline y retrouve ses sœurs, Cécile et Eugénie. Pourtant, dès le mois de juin 1833, les Valmore sont contraints de déménager à nouveau : Prosper est victime d'une cabale, qui le force à partir et à prendre un engagement à Paris, au Théâtre de la Porte Saint-Martin.

Fille du peuple, provinciale, Marceline Desbordes-Valmore détonne encore, dans la mesure où elle n'a pas mené sa vie personnelle selon les normes morales de son temps. Ses aventures, hors des cadres du mariage, sont nombreuses. À tout juste vingt ans, de sa liaison avec Louis Lacour lui naît une fille, Louisa, en septembre 1806. Abandonnée par son amant, qui ignore sa grossesse, elle se lie à Eugène Debonne, avec qui elle a un fils, Marie-Eugène, en juillet 1810. En dépit de cette naissance, la famille d'Eugène Debonne s'oppose à leur union, qu'elle considère comme une mésalliance. Après leur rupture, Marceline Desbordes-Valmore a une liaison avec Hilarion Audibert. Elle épouse finalement en 1817 un autre acteur, Prosper Valmore, qu'elle a rencontré à Bruxelles, au Théâtre de la Monnaie. Bien que mariée, elle devient en 1820 la maîtresse d'Henri de Latouche, qui vient alors d'éditer les *Œuvres poétiques* d'André Chénier. Un doute subsiste de fait sur la paternité d'Hyacinthe[9], née en 1821, qui porte de surcroît le prénom véritable de Latouche[10]. L'ombre de cette relation extra-conjugale plane sur *Les Pleurs*, qui jouent des frontières entre le dit et le tu. Latouche est en effet l'auteur le plus cité en

1. « À Monsieur A. de L. ».
2. *Ibid.*
3. « À Monsieur Alphonse de Lamartine ».
4. Les poèmes qui composent *Les Pleurs* ont été écrits au gré de ces déplacements, entre 1829 et fin 1832.
5. « À Monsieur Alphonse de Lamartine ».
6. « Louise Labé ».
7. *Ibid.*
8. *Ibid.*
9. Hyacinthe sera vite surnommée « Ondine ».
10. Henri de Latouche se prénomme en vérité Hyacinthe-Joseph.

épigraphe dans le recueil[1] : son nom apparaît sept fois, quand ceux de Chénier[2] et Béranger sont mentionnés à cette place respectivement six et cinq fois. Marceline Desbordes-Valmore doit du reste défendre ses vers, face à son mari Prosper, qui, à leur lecture, se montre soupçonneux. Alors qu'elle s'emploie à vendre son volume des *Pleurs* à Paris, elle lui écrit, le 2 décembre 1832 :

> Ces poésies qui pèsent sur ton cœur soulèvent maintenant le mien du regret de les avoir écrites. Je te répète avec candeur qu'elles sont nées de mon organisation. C'est une musique comme en faisait Dalairac[3] – ce sont des impressions observées souvent chez d'autres femmes qui souffraient devant moi. Je disais : « Moi, j'éprouverais telle chose dans cette position » et je faisais ma musique solitaire. Dieu le sait[4].

Cette vie, très libre, éclaire les conceptions de l'amour et du dogme religieux dont témoigne sa poésie[5].

2. Une modeste assurance : être une femme poète en 1830

Marceline Desbordes-Valmore ne naît pas à l'écriture avec *Les Pleurs*. Son premier texte publié l'est en 1807, alors qu'elle n'a que vingt-et-un ans. Il s'agit d'une romance, intitulée « Le Billet ». À partir du début des années 1810, ses vers commencent à paraître de manière régulière dans la presse, notamment dans l'*Almanach des Muses*[6]. Les keepsakes[7] auxquels elle contribue concourent également à la faire connaître. Son premier recueil *Élégies, Marie et Romances* (1818), qui, ainsi que son titre l'indique, rassemble des poèmes et une nouvelle en prose, est un succès. L'année 1820 est une année importante pour Marceline Desbordes-Valmore : la parution de ses *Poésies*, puis de son recueil de nouvelles *La Veillée des Antilles*, confirme la reconnaissance dont elle bénéficie. Dès 1823, elle quitte définitivement la scène pour se consacrer à son œuvre et à l'éducation de ses enfants. Paraissent encore en 1824 des *Élégies et poésies nouvelles*, puis, en 1829, les *Œuvres de Madame Desbordes-Valmore* et un recueil de contes pour enfants *À*

1. Sont cités trois poèmes « Superstition de l'amour », « Le Pêcheur » et « Le Printemps » (dans « Le Songe », « Une Ondine » et « L'Éphémère »), un roman épistolaire *Clément XIV et Carlo Bertinazzi. Correspondance inédite* (dans « Une Fleur », « À Monsieur Alphonse de Lamartine », « À Monsieur A. de L. »), et son édition des *Poésies* de Chénier (dans « Les Fleurs »).
2. Que Latouche a édité…
3. Probable allusion au compositeur Nicolas Dalayrac (1753-1809).
4. LAS BM Douai (côte : 1479-23).
5. Voir 3.2.1. « Une foi non-orthodoxe ».
6. Revue poétique fondée en 1765.
7. Album comprenant des poèmes, de petits textes, des illustrations, qu'on offrait à l'époque romantique en cadeau et comme souvenir.

mes jeunes amis. À partir de 1826, grâce notamment à l'appui de Mme de Récamier, elle obtient une pension annuelle de la Maison du roi, signe de la renommée qui est désormais la sienne.

Au XIXe, être une femme auteure ne va pourtant pas de soi. Comme le résume Christine Planté :

> [Ces femmes] dérangent parce que, sortant de la sphère de la reproduction et de leur rôle de procréatrices, elles entrent dans celle de la production et de la création ; parce que, ne se vouant plus tout entières à la survie de l'espèce, elles prétendent vivre comme des individus. Ce désordre remet en cause le traditionnel partage des tâches et la distribution des fonctions, symboliques et réelles, entre les sexes, et annonce des bouleversements immédiatement perçus comme une menace d'égalité et d'indifférenciation[1].

Le manque de légitimité dont souffrent les femmes est d'autant plus criant pour un genre noble, comme la poésie. Ces dernières doivent, partant, adopter un certain nombre de stratégies, afin de pouvoir prendre la plume quand même. Il leur faut d'abord faire preuve d'humilité. Les précautions que déploie Marceline Desbordes-Valmore s'expliquent ainsi à la fois par sa conscience, réelle, de n'avoir pas hérité d'un capital culturel digne de celui d'une Delphine Gay ou d'une Amable Tastu, et par la nécessité, plus contrainte, de se conformer à une posture attendue en raison de son sexe. Tout au long de la maturation des pièces qui formeront *Les Pleurs*, elle ne cesse, dans sa correspondance, de se montrer modeste et d'insister sur sa maîtrise technique parfois défaillante[2]. Le 16 février 1831, elle approuve sans ambages les critiques que son ami bordelais Jean-Baptiste Gergerès formule à l'endroit de ses vers : « Vous me grondez sur des mots mal à leur place, et vous avez raison[3] ». De manière corollaire, elle sollicite régulièrement des avis, voire des corrections, auprès de ses interlocuteurs masculins. À Émile Souvestre, qui a publié en 1830 un recueil de *Rêves poétiques*, elle écrit, le 3 janvier 1832 :

> [S]i vous voyez quelque tache trop saillante pour être pardonnée même à une femme, signalez-la moi avec amitié, je vous en aurai d'autant plus d'obligation que n'étant surveillée que par moi-même, je dois être souvent bien négligée, car je n'ai pas de science, et je suis bien abattue[4].

---

1. Christine Planté, *La Petite sœur de Balzac*, Paris, Seuil, 1989, p. 35.

2. Cette attitude rappelle celle des autrices du XVIIIe siècle, qui minorent souvent la qualité de leur production. Cette modestie feinte est une stratégie de légitimation. Voir à ce sujet Antoine Lilti, *Le Monde des salons au XVIIIe siècle*, Paris, Fayard, 2005 et Linda Timmermans, *L'Accès des femmes à la culture sous l'Ancien régime*, Paris, Champion, 2005.

3. LAS BM Douai (côte : 1839-23).

4. LAS BM Douai (côte : 1792-13).

Le 9 mars 1833, elle remanie l'un de ses poèmes en fonction des remarques de Léon Boitel[1] :

> Je vous remercie [du bien] que vous avez fait au *Premier chagrin d'un enfant*, par vos observations très justes. J'ai revu tout ce qui vous a paru embarrassé, et je l'ai effacé sans hésitation. N'en mettez jamais à me dire votre avis sur ce qui vous passe de moi sous les yeux. Je n'ai que moi pour juge, et je suis trop près pour bien voir[2].

Si elle se montre très humble, Marceline Desbordes-Valmore a la conscience d'être une autrice. Cette dernière porte une grande attention à ses textes et à leur qualité et ce, dès le moment de leur prépublication dans la presse. Le 18 octobre 1831, elle s'inquiète auprès de Pierquin de Gembloux[3] de sa possibilité d'amender l'un des poèmes qui paraîtra bientôt dans *Les Pleurs* : « Avez-vous envoyé quelque part *Le Rossignol aveugle* pour être imprimé en janvier ? À quel journal ou recueil l'avez-vous confié ? Je voudrais le savoir pour quelques vers corrigés, à envoyer pour l'impression[4]. » Elle suit du reste le processus de publication de son recueil au plus près. Elle exige en effet que les épreuves lui soient soumises, et impose avec autorité le titre qu'elle a choisi à son ouvrage.

3. Pourquoi *Les Pleurs* ?

1833 est une année littérairement très féconde pour Marceline Desbordes-Valmore. Jamais elle n'a tant publié simultanément : en mai paraissent *Les Pleurs*, préfacés par Alexandre Dumas ; en juin, une nouvelle, *Une Raillerie de l'amour* ; en juillet, elle donne encore un conte intitulé *Une Cabale*, et en décembre un roman, *L'Atelier d'un peintre*. Ces publications répondent à une nécessité financière. En novembre 1832, Marceline Desbordes-Valmore a effectué un voyage jusqu'à Grenoble pour placer en pension son fils Hippolyte : les frais engendrés par ce trajet sont élevés. Les démarches entreprises auprès de l'éditeur Charpentier, en décembre, pour lui faire acheter le volume des *Pleurs*, ont vocation à compenser ces dépenses[5]. La vente de la nouvelle *Une Raillerie de l'amour* répond au même besoin : à la suite de la cabale dont Prosper Valmore est la victime au Théâtre des

1. Léon Boitel est un imprimeur lyonnais et un ami de Marceline Desbordes-Valmore.
2. LAS BM Avignon (côte : 4725-1-10).
3. Claude-Charles Pierquin de Gembloux (1798-1863) est un ami de Marceline Desbordes-Valmore. Il est alors inspecteur d'Académie à Grenoble.
4. LAS BN Opéra (côte : Desbordes-Valmore (Marceline) 5).
5. Marceline Desbordes-Valmore écrit à propos des *Pleurs* à son ami Hippolyte-Romain Duthillœul, le 27 décembre 1832 : « Je l'ai vendu pour payer le triste voyage que je viens de faire à Grenoble ». CL BM Douai (côte : 1553-3-548).

Arts de Rouen au printemps 1833, la famille est contrainte à un déménagement imprévu qui la met dans l'embarras[1].

Comme le rappelle Francis Ambrière, après la révolution de 1830, le secteur de l'édition est en crise[2]. Les *Œuvres de Madame Desbordes-Valmore* et son recueil de contes pour enfants *À mes jeunes amis* se sont mal vendus. Charpentier cherche de fait à organiser autour des *Pleurs* une opération publicitaire. Le thème des malheurs du poète, pauvre et incompris, a marqué l'actualité récente : en février 1832, deux jeunes gens, Auguste Lebras et Victor Escousse se sont suicidés après l'échec de leur drame *Raymond*. Ce fait divers marque le monde littéraire : Béranger consacre par exemple l'une de ses chansons, « Le Suicide », à l'événement. Pour inscrire Marceline Desbordes-Valmore dans ce moment, Charpentier tente d'abord d'imposer le titre *Mes Pleurs*, qui établit une continuité entre les sentiments évoqués par la voix lyrique et ceux de l'autrice. Cette dernière reste néanmoins ferme sur sa décision et refuse l'identification autobiographique. Le recueil paraît sous le titre *Les Pleurs*. À défaut de pouvoir présenter le recueil comme une confession douloureuse, Charpentier s'emploie à le faire préfacer par un auteur en vue : son choix se porte sur Alexandre Dumas, qui a triomphé avec *Antony*[3] en mai 1831. Marceline Desbordes-Valmore est très réticente à l'égard des stratégies commerciales de son éditeur, car elle craint qu'elles ne nuisent à son œuvre. Elle écrit ainsi à Jacques Arago le 6 janvier 1833 : « Conjurez bien Monsieur Charpentier de ne pas mettre d'apparat dans sa manière d'annoncer ce livre, car vous savez que cela fait trouver les vers plus mauvais encore[4] ».

Cette inquiétude quant à la réception du recueil prouve que l'argument financier ne suffit pas à expliquer la publication des *Pleurs*[5]. Avec ce volume, Marceline Desbordes-Valmore cherche aussi à se positionner dans l'espace littéraire parisien à un moment charnière de la poésie romantique. Paul Bénichou a bien montré en quoi 1830 constitue un tournant : dans un contexte de crise du « Dogme en général[6] », émerge alors une génération pour qui « l'idée d'une littérature pure, étrangère à la considération des destinées de l'humanité, [est] une sorte de non-sens[7] ». *Les Pleurs* paraissent précisément au moment où le poète tend à se faire prophète :

Le poète, en ce temps-là, s'est senti requis de suppléer au discrédit du théologien et à l'insuffisance du philosophe, en méditant à sa manière propre sur tous les

1. Voir la lettre de Marceline Desbordes-Valmore à Gervais Charpentier du 7 mai 1833. LAS BN Arsenal (côte : Lacroix 968).
2. Voir Francis Ambirère, *Le Siècle des Valmore*, tome 1, *1786-1840*, Paris, Seuil, 1987.
3. *Antony*, drame romantique représenté pour la première fois au Théâtre de la Porte Saint-Martin, le 3 mai 1831.
4. LAS BM Douai (côte : 1766-202).
5. Du reste, la poésie ne paie pas aussi bien que la prose, que Desbordes-Valmore vend par ailleurs en cette année 1833.
6. Paul Bénichou, *Les Mages romantiques*, Paris, Gallimard, 1988, p. 13.
7. *Ibid.*, p. 117.

grands problèmes. De fait, en cette première moitié de siècle, a surgi un type de poète ayant autorité spirituelle. Une extraordinaire floraison de parole poétique s'est trouvée jointe à un magistère de pensée[1].

Signe de cette évolution, en cette même année 1833, Victor Hugo note, dans la préface de son drame *Lucrèce Borgia* : « il y a beaucoup de questions sociales dans les questions littéraires, et toute œuvre est une action[2]. » Pour lui, désormais, le poète « a charge d'âmes[3] ». Si les hommes se convertissent peu à peu à la lyre d'airain, cette position n'est, au XIXe siècle, absolument pas légitime pour une femme. Un préjugé tenace les contraint. Comme le rappelle Christine Planté, la « hiérarchie des genres, [est] réintroduite au sein même de la poésie : les femmes ne sont naturellement aptes qu'aux plus mineurs et aux plus légers d'entre eux, l'idylle, l'élégie, la romance[4] ». Au moment des Trois Glorieuses, Marceline Desbordes-Valmore semble avoir intériorisé cet interdit. Le 25 novembre 1830, elle écrit à Frédéric Lepeytre[5] :

> Vous me parlez de chanter à travers tant d'émotions. Ah ! Monsieur ! Quelle voix en ce moment vaut la voix du peuple ! Qu'elle est touchante, noble, poétique… et simple ! Béranger lui-même regarde et se tait. Que voulez-vous qu'une femme si frêle que moi murmure dans ce tumulte de gloire et de grandes espérances ? J'ai pleuré comme toutes les femmes. Les hommes sont les poètes de pareilles époques[6].

Cette dénégation ne résume pourtant pas sa position. Marceline Desbordes-Valmore porte un intérêt tout particulier à l'actualité politique et aux événements historiques qui marquent son temps. La situation de la Pologne, lors de l'insurrection de Novembre[7], l'afflige. Le 30 juillet 1831, elle témoigne de sa compassion pour ce « grand peuple abandonné[8] », et adresse à Hippolyte-Romain Duthillœul son « cri de douleur[9] » qui prend la forme d'un poème[10]. À Jean-Marie Dessaix[11], elle décrit le 2 octobre 1832 les Polonais comme des « frères dépouillés ». Cet engagement se traduit dans *Les Pleurs*, de manière problématisée. En tant que femme, Marceline

1. *Ibid.*, p. 13.
2. Victor Hugo, *Lucrèce Borgia*, Eugène Renduel, Paris, 1833.
3. *Ibid.*
4. Christine Planté, *La Petite sœur de Balzac*, *op. cit.*, p. 248.
5. Frédéric Lepeytre est un avocat marseillais, ami de Marceline Desbordes-Valmore.
6. CL BM Douai (côte : 1553-4-746).
7. Les Polonais se soulèvent, à partir du mois de novembre 1830, contre la tutelle qu'exerce sur eux le tsar de Russie, Nicolas Ier.
8. LAS BM Douai (côte : 1620-3-351).
9. *Ibid.*
10. Il s'agit vraisemblablement de « La Fiancée polonaise ».
11. Jean-Marie Dessaix est membre de la Société du Bazar Polonais à Lyon.

Desbordes-Valmore ne peut assumer une posture de prophétesse : il lui faut trouver un moyen de se faire guide, tout en exerçant un magistère restreint[1].

4. Une malheureuse parmi d'autres

Marceline Desbordes-Valmore peut former une communauté de douleur avec les faibles et les humbles. Au moment de la parution des *Pleurs*, elle a déjà 47 ans, et une longue expérience de la misère et du deuil. Sa mère, Catherine Desbordes, meurt de la fièvre jaune lors du voyage en Guadeloupe qu'elles effectuent toutes deux en 1802[2]. Marceline, qui n'a alors que 16 ans, doit rentrer seule en France retrouver son père. Elle a de plus perdu trois enfants en bas âge : Louisa[3], en 1806, Marie-Eugène[4], en 1816, et Junie[5], en 1818. Cette familiarité avec la douleur lui permet de pleinement compatir au deuil qu'affrontent les époux Duthillœul en juillet 1832, lorsque disparaît leur fille Félicie. À cette occasion, elle adresse à Hippolyte-Romain Duthillœul[6] le poème qui deviendra « Le Jumeau pleuré » et qu'elle présente comme une « consolation[7] » en précisant : « j'ai ressenti le coup qui vous a frappés. J'en ai pleuré en silence[8] ».

La mort est un thème obsédant des *Pleurs*. Elle touche aussi bien des enfants (ceux du « Jumeau pleuré » et du « Convoi d'un ange ») ou des jeunes adultes (le soldat de « Sous une croix belge », les amants du « Retour du marin » et de « La Fiancée polonaise », l'amie Albertine dans « Tristesse » et « Le Mal du pays ») que des animaux (les ramiers de « La Vie et la mort du ramier » et du « Premier chagrin d'un enfant »). La voix lyrique s'imagine elle-même défunte dans « La Dernière fleur ». Le recueil érige des tombeaux successifs aux disparus (« Nadège », « Lucretia Davidson », « Aux mânes d'Edmond Géraud »). De fait, lire *Les Pleurs*, c'est accepter de cheminer dans une vaste nécropole de papier.

1. Voir le chapitre III.

2. Le dernier poème du recueil, « Le Convoi d'un ange », lui est d'ailleurs dédié.

3. Louisa meurt à trois semaines seulement.

4. Marie-Eugène meurt à 6 ans.

5. Junie meurt à trois semaines, comme Louisa.

6. Douaisien, Hippolyte-Romain Duthillœul est le fondateur du *Mémorial de la Scarpe*, journal dans lequel sont publiés de nombreux poèmes de Marceline Desbordes-Valmore en pré-originale. Ce sera notamment le cas du « Jumeau pleuré », publié le 24 juillet 1832 sous le titre « L'Enfant pleuré ».

7. LAS BM Douai (côte : 1620-3-357).

8. *Ibid.*

Le recueil témoigne de l'évolution qu'a subi le genre du tombeau littéraire. Joël Castonguay Bélanger en rappelle les traits définitoires[1] : le tombeau, qui se développe au XVIe siècle, est à l'origine un ouvrage collectif, « qui réunit des textes de plusieurs auteurs pour honorer la mémoire d'un défunt[2] ». Il s'agit d'un hommage formel, où « la pluralité des signataires réunis dans chaque recueil reproduit le caractère public et social du rituel funéraire en mettant en scène une communauté affligée[3]. » S'y développe une réflexion sur les mérites et la survie du défunt, mais aussi une célébration de l'immortalité littéraire, à travers le *topos* horatien de la valeur monumentale du livre. Le genre du tombeau tombe lentement en désuétude au XVIIe siècle, où il tend à être remplacé par l'oraison funèbre. Le début du XIXe siècle constitue un moment de transition, avant son retour en grâce dans la deuxième moitié du siècle. Le tombeau s'individualise : il n'est plus guère question de produire des recueils collectifs, qui seraient l'émanation d'un groupe ou d'une institution. À cette époque, « ne subsistent vraiment [...] que des tombeaux isolés, lieux de l'expression d'une douleur intime (véritable ou de commande, peu importe), ou des tombeaux de caractère satirique[4] ». Marceline Desbordes-Valmore est représentative de la première de ces deux voies.

Quoiqu'ils n'en portent pas le sous-titre, *Les Pleurs* se présentent comme une élégie[5]. Ce genre connaît une grande vogue depuis le début du XIXe siècle, et marque tout particulièrement les années de la Restauration. L'*Élégie écrite dans un cimetière de campagne* de Thomas Gray est traduite par Marie-Joseph Chénier en 1805. Le succès de Victoire Babois, dont les œuvres sont régulièrement rééditées, est un autre symptôme de ce goût. Cette dernière donne en effet en 1804 une *Élégie sur la mort de sa fille âgée de cinq ans*[6], qui reparaît dans une édition augmentée en 1810[7], puis en 1828. Marceline Desbordes-Valmore a pour sa part déjà donné deux recueils relevant de ce genre, en 1818 et en 1824[8]. *Les Pleurs* en exemplifient de nouveau les grandes caractéristiques[9]. L'élégie est un genre de la voix : il donne à voir, dans son actualisation romantique[10], les mouvements d'une âme. Le sujet poétique s'y

1. Joël Castonguay Bélanger « L'édification d'un Tombeau poétique : du rituel au recueil », dans *Le simple, le multiple : la disposition du recueil à la Renaissance*, *Études françaises*, volume 38, numéro 3, 2002.

2. *Ibid.*

3. *Ibid.*

4. Dominique Moncond'huy (dir.), *Le Tombeau poétique en France*, Rennes, PUR, 1994.

5. L'élégie est liée, étymologiquement, au deuil : *e legein*, c'est « dire hélas », comme le rappelle Jean-Michel Maulpoix dans *Une Histoire de l'élégie*, Paris, Pocket, 2018.

6. Victoire Babois, *Élégie par Mme Victoire Babois, sur la mort de sa fille âgée de cinq ans*, Paris, Didot, 1804.

7. Victoire Babois, *Élégies et poésies diverses*, Paris, Le Normant, 1810.

8. Voir 1.2. « Une modeste assurance : être une femme poète en 1830 ».

9. Ces développements s'appuient sur les travaux de Jean-Michel Maulpoix dans *Une Histoire de l'élégie*, *op. cit.*

10. Comme le rappelle Jean-Michel Maulpoix, à partir du XVIIIe siècle, de « nouvelles valeurs de sensibilité mélancolique » s'affirment. Après 1820, il s'agit avant tout d'écrire « selon et avec son cœur ». Voir *Une Histoire de l'élégie*, *op. cit*

met en scène dans ses inquiétudes, ses doutes et ses douleurs[1]. Ses interrogations ne sont pas solipsistes. L'élégie est fondamentalement une poésie de l'échange et du dialogue : elle ne « ne cesse de chercher un « tu à qui parler[2] » ». Les poèmes qui composent *Les Pleurs* sont des poèmes adressés. Les titres sont un bon indice de cette tension vers l'autre : nombreux sont ceux où la voix lyrique questionne (« Dors-tu ? », « Toi ! Me hais-tu ? », « Serais-tu seul ? »), implore (« Ne viens pas trop tard ! », « Pardon ! », « Pitié ! ») ou se lamente (« Malheur à moi ! »). L'élégie est encore le genre de la fugacité des choses et des êtres. « L'Éphémère » pourrait en être l'emblème. Le sentiment de la précarité n'épargne pas la voix lyrique, « menacée de l'intérieur par le silence[3] ». *Les Pleurs* montrent cette oscillation constante entre épanchement et extrême pudeur[4]. L'élégie traduit une béance : elle est un effort vers l'idéal, qui reste néanmoins toujours douloureusement hors d'atteinte. Cet échec n'est toutefois pas enduré en pure perte. L'épreuve élégiaque permet de faire lien avec la communauté, en transmettant la sagesse acquise, ou, plus modestement, en exprimant un malaise partagé[5]. De cette manière, Marceline Desbordes-Valmore parvient à se modeler un *ethos* de femme poète romantique du moment 1830.

1. Voir 2.6.1. « Une muse de la douleur ».

2. Jean-Michel Maulpoix, *Une Histoire de l'élégie, op. cit.*, p. 83.

3. *Ibid.*, p. 84.

4. Voir 2.6. « Toujours souffrir, chanter toujours ! ».

5. Voir le chapitre III.

II

Structure du recueil

1. Le péritexte[1] liminaire

1.1. Les frontispices

Le recueil des *Pleurs* multiplie les seuils. Plusieurs éléments de péritexte s'interposent entre le lecteur et le premier poème, « Révélation » : en l'occurrence deux gravures, un titre et une préface. Ces éléments ont une valeur introductive et programmatique. Dès l'abord, ils sollicitent nos capacités herméneutiques. Il s'agit en effet de comprendre comment ils s'intègrent au texte et lui répondent, dans un jeu d'échos très concerté.

Le premier élément iconographique, qui n'a pas été retenu dans l'édition proposée par Esther Pinon, est une gravure de Charles Mauduit, d'après Alfred Johannot. Sur une grève, un jeune homme mort est entouré d'une jeune fille et de deux enfants qui le considèrent avec affliction.

https://gallica.bnf.fr/ark:/12148/bpt6k1067280q/f15.item

1. Nous reprenons ici la terminologie de Gérard Genette. Le péritexte désigne ce qui se trouve « autour du texte, dans l'espace du même volume, comme le titre ou la préface, et parfois inséré dans les interstices du texte, comme les titres de chapitres ou certaines notes ». Voir Gérard Genette, *Seuils*, Paris, Seuil, 1987, p. 11.

Frontispice des *Pleurs*, Paris, Charpentier, 1833.

Cette image, à laquelle s'attachent des connotations dysphoriques, annonce immédiatement deux thèmes majeurs du recueil : celui du deuil (des êtres, des amours, des illusions), et celui de la disparition d'individus encore jeunes (que l'on retrouvera notamment dans « Le Jumeau pleuré », « Lucretia Davidson » ou « Le Convoi d'un ange »). L'univers maritime sur lequel se détache cette scène pathétique fait jouer, en mineur, un discret intertexte. L'on ne peut en effet manquer de songer au sonnet le plus célèbre de Pierre de Marbeuf :

> Et la mer et l'amour ont l'amer pour partage,
> Et la mer est amère, et l'amour est amer,
> L'on s'abîme en l'amour aussi bien qu'en la mer,
> Car la mer et l'amour ne sont point sans orage[1].

Les dangers de l'amour, qui peut conduire à une forme de mort, semblent ici suggérés de manière proleptique. Cette gravure, qui inscrit partout l'élément liquide (la mer, les larmes de l'un des deux enfants), inscrit aussi le thème, héraclitéen[2], de la labilité des choses, que le recueil met en scène. Cette illustration semble enfin mettre en image, par anticipation, un poème situé à la fin des *Pleurs*, « Le Retour du marin ». Dans ce texte, une jeune femme assiste, impuissante, au naufrage du bateau sur lequel se trouve l'homme qui lui est promis, et dont elle avait rêvé de manière prophétique. Une strophe pourrait en particulier servir de légende à la gravure :

1. *Recueil de vers des vers de Monsieur de Marbeuf*, Rouen, de l'imprimerie de David du Petit Val, 1628.
2. Pour Héraclite d'Éphèse, « on ne se baigne jamais deux fois dans le même fleuve ». Tout est en perpétuel changement.

Et les enfants des matelots
Retirèrent Jame des flots.
C'était Jame ! et la fiancée
Vint toucher à sa main glacée,
Son doux lien, son anneau d'or ;
Car Jame le portait encor[1] !

L'image liminaire pourrait donc apparaître comme le rêve, non encore accompli, de la jeune femme. Cette prescience, dont sont capables les amantes, sera également illustrée par celle de la voix lyrique[2].

À ce premier élément graphique s'en ajoute un deuxième, conservé pour sa part dans l'édition d'Esther Pinon : il s'agit d'une gravure représentant un enfant endormi dans un berceau auréolé de fleurs. La successivité de ces deux illustrations fait sens, de la mort à la naissance. Les deux extrêmes de la vie se suivent ainsi, de manière à nous laisser à penser que le recueil a vocation à enclore une destinée. Ces gravures, qui annoncent le texte, dialoguent également de manière très étroite avec lui. « Révélation », qui ouvre *Les Pleurs*, thématise une renaissance par l'amour, qui « [...] redonne à nos yeux l'étonnement du jour », tandis que « Le Convoi d'un ange », sur lequel se referme l'ouvrage, revient sur la mort d'un enfant. Ce chiasme, entre texte et image, contribue à l'effet de bouclage du recueil, dont la structure paraît plus travaillée qu'on ne pourrait le penser.

1.2. Le titre général du recueil

Contre l'éditeur Charpentier qui souhaitait donner au recueil le titre *Mes Pleurs*, Marceline Desbordes-Valmore impose *Les Pleurs*. Ce choix synthétise, immédiatement, sa volonté de dépasser l'ancrage personnel pour aller vers une forme d'universalisation, précisément à un moment du romantisme où la voix du poète s'ouvre à la voix du monde[3]. Ce souci de transcender les circonstances contextuelles, annoncé dès la page de garde, se rejoue à l'échelle de l'ensemble du recueil[4].

Ce titre frappe dans la mesure où il est le premier titre thématique[5] de l'œuvre valmorienne. Marceline Desbordes-Valmore n'avait proposé jusque-là que des titres rhématiques (*Élégies, Marie et Romances* ; *Poésies* ; *Élégies et poésies nouvelles* ; *Œuvres*), suivant en cela la tendance générale chez les femmes poètes du temps, de

1. « Le Retour du marin », p. 185.
2. Voir 2.5. « « Vivre c'est souffrir, et [...] aimer c'est mourir » : l'organisation des poèmes au sein des *Pleurs* ».
3. Voir 1.3. « Pourquoi *Les Pleurs* ? »
4. Voir 3.1. « La voix lyrique ou le partage du sensible ».
5. Les titres thématiques décrivent le contenu d'un texte, quand les titres rhématiques disent quelque chose de sa forme. Voir Gérard Genette, *Seuils*, *op. cit.*

Delphine Gay[1] à Amable Tastu[2], en passant par Élisa Mercœur[3]. Avec *Les Pleurs*, Marceline Desbordes-Valmore se singularise, pour se rapprocher de la production poétique masculine qui tend, à partir de 1830, à favoriser les titres thématiques[4]. Là encore, le lecteur attentif est à même de pressentir que quelque chose se reconfigure dans la posture de la poète.

Dès le seuil de l'ouvrage, le recueil, qui évite d'afficher son assignation générique tout en la suggérant néanmoins en raison de la connotation dysphorique qui est attachée au mot « pleur », se présente comme une « élégie clandestine[5] ». Ce jeu de caché/montré, qui s'offre dès l'abord, est une autre des caractéristiques fortes de la poétique valmorienne[6].

1.3. La préface

La préface d'Alexandre Dumas répond, pour sa part, à une stratégie commerciale de l'éditeur Charpentier : elle n'a pas été sollicitée par Marceline Desbordes-Valmore, ce qui lui confère un statut singulier dans l'économie du recueil. Desbordes-Valmore connaît et admire Dumas en tant qu'auteur. Elle écrit ainsi à son ami Léon Boitel, le 30 août 1830 : « J'ai reçu la *Christine*[7] de monsieur Dumas. Mon Dieu ! Que cette pièce renferme d'admirables scènes[8] ! » Elle est de surcroît en correspondance avec lui. Dumas la soutient, multiplie les démarches pour tenter d'aplanir les difficultés matérielles qu'elle rencontre : en janvier 1833, il cherche ainsi à obtenir auprès du gouvernement une bourse pour son fils Hippolyte. En dépit de cette amitié mêlée d'admiration, Marceline Desbordes-Valmore redoute cette préface qui pourrait desservir son œuvre. Le 6 janvier 1833, Prosper Valmore se fait l'écho de sa crainte de « s'abriter d'un nom aussi célèbre qui l'écraserait de son poids[9] ». La poète se montre du reste assez laconique à la lecture du texte de Dumas que lui envoie Charpentier, signe que ce parrainage a sur elle des effets ambigus. Le 7 mai 1833, elle confie : « J'ai lu une préface. Belle comme un rêve[10]. »

1. Delphine Gay écrit des *Essais poétiques* en 1824, puis de *Nouveaux essais poétiques* en 1825.
2. Amable Tastu propose des *Poésies* en 1826 et des *Poésies nouvelles* en 1835.
3. Élisa Mercœur publie des *Poésies* en 1827, qui auront une édition augmentée en 1829.
4. Il faut penser, notamment, à l'exemple de Victor Hugo, qui fait paraître des *Odes et poésies diverses* en 1822, de *Nouvelles odes* en 1824, des *Odes et ballades* en 1828, puis *Les Orientales* en 1829, et *Les Feuilles d'automne* en 1831.
5. Jean-Michel Maulpoix désigne ainsi les textes qui « font un usage abondant de motifs chers au genre, sans pour autant en reprendre l'appellation ». Voir Jean-Michel Maulpoix, *Une Histoire de l'élégie*, *op. cit.*, p. 49.
6. Voir 3.1. « La voix lyrique ou le partage du sensible ».
7. *Christine* est un drame d'Alexandre Dumas, représenté pour la première fois au Théâtre de l'Odéon le 30 mars 1830.
8. LAS BM Avignon (côte : 4725-1-6).
9. LAS BM Douai (côte : 1766-202).
10. LAS BN Arsenal (côte : Lacroix 968).

L'analyse de ce texte permet de comprendre, en partie, les réserves de Marceline Desbordes-Valmore. Ce dernier se présente en effet comme une anthologie très partielle de l'œuvre valmorienne. Dumas ne cite que des poèmes couvrant la période 1825-1833 : « Le Printemps », paru dans *Élégies et poésies nouvelles*, « Le Petit peureux », datant de 1830, et « Ma Fille » qui est contenu dans *Les Pleurs*. Ce parcours, très rapide, laisse dans l'ombre des années d'écriture et ignore de surcroît toute la production en prose de Desbordes-Valmore. Il suggère en outre une évolution de sa poésie très discutable. Dumas évoque trois veines, qui forment implicitement comme trois époques de l'œuvre : celle de la « mère[1] », celle de l'« amante[2] », et celle de la femme qui se souvient. Or, *Les Pleurs* montrent que ces trois veines se superposent plus qu'elles ne se succèdent. Malgré ces limites, la préface de Dumas fait aussi des vers de Marceline Desbordes-Valmore les compagnons d'une existence. Tous les âges de la vie peuvent y trouver un bienfait : l'enfance, la jeunesse et l'âge adulte. La parole valmorienne est ainsi parée d'une forme d'universalité. On remarquera que le chant poétique n'a pas de fonction curative : il est un simple écho des préoccupations qui agitent ceux qui les lisent. Dumas écrit en effet : « […] j'ai des sons qui, quelque part que je sois, quelque pensée qui préoccupe mon esprit, quelque amour qui me tienne le cœur, retentissent tout à coup au fond de mon âme ; j'ai une voix qui me parle dans le tumulte ou dans le silence, dans le jour ou dans l'ombre[3] ». Les vers de Marceline Desbordes-Valmore ont ainsi la vertu de créer un partage de l'expérience sensible, et, partant, une communauté de l'émotion. Avec cette idée, Dumas touche au cœur de la poétique des *Pleurs*.

Outre ces différents péritextes qui, au seuil de l'œuvre, viennent en programmer la lecture, *Les Pleurs* contiennent encore, dans leurs interstices mêmes, des éléments de caractérisation.

2. Les titres[4]

Les Pleurs manifestent un changement d'importance par rapport à sa production antérieure : à partir de ce recueil, Marceline Desbordes-Valmore abandonne les allusions antiques et les attributs poétiques hérités du XVIIIe siècle dont elle usait jusque-là, pour se tourner vers la modernité. Le choix des titres du recueil traduit parfaitement cette évolution. En effet, les *Œuvres* de 1830 mettaient en scène les

1. Préface d'Alexandre Dumas, p. 35 de l'édition au programme.
2. *Ibid.*, p. 36.
3. *Ibid.*, p. 35.
4. Sur ce sujet, nous nous permettons de renvoyer à notre article, « Poétique des titres dans *Les Pleurs* de Marceline Desbordes-Valmore », dans *Réussir l'Agrégation de Lettres modernes 2023*, Dijon, EUD, 2022.

amours de la jeune « Philis[1] », faisaient dialoguer « Deux bergères », Hélène et Doris[2], et contenaient, par exemple, une « Prière aux Muses ». Avec *Les Pleurs*, Marceline Desbordes-Valmore privilégie désormais une culture communément partageable avec son lecteur. Les personnages qu'elle met en scène ne sont plus des figures inspirées par la mythologie, mais des créatures simples, du quotidien, qu'il s'agisse de « La Fiancée polonaise », du « Vieux pâtre » du « Crieur de nuit » ou du « Petit rieur ». Ce choix la distingue d'autres femmes poètes, et en particulier d'Amable Tastu, qui perpétue quant à elle une poésie savante. Dans son recueil de *Poésies* (1826) se mêlent ainsi « Germanicus », « Julia Alpinula », « Sapho au bûcher d'Érinne » ou « Télésille[3] ». Là encore, la volonté de s'inscrire dans le moment romantique de 1830, où le sujet s'ouvre au collectif, est évidente.

3. Les épigraphes

Contrairement aux recueils que Marceline Desbordes-Valmore a publiés jusque-là, *Les Pleurs* frappent par le nombre des épigraphes qui les ponctuent. 58 des 66 poèmes qui le constituent comportent au moins une citation liminaire. Certains poèmes reçoivent même deux épigraphes : c'est le cas de « Ne Viens pas trop tard ! », « Détachement », « Le Mal du pays », « Une Fleur », « À Monsieur Alphonse de Lamartine », « Louise Labé », « L'Âme de Paganini », « Une Ondine » et « Le Premier chagrin d'un enfant ». En revanche, il est à noter que « Révélation », sur lequel s'ouvre *Les Pleurs* n'en comporte aucune. Cette absence est évidemment chargée de sens : la poète choisit dans ce prélude d'imposer sa voix, sans intermédiaire.

Cette abondance épigraphique n'est toutefois pas propre à Marceline Desbordes-Valmore. Elle constitue tout au contraire une vogue, dont témoignent les *Odes et ballades* de Hugo et le *Joseph Delorme* de Sainte-Beuve. Cette vogue frappe tout particulièrement les recueils des femmes poètes du temps[4]. *Poésies*, le volume que publie Amable Tastu en 1826, est, du point de vue du volume épigraphique, très semblable aux *Pleurs*. Les femmes poètes trouvent par-là un double moyen de légitimation : d'une part en faisant montre d'une culture littéraire, et d'autre

1. Ce prénom, typique de la poésie pastorale, fait allusion à la fille du roi de Thrace, dont les amours malheureuses ont été chantées par Ovide dans *Les Héroïdes*.

2. Voir « Les Deux bergères » dans *Ibid.* Doris est la mère des Néréides. Elle est évoquée par Virgile dans la dixième églogue des *Bucoliques*.

3. Tels sont quelques-uns des titres de son recueil. Voir Amable Tastu, *Poésies*, Paris, A. Dupont, 1826.

4. Voir à ce sujet l'article d'Aimée Boutin, « Plus qu'un cri ? Le rôle des épigraphes dans *Les Pleurs* », dans Marceline Desbordes-Valmore, *Les Pleurs*, *op. cit.*

part en s'inscrivant dans un champ, celui de la poésie romantique, alors en pleine reconfiguration[1].

Les épigraphes nous donnent quelques indices sur le fond culturel auquel emprunte Marceline Desbordes-Valmore. Cette dernière est une autodidacte : son éducation n'a rien de celle d'une lettrée. Il est, de fait, bien difficile de saisir l'état de ses lectures. La poète n'est toutefois pas une ignorante. Elle a une connaissance des textes par le théâtre, auquel elle s'adonne de ses onze à ses trente-sept ans. Ce genre n'est néanmoins pas celui auquel elle emprunte l'essentiel de ses références. *Les Pleurs* ne citent, en épigraphe, que le *Polyidos* d'Euripide[2] (« Abnégation »), et l'*Athalie* de Racine (« L'Oreiller d'une petite fille »). Les poètes romantiques contemporains fournissent en revanche l'essentiel des citations qui agrémentent le recueil. Sont ainsi mentionnés Jules de Rességuier[3], Nodier[4], Sainte-Beuve[5], Lamartine[6], Hugo[7], Edmond Géraud[8], mais aussi les autres femmes poètes du temps dont Marceline Desbordes-Valmore est proche, et avec qui elle correspond, comme Amable Tastu (« Les Mots tristes ») et Delphine Gay (« La Fiancée polonaise »).

Marceline Desbordes-Valmore commence à apprendre l'anglais à Bruxelles, alors qu'elle est engagée au Théâtre de la Monnaie, à la fin des années 1810. Elle en poursuit l'étude et parvient à une maîtrise de la langue qui lui permet de l'enseigner elle-même à ses enfants. Elle lit vraisemblablement la littérature anglaise de son temps dans le texte. *Les Pleurs* portent la trace de cette fréquentation régulière. Marceline Desbordes-Valmore y rend hommage à son contemporain, le poète irlandais Thomas Moore[9], mais aussi à la jeune poète américaine Lucretia Davidson, morte en 1825, à seulement 16 ans. « La Mémoire » porte en épigraphe une citation de Byron, traduite en français, tandis que « Ma Fille[10] » et « Le Premier chagrin d'un enfant[11] » s'ouvrent sur une citation en anglais.

1. Voir le chapitre I.
2. Auquel elle a très vraisemblablement eu accès par une traduction française. Esther Pinon mentionne comme source probable le *Dictionnaire de pensées diverses* de Gustave de Lartigue, paru en 1829.
3. En tête de « La Vie et la mort du ramier ».
4. En tête de « Minuit », « La Jalouse », « Serais-tu seul ? ».
5. En tête de « Adieu ! ». Marceline Desbordes-Valmore attribue d'abord le recueil *Vie, poésies et pensées de Joseph Delorme* au jeune homme créé par Sainte-Beuve.
6. En tête de « Solitude » et de « L'Âme de Paganini ». S'y adjoint encore le dialogue que mettent en place les poèmes « À Monsieur Alphonse de Lamartine » et « À Madame Desbordes-Valmore ».
7. En tête de « La Sincère », du « Coucher d'un petit garçon » et de la section finale du recueil « Aux petits enfants ».
8. En tête du poème-hommage que Marceline Desbordes-Valmore lui consacre « Aux Mânes d'Edmond Géraud ».
9. Voir les poèmes « Imitation de Moore » et « Les Trois Barques de Moore ».
10. Épigraphe de James Hogg attribuée à tort à Robert Burns.
11. Épigraphe dont l'auteur n'a pu être identifié.

Enfin, la culture religieuse n'est pas absente des *Pleurs*, qui ménagent une place à l'Ancien Testament (le livre de la Genèse dans « Agar »), au Nouveau Testament (l'Évangile selon saint Jean dans « Le Vieux pâtre » et l'Évangile selon saint Matthieu dans « Le Petit rieur ») et à l'*Imitation de Jésus-Christ* de Thomas a Kempis[1] (dans « La Crainte », « À Monsieur Alphonse de Lamartine »).

On le voit, les références où puise Marceline Desbordes-Valmore viennent de provenances diverses. Ses connaissances se sont en effet forgées peu à peu, au hasard des lectures et des rencontres.

4. Les notes

Les poèmes des *Pleurs* sont complétés par quelques notes. La plupart sont le fait de l'éditeur et répondent à une logique commerciale. Dans « Lucretia Davidson », Charpentier prend le soin d'élucider les périphrases que Marceline Desbordes-Valmore emploie pour célébrer les femmes artistes auxquelles elle rend hommage. « […] Celle dont le cœur s'enferme et bat si vite[2] » est ainsi identifiée comme « Madame Tastu », et l'« […] exilée aussi qui chante ses sanglots[3] » comme la compositrice Pauline Duchambge. Cet éclaircissement permet d'inscrire explicitement Marceline Desbordes-Valmore dans une sociabilité littéraire et, partant, de jouer sur un effet de connivence avec le lecteur. La reconstruction du dialogue avec Lamartine répond à la même volonté de publicité. L'échange entre les deux poètes naît en effet d'un quiproquo, que Charpentier efface habilement. En 1830, Marceline Desbordes-Valmore s'attache à l'auteur des *Préludes poétiques*, Aimé de Loy, qu'elle rencontre à Lyon. Pour répondre aux vers que ce dernier lui a fait parvenir en signe d'admiration, elle publie en juillet dans le *Mercure du XIXe siècle* un poème dédié à ce nouvel ami, intitulé « À M. A. de L. ». Le texte n'a de fait aucune sorte de rapport avec Lamartine. Néanmoins, ce poème est republié dans le *Keepsake français* en 1831 sous le titre « À l'auteur des *Harmonies* ». La méprise aurait pu s'arrêter là, mais des vers de Lamartine, « Souvenir de la Sicile », paraissent dans le même volume. Ce dernier a donc l'occasion de lire la pièce de Marceline Desbordes-Valmore, et s'y laisse prendre au point d'écrire un remerciement intitulé « À madame Desbordes-Valmore ». La poète répond à cette réponse faussée par « À monsieur Alphonse de Lamartine », qui paraît dans *Le Mémorial de la Scarpe* en 1832. Le montage des *Pleurs* est donc trompeur, car il inverse l'ordre chronologique de publication des textes. À lire la successivité des pièces, l'on croit

1. Moine néerlandais du XVe siècle.

2. « Lucretia Davidson ».

3. *Ibid.*

à un dialogue très simple entre les deux auteurs. La note qu'insère Charpentier entretient volontairement un flou sur les circonstances dans lesquelles leurs vers ont été écrits[1]. Le poème à l'origine de la méprise, « À monsieur A. de L. » est du reste intégré à la suite du recueil, sans que rien ne soit dit du malentendu auquel il a donné lieu.

Au-delà de ces gestes destinés à faire parler du livre, en le faisant dialoguer avec d'autres textes contemporains, la précision ajoutée à « Tristesse », qui vise à éclaircir l'allusion à l'église Notre-Dame de Douai que fréquentait Marceline Desbordes-Valmore enfant, montre à quel point l'éditeur des *Pleurs* n'en a pas saisi la poétique. Cette note ancre le poème dans un cadre spatial, alors même que la poète se garde de mentionner dans ses vers le moindre toponyme. « Tristesse », comme le reste du recueil, travaille à un dépassement de l'individuel vers l'universel. Les éléments destinés à décrire la « natale[2] » de la voix lyrique sont volontairement généraux : cette ville aux « gothiques tours » possède en effet un « étroit cimetière », une « Douce église », et une « école bourdonnante ».

Une seule note peut être attribuée avec certitude à Marceline Desbordes-Valmore : il s'agit des quelques lignes qui succèdent au poème « Lucretia Davidson ». Cet hommage, sobre et ému à la fois, propose une courte biographie de la jeune femme disparue. Les vers écrits par cette dernière se substituent très vite à toute tentative de portrait. Marceline Desbordes-Valmore les présente en effet comme l'un des moyens d'accès possibles à la personne qu'elle était : « On [devine Lucretia] dans ces stances qu'elle écrivit à l'âge de quinze ans[3] ». Dans cette manière de suggérer un lien entre la poète et son œuvre, Marceline Desbordes-Valmore dit quelque chose de sa propre poétique, qui travaille les rapports entre le dit et le tu[4].

5. « Vivre c'est souffrir, et [...] aimer c'est mourir[5] » : l'organisation des poèmes au sein des *Pleurs*

Avec *Les Pleurs*, Marceline Desbordes-Valmore abandonne la structuration générique qu'elle adoptait encore dans son recueil précédent. Les *Œuvres de madame Desbordes-Valmore* de 1830 distinguaient en effet, dans leur premier volume, les « Idylles » des « Élégies » et des « Romances ». Ce choix témoigne de sa

1. « Nous faisons suivre cette pièce de madame Desbordes-Valmore des beaux vers qui lui avaient été adressés par M. de Lamartine. Nos lecteurs nous sauront gré de les trouver ici. »
2. « Tristesse ». Les citations qui suivent sont extraites de ce poème.
3. Note de Marceline Desbordes-Valmore, placée à la suite de « Lucretia Davidson ».
4. Voir 3.1. « La voix lyrique ou le partage du sensible ».
5. Lettre à Hippolyte-Romain Duthillœul du 29 mars 1832. LAS BM Douai (côte : 1620-3-355).

volonté d'accompagner les évolutions poétiques qui marquent le moment 1830. Les catégories génériques, et les hiérarchies qui leur sont attribuées, deviennent peu à peu obsolètes. La trajectoire de Victor Hugo est emblématique de ce mouvement. Les *Odes et Ballades*, dont la dernière publication date de 1828, maintiennent la bipartition entre, d'une part cinq livres d'odes[1], et d'autre part un livre de ballades. En revanche, *Les Orientales*, qui paraissent en 1829, et *Les Feuilles d'automne*, en 1831, ne distinguent plus les poèmes selon les genres auxquels ils se rattachent. Ces recueils ne s'organisent pas davantage en livres ou en sections : la succession des textes seule fait sens.

Comme les volumes de Hugo, qui les précèdent de peu, *Les Pleurs* requièrent une implication herméneutique du lecteur. À considérer la table des titres, ne se dégage qu'une section finale, « Aux petits enfants[2] ». Cette section se caractérise par sa forte unité thématique, dont témoignent les titres : « Adieu d'une petite fille à l'école », « Le Petit rieur », « Le Premier chagrin d'un enfant », « Le Coucher d'un petit garçon », « L'Oreiller d'une petite fille », « L'Éphémère », « Le Convoi d'un ange ». Cette présence de l'enfance en fin de recueil est annoncée et comme préparée en amont par quatre textes : « Le Jumeau pleuré », « Les Ailes d'ange », « Ma fille » et « L'Enfant au rameau ». Cette cohérence thématique est redoublée par une unité formelle : Marceline Desbordes-Valmore emploie pour chacun des sept poèmes qui composent la section « Aux petits enfants » l'alexandrin en isométrie, ce qui tranche avec les textes qui la précèdent immédiatement. Les « Trois nocturnes[3] » imités de Moore sont en effet marqués par une très forte variété métrique, que prolongent « Les Trois barques de Moore[4] ». Il revient de fait au lecteur de comprendre non seulement comment s'organisent les cinquante-neuf premiers poèmes du recueil, mais encore pourquoi *Les Pleurs* s'achèvent de cette manière.

S'il ne s'organise pas de manière générique, le recueil ne suit pas davantage l'ordre chronologique de la rédaction des poèmes qui le constituent. Sa composition n'a néanmoins rien d'arbitraire. Un sens, c'est-à-dire tout à la fois une signification et une direction, peut être restitué. *Les Pleurs* sont en effet orientés par la question de l'amour et du rapport à l'autre. Une trajectoire narrative se dessine, qu'il faut reconstituer, étape par étape.

---

1. Dans sa préface à l'édition de 1828, Hugo précise encore cette structuration, en indiquant que les livres d'odes sont eux-mêmes divisés en « odes historiques » (livres I à III), en « sujets de fantaisie » (livre IV) et en « traductions d'impressions personnelles » (livre V).

2. Cette section porte en épigraphe une citation des *Feuilles d'automne* de Hugo.

3. Le premier nocturne mêle des quatrains en hexasyllabes et des quatrains hétérométriques qui font alterner octosyllabes et quadrisyllabes. Le deuxième nocturne est composé de neuvains hétérométriques constitués de huit alexandrins et d'un hexasyllabe. Enfin, le troisième nocturne contient des huitains hétérométriques constitués de six hexasyllabes et de deux octosyllabes et des quatrains en alexandrins.

4. « Les Trois barques de Moore » est constitué de sizains hétérométriques, où se succèdent quatre alexandrins et deux heptasyllabes.

Dès l'ouverture du recueil, un « je » s'adresse à un « tu ». L'amour qui les unit est heureux, et célébré en tant que tel. « Révélation » dit toute la joie ressentie par la voix lyrique devant la réciprocité de ses sentiments : « Quel bonheur de t'attendre à travers ce bonheur,/Dis ! d'attirer ta vie à mon foyer rêveur[1] ! » Cet amour partagé est conçu comme une fusion. Le sujet disparaît, pour devenir pleinement l'autre : « C'est avec ta voix que je prie,/C'est avec tes yeux que je vois[2] ! ». La transparence entre les amants est absolue. La communication se fait hors des mots : « Parle-moi doucement ! Sans voix, parle à mon âme[3] ». Le « je » et le « tu » ne font qu'un. Cette idée est répétée, de manière modalisée d'abord (« Le même ange peut-être a regardé nos mères ;/Peut-être une seule âme a formé deux enfants[4] »), puis de manière très assertive (« C'est que Dieu pour nos jours n'alluma point deux flammes ;/C'est qu'un même baiser fit éclore deux âmes[5] »). S'ils sont semblables, les amants sont aussi complémentaires. Dans « Minuit », la voix lyrique oppose sa « faiblesse[6] » au « courage imprudent[7] » de celui qu'elle aime. Conformément aux représentations stéréotypiques des rôles sexués, elle se place du côté de la superstition, tandis que son amant est du côté de la raison[8] : « Tu ris ! tu ne crois pas, et moi, je veux y croire/À ces contes mêlés d'une tragique histoire[9] ».

S'il est pleinement partagé, cet amour n'en est pas moins doublement menacé. D'abord par la mort. Dès « Révélation », la voix lyrique a conscience de la fugacité des choses : « On a si peu de temps à s'aimer sur la terre !/Oh ! qu'il faut se hâter de dépenser son cœur[10] ! ». Cette relation est également guettée par un autre mal, plus insidieux, celui du désamour. La poète a une prescience : même au cœur du bonheur, elle ne cesse de guetter les signes de l'irréciprocité. Elle met ainsi en place des stratégies, que la rhétorique apotropaïque[11] qui fait la chute d'« Amour » exemplifie. La voix lyrique tente alors de conjurer le danger et tâche de se persuader qu'elle a le pouvoir de faire durer les beaux jours : « Sous ce voile de feu j'emprisonne ta vie :/Là, je t'aime, innocente, et tu n'aimes que moi[12] ». La poète cherche à s'assurer de l'amour de son amant. Elle n'hésite pas à le presser, pour provoquer

1. « Révélation ».
2. *Ibid.*
3. *Ibid.*
4. « Amour ».
5. « Toi ! Me hais-tu ? ».
6. « Minuit ».
7. *Ibid.*
8. La bipartition raison masculine/superstition féminine est encore appuyée par la césure.
9. « Minuit ».
10. « Révélation ».
11. La rhétorique apotropaïque vise à conjurer le mauvais sort.
12. « Amour ».

un aveu qu'elle redoute : « Dis : quelque mot amer dans le pli de ton cœur,/Parle-t-il contre moi, ta sœur, ta faible femme ?/Oh ! parle : as-tu jamais compris une autre sœur[1] ? ». En bonne herméneute, elle décode avec lucidité toutes les attitudes de l'homme aimé : « Hier, sur mon sein, sans accuser ma foi,/Sans les frayeurs que j'ai tant pardonnées,/Il vit des fleurs qu'il n'avait pas données[2] ». Ses craintes finissent par se confirmer. Son amant la délaisse et va porter son affection ailleurs. « Réveil » dresse le douloureux constat de sa clairvoyance : « Te voilà donc heureux ! Je sais donc tout prévoir[3] ! » L'inquiétude, qui semblait d'abord infondée, se révèle quasi-divinatoire. Dans « Les Mots tristes », la voix lyrique explicite ce don de seconde vue qui la caractérise : « Ah ! ne t'étonne pas ! j'aime ! je suis crédule ;/Ou plutôt j'ai des yeux qui plongent sous les fleurs ;/Au fond de nos baisers je sens rouler des pleurs[4] ! ». La poète voit « sous les fleurs », à la racine des choses, mais peut-être aussi là où sont les morts. Elle semble ainsi, discrètement, en communication avec un autre monde. Il n'est pas besoin d'attendre la trahison pour qu'une vérité éclate : dès le septième poème du recueil, les pleurs sont présentés comme l'envers de l'amour.

La perte de l'amant est une catastrophe, car la poète ne conçoit l'amour que comme une expérience unique. Avant lui, aucun être ne trouvait grâce à ses yeux, ainsi qu'elle le confie dans « Les Mots tristes » : « Sous l'immense rideau je ne pouvais saisir/Que des objets sans traits pour mes yeux sans désir[5] ». Elle est comme la colombe et le ramier dont l'histoire est intercalée, en miroir, dans la sienne : « Bien qu'ils aiment toujours, ils n'aiment qu'une fois[6] ! ». La fin de l'amour marque l'avènement d'une temporalité bloquée. Aimée, la voix lyrique se projetait dans un futur inquiétant, celui du possible désamour. Délaissée, elle se retourne désormais vers un passé qui ne passe plus. Dans « Réveil », elle déclare : « N'attends pas l'impossible,/Laisse au ruisseau désert son cours triste et paisible ;/Ne viens pas me surprendre, et, d'un regard glacé,/Me défendre de vivre au moins dans le passé[7] ! » Dénuée de son interlocuteur de prédilection, il lui faut trouver un autre « tu » à qui parler. La trajectoire énonciative qui se dessine, de « Solitude » à « Tristesse », est symptomatique du déplacement auquel elle se livre. Dans « Solitude », le « je » s'adresse à son amant, qu'elle tutoie : « La vois-tu comme moi cette étoile brillante ?/Ressens-tu ma tristesse en regardant les cieux[8] ? ». Il en va de même dans « Réveil ». Dans « Pitié ! », en revanche, la situation d'interlocution

1. « Toi ! Me hais-tu ? ».
2. « Malheur à moi ! ».
3. « Réveil ».
4. « Les Mots tristes ».
5. *Ibid.*
6. « La Vie et la mort du ramier ».
7. « Réveil ».
8. « Solitude ».

change. La voix lyrique s'adresse à elle-même : « Eh ! pourquoi ces clameurs, cet effroi, ces prières ?/Va-t-il, pour me troubler, franchir quelques barrières[1] ? ». Dans « Détachement », une nouvelle étape est franchie. Outre le « tu », le « je » s'efface aussi, pour laisser place à un énoncé gnomique : « Il est des maux sans nom, dont la morne amertume/Change en affreuses nuits nos jours qu'elle consume[2] ». Le poème semble réaliser le programme contenu dans son titre. Dans « Tristesse », le « je », provisoirement détaché du « tu » amoureux, peut réadvenir. La voix lyrique s'adresse alors non plus à son amant, mais à la ville qui l'a vue naître : « Vous aussi, ma natale, on vous a bien changée[3] ! »

D'autres êtres viennent alors prendre la place laissée vacante. L'abandon de l'amant reporte la poète vers des amours sans taches ni trahisons. Un souvenir du passé émerge aussitôt : celui de l'amie d'enfance trop tôt disparue, Albertine. Elle est une autre figure gémellaire. Dans « Le Mal du pays », la voix lyrique note : « Le sel qui l'ondoya fut dissous sur moi-même,/Et le prêtre pour nous n'alluma qu'un flambeau[4] ». Toutes deux sont unies par une même expérience de la douleur : « Ce qu'on t'a fait souffrir, je le sais ! J'ai souffert[5] ». L'amitié exprimée par la poète est très proche de la passion. La substitution de l'amie à l'amant est frappante : « Ô ma plus que sœur ! viens : ce que je n'ose écrire,/Viens le voir palpiter dans mon cœur entr'ouvert[6] ! ». Comme l'amant néanmoins, cet autre est inatteignable. En effet, si elle est restée fidèle à la voix lyrique, Albertine est morte. Elle ne saurait donc être un secours que temporaire. La fille de la poète, Ondine, est un autre interlocuteur possible. Elle est, pour sa part, un double vivant du sujet poétique : « Je me regarde vivre, ombre silencieuse ;/Mes jours purs, sous tes traits, repassent devant moi[7] ! ».

Abandonnée, la poète se tourne tout entière vers autrui. Le recueil accueille dès lors des problèmes qui dépassent la situation singulière du sujet qui s'exprimait jusque-là. *Les Pleurs* s'ouvrent au malheur des peuples et aux souffrances que les guerres infligent : « Sous une croix belge », « La Fiancée polonaise » et « Le Vieux pâtre » forment ainsi une variation autour de la défense du pacifisme. D'autres désespoirs amoureux, formulés par des figures féminines qui ne sont plus identifiables à la voix lyrique, font leur apparition dans « Le Retour du marin » et « La Fiancée polonaise ». Des deuils frappent, mais il ne revient plus uniquement à la poète de les affronter : ce sont ceux d'Élodie, la fille d'Edmond Géraud (« Aux

1. « Pitié ! ».
2. « Détachement ».
3. « Tristesse ».
4. « Le Mal du pays ».
5. *Ibid.*
6. *Ibid.*
7. « Ma fille ».

Mânes d'Edmond Géraud ») et du petit garçon dont le ramier est mort (« Le Premier chagrin d'un enfant »). La douleur individuelle se fond dans une douleur collective, avec laquelle elle entre en résonance.

Quoiqu'elle ait été délaissée, la voix lyrique ne cesse pas d'aimer : elle demeure hantée par le souvenir du bonheur. L'émotion est toujours vivante. Elle tient de la braise, prête à se rallumer. Le nom de l'amant suffit à la raviver : « Empreint d'une ardente douceur,/À peine effleure-t-il ma bouche,/Comme une flamme qui me touche,/Ce nom brûle[1]… ». Par-delà l'irréciprocité, et toutes les blessures qu'elle engendre, cet amour reste inextinguible : « Dans mes doux sentiments raillée,/Je pleurais, et j'aimais encor[2] ! » La voix lyrique se tient au programme annoncé dans « Toi ! Me hais-tu ? » : « […] si tu changes,/Je te pardonnerai sans t'imiter jamais[3] ». Aucune imprécation ne s'élève contre l'infidèle. Tout au contraire, le « je » tâche de protéger celui qui l'abandonne : « […] j'ai là comme une prière,/Qui pleure pour lui nuit et jour[4] ». Dans « La Mémoire », on peut encore lire : « Ce que j'ai ressenti tout bas/De sa haine… ou de son délire,/Tout haut je ne veux pas le dire,/Pour que Dieu ne me venge pas[5] ! ». L'amour est un idéal dont la voix lyrique ne peut se résoudre à faire le deuil.

La trajectoire des *Pleurs* est celle d'un assombrissement progressif, de la réciprocité amoureuse, même teinte de pressentiments, à la perte de l'union et au désenchantement. Le désamour fait basculer dans le malheur définitif, en brisant l'innocence. Le recueil met de fait en scène une Chute, au sens quasi-adamique. Le déplacement de l'adresse, de l'amant aux petits enfants (et que l'insertion de la dernière section exemplifie), s'en trouve motivé : la voix lyrique passe peu à peu de l'amour dont elle est chassée à la nostalgie de la pureté perdue. Lorsque *Les Pleurs* se referment, la poète est certes redevenue une fillette, mais une fillette endeuillée : « Le Convoi d'un ange » est ainsi symptomatiquement dédié à sa mère « qui n'est plus[6] ».

On pourra remarquer que la macrostructure du recueil se reflète dans sa microstructure. Les poèmes inspirés de Thomas Moore forment en effet une série médaillon, qui met en abyme la trajectoire générale des *Pleurs*. Un même cheminement s'y dessine, du bonheur à la désillusion. Dans le premier nocturne, l'amant appelle celle qu'il aime à venir le rejoindre : « Oh ! viens à moi,/Belle ! je

1. « La Mémoire ».
2. « La Dernière fleur ».
3. « Toi ! Me hais-tu ? ».
4. « La Mémoire ».
5. *Ibid.*
6. « Le Convoi d'un ange ».

rame ici vers toi[1] ! ». Le deuxième nocturne dit, par anticipation, la douceur des confidences et des moments passés à deux : « Qu'il est doux de verser dans l'âme inquiétée/De cet objet charmant qui se penche vers nous,/Les aveux renfermés dans notre âme agitée[2] ». Dans le troisième nocturne, l'amante retrouve le gondolier qui l'attend : « Au pied de ce balcon, tourne et suspends la rame;/J'y suis... je monte[3]... » Cependant, « Les Trois barques de Moore » viennent refermer la réflexion amoureuse de manière fortement dysphorique. La labilité des sentiments, annoncée par la prégnance de l'élément liquide, se confirme. Les temps heureux sont bel et bien passés : « Des larmes ont noyé les songes séduisants[4] ».

6. « Toujours souffrir, chanter toujours[5] ! »

6.1. Une « muse de la douleur[6] »

Les Pleurs sont hantés par la question du désenchantement existentiel et amoureux. La voix lyrique exprime les émotions violentes qui la traversent avec une grande vivacité d'expression. Les modalités exclamatives et interrogatives sont omniprésentes, jusque dans les titres[7]. De nombreux poèmes donnent l'impression de saisir les mouvements de son âme sur le vif. L'ouverture du poème « Adieu ! » est tout à fait emblématique de cette fiction d'instantanéité. La première strophe fait suite à l'annonce, par l'amant, de son départ pour aller voir son père, et transcrit les répercussions que cette déclaration ont sur la voix lyrique. Ce sizain met en scène les fluctuations incessantes de ses pensées, qui passent par toutes les nuances possibles du sentiment. Les vers 1 et 2 sont ceux de la perplexité. La voix lyrique est comme frappée de stupeur, ainsi que le montrent les exclamations et la répétition lexicale du verbe *partir*. L'antépiphore souligne, en tant qu'elle est une figure de clôture, que le « je » bute sur cet adieu imposé qui le blesse et le dépasse : « Partir ! tu veux partir ! ta voix chère et cruelle,/Qui m'atteint dans le cœur, m'a dit : Je vais partir[8] ! » Les vers 3 et 4 mêlent pour leur part plaintes et reproches, après une aposiopèse et une épanorthose qui manifestent les réticences de la voix lyrique :

1. « Imitation de Moore I ».
2. « Imitation de Moore II ».
3. « Imitation de Moore III ».
4. « Les Trois barques de Moore ».
5. Sainte-Beuve, *Revue des deux mondes*, 1833.
6. Léon Pillet, *Journal de Paris*, 26 juin 1833.
7. Voir par exemple « Dors-tu ? », « Toi ! Me hais-tu ? », « Adieu ! », « Malheur à moi ! », « Ne viens pas trop tard ! », « Serais-tu seul ? », *etc.*
8. « Adieu ! ».

« Sais-tu… Non. Pour me plaindre il faut me ressentir,/Et tu doutes souvent, et toi seul es fidèle[1] ». Les vers 5 et 6 laissent enfin place aux menaces. Désormais, les phrases se font courtes et lapidaires. La parataxe et les impératifs s'imposent : « Et je ne t'aime pas ! tu le sauras un jour :/Crains de le trop apprendre : avance ton retour[2]. »

Cette qualité d'émotion du texte a été généralement louée au moment de la parution des *Pleurs*. Le recueil génère une faculté de sympathie, au sens étymologique du terme. La voix lyrique parvient à faire souffrir avec elle, au-delà des différences de genre, d'âge ou de classe. Au terme de sa lecture, H.C. de Saint-Michel confie : « J'ai aimé, souffert, pleuré avec Madame Desbordes-Valmore[2] ». Pour le chroniqueur anonyme du *Revenant*, « ses vers […] ont quelque chose de touchant qui vous pénètre[4]. » Enfin, Léon Pillet déclare, dans le *Journal de Paris* : « Le moi importune souvent ; mais dans les écrits, comme dans les paroles, le moi plaît et touche dans la bouche de madame Valmore, parce que tout ce qu'il dit est l'expression vrai[e] d'une chose vivement sentie[5] ». Alexandre Vinet voit dans cette manière de rendre vivement les déchirements intérieurs la particularité, mais aussi la supériorité de Marceline Desbordes-Valmore sur les autres femmes poètes à qui on tend à la comparer :

> Ce n'est pas ici la poésie de Mme Tastu, pure et douce comme l'azur du ciel, poésie domestique, née dans les tranquilles loisirs de la mère de famille, poésie inspirée par le bonheur, poésie de sympathie plutôt que d'expérience personnelle, et où la douleur n'a point passé[6].

6.2. Le trouble en partage

Marceline Desbordes-Valmore fait partager à son lecteur le trouble dans lequel la voix lyrique se trouve plongée. *Les Pleurs* sont marqués par une très forte volatilité de la référence. Il est bien souvent difficile de déterminer qui parle, et à qui. L'ouverture de « Dors-tu » se présente comme une prise à partie, assez véhémente, d'une deuxième personne, qui pourrait tout aussi bien renvoyer à l'amant ou au lecteur lui-même : « Et toi ! dors-tu quand la nuit est si belle,/Quand l'eau me

1. *Ibid.*
2. *Ibid.*
2. *Revue de Paris*, tome 51, juin 1833.
4. *Le Revenant*, 23 mai 1833.
5. *Journal de Paris*, 26 juin 1833.
6. Alexandre Vinet, *Études sur la littérature française du XIXe siècle*, tome 2, Paris, chez les éditeurs, 1833.

cherche et me fuit comme toi[1] ». Au vers 3, la mention du « cœur[2] » donné par la voix lyrique commence à orienter l'interprétation vers une thématique amoureuse. Ce n'est toutefois qu'au dernier vers de ce premier quatrain que l'apostrophe « ma vie[3] ! » associe fermement le « tu » à l'homme aimé. Parfois, le brouillage énonciatif résiste tout au long du poème. Alors que la voix lyrique tutoie celui qui l'abandonne (« Ne Viens pas trop tard ! », « Serais-tu seul ? », « Pardon ! »), « Les Ailes d'ange » font brusquement surgir un « vous » : « Vous aussi, vous m'avez trompée[4] ». Le refrain « Bel ange ! et vous vous envolez[5] » ne permet pas de clarifier le sexe de cet interlocuteur. S'agit-il d'une amie ? D'un autre amant ? L'on saura simplement que la voix lyrique joue auprès de ce « vous » énigmatique le rôle de la consolatrice : « De vos jours longtemps accablés,/J'écartai les ombres cruelles[6] ». « Seule au rendez-vous », qui succède aux « Ailes d'ange », file cette ambiguïté. Cette fois, un tiers est évoqué à la troisième personne : « Il jeta des pleurs sur la flamme :/Ô menteur, ô menteur d'amour[7] ! ». Cet homme est-il l'amant inconstant, qui a délaissé le « je » quelques poèmes auparavant, l'individu consolé dans « Les Ailes d'ange » (ce tiers est en effet décrit comme un « [...] ange aux légers serments[8] »), ou bien une autre personne encore ? Rien ne permet de le décider. Si l'on ne sait pas toujours à qui ou de qui parle la voix lyrique, on peut aussi fréquemment s'interroger sur l'identité du locuteur. Ainsi, le titre « Adieu ! » est-il assumé par la poète ou bien par l'amant prenant congé d'elle ? Le fait que cette locution interjective puisse être attribuée à ces deux instances n'est pas anodin : l'unité perdue des amants se recrée dans la potentielle superposition de leurs voix. La polyphonie revêt alors une fonction quasi-apotropaïque. De même, qui profère le refrain de « Ne Viens pas trop tard ! » : « Pour qui te voit, béni soit Dieu !/Pour qui te perd, bonheur, adieu[9] ! » ? Est-ce la voix lyrique, qui prendrait alors une forme de distance par rapport à la rupture qu'elle vient de subir ? Est-ce davantage celle d'une forme de sagesse populaire ? Là non plus, aucune solution fixe ne nous est apportée.

Avec *Les Pleurs*, le lecteur fait l'expérience d'une déstabilisation régulièrement recommencée : à chaque poème son implication herméneutique est requise. Cette quête de sens continuée vise à rejouer, de manière spéculaire, celle de la poète. Cette organisation d'un tremblé énonciatif récurrent permet de comprendre que

1. « Dors-tu ? ».
2. *Ibid.*
3. *Ibid.*
4. « Les Ailes d'ange ».
5. *Ibid.*
6. *Ibid.*
7. « Seule au rendez-vous ».
8. *Ibid.*
9. « Ne Viens pas trop tard ! ».

Léon Pillet[1] et Sainte- Beuve[2] aient pu reprocher à Marceline Desbordes-Valmore son obscurité.

6.3. Une écriture du lien

Marceline Desbordes-Valmore travaille à créer une communauté de l'émotion. Cette volonté est soutenue par des choix d'écriture qui inscrivent stylistiquement sa recherche de lien. Le vers qu'elle pratique est ainsi un vers très enjambant, qui met en scène et réalise une continuité. La poète n'hésite pas dans *Les Pleurs* à enchaîner plusieurs enjambements successifs. Dans « L'Adieu tout bas », ils traduisent la résolution de la voix lyrique, dite comme dans un seul souffle : « Dormez à ma plainte,/Quand j'écris tout bas/Ces mots que ma crainte/N'exhalera pas[3] ! » Ailleurs, ils sont mimétiques de la persistance lumineuse qu'évoque le sujet : « Et le soleil couchant dardait ses étincelles/Aux vitraux rallumés de rougeâtres parcelles/Qui me restaient longtemps ardentes dans les yeux[4]. » Marceline Desbordes-Valmore enjambe également une strophe sur l'autre. C'est le cas dans « Minuit » :

> Quand je sens entre nous la cité tout entière,
> Ses ténèbrés, ses feux, ses jardins, et le port,
> Et le fleuve, et l'église, et le froid cimetière,
> Je ne respire plus. Un douloureux transport
> Entraîne loin de moi sur ta trace perdue,
> Ma faiblesse qui pleure et qui cherche, assidue,
> Ta vie et ton courage imprudent : car jamais
>
> L'heure qui dit : silence ! et qui défend qu'on veille,
> Ne jette loin de moi sa voix dans ton oreille[5].

Le mot *jamais* résonne ici avec force dans le blanc typographique. L'enjambement inter-strophique semble conjurer la séparation des amants, en reliant quand même ce que la nuit et les angoisses disjoignent. Marceline Desbordes-Valmore multiplie encore les rejets et les contre-rejets. Dans « Tristesse », le rejet permet de faire persister l'écho de la voix paternelle dans le souvenir :

> Ne plus passer devant l'école bourdonnante,
> Cage en fleurs où couvaient, où fermentaient nos jours ;
> Où j'entendis, captive, *une voix résonnante*

1. Léon Pillet, *Journal de Paris*, 26 juin 1833.
2. Sainte-Beuve, *Revue des deux mondes*, 1833.
3. « L'Adieu tout bas ».
4. « Tristesse ».
5. « Minuit ».

Et chère[1] *!* à ma prison m'enlever frissonnante :
Voix de mon père, ô voix ! m'appelez-vous toujours[2] ?

Le contre-rejet de « Minuit » restitue l'affolement de la voix lyrique :

Tu ris ! tu ne crois pas, et moi, je veux y croire
À ces contes mêlés d'une tragique histoire ;
J'en sais mille ! et le soir j'en invente ; *et ma peur*
Les sème sur ta route où mon âme regarde[3].

Enjambements, rejets et contre-rejets sont employés par Marceline Desbordes-Valmore pour leur puissance de résonance. Elle les utilise souvent à la manière d'une pédale de sustain, qui retient le son du piano et le fait durer. L'émotion s'installe et se diffuse d'un vers à l'autre, comme pour tenter de conjurer, malgré tout, l'écoulement du temps.

Le choix de césures féminines témoigne de cette même recherche de lien. Comme le remarque Marc Bertrand :

> [Marceline Desbordes-Valmore] rejette ce qui contribue à un arrêt plus ou moins brutal, ou même plus ou moins sensible, et se plaît à lier les deux hémistiches par une sorte de "*lectio continua*", préférant en quelque sorte un procédé qui crée un enchaînement à celui qui dresse un écran[4].

C'est en ce sens qu'Esther Pinon commente le vers de « L'Éphémère », « De ton jour de musique + et d'ivresse infinie » : « La césure féminine et la conjonction de coordination qui la suit invitent à moduler l'alexandrin en un seul souffle, musical, enivrant, et « infini » puisque sans arrêt marqué ; la réalisation du vers est alors celle de l'idéal même qu'il énonce[5] ».

6.4. La politesse du désespoir

Si, bien souvent dans *Les Pleurs*, l'émotion déborde, force est aussi de constater que les plus grandes douleurs sont muettes. Marceline Desbordes-Valmore fait preuve de beaucoup de pudeur. Contrairement à ce qu'on aurait pu attendre, la scène de rupture entre la voix lyrique et son amant ne donne pas lieu à un poème de déploration : elle est dite autrement, dans le déplacement. En amont, dans « Adieu ! »,

1. Nous soulignons.
2. « Tristesse ».
3. « Minuit ». Nous soulignons.
4. Marc Bertrand, *Les Techniques de versification de Marceline Desbordes-Valmore*, thèse présentée devant l'Université de Grenoble III, Lille, Service de reproduction des thèses, Université de Lille III, 1981. Cité par Esther Pinon dans son article « « Bâti fluide » : architectures et versification des *Pleurs* » dans *Les Pleurs de Marceline Desbordes-Valmore*, Rennes, PUR, 2022.
5. Esther Pinon, « « Bâti fluide » : architectures et versification des *Pleurs* » dans Marceline Desbordes-Valmore, *Les Pleurs*, Rennes, PUR, 2022.

alors que la séparation n'est encore que temporaire, et, en aval, dans le récit de rêve du poème « Le Songe ». De même, assez paradoxalement, le désespoir amoureux est davantage verbalisé pendant la liaison, qu'une fois qu'elle a pris fin. La douleur est alors présente, mais suggérée par une expression resserrée. « Ne me plains pas ! » frappe ainsi par son laconisme. L'adjectif *affreux* y synthétise tous les tourments et tous les combats endurés par la voix lyrique : « De me rendre insensible/J'ai tant prié l'amour !/Il défait son ouvrage,/Cet effort fut affreux[1]… » Dans le poème « Détachement », la poète contourne la première personne, alors qu'il lui faut dire une souffrance hyperbolique. L'impersonnel et le présent gnomique l'emportent : « Il est des maux sans nom, dont la morne amertume/Change en affreuses nuits nos jours qu'elle consume./Se plaindre est impossible ; on ne sait plus parler ;/Les pleurs même du cœur refusent de couler[2]. » L'effet de sourdine est remarquable. Marceline Desbordes-Valmore fait ici un effort vers le silence.

6.5. L'empreinte de la chanson

Marceline Desbordes-Valmore commence à chanter alors qu'elle n'est encore qu'une enfant. Cet apprentissage intervient lors d'un engagement théâtral, peu après le voyage à Pointe-à-Pitre au cours duquel elle a perdu sa mère : il succède à l'expérience du malheur. La poète renonce néanmoins au chant assez vite, dès sa vingtième année[3]. Cette pratique, limitée dans le temps, est ainsi indissociablement liée à sa toute première jeunesse. Marceline Desbordes-Valmore demeure toutefois hantée par cette voix intérieure, qui l'accompagne au quotidien, de sorte qu'il lui faut trouver à l'exprimer. Elle fait explicitement de ce besoin la source même de son écriture poétique : « […] la musique roulait dans ma tête malade, et une mesure toujours égale arrangeait mes idées, à l'insu de ma réflexion. Je fus forcée de les écrire pour me délivrer de ce frappement fiévreux[4] […] ». On le voit, la chanson est en vérité à l'origine des vers : elle est la source qui les irrigue.

Un premier indice thématique fait sentir l'influence de la chanson sur *Les Pleurs*. L'oiseau est en effet l'animal emblème du recueil. C'est à lui que Lamartine compare Marceline Desbordes-Valmore à deux reprises, dans le poème qu'il lui adresse : « Et comme l'oiseau sans asile,/Tu vas glanant de ville ne ville/Les miettes du pain étranger ». Et, plus loin : « […] l'oiseau que ta voix imite/T'a prêté sa plainte et ses chants[5] ». Le terme est du reste employé 22 fois par la poète. Sous sa plume, l'oiseau

1. « Ne me plains pas ! ».
2. « Détachement ».
3. Ainsi qu'elle le confie à Sainte-Beuve, dans une lettre autobiographique qu'elle lui adresse à la fin du mois d'août 1833.
4. *Ibid.*
5. « À madame Desbordes-Valmore ».

est souvent « furtif[1] ». L'adjectif signifie non seulement que son vol est rapide, mais aussi qu'il tend à passer inaperçu. Ce trait le rapproche de la voix lyrique, qui ne cesse d'insister sur son humilité[2] et son obscurité. À Lamartine, elle confie par exemple : « Et toi seul découvres la flamme/D'une lampe qui va mourir[3] ». Le sujet poétique tient à la fois du ramier, qui ne peut aimer qu'une fois[4], et du « Rossignol aveugle[5] », à qui on a crevé les yeux pour encourager son chant.

L'influence de la chanson se traduit encore formellement[6]. Marceline Desbordes-Valmore pratique dans son recueil des mètres courts en isométrie. Elle utilise en particulier les deux vers de chansons que sont le pentasyllabe[7] (dans « La Sincère », « Écrivez-moi ! », « L'Adieu tout bas ») et l'heptasyllabe (dans « L'Enfant au rameau », « Une Ondine »). Ces poèmes isométriques en vers impairs sont proportionnellement plus nombreux dans *Les Pleurs* quand dans le volume des *Œuvres* de 1830[8]. Outre l'emploi de mètres courts, Marceline Desbordes-Valmore use de tous les procédés de la répétition, traditionnellement associés à la chanson. De nombreuses pièces sont marquées par la présence d'un refrain. Ce dernier peut prendre la forme d'une strophe récurrente, comme dans « Jamais adieu », où un distique entrecoupe les quatrains : « Vivre et mourir au même lieu ;/Dire : au revoir, jamais adieu[9] ». Cette disposition est également celle du « Crieur de nuit » où un même quintil ponctue le texte. Dans ce quintil, de surcroît, le vers 1 et le vers 5 sont les mêmes, ce qui renforce encore davantage les phénomènes de répétitions lexicales et sonores : « *Éveillez-vous, gens qui dormez* ;/Sur vos toits minuit passe et pleure :/Priez Dieu, s'il vous plaît ! c'est l'heure,/Pour les morts qui vous ont aimés ;/*Éveillez-vous, gens qui dormez*[10]. » Le refrain peut également se présenter sous la forme de vers récurrents. Ces derniers peuvent se situer en fin de strophe. C'est le cas dans « Ne Viens pas trop tard ! », constitué de cinq sizains qui s'achèvent tous par les deux mêmes vers « Pour qui te voit, béni soit Dieu !/Pour qui te perd,

1. « Sous une croix belge », « Le Convoi d'un ange ».
2. Voir 3.1.2. « Naturel et humilité ».
3. « À monsieur Alphonse de Lamartine ».
4. « La Vie et la mort du ramier ». On retrouve encore cet oiseau dans « Le Premier chagrin d'un enfant ».
5. Dans ce poème dédié à Caroline Branchu, la voix lyrique entremêle son destin tragique à celui de la cantatrice qui vit alors, elle aussi, des amours malheureuses.
6. Voir à ce sujet Yohann Ringuedé, « Sur des airs que j'adore » : le modèle générique de la chanson dans *Les Pleurs*, dans Marceline Desbordes-Valmore, *Les Pleurs*, *op. cit.*
7. Le pentasyllabe est le mètre employé dans « Au clair de la lune » ou « J'ai du bon tabac ». Il est utilisé notamment par Béranger. Voir Jean-Michel Gouvard, *La Versification*, Paris, PUF, 1999.
8. Voir à ce sujet Marc Bertrand, « Le vers impair dans l'œuvre poétique de Marceline Desbordes-Valmore : Contribution à l'histoire du vers français », *L'information grammaticale*, n° 84, 2000.
9. « Jamais adieu ».
10. « Le Crieur de nuit ». Nous soulignons.

bonheur, adieu[1] ! » De même, dans « Seule au rendez-vous », les quatre huitains se terminent par le vers « Ô menteur ! ô menteur d'amour[2] ! » Le refrain peut enfin être composé de vers qui encadrent la strophe. Dans « L'Étonnement », le vers 1 et le vers 7 de chaque huitain se répondent, tandis que dans « La Sincère », ce sont le vers 1 et le vers 3 de chacun des huit quatrains. Cette empreinte formelle de la chanson contribue à expliquer que de nombreux poèmes des *Pleurs* aient été mis en musique, du vivant de Marceline Desbordes-Valmore ou après sa disparition[3].

Plusieurs raisons peuvent expliquer cette prégnance de la chanson dans le recueil. Du point de vue de l'histoire littéraire, Brigitte Buffard-Moret rappelle que, pour les romantiques, renouer avec la chanson, c'est « retrouver une poésie primitive et authentique[4] » et donc « ressusciter un passé disparu[5] » à un moment où le présent se montre décevant. La chanson est donc doublement un retour vers l'enfance : celle de la poésie, d'une part, et celle, biographique, de Marceline Desbordes-Valmore d'autre part, puisque c'est à cet âge qu'elle pratiquait cet art. Dans *Les Pleurs*, forme et fond se répondent : tout concourt à exprimer la nostalgie d'une pureté que l'expérience fait perdre. D'un point de vue plus sociologique, s'inspirer de la chanson, c'est faire entrer le peuple dans la poésie, en reprenant une forme qui lui est associée dans l'imaginaire collectif, et, par ce truchement, s'adresser à lui. De cette manière, Marceline Desbordes-Valmore contribue à forger une communauté avec les humbles et les malheureux, à un moment du romantisme où le poète tend à prendre en charge le collectif[6]. Enfin, d'un point de vue éthique, la chanson permet de traiter de sujets graves dans une forme légère. C'est le cas par exemple des trois poèmes écrits en pentasyllabes. « L'Adieu tout bas » marque l'un des moments de la rupture amoureuse, « La Sincère » martèle l'idée que l'amour est unique et irremplaçable, tandis que dans « Écrivez-moi ! » la voix lyrique s'affronte au silence d'une amie, un « ange blessé[7] » qui est comme une autre figure de double. Forme et contenu se compensent alors, dans un équilibre qui témoigne de la grande pudeur dont le recueil est aussi le lieu.

---

1. « Ne Viens pas trop tard ».
2. « Seule au rendez-vous ».
3. Pour avoir un aperçu de ces adaptations, voir le site de la Société des études Marceline Desbordes-Valmore. https://www.societedesetudesmarcelinedesbordesvalmore.fr.
4. Brigitte Buffard-Moret, « De l'influence de la chanson sur le vers au XIXe siècle », *Romantisme*, n° 140, 2008.
5. Brigitte Buffard-Moret, *La Chanson poétique du XIXe siècle, origine, statut et formes*, Rennes, PUR, 2006, p. 11.
6. Voir chapitre I.
7. « Écrivez-moi ! ».

III

Principaux thèmes et enjeux de l'œuvre

1. La voix lyrique ou le partage du sensible

Les Pleurs font entendre une voix, qui s'exprime à la première personne du singulier. Poème après poème, cette voix esquisse un autoportrait. Certaines notations tendent à rapprocher le sujet lyrique de la personnalité biographique de Marceline Desbordes-Valmore. Celle qui écrit est en effet une provinciale. « Le Mal du pays » nous apprend qu'elle est une douaisienne, dont la meilleure amie, désormais disparue, se prénommait « Albertine », ce qui ne manque pas d'évoquer Albertine Gantier, la compagne d'enfance de Marceline Desbordes-Valmore. La voix lyrique est aussi une mère, dont la fille s'appelle « Ondine[1] ». Les éléments du péritexte (épigraphes et dédicaces) dessinent encore le cercle d'une sociabilité qui est celle de Marceline Desbordes-Valmore : on y croise ainsi aussi bien la cantatrice Caroline Branchu, que le couple Duthillœul ou encore Henri de Latouche. La voix lyrique est enfin une amante qui a été aimée puis abandonnée[2]. Néanmoins, ces éléments demeurent assez ténus. Jamais le prénom de la poète n'est cité. Aucun élément de prosopographie ne nous est proposé. Dans ce recueil, le sentiment décrit davantage le sujet que n'importe quelle caractéristique physique. « La Dernière fleur » nous apprend symptomatiquement que celle qui s'exprime est un « être plus aimant que beau[3] ». Elle est une femme « né[e] pour le malheur[4] », aux « yeux blessés par le temps et

1. Ainsi que nous l'apprend le poème « Ma Fille ».

2. Voir 2.5. « Vivre c'est souffrir, et [...] aimer c'est mourir » : l'organisation des poèmes au sein des *Pleurs* ».

3. « La Dernière fleur ».

4. « Tristesse ».

les larmes[1] », et contemplant « tous les flots amers de [s]a vie écoulée[2] ». Dans « À M. Alphonse de Lamartine », elle va jusqu'à se représenter en moderne Ariane : « Triste et morne sur le rivage/Où l'espoir oublie [s]es jours[3] ». Le recueil organise de fait un jeu entre le dit et le tu. « La Jalouse » évoque ce travail de suggestion et d'estompement dans ce qui apparaît comme un commentaire métapoétique. La voix lyrique s'y exprime : « Sans [s]e nommer, craintive en livrant [s]es alarmes[4] ». On remarquera du reste que Marceline Desbordes-Valmore prend le soin d'effacer les lieux et les dates des pièces qu'elle insère dans *Les Pleurs*. Le manuscrit du poème « Nadège » contient ainsi une dernière strophe s'achevant par la mention « Rouen. Juillet./1832[5]. » qui ne figure pas dans la version publiée du recueil.

Le cadre spatial dans lequel s'écoulent les pleurs du sujet poétique n'est pas très particularisant : la liaison malheureuse entre le « je » et son amant se déroule entre « une vaste plaine[6] », une « demeure isolée[7] », et un « foyer[8] » qui s'allume. De même, de ce « tu », on ne sait pas grand-chose, sinon qu'il s'agit vraisemblablement d'un homme célèbre[9], délaissant la voix lyrique pour une autre femme, également connue (« un front plus brillant[10] » l'attire en effet). Décors, acteur et situations tendent dans *Les Pleurs* à la généralisation. Le recueil travaille la porosité entre l'autre et le même. Le plus souvent, les poèmes qui le composent se prêtent volontiers à plusieurs lectures : une lecture biographique ou contextuelle, et une lecture plus ouverte, universalisante. Le traitement des pièces politiques est tout à fait emblématique de ce choix. Dans le cas de « Sous une croix belge » et de « La Fiancée polonaise », seule l'adjonction d'un adjectif de nationalité dans le titre permet de rattacher ces textes respectivement à la révolution belge de 1830[11] et à l'insurrection polonaise de 1831[12]. Le contenu des vers fonctionne quant à lui sur un régime si allusif qu'à défaut de titre ces poèmes se présentent comme une condamnation de la guerre, où qu'elle ait lieu, en quelque époque qu'elle se déclare. Il en va de même de la première partie de « Nadège ». Le vers d'ouverture (« Elle

1. « Ma Fille ».
2. « Abnégation ».
3. « À M. Alphonse de Lamartine ».
4. « La Jalouse ».
5. Voir les notes d'Esther Pinon dans l'édition au programme.
6. « Le Songe ».
7. « Ne Viens pas trop tard ! ».
8. *Ibid.*
9. Dans « Ne me plains pas ! », la voix lyrique mentionne « […] [s]on nom dont la gloire/[Lui] parla tant de fois ».
10. « Solitude ».
11. Cette révolution conduisit à la scission du royaume et à l'indépendance de la Belgique.
12. Les Polonais se soulèvent alors contre la tutelle du tsar Nicolas Ier.

est aux cieux la douce fleur des neiges[1] ») peut être lu de deux manières : ou bien de façon contextuelle (la « douce fleur des neiges » est alors une périphrase pour désigner la jeune orpheline de Wilna, ramenée en France par Louise Fusil lors de la retraite de Russie), ou bien de façon indépendante de toute réalité biographique (la « douce fleur des neiges » n'est qu'une variation sur le *topos* de l'innocence, *via* la symbolique traditionnellement associée à la blancheur). Dans *Les Pleurs*, le singulier tend toujours à pouvoir être transcendé dans l'universel.

1.1. Quels pleurs ?

La voix lyrique est touchée par les pleurs d'autrui, qui la bouleversent autant que les siens propres. Au « Bel ange » qu'elle a consolé et qui s'est détourné d'elle, elle demande : « Saviez-vous qu'une voix plaintive/Pût toucher un cœur à la mort[2] ? » Si elle est en mesure de recevoir l'émotion, elle s'attache également à la susciter. Le tout premier vers du recueil (« Vois-tu, d'un cœur de femme il faut avoir pitié[3] ») a une évidente portée métapoétique : il place d'emblée la poésie valmorienne du côté du *movere*. Cette demande de compassion est du reste réitérée dans « La Dernière fleur ». Dans une fiction d'énonciation d'outre-tombe, la voix lyrique intime au « Bon passant » qui s'approchera de sa dernière demeure : « Dis mon nom et pleure sur mon sort[4] ». Dans le recueil, l'émotion a vocation à circuler, s'échanger. Elle a du reste une vertu fondamentale, en tant qu'elle abolit les distinctions entre les êtres. Dans « Ma fille », la poète note : « Peut-être en ce moment les soupirs d'une reine,/Sur la route du ciel rencontrent mes soupirs[5] ». Dans le dialogue qu'elle met en scène avec lui, Marceline Desbordes-Valmore semble corriger discrètement Lamartine sur le but que doit rechercher la poésie. Pour l'auteur des *Méditations*, la gloire terrestre est la seule rétribution aux souffrances endurées par celui ou celle qui les chante. Dans « À madame Desbordes-Valmore », il écrit :

> Sur la lyre où ton front s'appuie
> Laisse donc résonner tes pleurs !
> L'avenir du barde est la vie ;
> Et les pleurs que la gloire essuie
> Sont le seul baume à ses douleurs[6] !

1. « Nadège ».
2. « Les Ailes d'ange ».
3. « Révélation ».
4. « La Dernière fleur ».
5. « Ma Fille ».
6. « À madame Desbordes-Valmore ».

Marceline Desbordes-Valmore ne recherche pas pour sa part la renommée. La communion de l'émotion est le seul tribut qu'elle sollicite, et qu'elle cherche à préserver, y compris contre les dangers de la raillerie ou de l'ironie. « Le Petit rieur » met ainsi en scène la nécessité de respecter la douleur d'autrui. Chaque souffrance est digne : « Tout ce qui pleure est beau[1] ».

La voix lyrique ne s'enferme pas dans un pleur solipsiste : « un flot [l]'attire aux malheureux » dont elle se fait le porte-voix. La distance entre les choix de Marceline Desbordes-Valmore et ceux que fait alors Victor Hugo est évidente. Hugo insiste sur la vocation sociale de la poésie, et surtout sur le rôle d'intermédiaire qui doit être celui du poète ayant charge d'âmes. En tant qu'homme, il lui est loisible d'endosser cette posture prophétique. Avec lui, le poète a un pouvoir formidable, dans la mesure où il se trouve chargé de faire parler le peuple qui ne le peut pas. Marceline Desbordes-Valmore exerce pour sa part un magistère restreint. Elle se contente d'amplifier une voix déjà existante : « Je suis leur écho triste où leur plainte m'arrive :/Près de moi, loin de moi, j'ai des larmes pour eux ! » Sa voix est profondément polyphonique, en tant qu'elle est toujours doublée par celle d'autrui. Sa devise pourrait être un vers du « Premier chagrin d'un enfant » : « je te sens souffrir de ce qui souffre en moi ». Aucune douleur humaine ne lui est étrangère.

1.2. Naturel et humilité

Ce sentiment, qu'il faut tâcher de partager, se dit de manière naturelle. La voix lyrique pose une continuité entre la vie et le chant. Dans « À Monsieur Alphonse de Lamartine », elle écrit : « […] je suis une faible femme ;/Je n'ai su qu'aimer et souffrir ;/Ma pauvre lyre c'est mon âme[2] ». Elle ne revendique de fait aucun *labor*, aucun savoir-faire technique, que le refus notable de pratiquer des formes fixes, comme le sonnet, suggère encore. Sa lyre se prétend « […] inculte, incomplète[3] ». Le rôle de la poète consiste, presque passivement, à refléter la création, sans chercher à la retravailler ou à l'embellir. Dans « Louise Labé », elle note de manière explicite : « […] l'âme poétique est une chambre obscure/Où s'enferme le monde et ses aspects divers[4] ! » Si, dans *Les Pleurs*, la poésie n'est pas le fruit d'un travail, elle n'est pas non plus l'expression d'un *furor*. L'inspiration ne prend pas la forme d'une force transcendante, qui serait extérieure à la poète. Loin de toute transe,

1. « Le Petit rieur ».

2. On notera la parenté, très forte, entre la pensée de Lamartine et celle de Marceline Desbordes-Valmore. L'écho est évident, entre cette déclaration et la préface de 1849 aux *Méditations poétiques*, dans laquelle Lamartine soutient : « Je suis le premier qui ai fait descendre la poésie du Parnasse, et qui ai donné à ce qu'on nommait la muse, au lieu d'une lyre à sept cordes de convention, les fibres mêmes du cœur de l'homme, touchées et émues par les innombrables frissons de l'âme et de la nature. »

3. « À M. Alphonse de Lamartine ».

4. « Louise Labé ».

elle est au contraire un chant intérieur très doux, « [...] quelque musique en [s] on âme cachée[1] ». Jamais du reste le recueil ne met en scène le moment de l'écriture, dans ses recherches ou ses jaillissements. Cette manière de se présenter en « indigente glaneuse[2] » au « front pâle et sans couronne[3] » s'explique d'abord par le fait que Marceline Desbordes-Valmore est une femme, et qu'il lui faut en passer par ces stratégies de modestie pour prendre la plume quand même[4]. Au-delà de ces raisons sociologiques, il s'agit aussi d'une manière de faire communauté avec d'autres « indigents », qu'il s'agisse des plus fragiles et des plus démunis, ou du reste de l'humanité souffrante.

Cette naturalité de l'expression que la poète met en scène n'apparaît néanmoins que comme une feinte simplicité pour peu qu'on s'attache d'un peu près à la lettre du texte.

1.3. Le dit et le tu

Cette matière-émotion, qui est l'objet même de la création valmorienne, est difficile à traiter. D'abord parce que l'expression souhaitée est néanmoins douloureuse. La voix lyrique a la conscience de « Ce qu'une larme pèse et coûte à révéler[5] ! » Au rossignol aveugle, elle confie encore : « [...] je sais aujourd'hui/Ce qu'un son douloureux te coûte[6] ! » La poésie est fondamentalement souffrance, dans son inspiration et dans sa délivrance. Si l'expression est un effort, la voix lyrique n'a de plus pas toujours la maîtrise de son dire. Il arrive fréquemment que l'émotion la déborde et lui échappe. Dans le poème « Révélation », elle avoue une perte de contrôle, face à l'intensité du sentiment qu'elle éprouve : « Je dis cela, jalouse ; et je sens ma pensée/Sortir en cris plaintifs de mon âme oppressée ». *Les Pleurs* ne cessent de dire la difficulté à se contenir ou à dissimuler, surtout en contexte amoureux. Dans « L'Attente », le « je » avoue ainsi à son amant que son nom « s'échappe de [s] on cœur[7] ». De même, lorsque dans la saynète de « Réveil », elle apprend que l'être aimé se console dans d'autres bras, elle ne peut masquer son trouble : « À mon livre fermé moi je lisais toujours ;/Car sur mon front baissé toute mon âme était peinte[8] ! » L'émotion jaillit et submerge aussi lorsqu'il s'agit d'évoquer l'enfance

1. « Révélation ».
2. « À M. Alphonse de Lamartine ».
3. *Ibid.*
4. Voir 1.2 « Une modeste assurance : être une femme poète en 1830 ».
5. « Ma Fille ».
6. « Le Rossignol aveugle ».
7. « L'Attente ».
8. « Réveil ».

perdue : « D'où vient que d'en parler ma voix se fond en pleurs[1] ? » Parfois, au contraire, loin de le provoquer, l'inquiétude se retourne contre le chant au point de l'empêcher. Le sujet lyrique oscille, partant, entre profération et silence. « Toi ! Me hais-tu ? » est explicite à ce sujet : « [...] ma pensée, orageuse ou calmée,/Se dévoile riante ou s'enferme alarmée,/Comme on voit la cigale au front tremblant des blés,/Craintive, au moindre bruit tarir ses chants troublés[2] ». Il est des instants où la verbalisation, qui soulagerait, se refuse, et désespère le « je » : « J'enviais à l'oiseau sauvage/Les cris qu'il pousse dans l'orage/Et que je renferme toujours[3] ! »

Si elle ne maîtrise pas toujours son chant, la voix lyrique doit aussi accepter de se contraindre. De fait, il y a des choses à taire, surtout à l'amant. Dans « L'Adieu tout bas », le « je » note : « [...] j'écris tout bas/Les mots que ma crainte/N'exhalera pas[4] ! » Il arrive également que certains aveux soient difficiles à faire. L'épanorthose, très scénique, du poème « Réveil », en est un bon exemple : « J'ai senti... (le dirais-je ? oui, s'accuser soi-même/Est peut-être un besoin d'absoudre ce qu'on aime) :/J'ai senti tout mon cœur s'élever contre toi[5] ». On le voit, dans le recueil les pleurs s'écoulent moins aisément qu'on ne pourrait le croire au premier abord.

1.4. Pourquoi pleurer ?

Les Pleurs mettent en scène l'impuissance de la voix lyrique. S'il lui est loisible de chanter le malheur, il lui est en revanche impossible de l'empêcher d'advenir, et encore moins de le corriger. La poète bute sur la réalité de notre condition de mortels. Ses vers n'ont pas la vertu magique de ceux d'un Orphée. Le constat de « Sous une croix belge » est sans appel. Pas plus que le chant des oiseaux ou les rayons du soleil, les larmes versées ne peuvent faire revivre les morts :

> Et ma plainte de femme à ton astre tremblant,
> Qui tombe détaché dans l'orage sanglant ;
> Et cette voix d'amour en prière épuisée,
> Ce sanglot de mère brisée,
> Qui dans le champ des morts cherchant son jeune lis,
> A crié d'un long cri : « Terre ! rends-moi mon fils ! »
>
> Rien ne t'éveillera ; car ta couche est profonde[6].

1. « Tristesse ».
2. « Toi ! Me hais-tu ? ».
3. « À M. Alphonse de Lamartine ».
4. « L'Adieu tout bas ».
5. « Réveil ».
6. « Sous une croix belge ».

En dépit de cette limite réelle, les pouvoirs de la voix lyrique ne sont pas nuls. Cette dernière a en effet la capacité, par ses chants, d'éterniser le transitoire, en inscrivant le nom des défunts et leur souvenir dans un monument de papier. C'est tout le sens du poème « Nadège[1] » et des vers performatifs écrits « Sur sa tombe » : « Toi, ton jeune parfum s'exhale vers les cieux./Nadège ! il restera frais à notre mémoire,/Comme le doux regard où tremblaient tes adieux[2]. » La dernière pièce du recueil, « Le Convoi d'un ange », insiste un peu plus sur cette idée. La voix lyrique entend en elle celle des enfants disparus, « Douces voix que la terre a pour jamais perdues[3] », à qui elle donne une traduction et, partant, un écho. Elle se fait ainsi fondamentalement force de survivance, barrage contre l'oubli.

Si *Les Pleurs* se présentent dès l'abord comme une poésie du *movere*, il serait très réducteur de les limiter à ce simple aspect. Le recueil joue en effet aussi sur le *docere*. La voix lyrique adopte une posture humble, mais cela ne l'empêche pas de posséder un savoir sur l'existence, qu'elle délivre peu à peu. Elle met ainsi en garde sa fille, pour l'empêcher de tomber dans les mêmes erreurs que les siennes : « Viens donc, ma vie enfant ! et si tu la prolonges,/Ondine ! aux mêmes flots ne l'abandonne pas[4] ! » Dans « Une Ondine », elle décrit les dangers de la rivière amoureuse, qui « [...] roule un empire/Doux et mortel à la fois[5] ». Les leçons qu'elle prodigue témoignent de son expérience, que le recueil met en scène dans sa structure même[6], et de la vison désespérée de l'existence qui en découle. Vieillir, c'est regretter le temps de l'innocence et du bonheur perdus. Au petit garçon dont le ramier est mort, elle ne peut que promettre un avenir dysphorique : « [...] Oh ! que tu souffriras[7] ! » La vie n'est pour elle qu'un principe de destruction et de désenchantement : « Le long vivre n'apprend que des fables railleuses[8] ». Le recueil se referme alors qu'elle envie le destin de l'éphémère, qui ne survit pas à la perte des êtres et des choses : « Ce que tu vas aimer durera tes instants ;/Tu ne verras le deuil ni les rides du temps[9]. » Malgré cet abattement, la voix lyrique tâche de faire en sorte que son chant désespéré ne devienne pas désespérant. Il n'est pas question pour elle de flétrir l'innocence, mais de la préserver comme un trésor, tant qu'il est possible de la faire durer. À sa fille, elle déclare explicitement : « Enfant ! je ne

1. « Nadège » succède à « Sous une croix belge », et vient compléter la leçon d'abord esquissée dans ce premier poème. Tous deux peuvent se lire comme un diptyque consacré à la force de résistance du chant poétique face à la mort.

2. « Nadège ».

3. « Le Convoi d'un ange ».

4. « Ma Fille ».

5. « Une Ondine ».

6. Voir 2.5. « « Vivre c'est souffrir, et [...] aimer c'est mourir » : l'organisation des poèmes au sein des *Pleurs* ».

7. « Le Premier Chagrin d'un enfant ».

8. « L'Éphémère ».

9. *Ibid.*

veux pas méchantiser ton cœur[1]. » Le recueil met de fait en scène une tension entre, d'une part, le souhait de ne pas affliger autrui, de ne pas faire venir ses pleurs par anticipation, et, d'autre part, la réalité d'une expérience qui conduit, quoi qu'on en ait, à la désillusion.

Une grande ambiguïté affecte la question de la foi dans *Les Pleurs*. La poète y répète à l'envi que l'existence est une vallée de larmes où : « Notre âme exilée/[…] rampe à genoux[2] ». La mort apparaît dès lors comme une délivrance, face à la déchéance de vivre. La voix lyrique en vient à jalouser le destin des jeunes morts. Sa manière de retourner la malédiction en bénédiction, lorsqu'elle s'adresse à Lucretia Davidson, disparue à seulement dix-sept ans, est frappante : « Non ! tu ne voudrais plus cueillir nos fleurs avares/Dont les âcres parfums tourmenteraient ta raison :/De nos rangs consternés, libre, tu te sépares,/Et tu ne bois plus l'air où roule le poison[3]. » Néanmoins, la foi n'offre pas une rétribution suffisante. L'au-delà ne console pas de la perte de l'ici-bas, qui est obsédante. *Les Pleurs* ne sont pas orientés selon une lecture théologique. Le deuil que l'homme doit affronter est définitif. Vivre semble bien consister à se résoudre à ne jamais pouvoir être consolé, et, par conséquent, à accueillir la vulnérabilité. Cette intranquillité tranche avec la certitude apaisée d'une Amable Tastu, qui, dans ses *Poésies*, évoque sereinement « […] l'aurore fortunée/Du jour qui ne doit pas finir[4] », et se réjouit de la constance de son sentiment religieux, en dépit des épreuves traversées : « Le sort jaloux, Vierge mystérieuse,/N'a pu m'ôter ma constance et ma foi,/Et ma prière, humble et silencieuse,/D'un vol pieux s'élève encor vers toi[5] ! » La position précaire qui est celle de Marceline Desbordes-Valmore fait sans doute toute la valeur de sa poésie pour notre modernité. Anne Gourio, dans son article « (In)habiter en poète aujourd'hui », montre à quel point « la poésie contemporaine constitue un espace d'accueil privilégié pour le sujet vulnérable[6] », que cette vulnérabilité soit celle du sujet qui s'exprime ou du lecteur qui y projette ses propres failles.

Dans *Les Pleurs*, le chant bute contre les forces destructrices du temps. La communion dans l'émotion à laquelle la poétique valmorienne vise ne témoigne pas d'un goût pour la sentimentalité plate. Loin d'être une facilité ou une faiblesse, il s'agit d'une façon d'affronter ensemble l'inéluctable, faute de pouvoir l'empêcher. La poésie a pour vocation première de faire lien. Elle recueille l'expérience commune (*religere*) pour mieux rassembler (*religare*). Elle tient de fait de la religion profane.

1. « Ma Fille ».
2. « Écrivez-moi ! ».
3. « Lucretia Davidson ».
4. Amable Tastu, « Le Dernier Jour », dans *Poésies*, *op. cit.*
5. « Le Retour à la chapelle » dans *Ibid.*
6. Anne Gourio, « (In)habiter en poète aujourd'hui », dans *Elfe XX-XXI*, 9, 2020.

C'est bien en mineur, loin de toute proclamation manifestaire sur les pouvoirs et la mission du poète, que Marceline Desbordes-Valmore trouve sa place en tant que femme poète romantique du moment 1830.

2. « Pour causer de ciel et d'amour »

2.1. Une foi non-orthodoxe

Le mot « Dieu » est le plus employé des *Pleurs* : il apparaît en effet à 126 reprises. S'il est omniprésent, il faut néanmoins être sensible au traitement très particulier que Marceline Desbordes-Valmore réserve à la foi dans le recueil.

Une première évidence ne peut manquer de frapper le lecteur : amour profane et amour sacré s'y mêlent de manière fort hétérodoxe. L'amant apparaît immédiatement comme un Dieu de chair, un « Dieu jeune, égaré parmi nous[1] ». Les mots que la voix lyrique emploie pour le désigner sont ceux de la dévotion. De ses yeux, elle attend que soit répandue une « lumière chérie[2] ». Ailleurs, elle note : « Par lui, je crois, sans lui, je désespère[3] ». Cet amour ne reçoit aucune limite. L'amante confie : « Jamais je ne [l]'ai vu sans [l]'aimer davantage[4] ». « L'Attente » formule explicitement la comparaison qui se fait obsédante : « Quand ta voix saisissante atteint mon souvenir,/Je tressaille, j'écoute… et j'espère immobile;/*Et l'on dirait que Dieu touche un roseau débile*[5] ». Un poème comme « Révélation » exploite du reste les ressources du tremblé énonciatif : il est souvent bien difficile de savoir à quel « tu » la voix lyrique s'adresse.

Plus encore, l'amant est parfois même présenté comme supérieur à Dieu, avec « […] ses regards, bien plus que des cieux éclairés[6] ». La foi est placée en situation de concurrence avec l'amour, au bénéfice de ce dernier. Dans le troisième poème imité de Moore, la voix lyrique s'exclame : « […] Ô Dieu ! si nous prenions pour vous/Les soins que nous prenons pour l'amour d'une femme,/Quels anges nous serions !/Mais l'amour est si doux[7] ! » Dieu n'apparaît alors que comme un dérivatif. Dès le poème liminaire du recueil, la voix lyrique indique qu'elle se tourne vers le ciel lorsque son amant la délaisse ou fait attendre sa réponse : « Quant tu ne réponds

1. « Révélation ».
2. « Révélation ».
3. « Malheur à moi ! ».
4. « Toi ! Me hais-tu ? ».
5. « L'Attente ». Nous soulignons.
6. « Pitié ! ».
7. « Imitation de Moore », III.

pas, j'ai honte à tant d'amour,/Je gronde mes sanglots, je m'évite à mon tour,/Je m'en retourne à Dieu, je lui demande un père[1]. » L'opposition n'est néanmoins pas si stricte, dans la mesure où l'amour est aussi présenté comme l'une des prémices nécessaires à la foi. C'est tout le sens du vers de « Malheur à moi ! » : « Sans lui, mon Dieu, comment vivrai-je en toi[2] ? » Le brouillage entre amour humain et amour divin, savamment entretenu dans *Les Pleurs*, est à l'origine des très vives critiques formulées par Alexandre Vinet au moment de leur parution. Ce dernier écrit en effet, dans ses *Études sur la littérature française du XIXe siècle* : « [Ce cœur] ne veut du ciel qu'à condition que le ciel soit la terre encore. [...] Dans aucun recueil de vers modernes nous n'avons si souvent rencontré des mots sacrés ; mais jamais aussi nous ne les avons vus profanés d'une manière si affligeante[3]. »

Outre cette fusion entre *éros* et *agapè*, il est à noter que l'amour dont la poète chante les souffrances est un amour qui s'éprouve hors des liens du mariage. Dans « Les Mots tristes », elle s'exclame : « [...] je rêve un monde où dureront toujours/Les caresses du cœur et les libres amours[4] ! » Cette affection n'est pas désincarnée. « Révélation » en suggère immédiatement la dimension charnelle. La voix lyrique s'écrie alors : « Viens ! j'ai besoin d'entendre et de baiser ta voix[5] ». « L'Attente » éclate de sensualité : « Quand ta voix saisissante atteint mon souvenir,/Je tressaille, j'écoute... et j'espère immobile ;/Et l'on dirait que Dieu touche un roseau débile ;/Et moi, *tout moi*[6] répond : Dieu ! faites-le venir[7] ! » Cet amour ne craint pas l'Enfer. La poète ne manifeste aucun sentiment de culpabilité, aucune peur du péché. Il est normal pour elle de succomber, car « Dieu fit le roseau faible[8] ». Dans « La Dernière fleur », elle témoigne de sa parfaite innocence : « Je mourus sans rendre une offense ;/Mon sort fut une longue enfance[9] ». La pire punition qu'elle puisse envisager n'est pas la damnation, mais la séparation d'avec l'homme qu'elle aime : « Je mourrai loin de toi... que puis-je craindre encore[10] ? » L'enfer a en vérité déjà été vécu sur Terre, comme elle le reconnaît dans « Pardon ! » : « [...] j'ai langui dans un feu qui dévore[11] ». Elle refuse du reste un paradis où elle ne retrouverait pas son amant :

1. « Révélation ».
2. « Malheur à moi ! ».
3. Alexandre Vinet, *Études sur la littérature française du XIXe siècle, op. cit.*
4. « Les Mots tristes ».
5. « Révélation ».
6. Nous soulignons.
7. « L'Attente ».
8. « Pardon ! ».
9. « La Dernière fleur ».
10. « Pardon ! ».
11. *Ibid.*

Je ne veux pas revivre où l'on dit que l'on aime,
Si l'on t'y donne un bien qui ne sera plus moi,
Et si Dieu m'y destine un autre ange que toi.

Le néant me plaît mieux[1].

La voix lyrique se passe des bénédictions officielles, car « [...] pour tous les tombeaux la nature a des fleurs[2] ».

La vision de l'au-delà que dessine le recueil est également très fluctuante. « Les Mots tristes » formulent très explicitement un doute quant à la possibilité d'une existence *post-mortem* : « [...] je meurs pour mourir la première,/Pour braver avant toi *la nuit ou la lumière*[3] ». Dans « Toi ! Me hais-tu ? », le paradis est une réalité, mais dans les paroles d'autrui que la voix lyrique se borne à rapporter : « Je ne veux pas revivre *où l'on dit que l'on aime*[4] ». « Le Mal du pays » met en scène sa perplexité :

D'où vient-on quand on frappe aux portes de la terre ?
[...]
Où va-t-on quand, lassé d'un chemin sans bonheur.
On tourne vers le ciel un regard chargé d'ombre ?
Quand on ferme sur nous l'autre porte, si sombre[5] !

La conclusion du poème semble par conséquent davantage tenir de l'autopersuasion que d'une adhésion pleine et entière au dogme chrétien[6].

Marceline Desbordes-Valmore témoigne d'un rapport très libre à la doctrine catholique et aux institutions de l'Église. La foi demeure néanmoins son horizon, malgré les doutes qui peuvent l'assaillir.

2.2. Les vertus de l'art

L'enfance se caractérise par une très grande proximité avec le divin[7]. « Révélation » l'indique dès le seuil du recueil : « Dieu [...] parle et se plaît dans une âme ingénue[8] ». Les premières années de la vie constituent un véritable âge d'or, un temps simple

1. « Toi ! Me hais-tu ? ».
2. « Pardon ! ».
3. « Les Mots tristes ». Nous soulignons.
4. « Toi ! Me hais-tu ? ». Nous soulignons.
5. « Le Mal du pays ».
6. « Oui, tu ne m'es qu'absente, et la mort n'est qu'un voile,/Albertine ! et tu sais l'autre vie avant moi ».
7. Voir à ce sujet l'article de Fabienne Bercegol, « Prier dans *Les Pleurs* de Marceline Desbordes-Valmore », dans Marceline Desbordes-Valmore, *Les Pleurs*, *op. cit.*
8. « Révélation ».

où « vivre était le ciel ou s'en ressouvenir[1] ». Vierge de deuils, l'enfant est encore marqué par la perfection du monde d'où il vient. Sa souffrance est entendue et comme naturellement accueillie : « Enfant, quand je pleurais, sans le voir de mes yeux,/D'un ange autour de moi je sentais la présence[2] ». L'expérience venant, la déliaison guette néanmoins. Le vieillissement est un désenchantement et une chute. La voix lyrique se sent désormais parfois abandonnée des cieux, comme dans « La Crainte » : « Dieu m'oublie ou me hait ;/Sa pitié n'entend plus mon désespoir muet[3] ». Les pleurs versés ne permettent plus toujours d'accéder à Dieu. Ils risquent même d'empêcher la communion finale entre la créature et son créateur : « Et cette âme où passa tant de pleurs, tant de flamme,/Le ciel qui la sait toute en voudra-t-il encor[4] ? »

Seul l'art, et en particulier la musique, permet de renouer la chaîne des temps. Les mélodies de Paganini font un instant oublier les maux qui frappent sur cette Terre. En effet, « Attiré dans sa pitié tendre,/On ne sait plus rien des méchants[5] ». Ses accords réintroduisent l'harmonie perdue, en tant qu'ils sont des messagers de Dieu, « l'écho vivant de [s]a voix[6] ». Paganini tient en somme de l'ange. Il est du reste décrit comme un intermédiaire entre le monde céleste et le monde des hommes. Son geste a quelque chose de prométhéen : « Il porte au malheur qui succombe/Un secret qu'il va prendre au ciel,/Et relevant la foi qui tombe,/Qui doute et qui cherchait la tombe,/Il dit : L'espoir est immortel[7] ! » Béranger est un autre intercesseur possible : « Des malheureux [s]a chanson lumineuse/Traduit les pleurs que le ciel entendra[8] ». Ce futur de certitude souligne que ses airs ont vocation à être rétributeurs.

L'on voit bien de fait toute la distance qui sépare ces deux artistes de la poétique valmorienne. Paganini est un consolateur. Sa musique a une vertu curative : « sa sublime maladie/Guérit bien des cœurs malheureux[9] ! » Marceline Desbordes-Valmore n'assume pas ce pouvoir. Si elle accueille la douleur de l'autre, son espoir d'être utile demeure hypothétique. Il prend la forme d'une prière, dont rien ne dit si elle a trouvé à se réaliser : « Mais si quelque trésor germe dans nos alarmes,/Laissez aux pieds souffrants leurs sentiers douloureux ;/Dieu ! tirez un bienfait

1. « L'Impossible ».
2. « La Crainte ».
3. *Ibid.*
4. *Ibid.*
5. « L'Âme de Paganini ».
6. *Ibid.*
7. *Ibid.*
8. « Béranger ».
9. « L'Âme de Paganini ».

du fond de tant de larmes,/Et laissez-moi l'offrir à quelque malheureux[1] ! » L'on peut de fait constater une évolution de sa poétique sur ce point. En 1830, les vers étaient explicitement présentés comme une consolation pour le sujet lyrique : « Du goût des vers pourquoi me faire un crime ?/Leur prestige est si doux pour un cœur attristé !/Il ôte un poids au malheur qui m'opprime ;/Comme une erreur plus tendre, il a sa volupté[2] ». Désormais, la voix lyrique n'insiste plus sur l'apaisement que l'écriture pourrait lui procurer et tourne ses regards vers d'autres souffrances avec lesquelles elle entre en sympathie.

En guise de conclusion

Confronter la poétique de Marceline Desbordes-Valmore dans *Les Pleurs* et celle d'Amable Tastu[3] dans ses *Poésies* permet de ressaisir de manière synthétique toute la singularité du volume. Dans son recueil de 1826, Amable Tastu dessine explicitement les contours du public auquel elle s'adresse. Le lectorat qu'elle vise est un lectorat prioritairement féminin. Dans « La Gloire », qui referme l'ouvrage, elle écrit : « Il suffit que mes chants, des épouses, des mères,/Bercent ou la joie ou le deuil[4] ». Marceline Desbordes-Valmore cherche quant à elle à toucher une audience beaucoup plus large : la communauté de l'émotion à laquelle elle prétend transcende les différences de genre, de classe ou d'âge. C'est à l'humanité tout entière, en tant qu'elle s'affronte à la finitude, que *Les Pleurs* sont destinés. Amable Tastu n'est du reste agitée par aucune conscience tragique. Ses *Poésies* témoignent d'une grande tranquillité. La douleur n'est pas, à son avis, notre moderne destin. Pour elle, en effet : « [...] de nos pleurs l'âge tarit la source ;/Les maux passés sont des rêves confus[5] ». La foi, qui oriente sa lecture du monde, la fait échapper à l'inquiétude qui caractérise les vers de Marceline Desbordes-Valmore et leur donne toute leur actualité. Enfin, Amable Tastu indique vouloir rester à la place que son statut de femme poète lui assigne. Il n'est pas question pour elle de chercher à prendre aux hommes leur bien littéraire. Ainsi s'écrie-t-elle : « Pourquoi veux-tu braver le sort qui t'est promis ?/Lyre, reviens aux chants qui seuls te sont permis[6] ». Marceline Desbordes-Valmore tente au contraire de trouver un compromis : si elle ne se prétend pas prophétesse, elle s'efforce néanmoins dans *Les Pleurs* d'exercer un magistère restreint.

1. « La Crainte ».
2. « À Délie », dans *Œuvres de Madame Desbordes-Valmore*, *op. cit.* Donner à leurs vers une fonction curative est aussi une façon pour les femmes poètes de légitimer leur œuvre. Voir à ce sujet Christine Planté, *La Petite sœur de Balzac*, *op. cit.*
3. À qui on n'a cessé de la comparer.
4. Amable Tastu, *Poésies*, *op. cit.*
5. *Ibid.*
6. *Ibid.*

Sujets de dissertation

1. Évoquant la poésie de Marceline Desbordes-Valmore, Christine Planté écrit : « [...] bien moins qu'autour de la personne et de sa biographie, l'œuvre se construit dans la tension vers ce point où l'expérience individuelle rejoint toute expérience humaine dans et par le langage. » En quoi cette proposition éclaire-t-elle votre lecture des *Pleurs* ?
2. « L'élégie est à maints égards l'histoire d'un échec : l'épreuve d'un ratage fondamental lié à la nature même de l'idéal qui est de demeurer toujours hors d'atteinte. Là où l'ode, dans son chant, résout la tension entre réel et idéal par une sublimation du réel, l'élégie, elle, la maintient sans la résoudre. » (Jean-Michel Maulpoix, *Une Histoire de l'élégie*). Vous analyserez et discuterez ces propos : dans quelle mesure éclairent-ils votre lecture des *Pleurs* de Marceline Desbordes-Valmore ?

Bibliographie sélective

[N.B. : Le lieu d'édition n'est pas précisé quand il est à Paris.]

1. Ouvrages critiques

Ambrière, Francis, *Le Siècle des Valmore*, tome 1, *1786-1840*, Le Seuil, 1987.

Boutin, Aimée, *Maternal Echoes : The Poetry of Marceline Desbordes-Valmore and Alphonse de Lamartine*, University of Delaware Press, 2001.

Buffard-Moret, Brigitte, *La Chanson poétique du XIXe siècle, origine, statut et formes*, Rennes, PUR, 2006.

Islert, Camille, et Prin-Conti, Wendy (dir.), Marceline Desbordes-Valmore, *Les Pleurs*, Rennes, PUR, 2022.

Jasenas, Éliane, *Marceline Desbordes-Valmore devant la critique*, Genève, Droz, 1962.

Loubier, Pierre, et Vivès, Vincent (dir.), *Marceline Desbordes-Valmore poète*, cahiers *J'écris pourtant*, Douai, Société des études Marceline Desbordes-Valmore, septembre 2020.

Maulpoix, Jean-Michel, *Une Histoire de l'élégie*, Presses Pocket, 2018.

Planté, Christine, *La Petite sœur de Balzac*, Lyon, PUL, 2015.

2. Articles

Bertrand Marc, « Le vers impair dans l'œuvre poétique de Marceline Desbordes-Valmore : Contribution à l'histoire du vers français », *L'information grammaticale*, n° 84, 2000.

Buffard-Moret, Brigitte, « De l'influence de la chanson sur le vers au XIXe siècle », *Romantisme*, n° 140, 2008.

Planté, Christine, « Marceline Desbordes-Valmore : l'autobiographie indéfinie », *Romantisme*, n° 56, 1987.

–, « En bateau… Sur la navigation de la métaphore dans les poèmes d'hommage romantiques », *Romantisme*, n° 98, 1997.

–, « J'en étais » : le "je" du poète et la communauté chez Marceline Desbordes-Valmore », Damien Zanone, Chantal Massol (dir.), *Le Moi, l'Histoire 1789-1848*, Grenoble, UGA Éditions, 2005.

Marcel Proust
Le Temps retrouvé

par Florence Godeau

L'éditions de référence du concours est :
Marcel Proust, *Le Temps retrouvé*, édition de Pierre-Edmond Robert, préface de Pierre-Louis Rey et Brian G. Rogers, édition annotée par Jacques Robichez avec la collaboration de Brian G. Rogers, Paris, Gallimard, « Folio classique », n° 2203, 1990.

I

Genèse, contextes, intertextes

1. Contexte biographique, genèse, publication

« [...] toute autre chose que je ferai autre que les lettres et la philosophie, est pour moi du temps perdu[1]. »

Proust naît à Auteuil le 10 juillet 1871. L'aisance dans laquelle vit sa famille est principalement liée à l'ascension sociale puis au mariage de son père : enfant d'un commerçant très prospère d'Illiers, Adrien Proust est déjà un hygiéniste et épidémiologiste reconnu lorsqu'il épouse Jeanne Weil, par ailleurs richement dotée. Robert, frère cadet de Marcel né en 1873, suivra les pas de son père en devenant lui aussi médecin. Jeanne Proust aime avec passion la littérature, la musique et les arts. Sa mort, en 1905, sera très durement éprouvée par Marcel, dont l'état dépressif sévère exigera un séjour en maison de repos, à Boulogne-sur-Seine.

Cependant la disparition de cette mère tant aimée semble lever certaines inhibitions liées à l'évocation de l'homosexualité[2], qui occupe dans l'œuvre une place considérable[3]. Proust, dont quelques textes seulement ont été publiés à cette date, commence par abandonner la rédaction de *Jean Santeuil*, qui ne paraîtra qu'en 1952. Écrit à la troisième personne, ce récit inachevé s'avère plus autobiographique que la *Recherche*. *A contrario*, si l'œuvre majeure de Proust comprend une dimension autofictionnelle sensible par exemple dans l'évocation du lien avec la mère, des relations familiales et mondaines, des voyages ou de l'homosexualité, l'instance

1. Marcel Proust, *Correspondance générale*, éd. Philip Kolb, Paris, Plon, 1970. vol. I, p. 238; lettre du 28 septembre? 1893.

2. Yves-Michel Ergal souligne l'importance de cette « profanation de la mère » et le fait qu'en 1905, « toutes les digues ont sauté » (*Le Temps retrouvé, roman de la fin d'un monde*, Paris, Classiques Garnier, 2014, p. 31).

3. D'abord de manière implicite, puis de façon tout à fait explicite à partir de *Sodome et Gomorrhe* et du dessillement provoqué chez le protagoniste par la scène de la rencontre entre Charlus et Jupien – surprise par hasard, certes, mais néanmoins fort attentivement étudiée par notre héros, à l'instar d'une passionnante expérience de sciences naturelles.

auctoriale ne s'y confond pourtant jamais avec le personnage central, simplement nommé « Je ». Celui que l'on désigne couramment comme « le Narrateur » (ou « Je-Narrateur », ou « Je-narrant ») est une instance énonciative autodiégétique dont l'anonymat est scrupuleusement préservé : « Il y a un monsieur qui raconte et qui dit : Je », déclare Proust à René Blum le 24 février 1913[1]. Et, dans une interview au sujet de *Du côté de chez Swann* qui sera publiée dans *Le Temps* le 13 novembre 1913, il ajoute à sa présentation une parenthèse insistante : « vous verrez le personnage qui raconte, qui dit : « Je » (et qui n'est pas moi) retrouver tout d'un coup des années, des jardins, des êtres oubliés[2] ».

À partir de 1908, sur de petits carnets offerts par Mme Strauss, s'ébauche un texte qui comptera *in fine* près de trois mille pages et sera considéré comme l'une des œuvres littéraires majeures du XXe siècle. Dès 1911, en sont conçus, en écho, le début et la fin : Proust imagine alors un diptyque qui opposerait tout en les reliant « temps perdu » et « temps retrouvé ». Dans la lettre à René Blum évoquée ci-dessus, Proust présente ainsi son travail :

> [...] il y a beaucoup de personnages ; ils sont « préparés » dès ce premier volume, c'est-à-dire qu'ils feront dans le second exactement le contraire de ce à quoi on s'attendait d'après le premier. Au point de vue de l'éditeur, malheureusement, ce premier volume est beaucoup moins narratif que le second. Et au point de vue de la composition, elle est si complexe qu'elle n'apparaît que très tardivement quand tous les « thèmes » ont commencé à se combiner. Vous voyez tout cela n'a rien de très engageant[3].

La genèse de l'œuvre, au cours de laquelle, entre autres, la partie « réflexive » issue pour l'essentiel des feuillets du *Contre Sainte-Beuve* se déportera du début vers la fin, va se poursuivre durant quatorze années et entraîner de multiples ajouts, corrections et ajustements. Durant la guerre de 1914-1918 (qui, avec l'Affaire Dreyfus, est le principal événement historique que retiendra la *Recherche*, roman de la vie privée plus que de celle des nations), Proust, dispensé de tout devoir militaire en raison de son état de santé, se consacre à son roman, qui se met à gonfler de tous côtés, à « lever » comme cette appétissante brioche à laquelle est comparé le clocher de Combray dans *Du côté de chez Swann* – sans que soient oubliées pour autant l'élégance du montage et l'harmonie architecturale de l'ensemble. Les multiples ajouts effectués entre 1914 et 1922 prendront place au sein d'un ensemble savamment orchestré, jouant sur des effets contrapuntiques de symétrie et d'opposition, mais dont les grandes lignes architecturales demeurent parfaitement lisibles, comme le souligne Jean-Yves Tadié pour qui « l'essentiel est dans les tendances

---

1. Marcel Proust, *Correspondance générale*, *op. cit.*, vol. XII, p. 91-92.

2. Cf. *Contre Sainte-Beuve*, Paris, Gallimard, « Bibliothèque de la Pléiade », 1971, article [*Swann* expliqué par Proust], p. 557-559.

3. *Correspondance générale*, *op. cit.*, vol. XII, p. 91-92.

profondes, les grandes orientations, qui restent claires malgré les incertitudes ou le foisonnement du détail : peu importe, par exemple, l'ordre des rencontres à la Matinée Guermantes, ou celui des extases de mémoire ; ces variables ne modifient pas l'architecture générale[1]. » Quant à Michel Raimond, il étudie dans le seizième chapitre de son ouvrage la « rigueur[2] » de la composition proustienne, et l'on ne peut que rendre hommage à la pertinence de son analyse.

Le Temps retrouvé – dont le titre confirme, par la reprise du mot « temps », la fonction de clôture et de synthèse de l'ensemble de l'œuvre dévolue au septième et dernier volume – prend forme dès 1918. Par ailleurs, le prix Goncourt, décerné en 1919 au second volume publié, *À l'ombre des jeunes filles en fleurs*, confère à Proust une notoriété bienvenue. Lorsque, rue Hamelin, le 12 avril 1922, il déclare à Céleste Albaret avoir mis le mot « Fin », ce ne sont plus deux, mais sept volumes qui composent désormais cette œuvre phénoménale qu'est *À la recherche du temps perdu*. Mais l'auteur s'éteint le 18 novembre de la même année, laissant une œuvre tout à la fois achevée et inachevée : il n'est parvenu dans sa relecture qu'à la page 136 de la troisième dactylographie de *La Prisonnière*.

La publication du roman s'étend donc de 1913 – où *Du côté de chez Swann* est publié à compte d'auteur chez Grasset, après avoir été refusé par André Gide, chez Gallimard – à 1927, où *Le Temps retrouvé*, comme précédemment *La Prisonnière* (1923) et *Albertine disparue* (1925), paraît à titre posthume. Cependant, pour éditer le dernier volume de la *Recherche*, Robert Proust et Jacques Rivière ne disposaient d'aucune dactylographie amendée par l'auteur, mais seulement de six cahiers manuscrits de mise au net, surchargés de corrections et de paperolles. Au nom de la cohérence du texte, l'ordre du manuscrit fut modifié, par transfert de certains épisodes, selon des découpages dont la dactylographie conservée porte la trace. Robert Proust créa des subdivisions en chapitres, absentes du manuscrit, et censura certains passages sur l'homosexualité et sur la guerre. Les titres des parties composant *Le Temps retrouvé* (« Tansonville », « M. de Charlus pendant la guerre », « Matinée chez la princesse de Guermantes ») sont donc dus à Robert Proust et Jacques Rivière, qui publient *Le Temps retrouvé* en 1927. Les éditeurs ultérieurs reviendront aux manuscrits autographes et s'efforceront d'y être aussi fidèles que possible. L'équipe Proust de l'ITEM, peu après la mise au jour, en 1986, d'une dactylographie d'*Albertine disparue* (ou *La Fugitive*) amendée de la main de Proust, a ainsi publié une nouvelle édition de la *Recherche*, en 1993, sous l'égide de Nathalie Mauriac-Dyer, aux éditions du Livre de Poche, en y décrivant avec précision la genèse des trois derniers volumes. L'analyse génétique a également permis la publication d'une version révisée dans la « Bibliothèque de la Pléiade »,

1. Jean-Yves Tadié, *Proust et le roman*, Paris, Gallimard, « Tel », 1971, p. 284.

2. Michel Raimond, *Proust romancier*, Paris, Sedes, 1984, p. 269-271.

de 1987 à 1989, sous la direction de Jean-Yves Tadié[1] : c'est cette édition, reprise dans la collection « Folio », que nous étudions aujourd'hui.

Avoir conscience de la complexité de cette genèse dispense en tout cas de s'étonner de quelques bizarreries résiduelles[2]. Certains hiatus ou détails factuels discordants peuvent être dus à la hâte avec laquelle Proust a tâché d'achever son œuvre comme à l'absence d'une ultime relecture de sa main. Dans la maison de passe de Jupien, par exemple, le numéro « 14 bis » est d'abord indiqué comme étant celui de la chambre où Charlus attend son fouetteur, le protagoniste étant quant à lui installé au n° 43 (TR, p. 121) ; mais nous apprenons plus loin que le lit de bois de la chambre 43 a été remplacé par un lit de fer, qui « allait mieux avec les chaînes » (TR, p. 147). Cette relative labilité formelle et circonstancielle, qui offre un champ d'investigation presque infini aux spécialistes de l'œuvre, n'affecte guère, cependant, le corps et la substance du texte, non plus que les théories esthétiques et les lois psychologiques qui s'y construisent.

Si sa première réception connut quelques avatars, en particulier celle de *Du côté de chez Swann*, comme semblent le rappeler quelques lignes du *Temps retrouvé*[3], l'œuvre de Proust, affranchie des jugements circonstanciels et autres préférences (celle, par exemple, pour la littérature « engagée ») qui l'affectèrent jusqu'aux lendemains de la Seconde Guerre mondiale, jouit aujourd'hui d'une notoriété internationale confirmant, si besoin était, sa fécondité toujours renouvelée et sa profonde originalité[4], dont témoignent également le dynamisme des études proustiennes et la ferveur de ses chercheurs. Alexandre Gefen et Matthieu Vernet concluent d'ailleurs en ces termes leur présentation du dossier « Proust, cent ans de *Recherche* » coordonné par eux en septembre 2013 à l'occasion du centenaire de la publication de *Du côté de chez Swann* : « Aussi Proust n'a-t-il jamais été aussi près de son lecteur, jamais aussi ouvert : nous le regardons écrire et travailler, enfermé dans sa chambre ; homme d'un autre siècle, il parle de nous ; auteur d'une somme

1. Marcel Proust, *À la recherche du temps perdu*, édition établie sous la direction de Jean-Yves Tadié, Paris, Gallimard, « Bibliothèque de la Pléiade », 4 volumes, 1987-1989 ; *Le Temps retrouvé* figure dans le volume IV.

2. Les notes de notre édition, complétées par l'apparat critique du Livre de Poche (1993), qui prend en compte les précisions apportées par l'enquête génétique apportent sur ces questions des informations utiles, de même que l'ouvrage publié par Nathalie Mauriac-Dyer, *Proust inachevé. Le dossier « Albertine disparue »*, Paris, Honoré Champion, 2005.

3. « Personne n'y comprit rien. Même ceux qui furent favorables à ma perception des vérités que je voulais ensuite graver dans le temple, me félicitèrent de les avoir découvertes au « microscope », quand je m'étais au contraire servi d'un télescope pour apercevoir des choses, très petites en effet, mais parce qu'elles étaient situées à une grande distance, et qui étaient chacune un monde. » (TR, p. 346)

4. Ignorée par André Gide, qui fit refuser le manuscrit de *Du côté de chez Swann* par les éditions Gallimard (et s'en excusa plus tard auprès de l'auteur), elle fut tôt remarquée, néanmoins, par quelques plumes éminentes, qu'il s'agisse de Samuel Beckett, d'Ernst Robert Curtius ou de Léo Spitzer. La réception de l'œuvre de Proust est présentée dans ces précieux *vademecum* que sont *Proust. Le dossier* de Jean-Yves Tadié (Paris, Belfond, « Pocket », 1983, 3e partie : "Bilan critique") et le *Dictionnaire Marcel Proust*, dir. A. Compagnon, A. Bouillaguet et B.G. Rogers, Paris, Champion, 2004.

qui aurait pu clore l'histoire littéraire, il continue à nous faire écrire[1]. » Et à nous faire lire et relire, ajouterons-nous, en nous-mêmes comme en son œuvre – devenue modèle et méthode pour la critique textuelle des années soixante, trésor inépuisable pour les généticiens, bref : continent sans limites définies, aujourd'hui exploré tant par les neurosciences que par les *gender studies*.

En somme, comme le rappelle avec humour Antoine Compagnon, même si la *Recherche* reste trop peu lue, parce qu'elle se voit précédée d'une réputation d'élitisme et autres parfums surannés qui font à ce livre ce que les idées reçues font à ce(ux) que l'on ne connaît pas, il faut lire Proust « – vite, mais aussi lentement, en riant, mais aussi parfois en pleurant, *cum grano salis*, mais aussi avec le plus grand sérieux, sans peur et sans reproche –, parce que, après tout, ça paie[2]. »

2. Une espèce de roman

Cette « espèce de roman[3] », ou ce roman très spécial (s'il confère au récit une dimension essayiste touchant à la philosophie et à l'esthétique, du moins « est-ce du roman que cela s'écarte le moins[4] »), relie deux côtés opposés, de part et d'autre de la fracture creusée par la Première Guerre mondiale. Dans *Le Temps retrouvé*, Proust rappelle que cette image de la faille temporelle est aussi un poncif d'époque, « car c'était une des idées les plus à la mode de dire que l'avant-guerre était séparé de la guerre par quelque chose d'aussi profond, simulant autant de durée, qu'une période géologique » (TR, p. 34), observation permettant de pointer l'extraordinaire faculté d'oubli propre aux gens du monde tout en préparant le lecteur à l'exploration, lors de la matinée Guermantes, d'un paradoxe philosophique que formulaient déjà Parménide ou Anaxagore[5] : si les mœurs, les corps et les visages changent, la nature de l'homme perdure ; rien ne meurt, toutes choses déjà existantes se combinent puis se séparent de nouveau, indéfiniment.

Proust, de fait, retient moins l'idée d'une opposition franche entre un avant et un après, qu'il s'agisse des périodes historiques, des sociétés, des individus ou des œuvres d'art, que celle d'une continuité souterraine, d'un chemin reliant sous

1. Alexandre Gefen et Matthieu Vernet, « Proust, cent ans de *Recherche* », *Le Magazine littéraire*, n° 535, septembre 2013, p. 47.
2. Antoine Compagnon, « *La Recherche* à hauteur d'homme », *Le Magazine littéraire*, n° 496, avril 2010, p. 50.
3. Marcel Proust, *Correspondance générale*, *op. cit.*, vol. XII, p. 79 ; Proust s'adresse en février 1913 à son ami René Blum pour le prier de bien vouloir l'aider en vue d'une publication chez Grasset.
4. *Ibid.*, lettre à René Blum datée du 24 février 1913, p. 91-92.
5. Ce philosophe présocratique expliquait la nature du vivant par un double processus de dissociation et différenciation de la matière (διάκρισις), suivi d'une recomposition par combinaison nouvelle (σύγκρισις).

la surface changeante d'apparences toujours disparates des îlots[1] qui semblent pourtant éloignés les uns des autres, à l'image de ces deux « côtés » que l'enfant de Combray croyait entièrement séparés, alors qu'un itinéraire encore méconnu de lui permettait bel et bien d'aller à Méséglise en passant par Guermantes[2]. L'œuvre proustienne fait ainsi se rejoindre non seulement le côté de chez Swann et celui de Guermantes, mais le XIXe siècle finissant et le XXe siècle naissant. Cette position intermédiaire, en équilibre entre deux époques[3], explique la structure d'ensemble de la *Recherche* aussi bien que sa microstructure, où se mêlent prose et poésie au creuset de l'analogie. Le réseau métaphorique et métonymique participe en effet de ce même principe : celui de l'alliage des contraires, de la disparité féconde, et du trouble dans le genre, dans *les* genres : « toute l'œuvre et tout dans l'œuvre est mixte, hybride, intermédiaire[4] », comme le résume Antoine Compagnon.

Le Temps retrouvé, clef de voûte, *terminus ad quem* et *terminus a quo* de l'œuvre tout entière, lui fait constamment écho et en rassemble les *leitmotive*, tels la jeunesse, désormais passée, liée aux souvenirs de Combray, de Balbec, de Doncières ou encore de Venise, le temps, la mémoire, l'oubli, la jalousie[5], la vie mondaine et ses vanités, l'homosexualité, féminine ou masculine, la lecture et la création artistique.

3. Intertextes

Dans *Le Temps retrouvé* comme dans l'ensemble romanesque qu'il vient ponctuer tout en suggérant d'en reprendre, depuis le début, la lecture, l'intertextualité joue un rôle essentiel, sous des formes si variées qu'il est malaisé de n'en donner qu'un bref aperçu. Elle aussi est de nature hybride, puisqu'elle traverse l'histoire des formes tout comme les frontières culturelles et linguistiques.

1. L'image de l'île se trouve dans « Combray II » : « Parfois ce morceau de paysage amené ainsi jusqu'à aujourd'hui se détache si isolé de tout, qu'il flotte incertain dans ma pensée comme une Délos fleurie, sans que je puisse dire de quel pays, de quel temps – peut-être tout simplement de quel rêve – il vient. » (*Du côté de chez Swann*, RTP, I, p. 182).

2. Gilberte le révèle au protagoniste à la fin d'*Albertine disparue* – Gilberte, qui elle-même réalise par son mariage avec Robert de Saint-Loup l'alliance entre la bourgeoisie aisée et cultivée des Swann et la vieille aristocratie des Guermantes, tout comme sa fille, Melle de Saint-Loup, en devient, en son corps même, la synthèse.

3. Ce qui peut faire songer au moment décisif où le protagoniste trébuche sur un pavé inégal, dans la cour de l'hôtel des Guermantes, et où, saisi par une fulgurante réminiscence, il s'efforce de la retrouver et de la reconnaître en reproduisant ce déséquilibre : « sans oser plus bouger que quand je goûtais la saveur de la madeleine en tâchant de faire parvenir jusqu'à moi ce qu'elle me rappelait, je restais, quitte à faire rire la foule innombrable des wattmen, à tituber comme j'avais fait tout à l'heure, un pied sur le pavé plus élevé, l'autre pied sur le pavé plus bas. » (TR, p. 173)

4. Antoine Compagnon, *Proust entre deux siècles*, Paris, Seuil, 1989, p. 13.

5. La jalousie amoureuse, notamment celle, impuissante et pathétique, de Gilberte de Saint-Loup à l'égard de son mari, celle de son mari à l'encontre de Morel, qui se joue de lui comme il se jouait de Charlus, celle de Basin, duc de Guermantes, à l'encontre d'Odette, celle d'Oriane envers son époux, etc., mais aussi la jalousie mondaine, celle par exemple de Mme Verdurin vis-à-vis de ses concurrentes, ou celle de Bloch envers Saint-Loup. Et cette liste n'est pas exhaustive.

Dans notre texte, où vient s'insérer qui plus est le contre-modèle esthétique qu'est le pastiche du journal d'Edmond de Goncourt[1] (TR, p. 15-23), sont évoqués aussi bien l'univers des contes persans que celui des contes de Balzac (*La Fille aux yeux d'or*, qui évoque une relation homosexuelle féminine et que commente Gilberte, TR, p. 12), la poésie de Baudelaire que celle de Victor Hugo, *Dominique*, récit de formation d'Eugène Fromentin (auquel il est fait allusion dans le pastiche Goncourt) que *François le Champi* de George Sand[2], les *Mémoires* de Saint-Simon que l'autobiographie de Chateaubriand, la tragédie antique que la tragédie classique, le drame shakespearien que le théâtre de boulevard (Saint-Loup fait ainsi allusion à *L'Hôtel du libre-échange* de Georges Feydeau, TR, p. 67). Par surcroît, *Le Temps retrouvé* assimile également, par sa teneur et sa structure, et pour les plier à ses propres exigences, des formes romanesques topiques, qu'il s'agisse du récit d'apprentissage, du récit initiatique, ou du roman de l'artiste.

La place accordée aux références intertextuelles est mesurable : leur répartition, leur fréquence, le nombre des occurrences, le développement textuel accordé à telle ou telle, l'identité de ceux qui les mentionnent (car il ne s'agit pas exclusivement du Je-Narrateur ou du Je-personnage), sont des indicateurs essentiels. Dans *Le Temps retrouvé*, les œuvres évoquées dans des contextes ayant trait à la création littéraire et donc aux « gisements profonds » de ce « sol mental[3] » où puisera l'écrivain futur sont essentiellement les *Mémoires* de Saint-Simon, les *Mémoires d'Outre-Tombe* de Chateaubriand, *Sylvie*, de Gérard de Nerval, la poésie de Baudelaire et sa théorie des « correspondances[4] », et, surtout, *Les Mille et Une Nuits*, texte de notoriété universelle omniprésent dans ce volume ultime. Ses décors, ses intrigues et ses personnages, qu'évoquaient, dès « Combray », la référence implicite au conte du « Dormeur éveillé » puis les assiettes peintes de la tante Léonie, ont ainsi traversé l'ensemble de la *Recherche*, jusqu'au *Temps retrouvé*.

Dans ce dernier volume, une allusion explicite aux contes persans apparaît tout d'abord dans le pastiche des Goncourt, créant pour le lecteur un effet d'écho

1. L'analyse de ce pastiche fut initiée par Jean Milly : « Le pastiche Goncourt dans *Le Temps retrouvé* », *Revue d'Histoire Littéraire de la France*, sept.-déc., 1971, n° 5-6, p. 815-835; voir également Annick Bouillaguet, « Proust lecteur des Goncourt : du pastiche satirique à l'imitation sérieuse », *Les Frères Goncourt : art et écriture*, dir. Jean-Louis Cabanès, PU Bordeaux, « Sémaphores », 1997, p. 339-348.

2. Notons que l'héroïne du roman de Fromentin publié en 1863 se prénomme Madeleine, tout comme la femme du meunier dans le roman champêtre de George Sand publié en 1848. Dans l'Esquisse I d'*Albertine disparue*, le narrateur fait également allusion à l'héroïne de *Dominique*, mais en relation cette fois avec Albertine, à laquelle il songe.

3. La métaphore des « gisements » intérieurs, rappelée dans *Le Temps retrouvé*, est apparue à la fin de « Combray II », dans *Du côté de chez Swann*, RTP, I, p. 182 : « Mais c'est surtout comme à des gisements profonds de mon sol mental, comme aux terrains résistants sur lesquels je m'appuie encore, que je dois penser au côté de Méséglise et au côté de Guermantes. »

4. Voir notamment le passage qui précède immédiatement l'entrée dans le salon des Guermantes (TR, p. 226-227), où cette filiation est revendiquée et méditée par le Narrateur.

mémoriel avec les pages d'*Albertine disparue* où le protagoniste se promenait la nuit dans les *calli* de Venise[1] :

> [...] la causerie continue dans la voiture qui doit nous conduire quai Conti où est leur hôtel, que son possesseur prétend être l'ancien hôtel des ambassadeurs de Venise et où il y aurait un fumoir dont Verdurin me parle comme d'une salle transportée telle quelle, à la façon des *Mille et Une Nuits*, d'un célèbre *palazzo* [...]. (TR, p. 16).

Le lien avec le volume précédent, d'une part, et le contexte où figure cette occurrence, d'autre part, font de ce passage à la fois un rappel intratextuel et une sorte d'autopastiche, tout en mettant en relief le goût marqué des Goncourt pour l'Orientalisme et l'ornementation érudite frisant la surcharge décorative et l'inflation verbale, l'un comme l'autre à la mode dans le milieu que fréquentaient les deux frères.

La seconde occurrence liée aux *Mille et Une Nuits* dans *Le Temps retrouvé* assure la transition entre la conversation avec le baron de Charlus, rencontré sur les boulevards lors du second séjour du protagoniste à Paris, en 1916, et la déambulation erratique qui va conduire notre héros à se réfugier dans un hôtel de passe – celui-là même dont Charlus est le généreux mécène et Jupien, le gérant, coïncidence si extraordinaire, d'ailleurs, qu'elle met en valeur la fabrique d'un texte qui semble ici jouer avec les artifices du théâtre de boulevard, où tous se croisent comme par hasard, provoquant quiproquos et autres situations embarrassantes à un rythme effréné... Là où Charlus reconnaît « l'Orient de Descamps, de Fromentin, d'Ingres, de Delacroix » (TR, p. 116) au passage d'un séduisant Sénégalais (un tirailleur en permission, probablement), le protagoniste retrouve quant à lui « le vieil Orient de ces *Mille et Une Nuits* qu['il] avai[t] tant aimées » (TR, p. 116) et se compare au calife Haroun Al Raschid « en quête d'aventures dans les quartiers perdus de Bagdad » (*ibid.*) Or le lecteur peut se souvenir que dans *Sodome et Gomorrhe* Charlus, conversant avec le protagoniste, avait déclaré : « Il m'arrive en effet, comme le calife qui parcourait Bagdad pris pour un simple marchand, de condescendre à suivre quelque curieuse petite personne dont la silhouette m'aura amusé[2] », attribuant au passage au personnage du calife une intention érotique similaire à la sienne... L'analogie implicite ainsi établie entre Charlus et le protagoniste confirme, par une sorte de syllogisme narratif, d'un volume à l'autre, leur affinité profonde.

De manière tout aussi symptomatique, deux autres occurrences liées aux contes arabo-persans apparaissent ensuite, lors de la conversation entre notre héros et Jupien sur le seuil de la maison de passe, au terme d'une longue séquence *underground*

1. Voir *Albertine disparue*, RTP, III, p. 229 : « Le soir je sortais seul, au milieu de la ville enchantée où je me trouvais au milieu de quartiers nouveaux comme un personnage des *Mille et Une Nuits*. »

2. *Sodome et Gomorrhe*, RTP, III, p. 12.

incluant la scène de la flagellation du baron. C'est le protagoniste qui, tout d'abord, dit avoir vu se dérouler devant lui un conte des *Mille et Une Nuits*, « celui où une femme, transformée en chienne, se fait frapper volontairement pour retrouver sa forme première. » (TR, p. 139) L'histoire de la belle Zobéide est ici déformée, puisque ce sont ses deux sœurs, changées en chiennes à la suite d'une malédiction, qui doivent chaque soir, nous dit le conte, être cruellement fouettées par Zobéide. Cela dit, cette métamorphose de la substance intertextuelle est peut-être intentionnelle de la part d'un auteur qui l'adapte volontiers à la matière de son propre livre, comme le faisait déjà Montaigne. Jupien, d'abord interloqué d'apprendre à mots couverts que le visiteur inattendu a vu le baron sous le fouet, poursuit alors par une invite à revenir en ces lieux, sous le couvert d'une allusion à l'histoire d'Ali Baba et à son fameux « Sésame, ouvre-toi ! » Un terme aux vertus magiques, associé par Jupien à un ouvrage figurant dans la bibliothèque du baron – et qui, par surcroît, même si l'ancien giletier ne le précise pas, fut traduit en français par un certain Marcel Proust : *Sésame et les lys*, de John Ruskin (TR, *ibid.*) ! Le feuilletage de références est ici au service d'une poétique de l'équivocité, où l'on dit sans dire dans un climat de connivence intellectuelle et sensible, voire sensuelle.

Par la suite, lors de la matinée Guermantes, après la conversation sur la guerre menée par Gilberte, est évoquée la manière dont le je-personnage savoure le lien littéraire entre le siège de Kout-el-Amara et la cité de Bassorah « dont il est tant question dans *Les Mille et Une Nuits* et que gagne chaque fois, après avoir quitté Bagdad ou avant d'y rentrer, pour s'embarquer ou pour débarquer, bien avant le général Townshend et le général Gorringe, aux temps des Khalifes, Simbad le Marin. » (*sic*; TR, p. 289) Cette formulation tarabiscotée, et où l'on retrouve d'ailleurs une graphie utilisée par Mardrus, resserre les liens entre le passé récent et les préférences littéraires du protagoniste (qui avait relu *Les Mille et Une Nuits* lors de son second séjour à Balbec), entre les fictions équivoques que sont les contes arabes et une actualité historique passible d'une lecture différente de celle qu'impose la propagande, mais aussi entre le livre rêvé, placé sous le patronage magique d'un génie venue des contes orientaux, et le roman que nous achevons de lire.

Les allusions aux *Mille et Une Nuits* n'intéressent pas seulement la matière narrative, mais aussi le processus de la réminiscence et celui de la création. La troisième expérience mémorielle, dans l'hôtel des Guermantes, fait ainsi du protagoniste un « personnage des *Mille et Une Nuits* qui sans le savoir accomplissait précisément le rite qui faisait apparaître, visible pour lui seul, un docile génie prêt à le transporter au loin », au beau milieu d'une « vision d'azur », un azur pur et salin qui se gonfle « en mamelles bleuâtres » et produit une impression si forte que le moment passé devient le moment actuel… (TR, p. 175).

Enfin, comme dans cet avant-texte du *Temps retrouvé* qu'est le *Contre Sainte-Beuve*, où Proust déclarait « Les beaux livres sont écrits dans une sorte de langue étrangère[1] », la traduction devient métaphore du travail de l'écrivain, aussi bien que de la réception de l'œuvre : « [...] je m'apercevais que ce livre essentiel, le seul livre vrai, un grand écrivain n'a pas, dans le sens courant, à l'inventer puisqu'il existe déjà en chacun de nous, mais à le traduire. Le devoir et la tâche d'un écrivain sont ceux d'un traducteur. » (TR, p. 197) Or, dans *Sodome et Gomorrhe*, le chef d'œuvre arabo-persan avait fait l'objet d'une réflexion autour de ses deux traductions concurrentes. La mère du protagoniste aurait préféré que son fils s'en tînt à la version expurgée d'Antoine Galland et rejetât celle de Mardrus qui venait de paraître et qu'elle lui offrira néanmoins, en même temps que la précédente[2]. Les analyses du *Temps retrouvé* font écho à cette séquence antérieure, parce que le dilemme auquel est confrontée la mère du protagoniste pose, en même temps que la question de la traduction, celle de la censure : en l'occurrence, celle de tout élément d'ordre érotique ou supposé tel figurant dans une œuvre littéraire – comme lors de la lecture de *François le Champi*, à Combray, où la mère « passait toutes les scènes d'amour[3] »...

Enfin, alors que dans *La Prisonnière* le protagoniste se comparait déjà, de manière singulière, à Shéhérazade, avec laquelle, face aux improbables mensonges d'Albertine, il devait rivaliser d'ingéniosité[4], dans *Le Temps retrouvé*, il s'en rapproche encore davantage, parce qu'elle est ce qu'à travers elle il devient : un personnage féminin et une conteuse puissante, capable de différer la mort par ses seuls récits :

> Si je travaillais, ce ne serait que la nuit. Mais il me faudrait beaucoup de nuits, peut-être cent, peut-être mille. Et je vivrais dans l'anxiété de ne pas savoir si le Maître de ma destinée, moins indulgent que le sultan Sheriar, le matin quand j'interromprais mon récit, voudrait bien surseoir à mon arrêt de mort et me permettrait de reprendre la suite le prochain soir. Non pas que je prétendisse faire, en quoi que ce fût, *Les Mille et Une Nuits*, pas plus que les *Mémoires* de Saint-Simon, écrits eux aussi la nuit, pas plus qu'aucun des livres que j'avais aimés dans ma naïveté d'enfant [...]. Ce serait un livre aussi long que *Les Mille et Une Nuits* peut-être, mais tout autre. (TR, p. 348-349).

1. *Contre Sainte-Beuve*, Paris, Gallimard, « Bibliothèque de la Pléiade », Paris, 1971, [Notes sur la littérature et la critique], p. 305.

2. *Sodome et Gomorrhe*, RTP, III, p. 230-231.

3. *Du côté de chez Swann*, RTP, I, p. 41.

4. *La Prisonnière*, RTP, III, p. 638; l'analogie a ceci d'étrange que le Jaloux qu'est ici le protagoniste se rapproche non du sultan Sheriar, mais de celle qui, par ses contes, diffère la pulsion jalouse et meurtrière qui la menace...

II

Formes

1. Lignes architecturales

1.1. La cathédrale, la robe et le bœuf mode

La célèbre métaphore de l'œuvre-cathédrale figure dans *Le Temps retrouvé* en regard de deux autres images successivement évoquées, que le Narrateur dit préférer. D'apparence plus humble, mais tout aussi éloquentes, elles sont inspirées par les talents de cette insurpassable artiste du quotidien qu'est Françoise. La première est l'image de la robe, elle aussi bâtie patiemment, morceau par morceau (TR, p. 338-339). La seconde, celle du « bœuf mode », « apprécié par M. de Norpois, et dont tant de morceaux de viande ajoutés et choisis enrichissaient la gelée » (TR, p. 340) – comme le souligne ce passage qui est aussi une allusion intratextuelle au mémorable dîner qui ouvrait *À l'ombre des jeunes filles en fleurs*. Ces analogies soulignent à la fois le caractère minutieux, artisanal, du montage de l'œuvre *in progress*, l'abondance et la qualité des matériaux qui la composent, mais aussi la nécessité des essayages et des reprises (ou du mijotage et des ajustements d'assaisonnement). Elles déploient devant nous la cuisine et l'atelier de l'œuvre, laissent entrevoir les secrets de sa composition, tout en faisant écho aux évocations combien savoureuses des généreux repas que concoctait Françoise, à Combray, mais aussi à la toute première visite de l'atelier d'Elstir par notre héros, à Balbec. Le protagoniste y pressentait en effet « la possibilité de s'élever à une connaissance poétique, féconde en joies », l'atelier clair-obscur, semblable à une grotte où filtre une lumière humide et tamisée, lui apparaissant « comme le laboratoire d'une sorte de nouvelle création du monde[1] ».

1. *À l'ombre des jeunes filles en fleurs*, RTP, II, p. 190.

1.2. Deux, trois, sept

La structure générale de la *Recherche* repose sur des chiffres à forte valeur symbolique : le chiffre deux (celui des dédoublements et des oppositions réelles ou apparentes entre les lieux, les êtres, les époques), le chiffre trois (les trois clochers de Martinville et de Vieuxvicq, les trois femmes aimées par le protagoniste – Gilberte Swann, Oriane de Guermantes, Albertine Simonet –, les trois arbres d'Hudimesnil[1], ou encore, au seuil de la matinée Guermantes, la salve des trois réminiscences successives – pavé mal équarri, cuiller heurtant une tasse, serviette empesée) et, enfin, le chiffre sept : *Le Temps retrouvé* est le septième volume de la *Recherche*, en écho à la ronde des sept chambres ouvrant *Du côté de chez Swann*, au septuor de Vinteuil, dans *La Prisonnière*[2], aux couleurs de l'arc-en-ciel, aux notes de la gamme musicale[3], mais aussi, plus souterrainement, aux *Sept lampes de l'architecture* [*Seven Lamps of Architecture*, 1849] de John Ruskin.

La lecture que Chantal Robin propose du *Temps retrouvé* se fonde ainsi à bon droit sur un schéma binaire, initiatique et symbolique, que prolongent et soulignent des oppositions thématiques : mort/renaissance, obscurité/lumière, catabase/anabase[4]. La construction du *Temps retrouvé* peut, qui plus est, rappeler un diptyque dont l'épisode de Tansonville formerait la prédelle tout en assurant le lien avec les précédents volumes et, plus précisément encore, avec *Du côté de chez Swann*, dont l'incipit évoque lui aussi un état de demi-sommeil propice aux réminiscences, tandis que tourne dans l'esprit du personnage le kaléidoscope des temps, des êtres et des lieux. *De facto*, outre sa relative brièveté en regard des séquences qui suivent, le préambule du *Temps retrouvé* met au jour un réseau d'interactions innervant

1. *À l'ombre des jeunes filles en fleurs*, RTP, II, p. 76 : « Nous descendîmes sur Hudimesnil; tout d'un coup je fus rempli de ce bonheur profond que je n'avais pas souvent ressenti depuis Combray, un bonheur analogue à celui que m'avaient donné, entre autres, les clochers de Martinville. Mais cette fois il resta incomplet. Je venais d'apercevoir, en retrait de la route en dos d'âne que nous suivions, trois arbres qui devaient servir d'entrée à une allée couverte et formaient un dessin que je ne voyais pas pour la première fois, je ne pouvais arriver à reconnaître le lieu dont ils étaient comme détachés, mais je sentais qu'il m'avait été familier autrefois; *de sorte que mon esprit ayant trébuché entre quelque année lointaine et le moment présent, les environs de Balbec vacillèrent et je me demandai si toute cette promenade n'était pas une fiction, Balbec un endroit où je n'étais jamais allé que par l'imagination, Mme de Villeparisis un personnage de roman et les trois vieux arbres la réalité qu'on retrouve en levant les yeux de dessus le livre qu'on était en train de lire et qui vous décrivait un milieu dans lequel on avait fini par se croire effectivement transporté.* » Nous soulignons et restituons l'ensemble de ce passage en raison de sa puissance herméneutique, en regard du *Temps retrouvé* : on y trouve notamment l'image de l'esprit qui « trébuche » entre passé et présent, l'idée d'un déport involontaire d'un lieu à un autre, et le vacillement de la frontière entre réalité et fiction propres aux expériences (voisines) de la lecture et de la mémoire involontaire.

2. Septuor qui rappelle au protagoniste les bonheurs de la création, comme jadis, à la Belle Époque, la « petite phrase » de la Sonate, devenue « l'air national » de l'amour de Swann pour Odette, avait accompagné ses bonheurs fragiles et sa fin tout à la fois mélancolique et triviale.

3. Marie Miguet-Ollagnier, *La mythologie de Marcel Proust*, Annales littéraires de l'Université de Besançon, n° 276, Paris, Les Belles Lettres, 1982, p. 355-356

4. Chantal Robin, *L'imaginaire du « Temps retrouvé » : hermétisme et écriture chez Proust*, Lettres modernes, Minard, « Circé », 1977, p. 35.

toute la *Recherche* et s'apparente à ces belles sutures entre les différents volumes, à ces « clôtures intermédiaires » qu'a étudiées en détail Nathalie Mauriac-Dyer[1].

Cependant figurent dans notre édition des astérisques délimitant quatre séquences[2] : le séjour à Tansonville chez Gilberte de Saint-Loup (p. 3-29, soit 26 pages), Paris pendant la guerre (p. 29-161, soit 132 pages), la série des réminiscences involontaires suivies de réflexions esthétiques (« l'Adoration perpétuelle », p. 161-224, soit 63 pages) et enfin le « Bal de têtes » (p. 224-353, soit 129 pages). Nonobstant cette subdivision éditoriale, les séquences de « L'Adoration perpétuelle » et du « Bal de têtes » restent étroitement solidaires, puisque c'est en se rendant en fin d'après-midi chez la princesse de Guermantes que le protagoniste, longtemps après celle de la madeleine, évoquée à la fin de « Combray I[3] », connaît plusieurs expériences successives de mémoire involontaire[4]. De ce fait, *Le Temps retrouvé* forme un triptyque correspondant à trois « blocs temporels[5] » : Tansonville, avant la guerre, Paris pendant la guerre, et enfin la matinée Guermantes, longtemps après la guerre.

C'est cette division tripartite que nous adopterons ici.

1.3. Avant, pendant, après

1.3.1. Tansonville

Le préambule du *Temps retrouvé* a pour décor la dernière des sept chambres qui avaient été évoquées dans « Combray I » au sein d'un passage marqué par une isotopie du contraste : « C'est un autre genre de vie qu'on mène à Tansonville, chez Mme de Saint-Loup, un autre genre de plaisir que je trouve à ne sortir qu'à la nuit, à suivre au clair de lune ces chemins où je jouais jadis au soleil[6]. » Dans *Le Temps retrouvé* sont dépeintes les particularités de ce « genre de vie » : la description

1. Nathalie Mauriac-Dyer, « La clôture intermédiaire (Proust) », dans *Le début et la fin du récit. Une relation critique*, A. Del Lungo (dir.), Paris, Classiques Garnier, « Théorie de la littérature », 2010, p. 75-95, et, en ligne, « Proust et l'esthétique de la clôture intermédiaire », 2007 : http://www.item.ens.fr/articles-en-ligne/proust-et-lesthetique-de-la-cloture-intermediaire/

2. L'édition de Bernard Brun ne recourt pas à ces astérisques, mais indique à quoi correspondent les blancs typographiques entre deux paragraphes (voir Marcel Proust, *Le Temps retrouvé*, Paris, GF, 1986).

3. *Du côté de chez Swann*, RTP, I, p. 44-47 (« Il y avait déjà bien des années […] tout cela qui prend forme et solidité, est sorti, ville et jardins, de ma tasse de thé. » Cette séquence, essentielle, passe pour être connue de tous…

4. Le pavé inégal et le baptistère de Saint-Marc (TR, p. 173-174), la cuiller heurtant une assiette et la rangée d'arbres aperçue lors d'un arrêt du train en rase campagne (TR, p. 175), la serviette empesée et le déploiement du plumage ocellé de la mer depuis le balcon de l'hôtel, à Balbec (TR, p. 175), « le bruit d'une conduite d'eau pareil aux longs cris des bateaux de plaisance qui passaient le soir sur la mer, à Balbec (TR, p. 180-181), *François le Champi*, enfin, retrouvé sur les rayons de la bibliothèque du prince, et qui fait revenir, en une émotion sans pareille, l'enfant de Combray et la scène du coucher.

5. Cf. Jean-Yves Tadié, *op. cit.*, p. 250.

6. *Du côté de chez Swann*, RTP, I, 1987, p. 7.

liminaire recrée une atmosphère pluvieuse, ombreuse, verte et rose[1], où la distance spatiale et temporelle semble incommensurable au moment même où elle s'abolit. Car dans cette chambre où demeure, toute la journée, le protagoniste (il est déjà souffrant, en effet), un signe, un petit trait bleu sombre, est venu s'inscrire par-delà « la distance des lieues et des années » dans le carreau de la fenêtre : le clocher de Combray (TR, p. 3) que notre héros n'ira pas revoir (TR, p. 13) et qui sera détruit une dizaine d'années plus tard, pendant la guerre.

Peu après, suivant cette même isotopie contrastive et différentielle, est mentionné l'accomplissement d'une singulière métamorphose, qui s'était seulement amorcée dans *Albertine disparue*. Elle révèle un nouvel aspect de Robert de Saint-Loup – comme il y avait eu dans *La Comédie humaine* une « dernière incarnation de Vautrin », dans la quatrième et dernière partie de *Splendeurs et misères des courtisanes* :

> Il avait l'habitude d'aller dans certains mauvais lieux où, comme il aimait qu'on ne le vît ni entrer, ni sortir, il s'engouffrait pour offrir aux regards malveillants de passants hypothétiques le moins de surface possible, comme on monte à l'assaut. Et cette allure de coup de vent lui était restée. (TR, p. 4)

Passage aussi alluré, aussi souple, aussi vif que le personnage qu'il dépeint ! La comparaison « comme on monte à l'assaut » annonce l'engagement de Saint-Loup en 1914, mais aussi la coloration polémique d'un récit qui filera volontiers la métaphore guerrière. Mais cette extraordinaire vélocité rappelle aussi la toute première apparition du jeune aristocrate, à Balbec, dans l'éblouissement surexposé d'une matinée d'été[2], tout en annonçant par le biais d'une prolepse implicite un passage ultérieur du *Temps retrouvé* : l'entrevision fugace d'un personnage sortant d'un hôtel dont l'apparence modeste rend peu probable que ce visiteur soit Robert de Saint-Loup, bien que cette « espèce d'ubiquité qui lui était si spéciale » ait immédiatement permis au lecteur l'identification du soi-disant inconnu... (TR, p. 117)

Le séjour à Tansonville est aussi l'occasion de conversations avec Gilberte et avec Robert, exposant la situation de ce couple disparate tout en reprenant par ce biais deux fils rouges de la *Recherche* : l'amour-jalousie et l'homosexualité, masculine, avec Saint-Loup, féminine, avec Albertine, disparue, certes, mais dont le fantôme en robe grise reparaît sporadiquement dans *Le Temps retrouvé*. Par la

1. Exemple subtil de ces jeux d'échos, si ténus fussent-ils, qui caractérisent la *Recherche* et confèrent à chacun de ses pans une tonalité et des coloris singuliers, ce sont ces mêmes couleurs que choisit Proust lorsqu'il commente la façon dont Saint-Loup parle de la guerre en termes esthétiques : « Encore au front comprend-on qu'il y ait une sorte de coquetterie à dire : « C'est merveilleux, quel rose ! et ce vert pâle ! » au moment où on peut à tout instant être tué » (TR, p. 65).

2. *À l'ombre des jeunes filles en fleurs*, RTP, II, p. 87 : « Une après-midi de grande chaleur, j'étais dans la salle à manger de l'hôtel qu'on avait laissée à demi dans l'obscurité pour la protéger du soleil en tirant les rideaux qu'il jaunissait et qui par leurs interstices laissaient clignoter le bleu de la mer, quand dans la travée centrale qui allait de la plage à la route, je vis, grand, mince, le cou dégagé, la tête haute et fièrement portée, passer un jeune homme aux yeux pénétrants et dont la peau était aussi blonde et les cheveux aussi dorés que s'ils avaient absorbé tous les rayons du soleil. »

persistance de l'habitude, qui survit parfois longtemps à l'amour, le protagoniste semble encore curieux de déchiffrer la relation qu'elle entretenait avec Gilberte (TR, p. 13), tout en affirmant qu'il ne l'aime plus et ne pense plus à elle. Mais parfois, une réminiscence éclose dans un demi-sommeil en fait renaître une autre (TR, p. 5), comme, au tout début de la *Recherche*, parfois naissait d'une fausse position du dormeur le souvenir d'une femme, telle Ève née d'une côte d'Adam[1]. Et, tout au long du *Temps retrouvé*, reviendra le nom d'Albertine.

De manière symptomatique, les motifs du mensonge et du travestissement, au sens concret comme au sens métaphorique, sont omniprésents dans la séquence de Tansonville, où sont annoncées, comme dans l'ouverture d'un opéra wagnérien, les lignes mélodiques et la tonalité du dernier volume, caractérisé par le tressage d'éléments cocasses, voire grotesques, et de passages à coloration funèbre, voire tragique. Nous en donnerons trois exemples.

En premier lieu, les mensonges de Saint-Loup, et la façon dont il déguise – ou croit déguiser – sa relation avec Morel, en prétendant, lorsqu'il converse avec le protagoniste, avoir une maîtresse, tout en manifestant devant son épouse des « affectations de sensiblerie, poussées jusqu'à la comédie, qui déplaisaient » (TR, p. 5), allant jusqu'au chantage et à l'évocation de sa « mort prochaine ». Il ne croit pas si bien dire, puisqu'il mourra au front. Le processus mémoriel intratextuel opéré par le lecteur en rapprochant ces deux passages lui permet d'apprécier la subtile ironie suscitée par leur confrontation. Car il s'agit bien d'un effet de lecture lié à la proximité textuelle de ces deux séquences, qui pourtant évoquent des événements distants l'un de l'autre de plus de dix années, comme l'indique la chronologie, fût-elle approximative, que la *Recherche* permet de reconstruire[2] et selon laquelle le séjour à Tansonville aurait lieu vers 1903 et la mort de Saint-Loup, en 1916.

En second lieu, on peut retenir la séquence où Gilberte apparaît au protagoniste « complètement peinte », telle « une actrice, une espèce de Théodora » (TR, p. 8). Dans l'espoir bien vain de plaire à son mari, elle s'efforce en effet d'imiter les attitudes de Rachel, ancienne prostituée devenue actrice et (fort) ancienne maîtresse de Saint-Loup, qui reparaîtra dans la troisième et dernière séquence du *Temps retrouvé* sous les traits d'une affreuse vieille femme (TR, p. 307) : elle s'y produit par l'entremise de Mme Verdurin devenue princesse de Guermantes, dans un passage où la voix narrative souligne les outrances de son jeu, la facticité d'une notoriété surfaite, sans commune mesure avec le véritable génie – celui de la Berma, que sa rivale ne manque pas de dénigrer… Dans l'épisode de Tansonville, c'est une bien pathétique défense que celle de Gilberte, et qui pis est, contre une croyance anachronique : car ce n'est plus Rachel, mais Morel, que Saint-Loup

1. Voir *Du côté de chez Swann*, RTP, I, p. 4-5.

2. Il peut s'avérer utile sinon nécessaire de disposer quelques jalons chronologiques dans un roman qui prend soin d'escamoter les dates, à l'exception, notable, de 1914 et de 1916.

n'a de cesse que de rejoindre. Aux mensonges maladroits de son mari répond le déguisement non moins maladroit de Gilberte, au sein d'un épisode qui multiplie les modalités du mensonge comme les possibilités de l'erreur tout en montrant que la vérité, qu'on la cherche ou que l'on cherche à lui échapper, n'est la plupart du temps qu'une illusion de plus, ou bien un horizon sans cesse fuyant, jalonné de questions sans réponse et d'hypothèses disparates, quoique toutes aussi plausibles les unes que les autres.

Enfin, la citation présumée littérale, dans les dernières pages de la section consacrée au séjour à Tansonville, est elle aussi placée sous le signe du travestissement, littéraire et métatextuel, cette fois : parce qu'il s'agit d'un pastiche de la main de l'auteur Marcel Proust, et non pas, comme le déclare le personnage central, d'un véritable extrait d'un « volume du journal inédit des Goncourt » (TR, p. 15), mais aussi parce que cette lecture conduit le protagoniste au constat de la vanité et du mensonge de la littérature de notations et d'observation pour laquelle il n'éprouve aucun intérêt et dit ne manifester aucune compétence (fort heureusement, peut se dire le lecteur). Ce renoncement du personnage central est rendu plus doux par l'inanité de l'objet d'abord désiré : un peu comme Swann se détachait de sa passion pour Odette en constatant qu'il avait perdu des années de sa vie pour une femme qui n'était pas son genre, notre héros se défait de son désir d'écrire en constatant que ce que son époque apprécie en matière de littérature n'est décidément pas son style. Le pastiche revêt par conséquent, au seuil du *Temps retrouvé*, une fonction stratégique, puisqu'il prépare le coup de théâtre qui surviendra bien des années plus tard par le biais des réminiscences involontaires précédant l'entrée dans les salons des Guermantes (TR, p. 173-175).

1.3.2. Paris pendant la guerre

Dans cette séquence du *Temps retrouvé* sont enchâssés les récits de deux séjours du protagoniste à Paris. Notre héros, en effet, s'est exilé loin de la capitale, dans une maison de santé. Les deux séjours sont explicitement datés, ce qui dans la *Recherche* est assez rare pour être noté. Le premier, d'une durée de deux mois, a lieu en août 1914, le second « au commencement de 1916 » (TR, p. 29). L'éloignement géographique souligne et justifie l'ellipse narrative des années passées dans une maison de repos, tout en autorisant une narration d'une densité singulière, en relation avec les deux passages à Paris.

Par ailleurs, se déroulent à partir de ces deux récits principaux plusieurs fils narratifs évoquant des histoires-gigognes, des épisodes situés avant ou après, au sein d'une chronologie floue dont le système référentiel est soit indirect (par la mention, par exemple, de tel ou tel détail historique, dont la date exacte n'est cependant pas rappelée), soit interne à l'œuvre elle-même. Ces récits épenthétiques sont en effet liés soit à des épisodes évoqués ailleurs dans la *Recherche* et qu'ils viennent non seulement rappeler mais compléter, amender, ou interroger derechef, soit à des faits survenus après la matinée Guermantes, dans une sorte d'au-delà du récit principal tel qu'on l'évoquerait dans un épilogue traditionnel, sous une forme synthétique.

Cette seconde partie du *Temps retrouvé* est donc particulièrement digressive, mais par sa prolixité anecdotique multipliant à plaisir les connexions entre différentes époques (ou si l'on préfère entre différents moments du roman appréhendé dans son ensemble) plus que par cet « essayisme » atemporel qui prévaudra en revanche dans les réflexions d'ordre esthétique précédant puis accompagnant la matinée Guermantes – méditations couramment désignées sous le titre (abandonné *in fine* par l'auteur) de « L'Adoration perpétuelle ».

Tout se passe donc comme si le protagoniste cherchait à rattraper le temps passé et « perdu » dans sa maison de santé en retraçant sous forme de brèves réflexions ou de sommaires narratifs de nouvelles péripéties ayant trait aux parcours antérieurs et ultérieurs des différents personnages qu'il fréquentait avant sa maladie. On peut citer pour exemple une double prolepse greffée sur une réflexion de Charlus au sujet de Morel : le Narrateur évoque, dans un premier temps, son entrevue avec Charlie, « deux ou trois ans seulement après le soir où je descendis ainsi les boulevards avec M. de Charlus » (TR, p. 111) puis ajoute à ce récit commentant l'attitude du violoniste un second récit proleptique datant « d'après la mort de M. de Charlus » (*ibid.*), où est citée l'intégralité d'une lettre fustigeant Morel, écrite « au moins dix ans » avant le décès du baron et demeurée « sept ans » (*sic*) dans un coffre-fort. La portée de cette prolepse particulièrement sophistiquée est considérable, et c'est cette impression de longue durée que retient le lecteur, qui ne cherche pas à situer précisément dans le temps chacune de ces anticipations, mais mesure en revanche la violence de la liaison tumultueuse que Charlus avait entretenue – avant que son neveu Saint-Loup ne prenne le relais dans le rôle de protecteur malheureux du gigolo violoniste.

On peut reconnaître dans ces procédés d'anticipation un souvenir ou un rappel de la manière propre au narrateur balzacien, lequel affecte d'apporter des informations complémentaires à son lecteur chaque fois que nécessaire, quitte à interrompre le cours du récit principal. Cependant, chez Balzac, ces anticipations proviennent d'une source présumée omnisciente et leur fonction est essentiellement d'ordre informatif et narratif. Dans *Le Temps retrouvé*, en revanche, ces détours narratifs sont le propre d'une pensée rêveuse, d'une subjectivité à la fois centrale et consciente des lacunes qui demeurent dans son réseau d'informations et dans sa connaissance d'autrui. L'effet produit est donc bien différent. Finalement, chez Balzac, il n'y a pas, à proprement parler, digression, puisque toute information donnée, à quelque moment que ce soit, a pour but affiché de clarifier ou de préciser les données de l'intrigue ou de « sonder les reins et les cœurs » en vertu de l'omniscience narrative présupposée par le pacte de lecture. Chez Proust, la digression est *cosa mentale*, et, surtout, c'est un privilège du Je-narré autant que du Je-Narrateur, dont les pensées respectives suivent un cours autonome, indépendamment de la situation diégétique. Qui plus est, il est parfois difficile de distinguer les pensées traversant le Je-personnage *in medias res* des informations dues au Je-Narrateur. Certes, ce dernier jouit d'une perspective temporelle plus large et d'une position surplombante, mais dans *Le Temps retrouvé* les deux instances tendent à se rejoindre : non seulement le personnage central a corrigé la plupart des erreurs d'interprétation qu'avaient autrefois suscitées les illusions rêveuses de sa jeune imagination, mais il est en passe de devenir le narrateur (avisé) de sa propre vie passée.

La séquence narrative située en 1914, assez brève, est enchâssée dans l'évocation du second séjour (TR, p. 43-62) et centrée sur les trois personnages alors rencontrés par le protagoniste : « En 1914 seulement, pendant les deux mois que j'avais passés à Paris j'avais aperçu M. de Charlus et vu Bloch et Saint-Loup, ce dernier seulement deux fois. » (TR, p. 43) Le second séjour à Paris, en 1916, dont la narration est beaucoup plus longue, s'inscrit quant à lui dans l'évocation d'une soirée dont le déroulement insolite fera dévier le programme initialement prévu par le protagoniste, sorti après dîner pour se rendre chez Mme Verdurin et y « entendre parler de la seule chose qui [l]'intéressai[t] alors, la guerre » (TR, p. 29). Le récit singulatif de cette soirée est entrecoupé par des digressions, à commencer par un tableau de « l'arrière », particulièrement ironique et mordant, « dans un Paris bien différent de celui où j'étais déjà revenu une première fois, comme on le verra tout à l'heure, en août 1914, pour subir une visite médicale, après quoi j'avais rejoint ma maison de santé. » (TR, p. 29) La verve proustienne se donne libre cours pour évoquer les multiples changements intervenus dans la société : des salons périmés, à l'« étiquette défraîchie », comme le salon Saint-Euverte (TR, p. 32), ont été supplantés par ceux des nouvelles reines de Paris, fussent-elles toutes deux vieilles et laides : Mme Verdurin et Mme Bontemps. Elles font les modes et les conversations, affichant un patriotisme au plus près du pouvoir tout en veillant à leur propre confort. Telle Mme Verdurin, qui s'est fait prescrire des croissants par le docteur Cottard et a dégusté le premier, conquis de haute lutte, tout en lisant sans trop s'en émouvoir le compte rendu du naufrage du Lusitania (TR, p. 80). La vie mondaine se poursuit donc sous des formes faussement renouvelées, et, tandis que les soldats meurent, les « embusqués » reçoivent.

À cette évocation à la tonalité ironiquement frivole, qui joue sur l'incongruité idéologique (les journalistes mondains font, par exemple, l'éloge des couturiers, qui effacent « par une note lumineuse et gaie les lourdes tristesses de l'heure », TR, p. 31), succède une séquence d'une tout autre tonalité, centrée sur le protagoniste et non plus sur les agissements des gens du monde. L'atmosphère d'alerte et de danger diffus régnant la nuit sur le Paris de 1916 se prête alors à l'évocation entrelacée de l'homosexualité et de la guerre. Ce « Nocturne » est rythmé par la traversée d'un espace-temps bouleversé, retourné, méconnaissable. S'y distinguent deux moments particuliers : la conversation avec Charlus sur les boulevards, puis la déambulation erratique qui conduit le protagoniste à l'hôtel interlope de Jupien où il croit entrevoir Saint-Loup (*sic*) et découvre par hasard (*sic*) les pratiques sadomasochistes du baron de Charlus.

La narration de la rencontre de Charlus sur les boulevards combine deux modalités discursives : le monologue ou quasi monologue du baron et le récit d'anecdotes diverses, greffées sur les propos du baron mais prises en charge par la voix narrative.

Il est notable que le discours de Charlus véhicule une vision iconoclaste des événements historiques. C'est pourquoi, à rebours des inepties diffusées par la Patronne, qui se pique (abusivement) d'être la mieux informée sur tout ce qui a trait à la guerre, M. de Charlus donne à penser : contre la langue de bois de la propagande et la *doxa* patriotique, contre la bêtise et la mauvaise foi prévalant chez les « embusqués » de « l'arrière », dont les pages précédentes ont donné un aperçu sarcastique. Ce discours satisfait donc enfin, fût-ce de manière biaisée, le désir initialement exprimé par le Narrateur, puisque la seule chose qui l'intéressait alors, c'était la guerre (TR, p. 29), et que ce désir avait motivé celui de rendre visite à Mme Verdurin.

Les décors de cette séquence, qui se déroule tout entière dans les rues de Paris, relèvent de l'esthétique de la surimpression caractéristique de l'écriture proustienne. Ce sont des palimpsestes, superposant au paysage urbain où déambule le protagoniste des paysages venus du passé, mais aussi des œuvres d'art ou des paysages littéraires. Le je-personnage voit tout d'abord dans ce Paris nocturne et déserté un paysage rustique, rappelant, par un nouvel effet de bouclage, le Combray de l'enfance et la période heureuse où l'on allait, le soir, dîner en voisin chez l'un ou chez l'autre (TR, p. 42). Proust décline ici des images familières, sous un angle et un éclairage différents. À cette impression paisible, paradoxale puisque la France est en guerre, succèdent des comparaisons plus tourmentées, qui contribuent à l'effet d'étrangeté produit par ce silencieux paysage, comme touché lui aussi par la puissance de métamorphose qui traverse l'ensemble du roman, quand survient l'image d'une « mer furieuse », par les soirs de grand vent. Plus loin, la ligne des grands boulevards, que descend à l'aveuglette le protagoniste, sépare, telle une tranchée, le grand théâtre du monde et ses coulisses. L'activité mondaine, empêchée par le « hasard », se transforme dès lors en aventure décisive : l'exploration transgressive d'un territoire identitaire et sexuel régi par ses propres lois.

Le décor change. À l'atmosphère orientale évoquée en début de soirée succèdent les comparaisons avec Pompéi ou Sodome suggérées par Charlus (TR, p. 114). De détours en digressions, nous sommes conduits *ailleurs* : car dans cette nuit toute noire, trouée d'alertes, l'hôtel de Jupien est le seul signe fiable, le seul refuge possible, comme l'était la chambre de Tansonville au retour d'une promenade nocturne. Les motifs du récit d'aventures sont également présents : Jupien mène « comme un pirate » sa « clique » de jeunes gens (TR, p. 140), dans un lieu qui semble « un vrai pandemonium » (TR, p. 139), où les codes ordinaires n'ont plus cours (TR, p. 139), où le nom propre est banni, et où chaque visiteur se dévêt de son identité sociale, et finalement, *se retrouve.*

Cette découverte peut se lire comme une catabase dont la vertu initiatique serait soulignée par l'allusion aux rituels célébrés au fond des catacombes auxquelles sont comparés les couloirs du métro. Dans l'obscurité, s'effacent les codifications sociales et les condamnations morales : « les mains, les lèvres, les corps peuvent entrer en jeu les premiers. » (TR, p. 141) Du reste, notre héros ici fourvoyé n'est plus un enfant, et voici longtemps déjà qu'il observait, incidemment, les amours de Melle Vinteuil et de son amie, puis, dans *Sodome et Gomorrhe*, la fécondation des fleurs par les bourdons, la « danse contre seins » d'Albertine et d'Andrée, au petit casino d'Incarville, et autres merveilles. Aussi ne peut-on être surpris de le découvrir *in fine* espionnant par un œil-de-bœuf la flagellation non du Christ mais de Charlus par un fort des Halles dénommé Maurice (TR, p. 122).

1.3.3. Longtemps après...

Dans la dernière séquence du *Temps retrouvé*, sont évoquées les réminiscences involontaires puis la matinée chez la princesse de Guermantes (ex- Mme Verdurin). Cette partie n'est pas datée explicitement : les critiques qui se sont penchés sur la chronologie du récit la situent entre 1923 et 1926. Des prolepses externes indiquent qu'Odette mourra trois ans après cette matinée et que le Narrateur commencera à publier des textes quelque temps après.

Entre la séquence des deux retours à Paris pendant la guerre et la dernière partie du *Temps retrouvé* s'inscrit donc une ellipse temporelle[1] : « La nouvelle maison de santé dans laquelle je me retirai ne me guérit pas plus que la première; et beaucoup d'années passèrent avant que je la quittasse. » (TR, p. 161) On a souligné déjà la préférence marquée de l'auteur pour l'absence de datations explicites, auxquelles il préfère des expressions plus évasives. Dans *Le Temps retrouvé*, ces formulations évoquent cependant, fréquemment, un écart temporel d'une durée de vingt ans – chiffre rond marquant une longue durée qui est aussi celle d'une

1. En souvenir peut-être du passage (combinant sommaire et ellipses) qui précède la toute dernière rencontre de Frédéric et de Mme Arnoux dans *L'Éducation sentimentale*, vers la fin de mars 1857...

génération, voire possible allusion au roman de Dumas, *Vingt ans après*, la suite des *Trois Mousquetaires* parue en 1845 : on en dénombre cinq occurrences[1].

Ce dernier volet, incluant « L'Adoration perpétuelle » et le « Bal de têtes », sous-titres finalement supprimés, vient donc clore non seulement le septième volume mais l'ensemble de la *Recherche* par une scène particulièrement virtuose, qui rassemble les personnages ayant peuplé la vie mondaine du protagoniste mais aussi l'espace beaucoup plus vaste que l'œuvre tout entière occupe dans la mémoire du lecteur. Au sein d'un dispositif narratif qui rompt de manière radicale avec toute forme de linéarité diégétique ou d'enchaînement présumé « logique » des causes et des effets, l'ultime scène mondaine est un instrument d'optique, une sorte de miroir convexe (ou « miroir de sorcière », tel celui qui figure dans le portrait des époux Arnolfini par Van Eyck), où se reflètent non seulement le présent, mais le passé en lui « retrouvé ». Une fête bien différente de celles que le protagoniste fréquentait « autrefois », et qui va revêtir pour lui « un aspect particulier et prendre un sens nouveau. » (TR, p. 227)

À l'instar du protagoniste enfin dessillé, le lecteur finit par reconnaître les invités du « Bal de têtes », grimés par un metteur en scène qui n'est autre que le Temps, et accède à l'« intelligibilité rétrospective du monde romanesque », selon la formule de Guillaume Perrier[2] : la matinée repose entièrement sur une allégorisation du Temps qui redouble sa fonction conclusive, tout en suggérant l'idée d'un renouvellement perpétuel, d'un cycle, en accord avec les réflexions tour à tour rétrospectives et prospectives que mène *in petto* le protagoniste, parallèlement à ses observations sur la scène *in medias res*. À rebours d'un récit traditionnel, ces dernières pages suggèrent donc l'idée d'un renouveau, autant que l'image d'un monde crépusculaire. Elles sont, qui plus est, une invitation à la relecture.

Chez Proust, le commencement est dans la fin.

---

1. Cf. TR, p. 273 (« Bloch était entré en sautant comme une hyène. Je pensais : « Il vient dans des salons où il n'eût pas pénétré il y a vingt ans. » Mais il avait aussi vingt ans de plus. »), p. 278 (« De tout cela vient qu'après vingt ans d'absence on rencontre, au lieu de rancunes présumées, des pardons involontaires, inconscients [...]. Et parce qu'il y avait au moins vingt qu'elle avait vu Bloch pour la première fois, Mme de Guermantes eût juré qu'il était né dans son monde et avait été bercé sur les genoux de la duchesse de Chartres quand il avait deux ans. »), p. 293 (« Mais le temps écoulé m'en donnait une preuve plus complète, puisque, après vingt ans, spontanément, je voulais chercher, au lieu des filles que j'avais connues, celles qui possédaient maintenant cette jeunesse que les autres avaient alors. »), p. 298 (« Car si dans ces périodes de vingt ans les conglomérats de coteries se défaisaient et se reformaient selon l'attraction d'astres nouveaux destinés d'ailleurs eux aussi à s'éloigner, puis à reparaître, des cristallisations puis des émiettements suivis de cristallisations nouvelles avaient lieu dans l'âme des êtres. »), p. 297 (« Comme je lui parlais de Brichot : « Il m'a assez embêtée pendant vingt ans. « »

2. Guillaume Perrier, *La mémoire du lecteur. Essai sur* Albertine disparue *et* Le Temps retrouvé, Paris, Classiques Garnier, « Bibliothèque proustienne », 2011, p. 106.

2. Dédoublements, inversions, travestissements

En vertu de la matrice (réversible) temps perdu/temps retrouvé (car le temps proustien est un Janus *bifrons* opposant plénitude et finitude, explosion atemporelle suscitée par les expériences de la mémoire involontaire et conscience de la mort), la *Recherche* est tout entière placée sous le signe du dédoublement, du pastiche et du travestissement. De l'*inversion*, en somme.

Pour Serge Doubrovsky « [l]a libération, pour le héros proustien, n'est pas une rupture rimbaldienne ; « changer la vie », pour lui, c'est tout simplement la *revivre*, mais comprise, c'est-à-dire *à l'envers*. Ce mouvement d'inversion généralisée, on ne peut pas dire qu'il soit *dans* l'écriture : il *est* l'écriture[1]. »

Doubles et métaphores ont par ailleurs, chez Proust, une singulière propension à la scissiparité : en témoignent l'organisation narrative et les changements de paradigmes. Les appariements générateurs d'images elles aussi binaires concernent aussi bien les personnages que les lieux, les scènes mondaines, les objets, les œuvres d'art, ou les notions abstraites – notamment le couple imitation-originalité, qui joue un rôle de premier plan dans *Le Temps retrouvé*. Les effets de mise en abyme enchâssant dans *La Recherche* les amours de Swann, du Narrateur, de Saint-Loup ou de Charlus, produisent au niveau du macrocosme textuel un effet similaire à celui que produit la métaphore au sein de la phrase. Dans *Le Temps retrouvé*, cette binarité fondamentale du dispositif entièrement spéculaire qu'est la *Recherche* se voit confortée par l'arrière-plan historique, distinguant un « avant » et un « après » 14-18. La poétique des personnages et leurs relations souvent duelles obéissent à ce même principe : Françoise et le maître d'hôtel, Rachel et La Berma, le duc et le prince de Guermantes, Charlus (tout à la fois oncle et « tante ») et Saint-Loup son neveu (lui aussi homosexuel, mais marié à Gilberte), tous deux ayant eu pour amant le violoniste Morel, polyvalent sexuellement, tout comme Odette, son double au féminin.

Les motifs du déguisement et du travestissement, annoncés dès la première page par les roses et les oiseaux factices de la tapisserie, en regard des oiseaux et des roses du jardin sur lequel donne la chambre, traversent tout le volume, dans leur acception concrète comme dans leur acception figurée. Les mensonges de Saint-Loup à Gilberte travestissent la vérité de façon si voyante qu'ils en deviennent grotesques, comme le maquillage outrancier de Gilberte qui cherche à ressembler à Rachel. À « l'arrière », se multiplient les jeux de rôles, grâce aussi à des déguisements concrets (les robes, les bijoux, jusqu'à la tonalité des articles mondains qui prennent un petit ton martial pour décrire des toilettes faisant des femmes des allégories de la guerre), toujours sous le couvert de la ferveur patriotique. Les

1. Serge Doubrovsky, *La place de la madeleine*, Paris, Mercure de France, 1974, p. 199 ; voir également Gilles Deleuze, *Proust et les signes*, Paris, PUF, « Perspectives critiques », 1964.

attitudes théâtrales des dames Verdurin et Bontemps s'accompagnent de paroles pompeuses : Mme Verdurin dit « nous » pour signifier l'union sacrée, se gargarise de ses « téléphonages » ministériels censés donner des événements un compte rendu exact (ce qui n'est pas le cas), mais se préoccupe aussi d'assurer pour elle-même un ravitaillement en croissants, quitte à se les faire prescrire par ordonnance médicale : de fait, peut-être l'aident-ils à mieux digérer les mauvaises nouvelles, comme le naufrage du Lusitania, par exemple. Dans l'hôtel de Jupien, on joue aussi la comédie : pour satisfaire le baron, Jupien n'hésite d'ailleurs pas à assigner aux garçons qu'il emploie des biographies sulfureuses, inventant par exemple que Maurice a « été compromis dans le meurtre d'une concierge de la Villette » (TR, p. 124). Quant au « bal de têtes », il est bien évidemment traversé, de bout en bout, par la métaphore théâtrale et décline tous les motifs du déguisement et de la comédie, costumes, perruques, maquillages, postures, altérations de la voix, etc.

Car la force décapante du Temps sépare l'être de lui-même, exhibe son travestissement, et, parfois, le contraint à l'autopastiche. Le temps dédouble et se dédouble : par surimpression[1] de moments disjoints formant une sorte de pli spatio-temporel, ou comme dans une galerie alternant miroirs et peintures, où se diffracteraient et parfois se confondraient les images du passé.

3. Les personnages et leurs relations dans *Le Temps retrouvé*

3.1. Réseaux

Les contenus narratifs du roman proustien échappent à toute linéarité, en vertu des va-et-vient mémoriels qui portent tour à tour le sujet de l'écriture à des niveaux différents de la vasque du temps[2] ou des gisements précieux sédimentés dans sa mémoire[3], mais aussi en fonction des aléas propres aux multiples personnages qu'il évoque ou rencontre, et dont les liens esquissent les dessins, complexes et harmonieux tout ensemble, de la toile romanesque. Le dense réseau qu'elle forme donne au lecteur une impression de cohérence, de hasards objectifs, tout en recréant

1. Voir à ce sujet Anne Simon, *La rumeur des distances traversées. Proust, une esthétique de la surimpression*, Paris, Classiques Garnier, « Bibliothèque proustienne », 2018.

2. Il faudrait retenir ce passage essentiel d'*Albertine disparue*, RTP, IV, p. 193 : « L'homme est cet être sans âge fixe, cet être qui a la faculté de redevenir en quelques secondes de beaucoup d'années plus jeune, et qui entouré des parois du temps où il a vécu, y flotte, mais comme dans un bassin dont le niveau changerait constamment, et le mettrait à la portée tantôt d'une époque, tantôt d'une autre. »

3. Cf. TR, p. 342 : « Je savais très bien que mon cerveau était un riche bassin minier, où il y avait une étendue immense et fort diverse de gisements précieux. » Cette métaphore géologique, déjà présente dans *Du côté de chez* Swann (« Mais c'est surtout comme à des gisements profonds de mon sol mental, comme aux terrains résistants sur lesquels je m'appuie encore, que je dois penser au côté de Méséglise et au côté de Guermantes. », *Du côté de chez Swann*, RTP, I, p. 182) relaie celle des fouilles archéologiques ou de la vasque du temps (cf. ci-dessus).

l'illusion de la vie même, cette ouvrière infatigable qui file sans cesse des liens entre les êtres ou les événements, les entrecroise ou même les redouble « pour épaissir la trame, si bien qu'entre le moindre point de notre passé et tous les autres un riche réseau de souvenirs ne laisse que le choix des communications. » (TR, p. 335) De la même façon, se tisse dans le roman une psychologie à quatre dimensions, non seulement dans l'espace, mais aussi dans le temps :

> Et sans doute tous ces plans différents, suivant lesquels le Temps, depuis que je venais de le ressaisir, dans cette fête, disposait ma vie, en me faisant songer que, dans un livre qui voudrait en raconter une, il faudrait user, par opposition à la psychologie plane dont on use d'ordinaire, d'une sorte de psychologie dans l'espace, ajoutaient une beauté nouvelle à ces résurrections que ma mémoire opérait tant que je songeais seul dans la bibliothèque, puisque la mémoire, en introduisant le passé dans le présent sans le modifier, tel qu'il était au moment où il était le présent, supprime précisément cette grande dimension du Temps suivant laquelle la vie se réalise. (TR, p 336)

À charge pour le Narrateur de rassembler ces éléments disjoints, qui ne sont ni un *symbolon* (soit les deux parties d'un tout qui aurait été initialement séparé), ni un puzzle, qui, reconstitué, forme une image unique et cohérente, mais un kaléidoscope, terme utilisé d'ailleurs dans *Le Temps retrouvé* pour évoquer la « logomachie » des critiques, qui « se renouvelle de dix ans en dix ans (car le kaléidoscope n'est pas composé seulement par les groupes mondains, mais par les idées sociales, politiques, religieuses qui prennent une ampleur momentanée grâce à leur réfraction dans les masses étendues, mais restent limitées malgré cela à la courte vie des idées dont la nouveauté n'a pu séduire que des esprits peu exigeants en fait de preuves). » (TR, p. 200).

Le système des personnages, dans la *Recherche*, est fondé sur leur retour tout au long des sept volumes, ce qui rappelle la *Comédie humaine*, avec néanmoins cette différence majeure que, chez Proust, chaque réapparition d'un personnage semble à la fois familière et surprenante[1]. Outre cela, divers aspects d'un même personnage peuvent être perçus en un laps de temps très bref : telles les dix Albertine entrevues dans l'espace et le moment fugitif du premier baiser, dans *Le côté de Guermantes*[2]. En reprenant à Claude Lévi-Strauss la formule qu'il utilise pour définir le mythe, on pourrait presque dire que chaque personnage de la *Recherche* est la somme de toutes ses variantes, mais aussi un symbole du Temps, qui n'est autre que le sujet central de l'œuvre. C'est aussi la raison pour laquelle on peut voir dans certaines images du *Temps retrouvé* des allégories de l'existence humaine propres à l'univers

1. Dans *La Comédie humaine*, certes, le personnage de Vautrin change d'apparence et d'identité à chacune de ses réapparitions. Mais ces changements sont stratégiques, en lien avec sa fonction narrative, plus que d'ordre structurel : la caractérisation et l'éthos du personnage restent fondamentalement les mêmes.

2. Voir RTP, II, p. 660.

de Proust et donc absolument inédites : telles les métaphores ultimes évoquant des hommes « juchés sur de vivantes échasses, grandissant sans cesse, parfois plus hautes que des clochers, finissant par leur rendre la marche difficile et périlleuse, et d'où tout à coup ils tombaient », ou semblables à « des êtres monstrueux » touchant « simultanément, comme des géants plongés dans les années à des époques, vécues par eux si distantes, entre lesquelles tant de jours sont venus se placer – dans le Temps. » (TR, p. 353)

3.2. Bêtes de scène

On conçoit qu'il soit assez vain de prétendre évoquer dans cette simple et brève présentation la totalité des personnages figurant dans *Le Temps retrouvé*. Aussi avons-nous choisi d'isoler parmi eux deux spécimens que distinguent non seulement leur importance et leur omniprésence dans *La Recherche*, mais aussi la place dévolue à leurs propos dans *Le Temps retrouvé*, à savoir Charlus et Saint-Loup.

Charlus est le personnage le plus souvent mentionné dans *À la recherche du temps perdu*, avec Albertine et Swann. Par sa culture, sa sensibilité artistique et son esprit, par l'estime également que le protagoniste manifeste à son encontre, il relaie le personnage de Swann, mort d'une maladie du cœur dans *Le Côté de Guermantes*[1]. Mais il est aussi un hiéroglyphe, le sésame ou la pierre de Rosette qui rend possible le travail de traduction du réel initié par la scène de première rencontre entre le baron-fleur et le bourdon-giletier, au début de *Sodome et Gomorrhe*. Dans *Le Temps retrouvé*, Charlus semble pourtant, à rebours de tous les autres personnages, se défaire du masque que jusqu'alors il prenait soin de porter. La désaffection mondaine et amoureuse qu'il subit à travers sa relation tumultueuse et passionnelle avec Morel donne libre cours à son ironie et à sa lucidité narquoise, notamment à l'encontre de la propagande de guerre et des propos moralisants dont Brichot et Norpois abreuvent leurs interlocuteurs et leurs lecteurs. Mais lorsque le protagoniste le rencontre, juste avant la matinée Guermantes, il est physiquement très diminué par une attaque et oublieux de ce *noli me tangere* qui lui faisait naguère mépriser cette Mme de Saint-Euverte à laquelle il adresse maintenant son salut. Il est désormais protégé par Jupien, amant de longue date qui se multiplie pour lui et lui prodigue, avec une infinie tendresse, des soins de bonne d'enfant. Par surcroît, contrairement aux apparences premières mais aussi à la plupart de ceux

1. L'un et l'autre représentent en outre des caractéristiques de l'auteur Marcel Proust, que le protagoniste, quant à lui, ne possède pas : judéité de Swann, homosexualité de Charlus. En regard de ces personnages que l'on pourrait dire « tutélaires » (par le respect que manifeste le protagoniste à leur encontre et l'influence qu'ils exercent sur lui), mais qui sont aussi des anti-modèles, puisqu'ils sont tous deux des « célibataires de l'art », deux autres personnages, plus proches par l'âge de notre protagoniste, en sont aussi des amis, même si ce lien connaît des aléas et des éclipses, notamment le lien avec Bloch, personnage déjà caricatural dans *Du côté de chez Swann*, qui le devient plus encore dans *Le Temps retrouvé* où il se distingue par sa mauvaise foi et sa lâcheté, au début de la guerre, puis par son snobisme, décidément inguérissable, lors de la matinée Guermantes, où il apparaît sous un nom et une apparence tout autres.

que nous rencontrerons plus loin lors de la matinée, le vieil homme qu'est devenu Charlus garde absolument intacte son intelligence et sa mémoire, et c'est avec une « dureté presque triomphale » qu'il déroule un catalogue de patronymes prestigieux et sonores, ceux de ses pairs et amis disparus, répétant et lançant le mot « mort » à chaque nom prononcé « comme une pelletée de terre plus lourde, lancée par un fossoyeur qui tenait à les river plus profondément à la tombe. Son vieillissement, sa maladie et sa chevelure blanche évoquent le roi Lear (*TR*, p. 166, mais aussi p. 229 où cette analogie est rappelée, lors du « bal de têtes ») et en font, selon les termes de Guillaume Perrier, la plus parfaite allégorie du temps et le frontispice du *Temps retrouvé*[1]. Figure médiatrice, inoubliable et essentielle, il sera aussi, au sein du discours théorique qui suivra la salve des réminiscences, l'un des modèles du lecteur idéal, qui « quand il lit est le propre lecteur de soi-même. » (TR, p. 217)

Le neveu du baron, Robert de Saint-Loup-en-Bray, est un autre exemple de l'originalité dont Proust fait preuve dans l'élaboration de ses figures, composées par touches disparates, à des moments et dans des lieux différents, tout en demeurant reconnaissables grâce à deux ou trois constantes physiques qui les caractérisent définitivement, à l'instar d'un leitmotiv wagnérien, et les rattachent à une espèce particulière : tels l'allure d'oiseau des Guermantes, leurs yeux perçants et transparents, leur chevelure d'un blond doré, signes d'appartenance superlativement incarnés en Saint-Loup, cette « lumière changée en oiseau » (TR, p. 9) au plumage si étrange et si rare « d'être seulement l'ensoleillement d'une journée d'or devenue solide » (*ibid.*). À la différence de celle qu'il a nouée avec Bloch, ce parangon de snobisme, de vanité et de mauvaise foi que le protagoniste a connu durant l'adolescence mais dont il s'est peu à peu éloigné, l'amitié pour Saint-Loup est née d'un éblouissement. Le lecteur lui aussi se rappelle cette apparition dorée, sur la digue, cette vive entrée dans le hall du Grand Hôtel de Balbec, bref, l'élégance et la beauté solaire du jeune aristocrate, qui fascinait le je-personnage, comme le fascinera aussi, un temps, l'homologue féminin de Saint-Loup, sa tante Oriane de Guermantes.

Dans la première section du *Temps retrouvé*, à Tansonville, il semble pourtant que cet or se soit terni. Saint-Loup a conservé sa prestance aristocratique, sa minceur et ses manières de courant d'air, mais son attitude envers le Je-personnage est devenue froide et distante. Lors du séjour du protagoniste à Doncières, dans la première partie de *Sodome et Gomorrhe*, les deux amis avaient débattu ensemble de « l'étymologie des batailles » (TR, p. 11) : ces conversations sont évoquées dans *Le Temps retrouvé*, lors du séjour à Tansonville tout d'abord, où elles sont présentées comme une forme d'évitement, par Saint-Loup, de tout autre sujet, ayant trait notamment à « ce genre d'amours qui était le sien. » (*ibid.*) Ces considérations sur la guerre se poursuivent dans la lettre de Saint-Loup longuement citée p. 59-61, lettre

1. Guillaume Perrier, *La mémoire du lecteur*, Paris, Classiques Garnier, 2011, p. 138-142.

à travers laquelle est développée l'idée du caractère imprévisible de la guerre, qui, parce qu'elle est en « perpétuel devenir », ruine la validité même des enseignements et autres principes stratégiques, puis à Paris, en 1914 et en 1916, à l'occasion d'une ultime rencontre lors de laquelle le protagoniste affirme avoir reconnu en Saint-Loup « toutes les belles qualités d'autrefois » (TR, p. 43). De manière analogue, alors que l'intelligence de Saint-Loup est jugée médiocre par le protagoniste, son ultime métamorphose lors de très brèves retrouvailles avec le protagoniste, en 1916, conduit ce dernier à observer que le neveu de Charlus a pris désormais la tournure d'esprit et le brio de son oncle.

D'autre part, c'est dans *Le Temps retrouvé* que la vie sexuelle et amoureuse de Saint-Loup révèle toute sa complexité : dans *À l'ombre des jeunes filles en fleurs*, il semblait très épris de l'actrice Rachel, au grand dam de sa famille[1]. Au sein de l'architecture romanesque, la jalousie de Saint-Loup envers Rachel relayait l'amour jaloux de Swann pour Odette de Crécy, et préfigurait l'amour jaloux du je-personnage pour Albertine. Dans *Le Temps retrouvé*, c'est cette fois la proximité entre Albertine et Saint-Loup qui est soulignée, analogie encore renforcée par leur mort prématurée, accidentelle et violente. Selon Aimé (le maître d'hôtel de Balbec), Rachel, tout comme Gilberte, n'était qu'un leurre destiné à dissimuler ses véritables penchants, favorisés en l'occurrence par les circonstances qui lui accordent, avec l'illusion d'agir pour la France, la compagnie exclusive de « ses » hommes, dans les tranchées où il trouvera la mort, « le surlendemain de son retour au front. » (TR, p. 153).

Caractérisé par sa vitesse et par sa superficialité, le personnage de Saint-Loup est un être constamment en mouvement, difficilement saisissable : c'est peut-être aussi la raison pour laquelle son oraison funèbre, d'abord prise en charge par la voix narrative elle-même, avant de l'être par Françoise (dans un registre excessif et théâtral dont se moque la voix narrative[2]), prend la forme fixe, quasi marmoréenne, d'un panégyrique circonstanciel, alors que les pages qui précédaient mettaient en exergue la part plus trouble du personnage :

> Habitué par une bonne éducation suprême à émonder sa conduite de toute apologie, de toute invective, de toute phrase, il avait évité devant l'ennemi, comme au moment de la mobilisation, ce qui aurait pu assurer sa vie, par cet effacement de soi devant les autres que symbolisaient toutes ses manières, jusqu'à sa manière de fermer la portière de mon fiacre quand il me reconduisait, tête nue, chaque fois que je sortais de chez lui. (TR, p. 153)

1. Cette liaison jugée scandaleuse avait été imputée aux idées politiques du jeune officier, par trop dissidentes aux yeux de sa « coterie » : il affichait alors ses sympathies pour le socialisme ainsi que son dreyfusisme.

2. « Elle prit immédiatement son rôle de pleureuse et commenta la mémoire du mort de lamentations, de thrènes désespérés. Elle exhibait son chagrin et ne me prenait un visage sec en détournant la tête que lorsque malgré moi je laissais voir le mien, qu'elle voulait avoir l'air de ne pas avoir vu. » (TR, p. 155)

Charlus et Saint-Loup, qui ont en commun un indéniable charisme, une agilité verbale et une passion non moins certaine pour le théâtre (même si chacun d'entre eux s'inscrit dans un registre spécifique et d'inégale valeur, Saint-Loup entrant plutôt dans la catégorie des éternels et bondissants jeunes premiers, alors que le potentiel de jeu du baron est beaucoup plus étendu), sont donc, chacun à leur manière, des « bêtes de scène », dont la plus âgée s'avère sans conteste la plus authentiquement géniale. S'esquisse ainsi un parallèle possible avec les deux figures d'actrices qui traversent la *Recherche* et que nous retrouvons dans le dernier volume : La Berma et Rachel.

3.3. Faunes

Grâce aux travaux d'Anne Simon, une attention nouvelle est désormais accordée au bestiaire proustien, dont l'une des particularités est d'offrir à l'auteur un matériau analogique d'une extrême richesse. Anne Simon observe notamment que Proust fait des bêtes et surtout des « bestioles » un usage anthropomorphique et anthropologique à la fois, l'animal venant soutenir une caractérisation le plus souvent moqueuse ou négative – à l'exception de l'oiseau, toujours doté d'une puissance méliorative liée sans doute possible à sa capacité d'envol. Elle préfère d'ailleurs parler d'un « bestiaire » proustien et non d'une « faune », puisque les animaux véritables, à une poule et un poulet près[1], sont complètement absents de la *Recherche*.

On peut néanmoins, quitte à jouer sur les mots, parler de « faune » dans la *Recherche*, mais pour désigner de manière figurée la foule des « mondains » qui se pressent aux défilés de mode pendant la guerre, aux raouts des Verdurin, et surtout, dans la dernière partie du volume, à la matinée Guermantes, où abondent les comparaisons avec le monde animal, autant que celles qui sollicitent le végétal et le minéral. Bloch est comparé à une hyène, Basin, duc de Guermantes, à un « vieux fauve dompté » (TR, p. 325), enfermé dans la cage où le tient prisonnier sa passion jalouse et prédatrice pour Odette de Forcheville (ex- de Crécy, ex-Swann, désormais doublement veuve), Oriane de Guermantes, à un « vieux poisson sacré » (TR, p. 233), et d'Argencourt, à une molle chrysalide… C'est une faune encore, la même parfois d'ailleurs, mais adoptant un mode furtif propre aux animaux sauvages, qui se glisse incognito chez Jupien ou arpente les couloirs du métro parisien, à la recherche de sa pitance. Enfin, en jouant encore sur les mots et sur les genres, ne peut-on voir en ces jeunes gens recrutés par Jupien une assemblée en parfaite harmonie avec une époque qui fut aussi celle de « L'après-midi d'un faune » de Mallarmé et, à sa suite, du Prélude de Debussy, des Ballets Russes, de Diaghilev, de Nijinski et de Nijinska ?

1. Le poulet mis à mort par Françoise pour le déjeuner du samedi et la poule ébouriffée se promenant sur un toit de tuiles roses, près de la mare de Montjouvain, dans *Du côté de chez Swann*.

4. « Les anneaux nécessaires d'un beau style »

Dans une lettre adressée à Mme Straus en 1908 (au tout début de son travail, donc), Proust évoque la nécessité absolue, pour le véritable écrivain, d'« attaquer » la langue, en aucun cas de la « défendre » : « Cette idée qu'il y a une langue française, existant en dehors des écrivains et qu'on protège, est inouïe. » L'écrivain doit « faire sa langue[1] », tout comme le violoniste forge par son travail un son qui n'appartient qu'à lui. Un son, une palette, bref, un style, qui, chez Proust, frappe tout particulièrement par sa profonde cohérence, en chacune de ses parties, et par l'harmonie veloutée qui se dégage de l'ensemble. *Le Temps retrouvé*, par exemple, est orchestré comme un « Nocturne » rappelant les compositions musicales ou les œuvres picturales ainsi désignées : À Tansonville, c'est le soir que notre héros se promène. À Paris, pendant la guerre, c'est le soir qu'il s'aventure. Et c'est en fin d'après-midi qu'il se rendra à la matinée Guermantes : un rayon crépusculaire illumine un instant la bibliothèque du prince (TR, p. 187). Nul hasard si dans les pages suivant les quatre réminiscences décisives (pavé, cuiller, serviette, *Champi*), la voix narrative développe une théorie de l'art fondée sur le primat de la subjectivité de l'artiste, théorie qui intéresse non seulement la littérature mais aussi la peinture et la musique. Seul un véritable créateur peut bâtir un univers entièrement nouveau, fait de mots, de notes ou de couleurs « en un certain ordre assemblées[2] » :

> Car le style, pour l'écrivain aussi bien que pour le peintre, est une question non de technique, mais de vision. Il est la révélation, qui serait impossible par des moyens directs et conscients, de la différence qualitative qu'il y a dans la façon dont nous apparaît le monde, différence qui, s'il n'y avait pas l'art, resterait le secret éternel de chacun. Par l'art seulement, nous pouvons sortir de nous, savoir ce que voit un autre de cet univers qui n'est pas le même que le nôtre et dont les paysages nous seraient restés aussi inconnus que ceux qu'il peut y avoir dans la lune. Grâce à l'art, au lieu de voir un seul monde, le nôtre, nous le voyons se multiplier, et autant qu'il y a d'artistes originaux, autant nous avons de mondes à notre disposition, plus différents les uns des autres que ceux qui roulent dans l'infini, et qui bien des siècles après qu'est éteint le foyer dont ils émanaient, qu'il s'appelât Rembrandt ou Ver Meer, nous envoient leur rayon spécial. (TR, p. 202)

1. Marcel Proust, *Correspondance générale*, *op. cit.*, VIII, p. 276.

2. Cette célèbre formulation est celle de Maurice Denis, initialement parue dans la revue *Art et Critique*, en août 1890 : « Se rappeler qu'un tableau, avant d'être un cheval de bataille, une femme nue ou une quelconque anecdote, est essentiellement une surface plane recouverte de couleurs en un certain ordre assemblées. »

4.1. Analogies et autres stéréoscopies

Pour peindre, composer ou écrire, il faut être « habitué à voir dans les choses le signe d'autres choses qui semblent d'un ordre tout différent[1] », écrit Proust dans *Contre Sainte-Beuve*. En chaque chose en transparaît une autre, tandis qu'un lien puissant unit, dans *Le Temps retrouvé*, métaphore et métamorphose. Si « le style est une question non de technique, mais de vision », c'est parce qu'il est la traduction d'un monde intérieur forclos dont les chiffres et les signes seront rendus intelligibles pour autrui par le biais de l'analogie.

La formule de cette unité minimale du style proustien fait l'objet, dans la dernière partie du *Temps retrouvé*, d'une véritable mise en scène : elle s'empreint d'une solennité renforçant le caractère *quasi* religieux de la vocation artistique, fruit d'une nécessité intérieure. La métaphore est ainsi présentée comme une épiphanie esthétique dont la formulation épouse le récit des réminiscences précédant l'entrée dans les salons des Guermantes :

> Ce que nous appelons la réalité est un certain rapport entre ces sensations et ces souvenirs qui nous entourent simultanément – rapport que supprime une simple vision cinématographique, laquelle s'éloigne d'autant plus du vrai qu'elle prétend se borner à lui – rapport unique que l'écrivain doit retrouver pour en enchaîner à jamais dans sa phrase les deux termes différents. On peut faire se succéder indéfiniment dans une description les objets qui figuraient dans le lieu décrit, la vérité ne commencera qu'au moment où l'écrivain prendra deux objets différents, posera leur rapport, analogue dans le monde de l'art à celui qu'est le rapport unique de la loi causale dans le monde de la science, et les enfermera dans les anneaux nécessaires d'un beau style. (TR, p. 196)

Le texte prend ici les dehors de l'objectivité scientifique et sa force de loi emporte la conviction du lecteur : la définition de la métaphore est une équation reposant, qui plus est, sur une analogie avec « le rapport unique de la loi causale dans le monde de la science ». L'écriture est donc le fruit d'une élaboration esthétique consciente d'elle-même, capable de *traduire* en termes intelligibles pour tous une expérience subjective, sédimentée sous la forme de signes inconnus – le « livre intérieur » – car l'homme « est cet être qui ne peut sortir de soi, qui ne connaît les autres qu'en soi et, en disant le contraire, ment[2] ».

1. Marcel Proust, *Contre Sainte-Beuve*, *op. cit.*, p. 927.

2. *Albertine disparue*, dans *À la recherche du temps perdu*, *op. cit.*, IV, 1989, p. 34.

4.2. Syntaxe

La syntaxe proustienne ne se résume pas à celle de la célèbre phrase longue, « équivalent linguistique du regard[1] » de l'artiste qui contemple, dépeint et analyse, période analytique et complexe qui a parfois pour contrepoints des phrases aussi brèves qu'un couperet[2]. En relèvent également les variations rythmiques, d'une phrase à l'autre, d'une séquence à l'autre, d'un volume à l'autre, le fonctionnement de la subordination et des jeux d'enchâssement. C'est aussi sur l'axe syntagmatique que se développe le processus analogique : non seulement la métaphore *stricto sensu*, mais aussi toutes sortes de comparaisons de formes variées ainsi que certaines références intertextuelles qui constituent, elles aussi, des comparants. D'innombrables ressemblances relient de ce fait *Le Temps retrouvé* aux six autres volumes et forment un réseau arachnéen qui sollicite de la part du lecteur la conscience permanente de la solidarité des différents épisodes. Par surcroît, en vertu du fonctionnement syncopé, métonymique et subjectif de la temporalité et de la causalité, se nouent, par le biais de multiples échos et rappels (incluant les motifs récurrents et le retour des personnages, fussent-ils méconnaissables à première vue), d'inédites correspondances entre les corps, les lieux, les époques, les mœurs, les livres, les sensations, les images, formant un entrelacs serré de boucles et d'ellipses. Une sorte de toile d'araignée, comme Deleuze le suggérait dans la conclusion de *Proust et les signes*, ou encore un dédale, analogue à celui des rues de Venise et des cités orientales des *Mille et Une Nuits*, où le protagoniste lui-même, parfois, s'égare – ou feint de s'égarer.

4.3. Ironie, humour et polémique

Le septième volume d'*À la recherche du temps perdu* est profondément marqué par la guerre. Une guerre inédite, une guerre que Proust ne « raconte » pas, ne l'ayant pas vécue dans sa chair, mais qu'il saisit néanmoins par bribes, depuis « l'arrière » : par le biais des deux lettres contradictoires de Gilberte de Saint-Loup (où les raisons pour lesquelles elle s'est rendue à Tansonville diffèrent notoirement), à travers les conversations avec Saint-Loup ou les disputes entre Françoise et Théodore, à l'occasion de la grande conversation avec le baron de Charlus croisé lors du premier retour à Paris en août 1914, au sein du dialogue entre les jeunes gens employés par Jupien dans son hôtel de passe, lors du second retour à Paris en 1916 (le jour où et là où Saint-Loup perd sa croix de guerre), au moment de la mort

1. Léo Spitzer, « Le style de Marcel Proust », *Études de style*, Paris, Gallimard, « Bibliothèque des idées », 1970, p. 402.

2. Dans *Le Temps retrouvé* par exemple, celle-ci : « Long à écrire. » (TR, p. 348), dont l'extrême laconisme vient non sans humour souligner la teneur sémantique en suggérant comme en un soupir d'épuisement l'énormité de la tâche ici évoquée…

de Saint-Loup et de son éloge posthume et enfin lors de la matinée Guermantes, bien des années plus tard.

Dans les pages évoquant Paris pendant la guerre, le texte oscille entre un régime ironique, par exemple lorsqu'il est question des opinions et des comportements des civils à Paris (telle Mme Verdurin, qui se prétend uniquement préoccupée par le sort de la France tout en se faisant prescrire des croissants) et un régime sérieux, grave, même, où sont évoquées, notamment, des questions de géopolitique ou de stratégie militaire. Si, par exemple, le personnage de Saint-Loup confronte les événements se déroulant sur le front et l'histoire de batailles célèbres (véritables cas d'école qui sont aussi pour lui des souvenirs de sa formation militaire à Doncières), c'est parce que ce discours permet à Proust de souligner la vanité de ce savoir stratégique dans une guerre où toute prévision a échoué et où les traditions et pratiques militaires de l'état-major français ont été mises en échec. De cette même et subtile ironie relève aussi, à notre sens, la séquence des adieux de Charlus aux jeunes pensionnaires de Jupien, placés en cercle autour de lui et qu'il passe en revue, avec attention et gourmandise. La longue scène des pages 131 à 135 semble en effet calquée sur la revue militaire d'un bataillon par son officier, avec quelques nuances importantes… Le cercle, dont Charlus est le foyer, se substitue à la ligne, les jeunes gens accomplissent un service sexuel et non militaire, pour lequel ils sont rémunérés, etc. Mais l'entrée de Charlus, marchant avec difficulté en raison des blessures qu'il vient de recevoir (à sa demande), tout comme un officier blessé au combat, les paroles adressées à chacun par le baron, les signes de contentement ou de contrariété qu'il manifeste, font de cette scène un pastiche subtil, tout aussi politiquement incorrect que la mention incidente, juste après le départ du baron, du couple formé par un militaire et un prêtre – image pour le moins inattendue et cocasse de l'alliance, jusqu'en ces marges, de la Grande Muette et de l'Église (TR, p. 135-136).

Mais l'opposition la plus violente sans doute est celle qui sépare l'expérience distante du front et le Paris mondain, où les femmes et les viveurs continuent de faire et de défaire les modes, accompagnant l'effort de guerre par l'invention de robes aux allures martiales et de bijoux taillés dans ces mêmes balles qui, en d'autres lieux, accomplissent leur œuvre de mort. La finesse de l'ironie proustienne autorise pourtant le lecteur à rire de ces comportements, aux dépens de ces personnages futiles et insensibles dont le Narrateur se départira bientôt.

La guerre, dans *Le Temps retrouvé*, n'est donc pas seulement un fait historique concret et daté situé à l'arrière-plan du récit et faisant l'objet de maintes conversations et réflexions : une tonalité polémique traverse l'ensemble du volume, comme si Proust déplaçait ce motif ou, plus exactement, lui donnait une extension à la fois rhétorique et civile, sous la forme du *discours polémique*, d'une part, et de la *logomachie* mondaine, d'autre part. La matinée Guermantes, par exemple, poursuit la guerre par d'autres moyens : métonymie de la mondanité, elle en partage la cruauté. Car la vie mondaine a son armée de métier, ses recrues, ses stratèges, ses espions, sa propagande, ses victimes et ses exécutions sommaires (officiellement, pour haute trahison). Dans *Le Temps retrouvé*, la Berma est même sacrifiée par sa propre fille sur l'autel de la mondanité, comme l'avaient été par le passé Swann d'abord, puis Charlus, chez les Verdurin. Aussi est-ce sans doute dans ce dernier volume que les réflexions du protagoniste et la tonalité de la voix narrative se font les plus offensives et les plus caustiques, déboutant tour à tour, sous une salve nourrie de formules acérées, la « littérature de notations » et ceux qui la font, la stupidité et la prétention des snobs, l'hypocrisie, l'égoïsme et la mauvaise foi des « planqués », et, pour aller vite, l'aveuglement général, tant vis-à-vis des autres que de soi-même.

Outre ce prolongement de la guerre et de l'intention polémique dans les comportements et les discours des personnages, *Le Temps retrouvé* est aussi le lieu d'une représentation ironique et critique de la bêtise. Une bêtise non exclusivement « bourgeoise », à la différence de celle que fustige principalement Flaubert, et même compatible avec une forme particulière d'intelligence, celle de Saint-Loup ou d'Oriane, par exemple, bien que cette dernière, naguère célèbre pour ses bons mots assassins, ait perdu dans *Le Temps retrouvé* non pas tant sa superbe que cet « esprit Guermantes » dont naguère elle incarnait l'essence. Peut-être faut-il également rappeler que la bêtise, dans la *Recherche*, n'est pas uniquement associée au snobisme, forme principale de l'ambition sociale dans ce roman. Elle se traduit, dans *Le Temps retrouvé* notamment, par la versatilité et l'arbitraire des jugements, et peut même être corrélée à un authentique discernement esthétique. L'actuelle princesse de Guermantes, ex-Verdurin, est ainsi particulièrement ridicule, tout en faisant la preuve de son flair en matière de talents artistiques. L'homme du monde croit être la mesure de toute chose, il croit même penser, quand il n'est que vent… Et sa mauvaise mémoire, ou sa mauvaise foi, ou sa vanité, ou son gâtisme, le conduisent à mainte assertion péremptoire – et pourtant entièrement erronée :

> Les anciens assuraient que dans le monde tout était changé, qu'on y recevait des gens que jamais dans leur temps on n'aurait reçus, et, comme on dit, c'était vrai et ce n'était pas vrai. Ce n'était pas vrai parce qu'ils ne se rendaient pas compte de la courbe du temps qui faisait que ceux d'aujourd'hui voyaient ces gens nouveaux à leur point d'arrivée tandis qu'eux se les rappelaient à leur point de départ. Et quand eux, les anciens, étaient entrés dans le monde, il y avait là des gens arrivés dont d'autres se rappelaient le départ. (TR, p. 265)

Où est le vrai, et où le faux ? Nulle part, sans doute. La plupart des opinions professées dans le monde s'appuient sur des prémisses inexactes, invérifiables ou mensongères, compte tenu (entre autres) de l'opacité d'autrui, de son impénétrabilité fondamentale. L'attitude du protagoniste s'oppose donc à celle des personnages qu'il observe, lorsqu'ils vont jusqu'à affirmer, sans broncher, ce que naguère ils avaient, tout aussi fermement, nié ou démenti. Car, dans *Le Temps retrouvé*, c'est de manière systématique et même vertigineuse que les personnages tiennent sur tout et rien des propos péremptoires qu'ils semblent considérer comme d'authentiques vérités, alors qu'ils se trompent totalement, ce que la voix narrative ne manque jamais de souligner. La valse des opinions a pour corollaire systématique l'indéfectible conviction d'avoir toujours raison, fût-ce contre l'évidence, qui, parfois, n'est rien moins que la mort de quelqu'un. La clausule du *Côté de Guermantes*, à travers l'anecdote des souliers rouges de la duchesse[1] nous y avait déjà préparés, et ce n'est pas un hasard si le Je-personnage évoque dans *Le Temps retrouvé*, devant Oriane, cet épisode, que ce « vieux poisson sacré, chargé de pierreries » (TR, p. 233) a pour sa part totalement oublié…

L'ironie proustienne, enfin, dont Sophie Duval a exploré les arcanes, et plus largement le « régime ludique » et l'humour propres à la *Recherche*, étudiés par Patrick Brunel[2], participent d'une vision du monde et des hommes à la fois lucide et enjouée. Elle s'appuie sur la représentation stéréoscopique et contrastive des personnages et des événements induite par le travail du temps, sur les effets de surimpression et la psychologie dans l'espace, et enfin sur la double tonalité, humoristique et réflexive, des passages descriptifs. Comme l'a démontré Guillaume Perrier, le roman proustien engage la mémoire du lecteur et autorise sa connivence avec le protagoniste : la connaissance approfondie que ce dernier a du monde contraste ainsi fort plaisamment avec la perplexité exprimée par certains personnages, en particulier Bloch (alias Jacques du Rozier) et son amie américaine. Tous deux font figure de néophytes et se laissent abuser par ce leurre qu'est devenu le nom « propre ». Ces multiples changements s'avèrent donc propices à l'ironie narrative et au comique de situation dont Pierre Schœntjes souligne l'importance chez Proust, en accord avec une poétique des renversements et des télescopages, tour à tour cocasses ou sinistres, et d'autant plus surprenants qu'ils interviennent tardivement[3].

Le Temps retrouvé est donc un roman tout à la fois mélancolique et puissamment comique : chaque analogie, chaque élément analytique ou descriptif, semble relever de cette esthétique contrastive. La métaphore du « vieux poisson sacré » associée à la duchesse de Guermantes, dans le passage que nous évoquions ci-dessus, est ainsi tout à la fois particulièrement drôle et tout à fait désolante, puisqu'elle entre

1. Ces souliers qui seuls préoccupent le duc et la duchesse sur le point de se rendre à une soirée, alors que Swann vient de leur annoncer qu'il est condamné à brève échéance… Voir *Le côté de Guermantes* RTP, II, 884 : « Le duc n'était nullement gêné de parler des malaises de sa femme et des siens à un mourant, car les premiers, l'intéressant davantage, lui apparaissaient plus importants. Aussi fut-ce seulement par bonne éducation et gaillardise, qu'après nous avoir éconduits gentiment, il cria à la cantonade et d'une voix de stentor, de la porte, à Swann qui était déjà dans la cour :
« Et puis vous, ne vous laissez pas frapper par ces bêtises des médecins, que diable ! Ce sont des ânes. Vous vous portez comme le Pont-Neuf. Vous nous enterrerez tous ! « »

2. Voir Sophie Duval, et Patrick Brunel, *Le rire de Proust*, Paris, Champion, 1997.

3. Pierre Schœntjes, *Poétique de l'ironie*, Paris, Seuil 2001, p. 157.

en dialogue, par-delà le Temps, avec l'image éblouissante de la jeune princesse des Laumes, ou avec celles des néréides qui peuplaient les baignoires de l'Opéra, aux côtés de tritons barbus, dans *Le côté de Guermantes* – y figurait aussi, d'ailleurs, la princesse de Guermantes *elle-même*, elle qui, désormais disparue, a été supplantée par la mère Verdurin ! Dans l'hôtel de passe de Jupien, les conversations entre les jeunes gens sont à la fois pathétiques et cocasses. La scène de flagellation est à la fois terrible et comme désamorcée, sur un mode grotesque, par le mécontentement du baron, contrarié de n'avoir pas été frappé assez fort. Et en Charlus, dont le parcours narratif s'achève par une analogie bouleversante avec le roi Lear errant sur la lande, coexistent le grotesque et le sublime. Enfin, à l'instar de Stéphane Chaudier, on peut voir dans la galerie des personnages de la matinée, dont la plupart sont devenus méconnaissables sous l'effet dévastateur du vieillissement et de la maladie, « une marqueterie descriptive, tour à tour horrifique ou bouffonne », où « l'enchantement vitaliste » tourne à la « farce macabre[1] ». Par surcroît, la syntaxe narrative, en vertu des échos constants entre passé et présent, se fonde comme on a pu le voir sur un système de reprises avec variations, apparenté à l'art de la fugue[2], et autorisant de manière particulièrement efficace l'exercice du comique dit de répétition, l'un plus ironique, plus narquois, plus critique, l'autre plus humoristique, plus bienveillant et plus doux. C'est la thèse de Sophie Duval, pour qui « ces deux comiques s'accordent dans l'œuvre totalisante de Proust, qui régénère le temps perdu en le répétant dans le temps retrouvé[3] ». Comme la pratique de la citation, l'ironie et l'humour, chez Proust, sont ainsi caractérisés par des effets de dédoublement, de décrochement, de pastiche ou de travestissement. Le contraste tonal ainsi souligné confère au roman son « timbre » spécial – en écho peut-être à ce « double tintement timide, ovale et doré » de la clochette du portail, à Combray[4], qui fait retour à la fin du *Temps retrouvé*, « rebondissant, ferrugineux, intarissable, criard et frais ».

1. Stéphane Chaudier, *Proust ou le démon de la description*, Paris, Classiques Garnier, « Bibliothèque proustienne », 2019, p. 313.

2. Genre musical très prisé durant la période du Baroque historique, mais aussi au début du XXe siècle, par César Franck et Gabriel Fauré, notamment. La sonate de Vinteuil s'y apparente, et le terme même fait se rejoindre l'expérience musicale et l'expérience amoureuse (avec l'« être de fuite » qu'est Albertine, par exemple).

3. Sophie Duval, « « Une répétition destinée à suggérer une vérité neuve » : itération et régénération comique chez Proust », *Études littéraires*, vol. 38, n° 2-3, hiver 2007, p. 27-58, ici : p. 57. Voir aussi, du même auteur, *L'ironie proustienne. La vision stéréoscopique*, Paris, Champion, 2004. La citation de Proust figurant dans le titre de l'article est extraite d'*À l'ombre des jeunes filles en fleurs* (RTP, II, p. 248) et porte sur la création littéraire : « De sorte qu'un romancier pourrait au cours de la vie de son héros, peindre presque exactement semblables ses successives amours et donner par là l'impression non de s'imiter lui-même mais de créer, puisqu'il y a moins de force dans une innovation artificielle que dans une répétition destinée à suggérer une vérité neuve. »

4. *Du côté de chez Swann*, RTP, I, p. 14.

III

Thématiques

1. Le(s) temps

L'opposition entre récit et discours, qui repose sur une catégorisation des temps verbaux, est relayée par la distinction entre temps de l'énonciation (ou temps du récit) et temps de l'énoncé (ou de l'histoire racontée). Le travail de Gérard Genette sur le « discours du récit », dans *Figures III*, dont le socle n'est autre que l'œuvre de Proust, consiste en l'étude des relations entre temps de l'histoire et temps du récit, selon trois axes : l'*ordre* dans lequel les événements sont rapportés (qui n'est pas toujours, bien évidemment, un ordre chronologique), la *durée* (c'est-à-dire le rapport entre le temps de l'histoire et la longueur du texte, donnant lieu à des effets d'ellipse, d'accélération, ou de ralentissement) et enfin la *fréquence* (qui permet de distinguer par exemple une scène singulative d'une séquence itérative, etc.). L'*anachronie*, c'est-à-dire, en termes genettiens, le fait que les « événements » du récit ne sont pas racontés dans leur ordre « chronologique » *stricto sensu*, est, chez Proust, la règle, en vertu d'un usage systématique du retour en arrière, ou analepse, et du bond prospectif, ou prolepse (qu'elle soit explicite ou implicite, voire présentée comme une simple « amorce » furtive de ce qui sera repris, voire éclairci parfois beaucoup plus loin dans le roman). Le roman proustien se distingue donc (entre autres) par le fait qu'il est un *roman du temps* – un roman dont le sujet même est le temps – et par la complexité de sa construction temporelle, tissée de retours en arrière ou de sauts en avant autour d'une ligne générale ou d'un arc qui mène le héros de l'enfance (« Combray ») à l'âge mûr. Cette maturité acquise au fil des sept volumes coïncide, en l'occurrence, avec la dernière partie du *Temps retrouvé*, et donc avec les révélations ultimes : celles qui sont liées aux réminiscences involontaires autorisant l'exposé d'une méthode d'écriture[1], et celle qui survient lors du bal de têtes, à savoir la prise de conscience brutale, par le protagoniste, de son propre vieillissement et de la proximité de la mort, qui pourrait compromettre l'achèvement d'une œuvre[2] dont il vient justement de concevoir la forme et d'esquisser les enjeux. S'en dégagent deux lignes de force : la matière de son œuvre sera sa vie passée (TR, p. 206) et cette œuvre aura la forme du Temps (TR, p. 350).

La *Recherche*, effectivement, explore de multiples façons d'appréhender le temps, toutes caractérisées par leur caractère subjectif : le titre général et celui du septième volume le signalent expressément, en opposant « temps perdu » et « temps retrouvé ». Le « temps perdu » est celui de la vie mondaine, bien sûr, mais aussi des amours et des amitiés, fragiles et versatiles, en vertu des « intermittences du cœur[3] ». Le « temps retrouvé » est celui qui compense la mémoire volontaire (non seulement faillible, mais stérile en matière de création artistique) par les réminiscences involontaires[4]. Le récit effectue en effet constamment des va-et-vient dans le temps et dans l'espace, en vertu d'une chronologie interne le plus souvent implicite (non datée) et sans jamais recourir à une temporalité historique externe qui aurait pour objectif de fixer des jalons temporels à visée « objective » ou présumée « réaliste ». De ce fait, les dates historiques mentionnées dans la *Recherche* sont extrêmement rares. Les dates de 1914 et 1916, expressément indiquées, sont donc l'exception confirmant la règle, mais aussi l'indice de l'importance extrême que revêt aux yeux de Proust l'expérience, fût-elle indirecte, de la Première Guerre mondiale. Mais le temps « historique » lui-même, particulièrement celui de l'Affaire Dreyfus (1898-1900) et celui de la Grande Guerre, n'est pas envisagé sous l'angle événementiel : ce qui intéresse Proust, c'est la diffraction de l'événement à travers, d'une part, le prisme d'une société (et même, plus précisément, des « clans » ou « coteries » qui la composent) et de ses opinions (le plus souvent versatiles et erronées), et, d'autre

1. Les trois premières réminiscences (pavé, cuiller, serviette) secrètent en effet, peu après la déflagration extatique, un processus réflexif et analytique qui conduit le protagoniste à percevoir autrement ce qui l'entoure, et, de ce fait, à mieux saisir les phénomènes de mémoire qui vont suivre cette première salve : le bruit de la conduite d'eau, qui fait ressurgir la salle à manger marine de Balbec au coucher du soleil « quand commençaient à crier les navires » (TR, p. 181), la semaine passée dans la chambre d'Eulalie (période à laquelle le protagoniste n'avait jamais repensé, et qui n'a d'ailleurs fait l'objet d'aucun récit particulier dans la *Recherche*), la découverte, enfin, d'un exemplaire de *François le Champi* identique à celui de la scène du coucher. De la première salve aux retrouvailles avec le moi de l'enfance s'accomplit un processus d'analyse qui prend la forme d'une méthode de travail et d'un protocole de lecture (du monde, et de l'œuvre), puisque « La vraie vie, la vie enfin découverte et éclaircie, la seule vie par conséquent pleinement vécue, c'est la littérature. »

2. Qui, notons-le n'est désignée ni comme « roman », ni même comme œuvre de fiction.

3. Proust avait d'ailleurs envisagé d'intituler l'ensemble de son œuvre « Les Intermittences du cœur », avant d'en faire le titre de deux séquences de Sodome et Gomorrhe II (la seconde et dernière partie du chapitre I et le chapitre IV).

4. Ils sont ici délicieux, pour ne pas dire extatiques ou – pour le dire mieux – orgastiques, mais ne le sont pas toujours. Le souvenir de la grand-mère, comme celui d'Albertine, ressurgit par le biais d'une réminiscence inopinée et profondément douloureuse, qui fait éprouver tardivement au protagoniste la cruauté d'une absence qu'au moment précis de l'événement il pensait n'avoir pas ressentie. Le paragraphe évoquant ce moment s'ouvre d'ailleurs par une phrase nominale, lapidaire, traduisant magistralement, dans un texte où domine la phrase longue, la stupeur qui vient frapper le protagoniste : « Bouleversement de toute ma personne. » (*Sodome et Gomorrhe*, RTP, III, p. 153).

part, à travers des subjectivités particulières : la guerre, vue par Charlus, n'est pas la guerre vue par Saint-Loup (même si tous deux appartiennent à la même famille), ou par Françoise, ou par les jeunes gens de l'hôtel de Jupien (dont certains d'ailleurs sont des soldats en permission[1])… Ces opinions disparates forment donc un réseau polyphonique, à l'instar de toutes les autres opinions (par exemple les « cotes » mondaines, les jugements sur tel ou tel individu, etc.), et viennent nuancer, voire contrer ou compromettre, la rigidité du récit national, les diatribes à l'encontre de l'Ennemi, ou les euphémismes souvent peu crédibles véhiculés par les discours de propagande.

À la temporalité linéaire, fût-elle soumise à des effets de retour et d'ellipses, de redites avec variations, centrée sur le destin des hommes et des sociétés, se superpose un temps cyclique, naturel, celui du retour des saisons. C'est à Combray, durant l'enfance, que ce mode temporel était le plus sensible, doublé qu'il était par les rituels quotidiens et par les choix opérés par Françoise dans la composition de ses menus. Mais dans la *Recherche*, chaque évocation d'un paysage naturel renvoie à ce mouvement d'éternel retour, de sorte que les paysages viennent à leur tout s'inscrire dans des séries saisonnières, ou météorologiques. Dans *Le Temps retrouvé*, par exemple, s'opposent les paysages du Paris d'août 1914, à l'orée de la guerre, mais encore estival, et du Paris de 1916, hivernal et sépulcral.

Les manifestations de la mémoire involontaire provoquent quant à elles une expérience entièrement affranchie des lois ordinaires de la temporalité. Mais contrairement à ce que l'on pourrait penser, elles ne provoquent pas un retour dans le passé : c'est le passé qui revient tout entier dans le présent, comme le Combray de l'enfance, estival et joyeux, sortait tout entier d'une tasse de thé servie par un jour d'hiver froid et triste, donnant ainsi un aperçu non pas tant de l'éternité que de la reviviscence toujours possible de sensations oubliées. Tout se passe comme si se superposaient les pages du passé et celle du présent pour former un pli temporel. Dans le texte même, l'épiphanie mémorielle produit un effet de palimpseste, de superposition, analogue à celui de l'analepse.

Enfin, le temps revêt dans *Le Temps retrouvé* une fonction allégorique et métaphysique, soulignée par l'apparition d'une majuscule. Ce processus d'allégorisation est renforcé par une série d'allégorisations secondaires, toutes construites par le regard et la réflexion du protagoniste, comme celle de l'éternelle beauté d'Odette Swann, mystérieusement inchangée, telle une rose stérilisée, ou de Melle de Saint-Loup – allégorie non pas de la jeunesse, en vertu de la fonction classique et généralisante de cette figure, mais bien *de la jeunesse du Narrateur*, à laquelle elle *ressemble*. Pour Guillaume Perrier, l'allégorie majeure, celle du Temps, s'inscrit dans

1. Voir TR, p. 132, l'échange entre Charlus et l'un des pensionnaires : « Tiens, je vais te donner deux gros baisers, mon petit gars. Tu penseras à moi dans les tranchées. C'est pas trop dur ? – Ah ! dame, il y a des jours, quand une grenade passe à côté de vous… »

la continuité des allégories de Giotto évoquées dans *Du côté de chez Swann* : les Vices et les Vertus sont des allégories morales, le Temps est une allégorie philosophique, tout comme la Vérité et l'Erreur, que la matinée Guermantes décline également[1].

« Au terme du roman, les visages antagonistes de la vie – le temps créateur, le temps destructeur – sont tous deux pleinement révélés[2] », selon la belle formulation de Stéphane Chaudier.

Comme au dernier acte d'une pièce de théâtre, l'ultime scène rassemble une dernière fois le personnel mondain[3] de la *Recherche*. En raison du temps assez considérable qui s'est écoulé entre les deux brefs passages du protagoniste à Paris, pendant la guerre, et la matinée Guermantes, qui, en vertu de la chronologie relativement floue caractérisant la *Recherche*, pourrait se situer entre 1923 et 1926, l'effet de surprise prédomine. La stupeur saisit notre héros, au début du « Bal de têtes », où chaque invité lui semble travesti, grimé, coiffé de gris ou de blanc par un costumier sans merci qui n'est autre que le Temps…

2. Le livre des métamorphoses (*mutatis, mutandis*)

Comme Antoine Compagnon l'a souligné, coexistent chez Proust un goût certain pour l'esthétique classique, l'équilibre des parties, l'envol maîtrisé d'une phrase complexe ponctuée par une apodose aussi pertinente qu'inattendue, mais aussi pour l'esthétique baroque, ses procédés d'enchâssement vertigineux, ses métamorphoses perpétuelles, son goût pour l'inconstance, le travestissement et les jeux de miroirs, propices à d'improbables glissements identitaires et génériques. Cette instabilité, cette labilité, ces perpétuelles intermittences des choses et des êtres prévalent dans *Le Temps retrouvé*.

Après les réminiscences décisives de « l'Adoration perpétuelle » dans la cour de l'hôtel des Guermantes, puis dans leur bibliothèque, la mondanité redevient la cible principale des réflexions du protagoniste pénétrant dans les salons d'une princesse de Guermantes qui n'est autre que Sidonie Verdurin. Le « Bal de têtes » va ainsi condenser tous les motifs liés à la dégradation, à la maladie, au radotage et à la mort, à travers une série de portraits disséminés tout au long de la scène comme autant de fragments virtuoses, mêlant ou alternant, là encore, tonalité comique et tonalité tragique. Proust procède à des arrêts sur image, tandis que le mouvement même des êtres s'alentit ou se pétrifie sous l'œil médusé de son protagoniste, inexo-

1. Guillaume Perrier, « *Le Temps retrouvé* ou le temps allégorique », *Romans de la fin d'un monde, dir. Anna Saignes et Agathe Sahla*, Presses Universitaires de Rouen et du Havre, 2015, p. 117-130.

2. Stéphane Chaudier, *op. cit.*, p. 332.

3. Même si la scène finale est très peuplée, ce ne sont bien évidemment pas *tous* les personnages de la *Recherche* qui se retrouvent dans les salons de la princesse de Guermantes…

rable observateur. Ce florilège transgresse magistralement les lois ordinaires de la dramatisation et de la construction narrative, puisqu'il substitue à l'impossible clôture du récit (ou plus exactement des récits qui s'y trouvent enchâssés) une série dont chaque élément se voit replacé dans une perspective temporelle autonome.

En vertu de l'esthétique et de la philosophie du *perpetuum mobile* qui traverse toute la *Recherche*, semblent s'être accomplies de nouvelles et bien étranges métamorphoses. Le clou du spectacle est offert par le vieil ennemi du Narrateur, M. d'Argencourt, capturé *in extremis* dans les filets d'une écriture burlesque, soulignant en outre la démonétisation du nom propre qui naguère suscitait tant de rêveries poétiques. Le nom propre, en effet, n'est plus ici que prétexte à un calembour trivial, d'Argencourt semblant… à court d'argent :

> Non seulement, au lieu de sa barbe à peine poivre et sel, il s'était affublé d'une extraordinaire barbe d'une invraisemblable, mais encore (tant de petits changements matériels peuvent rapetisser, élargir un personnage, et bien plus, changer son caractère apparent, sa personnalité) c'était un vieux mendiant qui n'inspirait plus aucun respect qu'était devenu cet homme dont la solennité, la raideur empesée étaient encore présentes à mon souvenir et qui donnait à son personnage de vieux gâteux une telle vérité que ses membres tremblotaient, que les traits détendus de sa figure, habituellement hautaine, ne cessaient de sourire avec une niaise béatitude. (TR, p. 228)

Le phénomène le plus frappant, après celui du vieillissement, est la chute dans l'indifférenciation : « Détendus ou brisés, les ressorts de la machine refoulante ne fonctionnaient plus, mille corps étrangers y pénétraient, lui ôtaient toute homogénéité, toute tenue, toute couleur. » (TR, p. 263) La valeur de *distinction* (au double sens du terme) assignée au nom et à la lignée en vertu d'un élitisme de classe opposant à ceux qui n'*en* étaient pas d'infrangibles frontières a laissé place à l'indistinction – également aux deux sens du terme, celui d'« absence de distinction » et celui de « mélange confus et indifférencié ». Si, dans les volumes antérieurs, bien des « erreurs charmantes de la jeunesse[1] », bien des points de vue pourtant péremptoires sur tel ou tel événement, tel ou tel personnage, ont déjà été pondérés ou rectifiés (fût-ce bien des années plus tard, et bien des pages plus loin), ce processus de dessillement – initié par le spectacle de la rencontre entre Charlus et Jupien, au début de *Sodome et Gomorrhe* – n'en prend pas moins une ampleur inédite lors de la matinée, où tous semblent travestis : « Au premier moment je ne compris pas pourquoi j'hésitais à reconnaître le maître de maison, les invités, et pourquoi chacun semblait s'être « fait une tête », généralement poudrée et qui les changeait complètement. » (TR, p. 227) C'est donc un monde à première vue

1. *Du côté de chez Swann*, RTP, I, p. 19.

méconnaissable que découvre le protagoniste à l'occasion de ce « Bal de Têtes », sous l'effet conjugué de la fracture de la guerre et du vieillissement :

> Ainsi change la figure des choses de ce monde ; ainsi le centre des empires, et le cadastre des fortunes, et la charte des situations, tout ce qui semblait définitif est-il perpétuellement remanié et les yeux d'un homme qui a vécu peuvent-ils observer le changement le plus complet là où justement il paraissait le plus impossible. (TR, p. 324)

La valse des noms et des titres, qui révèle cette porosité croissante des frontières entre les classes sociales, s'inscrit dans la série des métamorphoses observées par le protagoniste tout en soulignant la faillite de l'univers de croyances sur lequel, dans sa jeunesse, reposait son imaginaire. Le nom, qui formait le socle de la croyance et de l'imagination du jeune protagoniste, à Combray, et jusqu'au début de *Sodome et Gomorrhe*, se révèle, *in fine*, aussi labile et trompeur que les êtres eux-mêmes.

Le prototype en est l'hôtesse de cette matinée, la princesse de Guermantes, qui n'est autre que l'ex-Mme Verdurin, qui, après son veuvage, a épousé le duc de Duras, puis, après être devenue veuve pour la seconde fois, le prince de Guermantes :

> La princesse de Guermantes en effet était morte et c'est l'ex-Madame Verdurin que le prince ruiné par la défaite allemande, avait épousée et que Bloch ne reconnaissait pas. En effet, Mme Verdurin, peu après la mort de son mari avait épousé le vieux duc de Duras, ruiné, qui l'avait faite cousine du prince de Guermantes, et était mort après deux ans de mariage. Il avait été pour Mme Verdurin une transition fort utile et maintenant celle-ci par un troisième mariage était princesse de Guermantes et avait dans le faubourg Saint-Germain une grande situation qui eût fort étonné à Combray où les dames de la rue de l'Oiseau, la fille de Mme Goupil et la belle fille Mme de Sazerat, toutes ces dernières années, avant que Mme Verdurin ne fût princesse de Guermantes, avaient dit en ricanant : « la duchesse de Duras », comme si c'eût été un rôle que Mme Verdurin eût tenu au théâtre. (TR, p. 261)

Mais l'onomastique fait l'objet d'autres dédoublements, qui s'inscrivent dans la série des métamorphoses affectant le monde de la *Recherche*, en marche vers sa fin. Si chacune de ces modifications, prise en elle-même, n'a rien d'invraisemblable, leur systématicité est un fait de style propre à traduire la faillite de l'univers de croyances sur lequel reposait, jadis, le monde du Narrateur, mais aussi un jeu concerté, qui engage la mémoire du lecteur et sollicite son sens de l'humour, dans un rapport de complicité et de maîtrise du monde romanesque contrastant avec la perplexité manifestée *in fabula* par des personnages soit naïfs, soit aveugles, soit néophytes, piégés par ces possibles leurres que sont désormais les noms. Naguère « Sésame » aux vertus magiques, ouvrant l'accès à une histoire fort ancienne, voire aux salons du faubourg Saint-Germain, devenu « nom de guerre » comme ceux que s'attribuaient les courtisanes, il masque désormais bien souvent quelque origine obscure, ou jette un voile prudent sur les étapes contrastées de telle ou telle fulgurante ascension. Si le changement de patronyme de certains personnages s'inscrit dans le mouvement plus large du kaléidoscope social, des mariages et des remariages, d'autres changements relèvent de manipulations plus complexes, tels les pseudonymes (Bloch-Jacques du Rozier), dont les fins sont diverses : on se souvient de l'usage des seuls prénoms, voire de pseudonymes censés préserver l'incognito des habitués, à l'hôtel de Jupien.

Le processus de lente déréliction affectant chaque époque culmine dans ce finale, point d'orgue et synthèse de l'œuvre, tant sur le plan narratif que sur le plan réflexif. Ses accents sentencieux rappellent la sagesse des Anciens : grandeur et décadence des coteries mondaines, métamorphose des modes, des pratiques et des codes de sociabilité, etc. L'ensemble reprend des thèmes traditionnels de la philosophie morale, telles la vanité et la caducité de toutes choses, mais fait aussi entendre, en contrepoint, des thèmes plus récents, en relation notamment avec la sociologie de Tarde[1]. Proust souligne en effet aussi dans cette scène la faculté d'adaptation de l'homme à son milieu, analogue d'ailleurs à la faculté d'adaptation des groupes sociaux ou idéologiques aux contextes historiques dans lesquels ils viennent s'inscrire, mais aussi l'étrange corrélation entre l'impression première, qui est celle d'un changement radical, et le fait que, finalement, rien n'a changé.

Parce qu'elle a lieu et qu'elle est racontée juste après la séquence des réminiscences, cette scène révèle aussi la prise de distance d'un observateur à la fois libéré de son sentiment d'impuissance créatrice et définitivement détaché des vanités mondaines. Investi, tout comme le Temps lui-même, d'une fonction allégorique, cette manière de carnaval où ce qui semble un masque, une perruque, un maquillage, n'est autre que la réalité du vieillissement, entérine le glissement amorcé par le protagoniste : de l'extérieur (le monde) vers l'intérieur (le moi), de la conversation (futile et volatile) vers la réflexion (essentielle et substantielle), de la narration vers l'abstraction, de l'instant vers l'éternité, du temps perdu vers le temps retrouvé :

> Par tous ces côtés une matinée comme celle où je me trouvais était quelque chose de beaucoup plus précieux qu'une image du passé, mais m'offrait comme toutes les images successives, et que je n'avais jamais vues, qui séparaient le passé du présent, mieux encore, le rapport qu'il y avait entre le présent et le passé ; elle était comme ce qu'on appelait autrefois une vue optique, mais une vue optique des années, la vue non d'un moment, mais d'une personne située dans la perspective déformante du Temps. (TR, p. 232)

Le dispositif optique spécifique qu'est la matinée Guermantes la distingue par conséquent de la série formelle qu'elle vient clore, celle des grandes scènes mondaines présentes dans les volumes antérieurs. C'est une danse de spectres, à la

1. Voir aussi Jean-Yves Tadié, *Proust et la société*, Paris, Gallimard, 2021.

fois funèbre et cocasse, sous l'égide d'un impitoyable (et génial) metteur en scène : le Temps. *Le Temps retrouvé* se fait ici livre de métamorphoses, sous les yeux d'un protagoniste lui-même soumis, *in fine*, non seulement à ce vieillissement dont il constate, incrédule, les effets, mais surtout à une *mue* beaucoup plus décisive : comme miraculeusement délivré par la série de réminiscences qui précède, le protagoniste se défait de ses doutes et se révèle à lui-même comme l'auteur du livre que nous achevons de lire, accomplissant *in extremis*, car la mort l'attend, lui aussi, une « vocation » ancienne, mais constamment différée, voire déniée (notamment après la lecture du Journal des Goncourt), de sorte même que ce n'est que de manière impropre ou plus exactement paradoxale que la *Recherche* peut être qualifiée de « roman de l'artiste », comme le confirme d'ailleurs l'épanorthose présente dans cette occurrence : « Ainsi toute ma vie jusqu'à ce jour *aurait pu et n'aurait pas pu* être résumée sous ce titre : Une vocation. » (TR, p. 206 ; nous soulignons).

3. Les Lois

Si la « mort au monde » devient nécessaire, c'est bien pour échapper à ces « festins de barbares qu'on appelle dîners en ville » (TR, p. 345), désormais inutilement chronophages puisque le futur écrivain fera du temps qu'il y a déjà perdu la matière de son livre. Il est incontestable que *Le Temps retrouvé* est caractérisé par sa vertu critique et sa verve satirique, qui viennent ourler de très nombreuses formulations gnomiques ayant trait non pas seulement à l'art et à la méthode qui sera celle de l'écrivain au travail, mais aussi à la nature humaine. La vision de l'homme et du monde incarnée par la forme de l'œuvre, en ses moindres parties, est caractérisée par la concurrence constante entre, d'un côté, des énoncés à valeur générale, caractérisés par leur relative brièveté et leur stabilité sentencieuse et constituant ce que Jean-Yves Tadié appelle le « roman des lois », et, de l'autre, des développements enchaînant comme autant de perles de multiples hypothèses et mimant un processus de recherche ou d'enquête à propos de tel ou tel comportement, de tel ou tel fait, de telle ou telle parole :

> c'est le sentiment du général qui, dans l'écrivain futur, choisit lui-même ce qui est général et pourra entrer dans l'œuvre d'art. Car il n'a écouté les autres que quand, si bêtes ou si fous qu'ils fussent, répétant comme des perroquets ce que disent les gens de caractère semblable, ils s'étaient faits par là même les oiseaux prophètes, les porte-paroles d'une loi psychologique. Il ne se souvient que du général. (TR, p. 207)

Cependant, si ces « lois », qu'elles soient d'ordre social, psychologique ou esthétique, semblent bâtir un protocole de lecture du monde aussi stable qu'irréfragable, leur validité objective ne tient finalement qu'au contexte dans lequel elles sont formulées, et à l'identité (ou à l'autorité) de celui qui les énonce... C'est donc par la seule force de son style que Proust parvient à soutenir (ou à faire se tenir) l'idée selon laquelle l'amour obéirait universellement aux lois fatidiques de la jalousie, en vertu de l'inaccessibilité de l'être aimé, « être de fuite » qui, par définition interne à l'œuvre, n'aime jamais en retour. Le processus inverse, à savoir celui, toujours subjectif et toujours modalisé, de l'enquête et de l'interrogatoire suscités par la jalousie amoureuse, correspond quant à lui à ce principe d'incertitude propre au dernier volume, en lien avec à une pensée profondément sceptique, mobile, fluide, si rapide et si vive qu'elle ne peut s'en tenir au spectacle des apparences ou à la superficialité des énoncés.

On mesure à quel point ces deux « méthodes » se complètent et se corroborent l'une l'autre. La réflexion *in progress*, d'hypothèse en hypothèse, est à la fois rétrospective et prospective, dynamique. Elle prend en compte les variables conjointes du temps et de l'espace, sans en minorer la puissance de délitement et d'oubli (et donc les syncopes, les failles, les anachronies). La sanction gnomique en est la synthèse : c'est parce que « notre personnalité sociale est une création de la pensée des autres[1] », c'est parce que nous ne connaissons jamais un être qu'à travers le prisme déformant de notre propre subjectivité, que se justifie la tentation ou la tentative perpétuelle de l'approcher, de découvrir, sinon de comprendre, les arcanes cruelles de son existence, hors de nous, loin de nous. Aussi est-ce comme une épitaphe tardive et mélancolique, empreinte d'une bienveillance dépassionnée, que résonne cette phrase nominale et lapidaire mise en relief par sa place au terme d'un paragraphe, dans l'avant-dernière page du *Temps retrouvé* : « Profonde Albertine que je voyais dormir et qui était morte. » (TR, p. 353)

On ne trouvera pas, chez cet écrivain qui est pourtant aussi une espèce de moraliste, d'axiologie par trop sévère ni de sentences en noir et blanc, tributaires de valeurs mondaines ou religieuses. L'exemple de la mère et de la grand-mère a sur ces points formé le protagoniste et le porte à la suspension de tout jugement moral au profit d'une observation passionnée, amusée parfois, mais toujours bienveillante, des complexités de chaque être. Il cherche aussi, bien sûr, la formule qui les surplombe et les explique : en d'autres termes, leur « petite phrase ». En effet, les comportements des hommes,

> leurs gestes, leurs propos, leurs sentiments involontairement exprimés, manifestent des lois qu'ils ne perçoivent pas, mais que l'artiste surprend en eux. À cause de ce genre d'observations, le vulgaire croit l'écrivain méchant, et il le croit à tort, car dans un ridicule l'artiste voit une belle généralité, il ne l'impute pas plus à grief à la personne observée que le chirurgien ne la mésestimerait

1. *Du côté de chez Swann*, RTO, I, p. 19.

d'être affectée d'un trouble assez fréquent de la circulation ; aussi se moque-t-il moins que personne des ridicules. (TR, p. 208)

C'est pourquoi, comme le souligne Stéphane Chaudier, « une fois la vérité mise au jour (et cette révélation implique évidemment une forme de cruauté qu'il faut assumer)[1] », prédominent la retenue, la prudence, l'examen scrupuleux des facteurs nombreux et complexes motivant tel ou tel comportement : le portrait des personnages participe d'une démarche herméneutique, mais aussi éthique.

Qui plus est, les « vérités » ou les lois mises en exergue dans *Le Temps retrouvé* relèvent aussi d'une forme de sagesse sceptique, profondément relativiste. Elle marque l'aboutissement d'un long processus de réflexion, parfois douloureux, semé d'erreurs et d'embûches (le snobisme, l'amitié, l'amour), mais néanmoins nécessaire, puisqu'il fonde en droit certaines lois, en particulier celle de la vanité de toute chose, et offre à l'écrivain le matériau de son œuvre :

> À quoi eût servi que, pendant des années encore, j'eusse perdu des soirées à faire glisser sur l'écho à peine inspiré de leurs paroles le son tout aussi vain des miennes, pour le stérile plaisir d'un contact mondain qui exclut toute pénétration ? Ne valait-il pas mieux que, ces gestes qu'ils faisaient, ces paroles qu'ils disaient, leur vie, leur nature, j'essayasse d'en décrire la courbe et d'en dégager la loi ? (TR, p. 292)

4. *Memento mori*

La mort n'est pas directement visible, dans *Le Temps retrouvé*. Dans l'épisode de Tansonville, ou même dans l'esprit du Narrateur, qui voit son œuvre à venir menacée par son propre état de santé, elle n'est encore qu'une idée. Mais elle survient aussi réellement, à commencer par celle de Robert de Saint-Loup – possible métonymie de toutes les morts dues à la guerre. Le discours sur la mort devient dès lors prégnant, selon une logique propre à la pensée et à la forme de l'œuvre romanesque dont cet ultime volume réalise la synthèse. L'idée de « fin » (d'une vie, d'une époque, d'une certaine société, voire d'une certaine littérature, pastichée dans le « pseudo-Goncourt ») est donc omniprésente dans *Le Temps retrouvé*. Non seulement un certain nombre de personnages sont morts, mais la plupart de ceux qui restent, vieillissants ou fragiles, ont l'air de morts-vivants. Le protagoniste lui-même, pour la première fois depuis le début de la *Recherche*, prend conscience de son vieillissement, à l'occasion d'une conversation avec Oriane : « « Quant à vous, reprit-elle, vous êtes toujours le même. Oui, me dit-elle, vous êtes étonnant, vous restez toujours jeune », expression si mélancolique puisqu'elle n'a de sens

---

1. Stéphane Chaudier, *Proust ou le démon de la description*, Classiques Garnier, « Bibliothèque proustienne », 2019, p. 500.

que si nous sommes en fait, sinon d'apparence, devenus vieux. » (TR, p. 236). Son interlocuteur éprouve dès lors à son tour l'angoisse du vieillissement et de la mort, parce que sa propre caducité menace, *in extremis*, le livre à venir et que, loin de constater la vanité de ses ambitions, conformément au schéma traditionnel de la méditation sur la mort, il désire plus ardemment encore se mettre au travail. Se fait ici entendre l'écho de l'Ecclésiaste, rappelant que la vie, si vaine qu'elle soit, doit être employée du mieux que l'on peut, car dans le séjour des morts, que tous rejoignent tôt ou tard, ne se trouvent ni œuvre, ni pensée, ni science, ni sagesse :

> Chez moi les forces de l'écrivain n'étaient plus à la hauteur des exigences de l'œuvre. [...] rien du monde, aucun bonheur, qu'il vînt de l'amitié des gens, des progrès de mon œuvre, de l'espérance de la gloire, ne parvenait plus à moi que comme un si pâle grand soleil, qu'il n'avait plus la vertu de me réchauffer, de me faire vivre, de me donner un désir quelconque, et encore était-il trop brillant, si blême qu'il fût, pour mes yeux qui préféraient se fermer, et je me retournais du côté du mur. (TR, p. 347)

Le Temps retrouvé est donc non seulement un Nocturne, au sens pictural et musical, comme nous l'avons précédemment souligné, mais aussi un *memento mori*. Après la stase mélancolique de Tansonville, implicitement prolongée par les années passées à se faire soigner loin de Paris, dans une maison de santé, notre héros erre dans un Paris en guerre, menacé par les « taubes ». La matinée enfin consacre sa mort au monde : il se départ de la mondanité et de ses vains artifices, après la rencontre ultime et décisive avec lui-même que provoquent les manifestations de la mémoire involontaire puis les retrouvailles, dans la bibliothèque, avec l'enfant de Combray, perdu et retrouvé, comme François le Champi[1].

La question de la fin associe l'ordre des temps et la validité du sens, selon un schéma logique nouant les causes et les effets, la fin et le commencement. Cet effet de bouclage est éminemment sensible chez Proust : toute une société revient sur scène pour un dernier salut, dévastée par le vieillissement, la bêtise et la maladie, tandis que pour le protagoniste se nouent les fils de la mémoire sensible et que paraît devant lui, ressemblant à sa jeunesse, une grande déesse du Temps : Mlle de Saint Loup, fille de Gilberte et de Robert de Saint-Loup, dernière figure, mais splendide et rayonnante cette fois, qui soit évoquée au terme de la fresque de « grottesques » qu'a déroulée sous nos yeux la matinée Guermantes.

1. Rappelons que « champi » signifie « conçu ou trouvé dans les champs », voire « bâtard » en patois berrichon.

5. Nuances nouvelles de la joie

Roman-somme, roman de son temps et roman sur le Temps échappant aux conventions du récit traditionnel, la *Recherche* fait d'une œuvre d'art imaginaire particulièrement allègre et joyeuse (à rebours de ce que fut la vie de son compositeur, Vinteuil), l'un de ses paradigmes :

> Enfin le motif joyeux resta triomphant, ce n'était plus un appel inquiet lancé derrière un ciel vide, c'était une joie ineffable qui semblait venir du Paradis; une joie aussi différente de celle de la sonate que, d'un ange doux et grave de Bellini, jouant du théorbe, pourrait être, vêtu d'une robe d'écarlate, quelque archange de Mantegna sonnant dans un buccin. Je savais que cette nuance nouvelle de la joie, cet appel vers une joie supraterrestre, je ne l'oublierais jamais. Mais serait-elle jamais réalisable pour moi ? Cette question me paraissait d'autant plus importante que cette phrase était ce qui aurait pu le mieux caractériser – comme tranchant avec tout le reste de ma vie, avec le monde visible – ces impressions qu'à des intervalles éloignés je retrouvais dans ma vie comme les points de repère, les amorces, pour la construction d'une vie véritable : l'impression éprouvée devant les clochers de Martinville, devant une rangée d'arbres près de Balbec[1].

Tout à la fois modèle et signe de l'art, selon Gilles Deleuze[2], le septuor laisse entrevoir dans *La Prisonnière* la promesse d'une « joie supraterrestre » et pose les amorces « pour la construction d'une vie véritable » que confirmeront les extases de la mémoire involontaire : le pavé inégal et le baptistère de Saint-Marc (TR, p. 173-174), la cuiller heurtant une assiette et la rangée d'arbres aperçue lors d'un arrêt du train en rase campagne (TR, p. 175), la serviette empesée et le déploiement du plumage ocellé de la mer depuis le balcon de l'hôtel, à Balbec (TR, p. 175), la conduite d'eau rappelant les sirènes des navires passant sur la mer, le rayon oblique du couchant restaurant le souvenir perdu d'une semaine dans la chambre d'Eulalie, *François le Champi*, enfin, retrouvé sur les rayons de la bibliothèque du prince, et qui fait revenir, en une émotion sans pareille, l'enfant de Combray et la scène du coucher :

> Tant de fois, au cours de ma vie, la réalité m'avait déçu parce qu'au moment où je la percevais mon imagination, qui était mon seul organe pour jouir de la beauté, ne pouvait s'appliquer à elle, en vertu de la loi inévitable qui veut qu'on ne puisse imaginer que ce qui est absent. Et voici que soudain l'effet de cette dure loi s'était trouvé neutralisé, suspendu, par un expédient merveilleux de la nature, qui avait fait miroiter une sensation – bruit de la fourchette et du marteau, même titre de livre, etc. – à la fois dans le passé, ce qui permettait à mon imagination de la goûter, et dans le présent où l'ébranlement effectif de

1. *La Prisonnière*, RTP, III, p. 764-765.
2. *Proust et les signes*, *op. cit.*, p. 51.

mes sens par le bruit, le contact du linge, etc. avait ajouté aux rêves de l'imagination ce dont ils sont habituellement dépourvus, l'idée d'existence – et grâce à ce subterfuge avait permis à mon être d'obtenir, d'isoler, d'immobiliser – la durée d'un éclair – ce qu'il n'appréhende jamais : un peu de temps à l'état pur. (TR, p. 179)

Si les épiphanies offertes par les phénomènes de mémoire involontaire produisent une illumination rétrospective, extatique, sans alliage, qui s'apparente, tout en renouvelant entièrement ses principes, à l'inspiration telle que la concevaient les auteurs de l'Antiquité aussi bien que les Romantiques, les passages évoquant les talents de Françoise en matière de couture ou de cuisine font aussi de l'écriture un travail artisanal tout en soulignant le caractère composite d'une esthétique de l'interpolation temporelle et sensible. Des éléments hétérogènes sont insérés dans le texte à la manière d'une mosaïque, puis font l'objet d'un travail de lissage ne laissant plus deviner aucune couture. Ceci rappelle également l'art du vitrail dont les floraisons lumineuses, sur les dalles de l'église de Combray, esquissaient une mosaïque infiniment mobile. Le kaléidoscope social, enfin, ou dans *Le Temps retrouvé*, le mouvement des constellations variables formées, au fil du temps, par le personnel romanesque, s'inscrivent également dans cette série.

« Autant il y a d'artistes originaux, écrit Proust, autant il y a de mondes mis à notre disposition » (TR, p. 202). Bien loin d'une vaine imitation du réel ou de cette « littérature de notations » (TR, p. 201) que pastiche le pseudo-Goncourt, l'imagination, « seul organe pour jouir de la beauté », comme le rappelle l'extrait précédemment cité, est, selon Proust, la qualité primordiale commune aux véritables artistes, qu'ils soient compositeurs, comme Vinteuil, peintres, comme Elstir, écrivains, comme Bergotte. Mais pour ne pas rester « célibataire de l'art » (TR, p. 198), encore faut-il aussi s'affranchir des modèles, si prestigieux qu'ils puissent être. Dans la formation de Marcel Proust, les pastiches jouèrent ce rôle émancipateur, en affûtant son extraordinaire intelligence du style. Le pastiche du Journal de Goncourt est un clin d'œil à cet exercice auquel l'auteur s'était déjà livré, doublé de la mise en abyme d'un faux vrai texte, mais les lettres de Saint-Loup, de Gilberte et de Charlus citées (en italiques) dans *Le Temps retrouvé* suivent également ce principe.

À la faveur des épiphanies mémorielles qui rappellent, poursuivent et achèvent l'expérience de la madeleine, le héros proustien découvre donc que ce sujet qu'il cherchait vainement en dehors de lui n'est autre que lui-même, et sa vie passée (TR, p. 206). Il s'agit désormais pour lui de faire remonter au jour ce qui, sous les dehors de l'insignifiance, au double sens du terme, s'est imprimé en caractères inconnus qu'il lui faudra déchiffrer et traduire en un langage compréhensible par tous...

6. « L'histoire d'une écriture[1] »

Pour Michel Raimond[2], si la dimension esthétique et la dimension mondaine étaient encore nettement séparées dans *Le Côté de Guermantes*, comme en témoigne le passage où le protagoniste admire les tableaux d'Elstir avant le dîner chez la duchesse[3], elles sont en revanche étroitement intriquées dans *Le Temps retrouvé*. La fête mondaine n'entrave plus, en effet, l'élan du protagoniste, qui, comme nous l'avons vu, analyse ce qu'il observe tout en continuant à réfléchir à la forme que prendra le projet d'écriture qui vient de renaître en lui.

Ainsi, au terme d'une initiation qui pourtant semble entièrement liée au hasard, puisqu'aucun maître privilégié n'a finalement guidé le protagoniste vers son destin d'écrivain, c'est avec une lucidité teintée de mélancolie et tempérée par l'humour que ce dernier entérine son congé définitif d'avec ce « grand » monde qui, autrefois, lorsqu'il n'*en* était pas, avait suscité son désir en excitant son imagination. La *Recherche* est aussi, en effet, une variation virtuose sur un motif essentiel du récit de formation, celui des « illusions perdues » : elle décrit un processus de dessillement radical, amorcé au début de *Sodome et Gomorrhe*, et qui s'achève pendant la matinée Guermantes. Cependant, la « mort au monde » choisie par le protagoniste repousse aussi le mot « fin » dans un mouvement prospectif, celui de l'écriture, dont la pulsion vitale, argentine et têtue, persistera, *ad libitum*, dans celui de la lecture. L'éloignement volontaire et la réticence marquée envers la mondanité est, *in fine*, affirmation d'une différence irréductible, qui sans nul doute, comme l'affirme Marcel Muller[4], est la condition du salut. Un salut aux confins de ce que certains condamnent comme « marginalité » et que d'autres perçoivent comme « originalité », à l'instar de Charlus, qui est un original et un marginal, un personnage qui s'est vu exclure d'une certaine société mais s'est rapproché d'une autre, plus tolérante au demeurant, et qui ne tolère plus désormais que la compagnie de ses domestiques. Nul hasard d'ailleurs si c'est *en dehors* de la matinée Guermantes que le Narrateur évoque le baron de Charlus, mais aussi la Berma. Victimes, comme les autres, du temps, de la vieillesse, de la maladie, tous deux le sont aussi, et surtout, de la disgrâce que le monde pour l'un, la mode pour l'autre, leur a imposée. Nul hasard s'ils sont aussi les seuls à échapper à la verve ironique du Narrateur, car c'est justement parce qu'ils n'ont plus droit de cité parmi les gens du monde qu'ils échappent, comme le protagoniste lui-même, à la malédiction qui semble frapper

1. Roland Barthes, « Proust et les noms », *Le Degré zéro de l'écriture* (1953), suivi de *Nouveaux essais critiques*, Paris, Seuil, « Points », 1972, p. 121.

2. Michel Raimond, *op. cit.*, p. 220.

3. *Le Côté de Guermantes*, RTP, II, p. 712.

4. Marcel Muller, « Étrangeté, ou, si l'on veut, naturel », *Recherche de Proust*, Paris, Seuil, 1980, p. 55-67; article repris dans M. Muller, *Le masque d'Abraham. Essais et articles sur* À la recherche du temps perdu, Paris, Classiques Garnier, « Bibliothèque proustienne », 2019, p. 107-118.

l'ensemble du personnel romanesque : leur fin est marquée par une grandeur tragique qui leur est exclusivement réservée.

Le Temps retrouvé, on l'a vu, est une agonie, un combat contre le temps – agent principal d'une *Recherche* menant d'un adverbe de temps (« Longtemps ») à complément circonstanciel donnant le dernier mot au sujet principal de l'œuvre, désormais doté d'une majuscule : « dans le Temps ». Néanmoins, Le roman s'intitule *Le Temps retrouvé*, qualification positive, et porte en lui le projet d'une œuvre. Aussi la fin de la *Recherche* ne suggère-t-elle un renoncement à la mondanité, à l'amitié, à l'amour, que dans la perspective d'un recommencement : « La vraie vie, la vie enfin découverte et éclaircie, la seule vie par conséquent pleinement vécue, c'est la littérature. » (TR, p. 220) Au terme d'une ultime métamorphose, s'accomplit une recréation poétique, tandis que le lecteur reprend son souffle pour repartir bientôt, à la suite du Narrateur, dans l'autre sens. S'il ponctue l'histoire d'une vocation littéraire qui fut longtemps différée le septième et dernier volume de la *Recherche* ne consacre la fin d'un monde que pour y trouver du nouveau. Marquant la transition d'un monde à un autre, il est le point de départ d'une *fiction de fiction* (l'idée du roman à venir, qui serait celui que nous achevons de lire) bâtie sur un « sol mental[1] » propre à son seul créateur. *Le Temps retrouvé* marque ainsi bel et bien la probable naissance d'une œuvre, une fois achevées, en des termes fort singuliers, l'initiation de son auteur fictif et celle de son lecteur.

Ce « salut » n'est pas désincarné, loin s'en faut. Il est dans la matière : celle du souvenir, bien sûr (la métaphore des gisements précieux, précédemment évoquée, le dit bien), et celle des mots, leurs carnations, leurs saveurs, leurs parfums, et, par surcroît, leurs infinies liaisons, entre lesquelles il faut choisir non la « meilleure », qui n'existe pas plus que l'idéal moral ou que l'idéal esthétique, mais la plus « nécessaire », c'est-à-dire celle qui saura traduire au plus près les « signes inconnus » de notre « livre intérieur » (TR, p. 186). Mais cette matière est aussi à entendre au sens le plus charnel, le plus concret. C'est elle, saisie d'abord par les sens, qui fut constamment admirée, désirée, capturée par Charlus, « Prométhée consentant » cloué par la Force « au rocher de la pure matière », ou par Jupien, qui présente au protagoniste, sans fard et sans détour, sa propre vocation, tout aussi digne qu'une autre : « La chose elle-même qu'on fait ici, je ne peux plus vous cacher que je l'aime, qu'elle est le goût de ma vie. » (TR, p. 138).

Dans leur notice au *Temps retrouvé*, dont la dernière partie est consacrée à « l'Œuvre du héros », Pierre-Louis Rey et Brian Rogers évoquent à la suite de Maurice Blanchot ce *livre à venir* dont le lecteur de la *Recherche* ne peut savoir de manière certaine s'il désigne le roman qu'il vient de lire ou la formulation encore abstraite d'un simple projet littéraire. Sont ainsi clairement distingués l'*artefact*

1. *Du côté de chez Swann*, RTP, I, p. 182.

de la *Recherche* et l'œuvre imaginée, tendue vers un absolu poétique, que décide enfin d'entreprendre le protagoniste, juste avant de prendre part à la matinée chez la princesse de Guermantes. De fait, si le principe d'incertitude prévaut dans l'ensemble du *Temps retrouvé* au point d'y faire vaciller toute croyance et toute identité, la voix narrative s'y engage aussi, *a contrario*, dans un processus de dévoilement et d'explicitation. Tout d'abord, alors que Proust se demandait dans le Carnet de 1908 s'il allait faire de ses ébauches (en l'occurrence, le *Contre Sainte-Beuve*) un roman, une étude philosophique, et si même il était romancier, après la publication de *Swann* et *a fortiori* après la guerre la nature de l'œuvre *in progress* ne fait plus question : il s'agit bien d'un *roman*, d'une œuvre « où il n'y a pas un seul fait qui ne soit fictif » (TR, p. 52). Le « déchet de l'expérience » (TR, p. 468) y est refondu par l'imagination, puis filtré par l'intelligence analytique. C'est ce que souligne le commentaire métatextuel sur les Larivière, destiné, entre autres, à démentir les tentations de lectures autobiographiques dont Proust allait pourtant subir les effets.

Le livre à venir est un ouvrage purement virtuel, qui miroite à l'horizon de la rêverie esthétique du je-narré suscitée par les trois réminiscences du *Temps retrouvé*. Le livre que nous avons entre les mains est un *roman* de Marcel Proust, épousant la forme d'une autobiographie fictive, où « je » raconte un certain nombre d'événements extérieurs ou intimes censément vécus par lui-même. Ce schéma recouvre celui d'un roman de formation dont l'enjeu serait la vocation littéraire. Le fait que son protagoniste demeure anonyme favorise une relation d'empathie et de connivence avec le lecteur, d'autant plus puissante qu'elle s'inscrit dans une très longue durée – les presque trois mille pages de la *Recherche*. L'effet produit par ces ambivalences rappelle ce que Lucien Dällenbach appelle la « réflexion infinie » ou « à l'infini[1] » : « L'Adoration perpétuelle », au prisme de l'esthétique toute classique de l'achèvement et de la complétude à laquelle répond en partie la *Recherche*, semble un vitrail admirable, invitant à la méditation dans le chœur de la cathédrale proustienne. Mais, en vertu de l'esthétique baroque qui prévaut dans *Le Temps retrouvé*, ce passage produit de multiples reflets, plus ou moins trompeurs, aussi bien dans l'œuvre que de l'œuvre elle-même, comme l'orient d'une perle.

Intuitivement, aucun lecteur de la *Recherche* ne confond le texte dont il poursuit la lecture et le livre rêvé dont les caractéristiques esthétiques semblent s'élaborer comme par enchantement à la faveur des réminiscences involontaires du *Temps retrouvé*. Il consent donc à la *fiction* d'un je-personnage enfin touché par la grâce et désormais capable d'écrire un livre où il racontera l'histoire d'une vocation (la sienne). Mais le lecteur de Proust étant aussi virtuellement (et parfois, réellement) un *re*lecteur, il sait également que l'histoire du narrateur, avec laquelle la *Recherche*

1. L. Dällenbach, *Le récit spéculaire. Essai sur la mise en abyme*, Paris, Seuil, 1977.

semble se confondre, excède très largement le programme de « L'Adoration perpétuelle ». Le livre rêvé peut même désigner un idéal que le narrateur n'achèvera jamais, puisque rien n'autorise, en ces pages, une indexation définitive des destinées du héros. Le rapport de ressemblance-dissemblance établi dans et par la *Recherche* entre le livre rêvé par le je-personnage au seuil de l'hôtel Guermantes et l'histoire de la vie passée du narrateur anonyme s'avère par conséquent caractérisé par son ambivalence, à l'instar de la *Recherche* tout entière. Comme dans la métaphore, dont « L'Adoration perpétuelle » réfléchit les principes, sont reliés ensemble deux objets différents dont l'essence commune est rendue sensible au lecteur par son enchâssement dans une métaphore. Du côté poétique (celui de la plus grande jouissance, celui des essences, des sensations, de Combray, de Venise, etc.), un *rêve de livre*, dont la source sensible et la visée transcendante nous sont exposées au moment même de leur naissance, en une sorte d'hypostase, par un personnage qui n'a pas encore commencé à écrire. De l'autre côté, une œuvre-somme, patiemment élaborée par son auteur et constamment augmentée depuis les premières ébauches de 1908. Ce texte, que Proust, à partir de 1911-1912, n'hésite plus à désigner comme « roman », est donc à la fois *poème* et *prose* d'un monde incarné dans un style qui « aussi bien que la couleur pour le peintre est une question non de technique, mais de vision » (TR, p. 202). Ses matériaux (les souvenirs, les lectures, la vie mondaine, la vie amoureuse) importent moins que la figure de ce qu'on a senti, c'est-à-dire l'*image* capable de rendre intelligible la singularité d'une perception aussi bien que la pertinence d'une loi psychologique. Sans imposer aucun choix entre ces deux versions de la création littéraire, Proust explore leur relation, leur dissemblance autant que leur complémentarité, puisque, nous le savons désormais, les métaphores les plus belles sont celles qui réunissent deux objets *a priori* très éloignés l'un de l'autre. Le souci permanent de Proust de mettre en évidence l'incertitude dont la vie humaine est tissée en suggérant plusieurs lectures possibles d'un même événement ou d'un même personnage évince par ailleurs toute lecture préconçue. C'est une unité poétique, musicale, et non pas simplement romanesque, qui tresse ensemble selon des réseaux analogiques inédits, les sept volumes de la *Recherche*.

La *Recherche* porte donc en elle les reflets de deux livres plus différents que ne le laisse paraître la fictive fusion opérée à la fin du *Temps retrouvé* entre je-personnage et je-narrateur. Ces romans *du* narrateur sont tressés ensemble tout au long du *Temps retrouvé*, à partir des réminiscences venues apporter leur annonciation à notre héros jusqu'alors désœuvré, au seuil du nouvel hôtel Guermantes. Le premier est le récit rétrospectif d'un parcours existentiel, intellectuel et sensible, depuis l'enfance et les vacances à Combray jusqu'à cette fameuse matinée précédant la définitive sortie hors du monde (et du roman), et ce roman autobiographique se confond avec la *Recherche du temps perdu*. Le second est le livre idéal conçu après les réminiscences, puis évoqué lors de la matinée Guermantes soit comme un projet (lorsque le je-personnage y songe dans le temps même où se déroule la scène), soit comme un travail déjà entamé (lorsque des prolepses externes esquissent le mode de vie futur du je-narrateur, après qu'il a renoncé au monde et commencé à écrire). Les contenus réflexifs de « L'Adoration » concernent pour l'essentiel une poétique de l'analogie sur laquelle devrait se bâtir le livre rêvé, serti d'une matière prétendument moins pure. En effet, à la différence des glaces de la bibliothèque de Balbec qui reflétaient les paysages changeants de la mer, démultipliés selon le moment du jour et le temps qu'il faisait, le jeu de miroirs est ici celui de la mémoire subjective, et le roman (ou ce qui en tient lieu), la projection de reflets intérieurs. C'est pourquoi la séquence des réminiscences, dans la cour puis dans la bibliothèque des Guermantes, est le reflet inversé de la scène de la madeleine : si Combray était sorti tout entier, ville et jardins, d'une tasse de thé, tel un génie des contes arabes libéré du flacon qui le tenait prisonnier, c'est un monde tout entier, le sien, qui, pour finir, entre dans la tête du Narrateur, pour se donner à lire, à traduire, et à écrire.

Sujets de dissertation

1. « Pour aller à l'essentiel, affirmons que, pour Proust, il n'y a pas de passé historique, il n'y a que du présent. » (Jean-Yves Tadié, *Proust et la société*, Paris, Gallimard, 2021). Dans quelle mesure cette assertion peut-elle éclairer votre lecture du *Temps retrouvé* ?
2. En 1920, Proust écrit à Paul Morand que la littérature a pour but de « découvrir la réalité en énonçant des choses contraires aux vérités usuelles. » (Marcel Proust, *Correspondance générale*, éditée par P. Kolb, vol. XIX, p. 380). En quoi ces propos peuvent-ils rendre compte de l'écriture du *Temps retrouvé* ?
3. Pour Antoine Compagnon, « toute l'œuvre, et tout dans l'œuvre est mixte, hybride, intermédiaire. » (Antoine Compagnon, *Proust entre deux siècles*, Paris, Seuil, 1989). Cette affirmation peut-t-elle éclairer votre analyse du *Temps retrouvé* ?
4. Selon Anne Simon, « le but du narrateur n'est pas seulement de dévaloriser notre façon quotidienne et anesthésiante de vivre, ou de mettre à mal ces catégories de la perception que nous ne créons pas puisqu'elles nous sont données par l'habitude ou le langage des autres, mais de circonscrire le lien mouvant qui s'établit entre le sensoriel et le spirituel. » (Anne Simon, *Proust ou le réel retrouvé. Le sensible et son expression dans* À la recherche du temps perdu, Paris, PUF, 2000). Vous expliciterez et commenterez cette analyse à la lumière de votre lecture du *Temps retrouvé*.
5. « Le réalisme proustien est un réalisme non de l'observation, mais de la perception imaginative. » (Philippe Dufour, *Le réalisme : de Balzac à Proust*, Paris, PUF, 2015). Cette formulation permet-elle de rendre compte de l'écriture du *Temps retrouvé* ?
6. Pour Yves-Michel Ergal (Yves-Michel Ergal, *Le Temps retrouvé, roman de la fin d'un monde*, Paris, Classiques Garnier, 2014), *Le Temps retrouvé* est « le roman du rire, du vieillir et du mourir ». Le dernier volume de la *Recherche* vous semble-t-il correspondre à cette définition ?

Bibliographie sélective

[N.B. : Le lieu d'édition n'est pas précisé quand il est à Paris.]

1. Œuvres de Proust, autres éditions

Proust, Marcel, *À la recherche du temps perdu*, Gallimard, « Bibliothèque de la Pléiade », édition publiée sous la direction de Jean-Yves Tadié, 4 volumes, 1987-1989. *Les citations extraites des six premiers volumes renvoient à cette édition ; abréviations utilisées :* « RTP », *suivi du numéro du volume en chiffres romains et du numéro de la page citée.*

–, *Le Temps retrouvé*, édition de Bernard Brun, GF, 1986.

–, *Correspondance générale*, éditée par Philip Kolb, Plon, 21 vol., 1970-1991.

–, *Contre Sainte-Beuve. Pastiches et mélanges. Essais et articles*, Gallimard, « Bibliothèque de La Pléiade », 1971.

2. Bibliographie secondaire

Brunel, Patrick, *Le Rire de Proust*, Paris, Champion, 1997.

Chaudier, Stéphane, *Proust ou le démon de la description*, Classiques Garnier, « Bibliothèque proustienne », 2019.

Cogez, Gérard, *Marcel Proust, À la recherche du temps perdu*, Paris, PUF, « Études littéraires », 1990.

–, *Gérard Cogez commente* Le Temps retrouvé *de Marcel Proust*, Folio, « Foliothèque », 2005.

Compagnon, Antoine, *Proust entre deux siècles*, Le Seuil, 1989.

Deleuze, Gilles, *Proust et les signes*, Paris, PUF, « Perspectives critiques », 1964.

Duval, Sophie, *L'ironie proustienne. La vision stéréoscopique*, Champion, 2004.

Ergal, Yves-Michel, Le Temps retrouvé *ou la fin d'un monde*, Classiques Garnier, « Bibliothèque proustienne », n° 8, 2014.

Genette, Gérard, *Figures III*, Le Seuil, Poétique, 1972.

Mahuzier, B., *Proust et la guerre*, Paris, Honoré Champion, « Recherches proustiennes », 2013.

Mauriac-Dyer, Nathalie, « Proust et l'esthétique de la clôture intermédiaire », Fabula/Les colloques, *Le début et la fin. Roman, théâtre, B.D., cinéma*, 2007, URL : http://www.fabula.org/colloques/document735.php.

Milly, Jean., *Proust et le style* [1970], Genève, Slatkine Reprints, 1990.

Perrier, Guillaume, *La mémoire du lecteur. Essai sur* Albertine disparue *et* Le Temps retrouvé, Classiques Garnier, 2011.

Raimond, Michel, *Proust romancier*, Paris, Sedes, 1984.

Ricœur, Paul, *Temps et récit II. La configuration du temps dans le récit de fiction*, Le Seuil, 1984, p. 194-225.

Robin, Chantal, *L'imaginaire du « Temps retrouvé ». Hermétisme et écriture chez Proust, Circé, Cahiers de Recherche sur l'Imaginaire*, sous la direction de J. Burgos, n° 7, Lettres modernes, 1971.

Simon, Anne, *Proust ou le réel retrouvé* [PUF, 2000][1], Champion, 2011.

Spitzer, Léo, « Le style de Marcel Proust », *Études de style*, Gallimard, « Bibliothèque des idées », 1970, p. 397-473.

Tadié, Jean-Yves, *Proust et le roman*, Gallimard, « Tel », 1971.

–, *Proust, le dossier*, Belfond, 1983.

–, *Proust et la société*, Gallimard, 2021.

Bulletin d'informations proustiennes, n° 45, Paris, Éditions rue d'Ulm, 2015 (« Le Temps retrouvé, roman de la fin d'un monde »).

Dictionnaire Marcel Proust, dir. A. Compagnon, A. Bouillaguet et B.G. Rogers, Champion, 2004.

Proust écrivain de la Première Guerre mondiale, dir. P. Chardin et N. Mauriac-Dyer, Dijon, EUD, « Écritures », 2014.

Notices biographiques et bibliographiques sur les auteur(e)s

Coordination : Jean-Michel Gouvard est Professeur de Langue et de Littérature françaises à l'Université de Bordeaux-Montaigne (France) et Associate Fellow à l'Institute of Modern Languages Research (University of London, Royaume-Uni). Il est membre de Plurielles (UR 24142). Ses travaux portent sur les interactions entre la création littéraire et les représentations culturelles, sociologiques et politiques, du Second Empire à nos jours. Son dernier essai publié s'intitule *Le Nautilus en bouteille. Une lecture de Jules Verne à la lumière de Walter Benjamin* (Rennes, Pontcerq, 2019). Il est l'auteur de divers ouvrages à destination des étudiants, dont *La Versification française* (Paris, PUF, 2015) et *De l'Explication de texte au commentaire composé* (Paris, Ellipses, 2015). Depuis le début des années 2000, il a été à de nombreuses reprises membre des jurys du CAPES externe et de l'agrégation interne de Lettres Modernes.

Moyen Âge : Alain Corbellari est professeur de littérature française médiévale aux Universités de Lausanne et de Neuchâtel. Spécialiste de la réception du Moyen Âge dans la Modernité (en particulier dans la bande dessinée) et de l'histoire des études médiévales, il a par ailleurs travaillé sur les chansons de geste, la littérature cléricale, les fabliaux et le roman arthurien. Il est l'auteur de *Joseph Bédier écrivain et philologue*, Genève, Droz, 1997, *Guillaume d'Orange ou la naissance du héros médiéval*, Klincksieck, 2011, *Des Fabliaux et des hommes*, Genève, Droz, 2015, *Prismes de l'amour courtois*, Dijon, Éditions universitaires de Dijon, 2018, *Le Moyen Âge à travers les âges*, Neuchâtel, Alphil, 2019, *Moyen Âge et critique littéraire*, Saint-Denis, Presses universitaires de Vincennes, 2021, ainsi que du fascicule dédié à Oton de Grandson pour l'*Histoire littéraire de la France*, Académie des Inscriptions et Belles-Lettres, 2021.

XVIe siècle : Lisa Pochmalicki, agrégée de Lettres modernes et docteure en littérature française, enseigne à l'Université de Strasbourg. Dans le cadre de sa thèse, qui porte sur la réception et l'autorité de Marco Polo dans la littérature de la Renaissance, elle a publié des articles sur les représentations européennes de l'Extrême-Orient. Elle s'est également intéressée aux récits de voyageurs français partis dans l'Empire ottoman au XVIe siècle. Ses travaux ont donné lieu à une édition critique du *Voyage de Paris en Constantinople* de Jean Chesneau publiée chez Droz en 2019.

XVIIe siècle : Agrégée de Lettres Modernes et docteur ès Lettres, **Sandrine Berrégard** est maîtresse de conférences HDR à l'université de Strasbourg, où elle enseigne la littérature française. Ses recherches portent pour l'essentiel sur le théâtre français des XVIe et XVIIe siècles et, plus particulièrement, sur les problématiques liées aux pratiques de lecture (*Pratiques de l'Argument dans le théâtre français des XVIe et XVIIe siècles*, Classiques Garnier, « Lire le xviie siècle », 2020 ; *Lectures du théâtre français des XVIe et XVIIe siècles*, actes du colloque des 26-27 novembre 2020 à paraître ; constitution (projet IdEX) d'une anthologie de textes commentés portant sur les lectures du théâtre français des XVIe et XVIIe siècles). Spécialiste du polygraphe Tristan L'Hermite, elle est l'éditrice scientifique de pièces de Rotrou, Hardy, Du Ryer, Baro et Rayssiguier.

XVIIIe siècle : Florence Dujour, agrégée de Lettres modernes, enseigne à Paris en lycée ainsi qu'aux Universités Paris-Nanterre et Sorbonne nouvelle. Elle a été membre du jury du CAPES de Lettres pendant de nombreuses années. Elle est l'auteure d'une thèse de doctorat publiée en 2021 aux éditions Classiques Garnier, sous le titre : *Le Fil de Marianne, narrer au féminin de Villedieu à Diderot.* Cet ouvrage est une vaste enquête sur un siècle de narrations au féminin écrites par des auteurs féminins puis masculins. Elle balaye un territoire narratif très large s'étalant sur une période qui va de 1660 à 1760, faisant la jonction si complexe entre Classicisme et Lumières. L'enquête part des « genres féminins » au XVIIe siècle puis s'intéresse à la voix de Marianne chez Marivaux et examine sa postérité jusqu'à *La Religieuse* et *La Nouvelle Héloïse.*

XIXe siècle : Wendy Prin-Conti est professeure agrégée de Lettres modernes et docteure en littérature française. Elle est actuellement lexicographe au service du *Dictionnaire* de l'Académie française. Ses recherches portent sur la manière dont notre histoire littéraire s'est constituée, afin de mieux interroger ses marges et ses silences. Elle a ainsi dirigé le volume *Femmes poètes de la Belle Époque (1890-1914) : heurs et malheurs d'un héritage*, paru en 2019 aux éditions Honoré Champion.

XXe siècle : Florence Godeau, certifiée de Lettres classiques et agrégée de Lettres modernes, docteure de l'Université Paris-Sorbonne, est Professeure de Littérature générale et comparée à l'Université Jean Moulin-Lyon 3 et membre du CERCC de l'ENS Lyon (Centre d'Études et de Recherches Comparées sur la Création ; EA 1633). Ses principaux domaines de spécialité sont la poétique comparée des formes narratives (XIXe et XXe siècles) et les relations entre les arts et la littérature, dans les domaines francophones, germanophones et anglophones.

Table des matières

Eustache Deschamps
Anthologie

Jean de Léry
Histoire d'un voyage faict en la terre du Brésil

Marceline Desbordes-Valmore
Les Pleurs

Marcel Proust
Le Temps retrouvé

Cet ouvrage a été achevé d'imprimer en juillet 2022
dans les ateliers de Normandie Roto Impression s.a.s.
61250 Lonrai (Orne)
N° d'imprimeur : 2203141
Dépôt légal : août 2022

Imprimé en France